الفكر الاسلامي
في مواجهة الفكر الغربي

الطبعة الأولى
١٤٣٠هـ - ٢٠٠٩م

المملكة الأردنية الهاشمية
رقم الإيداع لدى دائرة المكتبة الوطنية
(٢٠٠٨/٩/٣٢٤٨)

٩٦٥
الراوي، فؤاد محسن
الفكر الإسلامي في مواجهة الفكر الغربي/ فؤاد محسـن الـراوي._ عـمان: دار المأمون، ٢٠٠٨.
(٤١٢) ص
ر.أ: (٣٢٤٨ / ٩ / ٢٠٠٨).
الواصفات: /الفكر الإسلامي//الحضارة الإسلامية//الفكر الغربي//الإسلام/

❖ أعدت دائرة المكتبة الوطنية بيانات الفهرسة والتصنيف الأولية

دار المأمون للنشر والتوزيع
العبدلي - عمارة جوهرة القدس
تلفاكس: ٤٦٤٥٧٥٧
ص.ب: ٩٢٧٨٠٢ عمان ١١١٩٠ الأردن
E-mail: daralmamoun@maktoob.com

الفكر الإسلامي

في مواجهة الفكر الغربي

الدكتور

فؤاد محسن الراوي

دار المأمون للنشر والتوزيع

بسم الله الرحمن الرحيم

قال تعالى:

(سُبْحَانَكَ لَا عِلْمَ لَنَا إِلَّا مَا عَلَّمْتَنَا
إِنَّكَ أَنْتَ الْعَلِيمُ الْحَكِيمُ)

سورة البقرة: الآية ٣٢

المحتويات

الإهـــداء

إلى أولئك المجاهدين حول بيت المقدس
والظاهرين على الحق في العراق
القاهرين لعدو الله وعدوهم
بالقوة والحق
الذين صدقوا ما عاهدوا الله عليه
وأبرّوا بعهده

(وَإِنَّ اللَّهَ عَلَى نَصْرِهِمْ لَقَدِيرٌ)

تقديم

يطيب لي أن أكتب تقديم هذا الكتاب القيم لأخينا الدكتور/ فؤاد محسن الراوي (الفكر الإسلامي في مواجهة الفكر العربي) الذي قرأته قراءة تأمل فوجدت فيه هذا الجهد المبارك في تأميل الموضوع وتناول جوانبه والغوص في أعماقه حيث عرض لنا مفهوم الفكر الإسلامي وأصوله والركائز التي يعتمد عليها من الكتاب والسنة والإجماع والقياس، كما وضح لنا مقدمات الفكر الإسلامي المتمثلة في العقيدة ونظام الأخلاق والأمة المسلمة والتاريخ الحضاري وبيّن خصائص الفكر الإسلامي المتمثلة في التوحيد والتوازن والوسطية والتكامل والشمولية والمثالية والواقعية معتمداً على نصوص الكتاب والسنة، واجمع عليه سلف الأمة بأسلوب علمي وقالب أدبي وديباجة مشرقة تثير في المسلم اعتزازه بدينه وتفتح أمامه نوافذ المعرفة على الفكر الإسلامي من مصادره المعتمدة.

كما ان تناوله للفكر الغربي ومقوماته وخصائصه بموضوعية تكشف عن متابعة في الإغريقية الوثنية والفكر الروماني القديم والفكر اليهودي والعقائد الوثنية في الديانة النصرانية وتفسير لنا هذا المزيج الذي يشكل الفكر الغربي ومنه تنطلق تصوراته من حيث الالحاد والإباحية والميكافيلية والنزعة العدوانية التي أُبتليت بها الشعوب نتيجة الغارات الاستعمارية والغزوات التنصيرية المنطلقة من الغرب نحو العالم وبخاصة الشرق والهند وأفريقيا .

وقد كان الفكر الغربي يدعم حركات الغلو والتطرف والغرق الباطنية كالبابية البهائية والقاديانية وغيرها فضلاً عن مناصرته الصهيونية والعولمة ودسائس المستشرقين وحملات التنصير والنزعات اللادينية .

ورغم ضراوة الحرب المعلنة على الإسلام كدين وعلى المسلمين كأمة. فقد فشلت كل هذه المخططات ولم تحقق أهدافها لأن الخيرية في الأمة الإسلامية باقية إلى يوم القيامة، كما أن الإسلام كدين له من الثبات والكمال والشمول والأصالة والحفظ الإلهي ما يجعله يجدد الحياة للأمة الإسلامية كلما إعتورها الضعف أو احاطت بها الملمات فأنها سرعان ما تلملم جراحها وتقف على قدميها وتستأنف السير بالإسلام قدماً مستمدة العون من الله العظيم منزل الكتاب وهازم الأحزاب، إن طلائع الأمة الإسلامية متمثلة في شبابها الذي أخذ مكانه في ساحة الصراع والتصدي لمخططات الغرب وعملائه والسائرين في ركابه حيث استطاع بتوفيق الله أن يثبت في الميدان وأن يقيم المراكز والمؤسسات في ديار الغرب ويقدم الإسلام بصورته الصحيحة ونماذجه العلمية التي استحوذت على العربية وأصبح الإقبال على الإسلام في ديار الغرب ظاهرة من الظواهر المبشره بالخير حيث أن هذا نصر للمسلمين وبشارة خير وعلامة على صدق الإسلام ودعاته وقابليته لعلاج مشكلات الفرد والأسرة والمجتمع والدولة وفق المنهج الرباني.

نسأل الله تعالى أن يبارك في جهد أخينا الدكتور الراوي ويوفقه إلى مزيد من العطاء الفكري الذي يوضح سمو الإسلام وتميزه ويبرز جوانب الخيرية والإنسانية في تعاليمه.

و الله يقول الحق وهو يهدينا السبيل.

المستشار عبد الله العقيل

بسم الله الرحمن الرحيم

المقدمة

الحمد لله رب العالمين والصلاة والسلام على سيد المرسلين محمد وعلى آله وصحبه أجمعين،

ومن دعا بدعوته واهتدى بهديه إلى يوم الدين، وبعد:

فقد اعظم الله تعالى المنة والفضل على هذه الأمة بأن بعث فيها أفضل رسول أنزل عليه أكمل دين، وأوثق عقيدة وأعدل شريعة وأقوم فكر، وأشمل نظام، فكانت الأمة التي حملت الأمانة وبلغت الرسالة وعمّرت الأرض بعد خرابها ونشرت العدل والفضيلة وحاربت الظلم والرذيلة، وبنت حضارة سعدت بها الإنسانية وتشرف العرب بحمل لوائها فكانوا بحق قدوة وأسوة، وصاروا قادة الأمم وأساتذة البشرية، لقد رفعهم الله بالقرآن الكريم وأعزهم بالإسلام العظيم فكانوا: (كُنْتُمْ خَيْرَ أُمَّةٍ أُخْرِجَتْ لِلنَّاسِ تَأْمُرُونَ بِالْمَعْرُوفِ وَتَنْهَوْنَ عَنِ الْمُنْكَرِ وَتُؤْمِنُونَ بِاللَّهِ وَلَوْ آمَنَ أَهْلُ الْكِتَابِ لَكَانَ خَيْرًا لَهُمْ مِنْهُمُ الْمُؤْمِنُونَ وَأَكْثَرُهُمُ الْفَاسِقُونَ)(١).

أولاً: أهمية الموضوع وسبب الاختيار

لقد كان اتخاذ القرار والاختيار ليس سهلاً أمام العديد من الخيارات، أيكون الأمر مقتصراً على شخصية أو حادثة أو معركة أو موقف تاريخي، ليكون مادة البحث وكفى كما اختار البعض وتجنبوا اقتحام العقبة، وتعمق لدي التفكير أكثر، ووجدت نفسي مديناً لهذه الأمة، ولابد من الوفاء بما يستطيع المرء ويقدر. ولما كانت أمتي قد تعرضت لتحديات وخطوب وشدائد، ولا زالت تتعرض لمزيد من التحديات والنوازل والفتن، فمن المروءة أن يجند المرء نفسه بالسيف وبالقلم وباللسان أو بالجنان، المهم أنه يستجيب لهذه التحديات قدر ما يستطيع، وأن يكون

---

(١) سورة آل عمران: الآية ١١٠.

له دوره الفاعل في مواجهة التحدي، فالمسلم لا يملك نفسه ولا سيفه ولا قلمه، فهي ملك لأمته وعليه أن يضعها في الموقع الذي يخدمها ويرد الحيف عنها.

ولما كان مصدر الخطر والتحدي معلوماً والخصم يعلن عن نفسه ويلوح بكل أسلحته وأساليب غدره ومكره، منذ بزغ فجر الإسلام وإلى اليوم.

فالغرب الصليبي - اليهودي استخدم عدة وسائل للتعبير عن حقده على الإسلام والمسلمين، واعتمد الوسائل الظاهرة والخفية لتحقيق أهدافه في غزو بلاد العرب والإسلام، سواء كان غزواً مسلحاً كما فعل الروم البيزنطيون، ومن بعدهم الأوربيون الصليبيون ثم أحفادهم المستعمرون. أم غزواً غير مسلح وهو الأخطر، ففيه تشترك كل قوى الخصم الفكرية والعقيدية والسياسية والمادية والفلسفية والفنية والإعلامية.

فالفكر الغربي بأصوله الإغريقية الوثنية والرومانية المادية ونزعته الصليبية الممزوجة بالفكر اليهودي وبمقوماته التي تفتقر إلى القيم وتسودها الفوضى والإباحية والإلحاد والذي ينتقص من مبدأ التوحيد وبروز عقيدة التثليث والخطيئة، ومن ثم ابتلاؤه بفوضى النظريات والأفكار الوضعية التي تقول بحيوانية الإنسان وابتذاله، وتلغي دور الخالق - جل في علاه - وتؤله الطبيعة. هذا الفكر الغربي بكل مثالبه يقف خصماً عنيداً أمام العقيدة والفكر الإسلامي متحدياً ومحارباً له على مر التاريخ، واليوم، ويبقى ما دامت سنن الله نافذة في قانون التدافع بين الحق والباطل.

حق يرفع لواءه الفكر الإسلامي، وباطل يرفع لواءه الفكر الغربي، ومن الحق القول بأن الفكر الإسلامي بمصدريه القرآن الكريم والسنة الشريفة مع ما أجمعت عليه الأمة وهي لا تجتمع على ضلالة، ومع ما اجتهد به أعلام الأمة قد تكاملت قيمه ومقوماته التي ترتكز على أقوى عقيدة وعلى أقوم أخلاق، وحملته أفضل الأمم هم العرب وأرسى أعرق حضارة انفردت بخصائص منها، أنها حضارة موحدة، ربانية، عادلة، وسطية، إنسانية، متسامحة، علمية عقلية، أصيلة ومبدعة.

إنها معركة قائمة اليوم التقى فيها الغزاة المستعمرون مع الغزو الفكري والثقافي والإعلامي على محاربة العرب والمسلمين يريدون هدم عقيدة الإسلام وفكره، وتشويه تاريخه وأمجاده واختراق حصون الأمة بإشاعة الفساد وتحطيم الأخلاق وهتك أستار الأسرة المسلمة وإفساد المرأة والشباب. ففي الوقت الذي تقوم فيه الولايات المتحدة الأمريكية رائدة الحضارة الغربية وتابعتها الذليلة بريطانيا بالعدوان يومياً على بلدنا العزيز وتمطر أبناءه العزل ومؤسساته المدنية بالقنابل والصواريخ والسموم، وهو استمرار لأكبر عملية غزو مسلح قام به الغرب ضد العرب والإسلام ممثلاً بالعراق المجاهد الصابر المظلوم، وفي أخبث حملة مسلحة للتخريب الحضاري والإبادة البشرية، وإفساد البيئة، ويرافق هذا العدوان المستمر عملية إبادة بطيئة ومستمرة لشعبنا المجاهد الصابر في فلسطين وتحديات مستمرة لشعبنا في السودان وأرتيريا وغيرها من بلاد العرب والمسلمين التي ابتليت بالاحتلال والاستعمار والعدوان الذي هو حرب صليبية وصهيونية مستمرة، كل ذلك يسير وفق مخطط خبيث مع الغزو الفكري والتضليل الإعلامي الذي جند له الغرب كل الوسائل إمعاناً في اختراق الأمة عقيدياً وفكرياً وثقافياً واجتماعياً وسياسياً, مع حصار اقتصادي ظالم وحرب نفسية خبيثة.

معركة غير متكافئة ذهب ضحيتها مئات الألوف من أبناء الأمة وأهدرت ثروات طائلة وهدمت معالم حضارية وثقافية كانت مناراً للإنسانية.

كل هذه الأخطار والتحديات كانت السبب المباشر لاختيار موضوع البحث تحت عنوان (الفكر الإسلامي في مواجهة الفكر الغربي). أسأل الله تعالى أن يعينني على أن أعطي الموضوع حقه، وأن أسهم بما أستطيع بتسليط الضوء على أخطر الوسائل وآليات التخريب التي استخدمها الغرب ويستخدمها في محاربته للإسلام وهدم حضارته ومحاولات الرد والمواجهة لها، وكشف أساليب الشعوبية الفكرية في عدائها وحقدها على العرب والمسلمين.

ولابد للأمة المسلمة أن تصمد في هذه المحنة وفي مجال الامتحان والتمحيص لأصالتها، وأن تقوم بالتصدي والمقاومة والمرابطة في وجه هذا الخطر وهذه

التحديات والجهاد بثبات، ملتمسة الأصالة والمنابع الأصيلة لعقيدتها وفكرها، وقد كشف الله للمسلمين سنن الحضارات، وكيف ينهار الفساد والظلم والبغي والعدوان، فلا يبق إلا الحق والخير، بقوله تعالى: ﴿أَنْزَلَ مِنَ السَّمَاءِ مَاءً فَسَالَتْ أَوْدِيَةٌ بِقَدَرِهَا فَاحْتَمَلَ السَّيْلُ زَبَدًا رَابِيًا وَمِمَّا يُوقِدُونَ عَلَيْهِ فِي النَّارِ ابْتِغَاءَ حِلْيَةٍ أَوْ مَتَاعٍ زَبَدٌ مِثْلُهُ كَذَلِكَ يَضْرِبُ اللَّهُ الْحَقَّ وَالْبَاطِلَ فَأَمَّا الزَّبَدُ فَيَذْهَبُ جُفَاءً وَأَمَّا مَا يَنْفَعُ النَّاسَ فَيَمْكُثُ فِي الْأَرْضِ كَذَلِكَ يَضْرِبُ اللَّهُ الْأَمْثَالَ﴾ [٢].

ثانياً: نطاق البحث

احتوت الرسالة على:

١. المقدمة: وفيها تم ذكر أسباب اختيار الموضوع وأهميته.

٢. تمهيد تاريخي: وفيه استقراء لبعض أحداث التاريخ والتعرض لمواقف ومواقع محددة تمثل مواجهات تاريخية بين الإسلام وخصومه، وبين الفكر الإسلامي والفكر الغربي، وتثبت أن الذي حصل من المواجهات إنما تم بموجب السنن الإلهية، ومنها سنة التدافع بين الحق والباطل، وأن العاقبة والنصر للمؤمنين.

٣. مفهوم الفكر: وفيه التعريف اللغوي والاصطلاحي للفكر وبيان بعض التعريفات للفكر الإسلامي والفكر الغربي.

٤. أما الجانب الرئيس من الكتاب، فإنه يقع في ثلاثة فصول رئيسية، وكل فصل يشتمل على عدة مباحث.

تضمن الفصل الأول: أصول الفكر الإسلامي ومقوماته وخصائصه، ويقع في ثلاث مباحث ضرورية، تناول المبحث الأول أصول الفكر الإسلامي وهي القرآن

---

[٢] سورة الرعد: الآية ١٧.

الكريم والسنة النبوية الشريفة والإجماع والاجتهاد. والمبحث الثاني عن أهم المقومات الأساسية للفكر الإسلامي وهي العقيدة أولاً ونظام الأخلاق ثانياً والأمة المسلمة ثالثاً والتاريخ الحضاري رابعاً. أما المبحث الثالث فتناول الخصائص الهامة للفكر الإسلامي وهي، التوحيد أولاً والتوازن والوسطية ثانياً والتكامل والشمولية ثالثاً والمثالية والواقعية رابعاً. وبذلك تكون هذه المباحث قد غطت متطلبات الفصل الأول الذي يعنى بما يتعلق بالفكر الإسلامي وأصوله ومقوماته وخصائصه.

أما الفصل الثاني: فقد اشتمل على أصول الفكر الغربي ومقوماته وأهم خصائصه، وهذا الفصل يقع في ثلاثة مباحث أيضاً.

خُصص المبحث الأول لأصول الفكر الغربي والتي هي، الإغريقية الوثنية والفكر الروماني القديم أولاً، والفكر اليهودي ثانياً والعقائد الوثنية في الديانة النصرانية ثالثاً، والحضارة الإسلامية رابعاً. أما المبحث الثاني فتناولت أهم المقومات للفكر الغربي وهي، العقل أولاً والإنسية ثانياً، والوضعية ثالثاً ونسبية القيم رابعاً. وتضمن المبحث الثالث بعض الخصائص التي يتصف بها الفكر الغربي ومنها: الإلحاد أولاً والإباحية ثانياً والميكافيلية ثالثاً والنزعة العدوانية رابعاً. وبذلك تكون هذه المباحث قد غطت متطلبات الفصل الثاني فيما يتعلق بالفكر الغربي وأصوله ومقوماته وخصائصه.

أما الفصل الثالث: وهو الفصل الأهم، لأنه يتناول موضوع الرسالة ويعبر عن أوجه الصراع وتاريخه وأثر المواجهة بين الفكر الإسلامي وبين الفكر الغربي ويشتمل على ثلاث مباحث مهمة.

تضمن المبحث الأول المواجهة مع الحركات الهدامة التي يدعمها الفكر الغربي ومنها على سبيل المثال بعض الفرق الباطنية وأصحاب الغلو أولاً والبابية والبهائية ثانياً والقاديانية ثالثاً. أما المبحث الثاني فإنه يختص بمقاومة وسائل الغزو الغربي المسلح وغير المسلح، ومنها الاستعمار أولاً ومكائد حملات التنصير ثانياً ودسائس

نماذج من المستشرقين ثالثاً. ويتناول المبحث الثالث قضية التصدي للتضليل الفكري الغربي ومنها النزعة اللادينية والتغريب أولاً والحركة الصهيونية ثانياً والعولمة وأخطارها ثالثاً، وبذلك تكون هذه المباحث قد غطت متطلبات الفصل الثالث والأخير من الرسالة.

٥. وأخيراً نختم بعون الله وتوفيقه ما بدأنا به مع الوقوف على بعض الملاحظات والاستنتاجات الضرورية التي يمكن أن تكون توصيات لمن يأتي بعدنا ليضيف ويجدد على ما أضفنا لجهود من سبقنا و الله يهدي إلى سواء السبيل.

ثالثاً: المعوقات

إن سعة وتشعب ميادين الفكر ونظراً لطول الحقبة الزمنية الممتدة عبر القرون الطوال، وتباين حدة المواجهة بين الفكرين منذ صدر الإسلام وإلى اليوم، وحاجة البحث إلى المزيد من المصادر القديمة والمراجع الحديثة لإعطاء موضوع الكتاب حقها، وفي هذه الحالة ينبغي أن يكون البحث شاملاً لكل تلك الحقب الزمنية ويغطي المذاهب والفرق والملل والنحل والأفكار والاتجاهات والحركات المختلفة وأنواع الغزو الفكري والثقافي والاقتصادي والعسكري والاجتماعي في الزمان والمكان، وهذا أمر يحتاج إلى مزيد من الوقت والجهد، وأن يكون حجم الكتاب أضعاف حجمه الحالي. لذا كان لزاماً وضرورياً التوفيق بين سعة ميدان البحث وتغطية فصوله ومباحثه ولو بالحد الأدنى الذي لا يخل بالقيمة العلمية لهذه الكتاب، ولا يؤثر على مقاصده وأهدافه.

وهناك بعض المعوقات العامة التي تتعلق بالظروف التي يمر بها القطر ونتيجة للحصار الظالم الذي طال أمده وزاد ضرره حتى طال كل جوانب الحياة ونال جانب البحث العلمي القسط الأوفى من آثار الحصار الثقافي وقلة المصادر والمراجع والدوريات والبحوث التي تخدم البحث العلمي والدراسات العليا. ومع كل هذه المعوقات وبالرغم من حدتها فقد وفقني الله أن أقدم هذا الكتاب المتواضع والحمد لله رب العالمين.

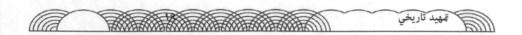

تمهيد تاريخي

تمهيد تاريخي

إن من يستقرئ أحداث التاريخ ويمعن النظر في عبره ودروسه منذ عهود قديمة مروراً بعصر البعثة النبوية الشريفة لسيد الخلق وحبيب الحق محمد بن عبد الله عليه الصلاة والسلام (٥٧٠-٦٣٢م)، يجد الصراع والمواجهة بين الحق وأهله وبين الباطل وأهله قائماً وإلى اليوم ويستمر إلى قيام الساعة. هذه هي سنة الله في خلقه في التدافع بين أصحاب الحق وأصحاب الباطل أي بين المؤمنين وبين غيرهم لقوله تعالى (ذَٰلِكَ بِأَنَّ اللَّهَ هُوَ الْحَقُّ وَأَنَّ مَا يَدْعُونَ مِنْ دُونِهِ هُوَ الْبَاطِلُ وَأَنَّ اللَّهَ هُوَ الْعَلِيُّ الْكَبِيرُ) [١].

فالتدافع والتعارض والتزاحم بين الحق وبين الباطل أمر لابد منه وحتمي لأنهما ضدان، والضدان لا يجتمعان، لأن تطبيق أحدهما يستلزم مزاحمة الآخر ودفعه وإزالته أو إضعافه ومنعه من أن يكون له تأثير في واقع الحياة.

ومن هنا جاءت حتمية مدافعة أصحاب الحق لأصحاب الباطل عبر مراحل التاريخ لمنعهم من الإفساد في الأرض بغير الحق، قال تعالى (وَلَوْلَا دَفْعُ اللَّهِ النَّاسَ بَعْضَهُمْ بِبَعْضٍ لَفَسَدَتِ الْأَرْضُ)[٢].

ولقد قضت سنة الله تعالى أن الغلبة للحق وأهله وان العاقبة للمؤمنين، والاندحار للباطل وأهله لقوله تبارك وتعالى (بَلْ نَقْذِفُ بِالْحَقِّ عَلَى الْبَاطِلِ فَيَدْمَغُهُ فَإِذَا هُوَ زَاهِقٌ وَلَكُمُ الْوَيْلُ مِمَّا تَصِفُونَ)[٣].

---

(١) سورة لقمان: الآية ٣٠.

(٢) سورة البقرة: الآية ٢٥١.

(٣) سورة الأنبياء: الآية ١٨١.

هكذا فإن الـلـه جل في علاه يمحق الباطل ولا يديمه ولا يثبت عمل المفسدين بل يزيله، قال عز من قائل (إِنَّ اللَّهَ لَا يُصْلِحُ عَمَلَ الْمُفْسِدِينَ) [١].

يقول الآلوسي في تفسيره: " لا يثبت عمل المفسدين ولا يقويه ولا يؤيده بل يظهر بطلانه ويجعله معدوماً " [٢].

ويقول الزمخشري في تفسير هذه الآية الكريمة: "لا يثبته ولا يديمه.. ولكن يسلط عليه الدمار"[٣].

"ان سنة الـلـه ماضية في زوال الباطل وان سنة الـلـه في نصر المؤمنين لا تختلف أبداً لأنها إخبار من الـلـه تعالى، و الـلـه اصدق القائلين"[٤]. قال تبارك وتعالى (سُنَّةَ اللَّهِ فِي الَّذِينَ خَلَوْا مِنْ قَبْلُ وَلَنْ تَجِدَ لِسُنَّةِ اللَّهِ تَبْدِيلًا)[٥]. هذا هو واقع الحال في صدر الإسلام، وهذا هو شأن المؤمنين من الرعيل الأول في حضرة الرسول الأكرم محمد صلى الـلـه عليه وسلم ، وفي عهد الراشدين (١١- ٤٠ هـ) والتابعين وتابعي التابعين بإحسان والأجيال التي جاءت بعدهم من أهل الحق. ان المؤمنين هم أهل الحق وهم المنصورون، وان النصر أهل الباطل عليهم في الظاهر إلا أن العاقبة والغلبة للمؤمنين ولو بعد حين، لقوله تبارك وتعالى(وَكَانَ حَقًّا عَلَيْنَا نَصْرُ الْمُؤْمِنِينَ)[٦]. فالمؤمنون هم الأعلون لحملهم أمانة الدعوة إلى الخير والأمر بالمعروف والنهي عن المنكر أولئك حملة

---

(١) سورة يونس: الآية ٨١.

(٢) الآلوسي، أبو الفضل شهاب الدين محمود، روح المعاني في تفسير القرآن العظيم والسبع المثاني، ١٦٧/١١، طبع إدارة الطباعة المنيرية بمصر-القاهرة، ب.ت.

(٣) الزمخشري، جاد الـلـه محمود بن عمر (ت٥٢٨هـ) الكشاف عن حقائق غوامض التنزيل وعيون الأقاويل في وجوه التأويل، دار الكتاب العربي، ٢٦٣/٢-٢٦٤.

(٤) د. عبد الكريم زيدان، السنن الإلهية، مؤسسة الرسالة، ط١، بيروت، ١٩٩٣م، ص٤٩.

(٥) سورة الفتح: الآية ٢٢.

(٦) سورة الروم: الآية ٤٧.

العقيدة والفكر الإسلامي وبناة الحضارة، أهل العدل، والخير والعطاء ناشرو الرحمة والتعاون على البر والتقوى. هذا هو شأن الإسلام وأهله عقيدة وشريعة ونظاماً وأخلاقاً وفكراً وتصوراً ويقيناً استناداً إلى الكتاب والسنة وهدي سيد المرسلين محمد صلى الـلـه عليه وعلى آله وصحبه أجمعين ومن اقتدى بسيرته إلى يوم الدين. لقوله تعالى (وَمَا أَرْسَلْنَاكَ إِلَّا رَحْمَةً لِلْعَالَمِينَ)[١].

وعلى الرغم من هذه الرحمة المهداة للناس أجمعين، فان الباطل وأهله لا يلقون السلاح والمجابهة مع الإسلام وأهله فتارة يحاربون بالسيف وتارة بالفكر وتارة بالكيد والمكر و الـلـه هو الرقيب الحسيب يعلم خائنة الأعين وما تخفي الصدو ر و الـلـه مع أهل الأيمان يمدهم بالعون والتأييد ثم بالنصر. والخطاب الرباني يأتي بالمدد للمؤمنين في معركتهم الشاملة مع أصحاب الباطل بالسيف والقلم وبالفكر واللسان وبالحجة والبيان (وَلَا تَهِنُوا وَلَا تَحْزَنُوا وَأَنْتُمُ الْأَعْلَوْنَ إِنْ كُنْتُمْ مُؤْمِنِينَ)[٢].

قال ابن كثير: "أي لا تضعفوا ولا تجبنوا يا أصحاب محمد صلى الـلـه عليه وسلم عن جهاد أعدائكم.. فلكم النصر في العاقبة (إِنْ كُنْتُمْ مُؤْمِنِينَ). فإن الأيمان يوجب قوة القلب ومزيد الثقة بالله وعدم المبالاة بأعدائه"[٣].

والمؤمنون الصالحون هم الذين يقومون بعمارة الأرض وخلافة الـلـه تعالى فيها بالعلم النافع والعمل الصالح والتواصي بالحق والتواصي بالصبر والتواصي بنصرة الحق كما قال تعالى (الَّذِينَ أُخْرِجُوا مِنْ دِيَارِهِمْ بِغَيْرِ حَقٍّ إِلَّا أَنْ يَقُولُوا رَبُّنَا اللَّهُ وَلَوْلَا دَفْعُ اللَّهِ النَّاسَ بَعْضَهُمْ بِبَعْضٍ لَهُدِّمَتْ صَوَامِعُ وَبِيَعٌ وَصَلَوَاتٌ وَمَسَاجِدُ يُذْكَرُ

---

(١) سورة الأنبياء: الآية ١٠٧.

(٢) سورة آل عمران: الآية ١٣٩.

(٣) ابن كثير، أبو الفداء إسماعيل (ت٧٧٤هـ) تفسير القرآن العظيم ٤٠٩/١، مطبعة مصطفى محمد، القاهرة، ١٩٣٧م.

فِيهَا اسْمُ اللَّهِ كَثِيرًا وَلَيَنْصُرَنَّ اللَّهُ مَنْ يَنْصُرُهُ إِنَّ اللَّهَ لَقَوِيٌّ عَزِيزٌ)[١].

لقد واجه الرسول الكريم صلى الـلـه عليه وسلم في دعوته في مكة أعداءً في الداخل والخارج وأعانه الـلـه على التغلب عليهم والنجاة من مكرهم وغدرهم، وواجه في المدينة المنورة وهو يبني دولته تحديات وأعداء اكثر ففي الداخل واجه اليهود والمنافقين وفي الخارج واجه إمبراطوريتي الفرس والروم، كما واجه الخلفاء الراشدون رضي الـلـه عنهم أجمعين كل هؤلاء وأهل الردة وأهل الغلو والخوارج، ولقد استمر هذا التحالف وهذه التحديات خلال العصر الأموي والعباسي وما تلاهما، فحتى بعد سقوط إمبراطورية الفرس بقي المجوس وبقيت أحقادهم ودسائسهم تشكل تحدياً حقيقياً للأمة وللدولة العربية الإسلامية وللفكر الإسلامي، كما بقي الخطر البيزنطي ماثلاً حتى بعد انحسارهم وانسحابهم من ارض العرب. وعلى الرغم من كل هذه التحديات فان استجابة الأمة كان جدياً في كل الميادين، وذلك نابع من أصالة هذه الأمة وتمسكها بالعقيدة والشريعة التي فرضت عليها الجهاد لتحصين بيضة الإسلام، وتأمين سلامة الأمة وضمان استمرار مهمة البناء وإعمار الأرض والقيام بدورها الحضاري في تحقيق العدل في القضاء والسياسة والاقتصاد والحكم. قال تعالى (وَالَّذِينَ هَاجَرُوا وَجَاهَدُوا فِي سَبِيلِ اللَّهِ أُولَئِكَ يَرْجُونَ رَحْمَةَ اللَّهِ)[٢]. انه خطاب السماء إلى الرسول الأكرم محمد صلى الـلـه عليه وسلم وصحبه الكرام من المهاجرين والأنصار لقوله تعالى (وَإِنَّهُ لَذِكْرٌ لَكَ وَلِقَوْمِكَ وَسَوْفَ تُسْأَلُونَ)[٣]. لقد كرم الـلـه العرب أمة محمد صلى الـلـه عليه وسلم بحمل الرسالة وأداء الأمانة ونشر الدعوة وبناء الحضارة وإسعاد

---

(١) سورة الحج: الآية ٤٠-٤١.

(٢) سورة البقرة: الآية ٢١٨.

(٣) سورة الزخرف: الآية ٤٤.

البشرية (كُنْتُمْ خَيْرَ أُمَّةٍ أُخْرِجَتْ لِلنَّاسِ تَأْمُرُونَ بِالْمَعْرُوفِ وَتَنْهَوْنَ عَنِ الْمُنْكَرِ) [١].

فاصبح العرب أساتذة البشرية ومرشديهم بهذا التكليف الرباني وحمل راية الدعوة إلى الخير ونشر الرسالة وبثها في أرجاء المعمورة. قال تعالى (وَكَذَلِكَ جَعَلْنَاكُمْ أُمَّةً وَسَطًا لِتَكُونُوا شُهَدَاءَ عَلَى النَّاسِ وَيَكُونَ الرَّسُولُ عَلَيْكُمْ شَهِيدًا) [٢]. فانزل الله على هذه الأمة قرآناً ينطق بالحق ويهدي ويهدي إلى سواء السبيل نزل بلسان العرب حملة الإسلام (نَزَلَ بِهِ الرُّوحُ الْأَمِينُ (١٩٣) عَلَى قَلْبِكَ لِتَكُونَ مِنَ الْمُنْذِرِينَ (١٩٤) بِلِسَانٍ عَرَبِيٍّ مُبِينٍ) [٣].

"ووحد الإسلام العرب لأول مرة في التاريخ في إطار دولة واحدة تضم عرب الشمال وعرب الجنوب.. وتجمع بين البدو والحضر في دعوة واحدة وحركة واحدة" [٤].

وبدأت هذه الأمة ببناء أسس حضارتها وتكونت المدارس الفكرية الأولى في الحجاز فكانت مدرسة المدينة ومدرسة الشام ومدرسة العراق ومدرسة اليمن ومدرسة مصر وأدت هذه المدارس رسالتها الفكرية والعقيدية والتاريخية كل حسب النهج الذي انتهجته كل مدرسة، فإذا كانت أهمية مدرسة المدينة من صاحب الرسالة صلى الله عليه وسلم ومن جانب العقيدة والسيرة والمغازي "فإن أطولها عمراً وأبقاها وأهمها في التاريخ كانت مدرسة العراق لأنها وصلت عمرها الأول بعمر آخر سياسي حين

---

(١) سورة آل عمران: الآية ١١٠.
(٢) سورة البقرة: الآية ١٤٣.
(٣) سورة الشعراء: الآية ١٩٣-١٩٥.
(٤) الدوري، عبد العزيز، التكوين التاريخي للأمة العربية دراسة في الهوية والوعي، مركز دراسات الوحدة العربية، ط٣، بيروت ١٩٦٨م، ص٣٧.

انتقل مركز العالم الإسلامي مع العباسيين إلى العراق وإلى بغداد بالذات وأصبحت هذه العاصمة لعدة قرون على الأقل سرة الدنيا ومركزها"[١]. وقد سبقت البصرة والكوفة بغداد حيث وجد الفكر الإسلامي له مستقراً فيهما في العهد الأموي ثم أضيفت إليهما بغداد في العصر العباسي، وتوطدت خطوط التاريخ في هذه المدارس في ثلاثة مسارب هي:

١. تاريخ الأحداث (التاريخ السياسي).

٢. تاريخ الرجال (التراجم).

٣. تاريخ الفكر الإسلامي والعلوم والأدب والمجتمع والنظم (التاريخ الحضاري).

والأخير هو الذي يعنينا في البحث اكثر لأنه يصب في موضوع الفكر والحضارة والثقافة التي قدم مؤرخو ومفكرو وأعلام الأمة في إرساء قواعدهم كل جهدهم فكانت حضارة رائعة بلغت قمتها يوم كانت بغداد في عصرها الذهبي عاصمة الدنيا أيام خلافة الرشيد (١٧٠هـ-١٩٣هـ)[٢]. الذي يعد واسطة العقد بالنسبة للخلافة العباسية أو قل بالنسبة للتاريخ الإسلامي الوسيط كله، فقد اكتملت للدولة الوان من العظمة والقوة والمجد العلمي، وكانت الدولة مهيبة الجانب، وكان الاستقرار طابع (الدولة)[٣].

ويصف السيوطي أيام الرشيد فيقول "ان أيام الرشيد كانت كلها أيام خير،

---

(١) شاكر مصطفى، التاريخ العربي والمؤرخون، دراسة في تطور علم التاريخ ومعرفة رجاله في الإسلام، دار العلم للملايين، ط٢، بيروت، ١٩٧٩م، ١١٨/١.

(٢) أحمد شلبي، موسوعة التاريخ الإسلامي والحضارة الإسلامية، مكتبة النهضة المصرية، ط٧، القاهرة، ١٩٨٢م، ١٤١/٣.

(٣) أحمد شلبي، موسوعة التاريخ الإسلامي والحضارة الإسلامية، ١٤١/٣.

كأنها في حسنها الأعراس"[١]. وليس القصد هو الانتقاص من صورة العصر الإسلامي الأول (النبوي ١-١١هـ) و(الراشدي ١١-٤٠هـ) بوصفه العصر الذهبي والعصر المثالي للإسلام وللمجتمع الإسلامي لقوله صلى الله عليه وسلم "خيركم قرني، ثم الذين يلونهم، ثم الذين يلونهم"[٢].

ومن معالم الفكر الإسلامي زمن الرشيد "بيت الحكمة" أنشئ ذلك المعهد الذي كان مناراً للعلم والثقافة في العالم آنذاك والذي يعد صرحاً فكرياً وحضارياً يحتوي على عدد من الأقسام والقاعات والغرف المخصصة للطلاب والمشرفين والمترجمين والمكتبة والتجليد والاستراحة والاستعارة وقد عمل المأمون (١٩٨-٢١٨هـ) باهتمام في تطوير بيت الحكمة ويكفي هنا ذكر (الصورة المأمونية) التي ذكرها المسعودي (ت٣٤٦هـ) "والتي عملت للمأمون.. واجتمع على صنعتها عدة من حكماء أهل عصره، صوروا فيها العالم بأفلاكه ونجومه وبره وبحره وعامره وغامره ومساكن الأمم، والمدن، وغير ذلك. وهي أحسن مما تقدمها من جغرافيا (البطليموس) وجغرافيا (مارتيوس) وغيرها"[٣].

وبالرغم من بلوغ الحياة الفكرية والثقافية مبلغاً رفيعاً وحضارة العرب ارتقت في كل الميادين، فان إنشاء بيت الحكمة كان فتحا مبينا للعرب المسلمين في ميادين العلم والمعرفة والسؤدد فقد كانت التحديات الداخلية والخارجية تستهدف تقويض ما بناه العرب المسلمون وتقويض ملكهم "وهدم الدين الإسلامي وإنهاء كل ما

---

(١) السيوطي، جلال الدين عبد الرحمن بن أبي بكر (ت٩١١هـ) تاريخ الخلفاء، تحقيق محيي الدين عبد الحميد، مطبعة السعادة، القاهرة، ١٩٥٩م، ص١١٢.

(٢) ابن حجر، شهاب الدين ابو الفضل احمد بن علي العسقلاني (ت٨٥٢هـ)، فتح الباري بشرح صحيح البخاري، المطبعة السلفية، القاهرة، ١٩١١م، ١٩٠/٥؛ وينظر النووي: أبو زكريا بن شرف (ت٦٧٦هـ) رياض الصالحين بتحقيق عبد العزيز رباح، دار المأمون، ط١٠، بيروت، ١٩٨٩، ص١٩٨.

(٣) المسعودي، ابو الحسن علي بن الحسين بن علي (ت٣٤٦هـ)، التنبيه والإشراف، دار الصاوي للطباعة والنشر، القاهرة، ١٩٣٨م، ص٦٦.

يقوم على هذا الدين من خلافة وسلطان ومن حضارة وعمران في ظل الراية العربية الإسلامية"[١]. انهم الزنادقة والغلاة وانها الشعوبية التي استقت من جذورها الفارسية المجوسية والمعتقدات الهندية القديمة ومن اثر اليهودية التي ادخلها عبد الله بن سبأ اليهودي (ت٤٠هـ) وقال البغدادي "ان ابن السوداء كان على هوى دين اليهود وأراد أن يفسد على المسلمين دينهم بتأويلاته.. ودلس ضلالته في تأويلاته"[٢].

هذا مثل ومثله كثير من الغلاة والباطنية والزنادقة من الذين كانوا يشكلون تحدياً حقيقياً على الأمة وعقيدتها وحضارتها ووجودها فتصدى لهم أعلام الأمة من آل البيت عليهم السلام ومن أئمة المسلمين المفكرين والكتاب والمؤرخين وكانت قوة الدولة وسيفها فاعلاً في محاربتها والحد من مخاطرها ويكفي ان نشير إلى دور المهدي (١٥٨-١٦٩هـ) وابنه الهادي (١٦٩-١٧٠هـ) وهارون الرشيد الذي مر ذكره في محاربة الملحدين والزنادقة (المانوية)[٣].

ويرى الغزالي (ت٥٠٥هـ) "إن الزندقة إنكار الخالق والقول بقدم العالم وإنكار الحياة الأخرى"[٤].

أما الأخطار الخارجية فقد بدأت أوربا تحشد مئات الآلاف من المقاتلين بدعوة من البابا (أريان الثاني) عام ١٠٩٧م وأعلنوا بداية الحروب الصليبية وكانت الحملة

---

(١) الغرباوي: حسن حميد عبيد، الشعوبية ودورها التخريبي في مجال العقيدة الإسلامية، طباعة ونشر دار الشؤون الثقافية العامة، بغداد، ١٩٩١م، ص٣٣.

(٢) البغدادي: عبد القاهر بن طاهر بن محمد (ت٤٢٩هـ) الفرق بين الفرق، تحقيق محمد محيي الدين عبد الحميد، مطبعة المدني، القاهرة، ب.ت، ص٢٣٥.

(٣) ابن النديم: أبو الفرج محمد بن اسحق (ت٣٨٣هـ): الفهرست، دار المعرفة للطباعة والنشر، بيروت، ١٩٧٨، ص٤٧٣.

(٤) الغزالي: أبو حامد محمد بن محمد بن محمد (ت٥٠٥هـ): المنقذ من الضلال، تحقيق وتقديم د. جميل صليبا ود. كامل عياد، ط٩، دار الأندلس للطباعة والنشر، بيروت، ١٩٨٠م، ص٩٦.

الأولى بقيادة الراهب (بيير لرميت) وأخفقت هذه الحملة وتتابعت الحملات من الغرب وامتحنت الأمة في عقيدتها وفي فكرها وأصالتها وكانت الاستجابة حازمة وحاسمة في صد الغزو الصليبي ودحره على يد أبطال هذه الأمة ومنهم نور الدين زنكي (ت٥٦٩هـ) وصلاح الدين الأيوبي (٥٨٧هـ) الذي دوخ الفرنج وانتصر عليهم في المعركة الحاسمة (وقعة حطين) عام ٥٨٥هـ/١١٨٩م وفتح بيت المقدس ولم يكف الصليبيون عن الحرب بل استمرت وطالت ما يقرب من مائتي عام كانت آخر حملاتهم على تونس وإخفاقهم فيها فانقطع أمر الفرنج من المشرق "عام (٦٩٢هـ) الموافق ١٢٩٢م. وبعد هزيمة أوربا وطردها من الشرق واصلت حملاتها عن طريق التبشير"[(١)].

وقد تداخلت الحروب الصليبية مع غزو التتار القادم من الشرق وتخريب بغداد عام (٦٥٦هـ) الموافق (١٢٥٨م) وفيها ذاقت الأمة مرارة اشد محنة طالت وجودها وعقيدتها وحضارتها وما بنته خلال سبعة قرون من البناء والتكوين الثقافي والحضاري قتل في هذه الحقبة عشرات الآلاف من علماء الأمة وقادتها وعلى رأسهم الخليفة المستعصم بالله (٦٤٠هـ-٦٥٦هـ) الذي قتله هولاكو في ١٤ صفر من (٦٥٦هـ)[(٢)].

وهدمت صروح كانت مناراً للإنسانية وأحرقت وأغرقت ملايين المخطوطات والرسائل والكتب والمؤلفات في مختلف فروع العلم والمعرفة.

لقد كان لتواطؤ الباطنية التي تحمل الإرث الثنوي مع الغزاة المشركين مع يهود بغداد الأثر الكبير في نجاح المغول في اختراق حصون العرب المسلمين في بغداد

---

(١) د. أحمد شلبي: موسوعة النظم والحضارة الإسلامية (المجتمع الإسلامي) مكتبة النهضة، ط٧، القاهرة، ١٩٨٦م، ١٩٨/٦.

(٢) أدوارد فون زامباور: معجم الأنساب والأسرات الحاكمة في التاريخ الإسلامي ترجمة الدكتور زكي محمد حسن وآخرين، دار الرائد العربي، بيروت، ١٩٥١م، ص٤.

فاجتمعت على الأمة تحديات الداخل وتحديات الخارج فتهدمت حصونها وتداعت مراكز قوتها وتصدعت نفوس أبنائها وانهار بنيان حضارتها واغرق علمها وشتت فكرها وقتل علماؤها وحوصر أبطالها واعدم رجالاتها وأئمتها وفجعت الأمة بأميرها وامتهنت عقيدتها ومقدساتها فكانت المحنة الأشد والفتنة الانكى والمصيبة الكبرى التي نزلت بالأمة بعد عزها ومجدها. ودامت هذه المحنة عشرات السنين خطر الداخل وغزو المغول وتوافقه مع غزو الصليبيين وتحرشات البيزنطيين لكن أصالة هذه الأمة وقوة عقيدتها في بقية رجالها وعلمائها وصبرهم على الشدائد والصمود أمام البلايا كان سبباً في الاستجابة لكل هذه التحديات والوقوف في وجه الزحف المغولي. فمن القادة (قطز) و (الظاهر بيبرس ٦٧٦هـ-١٢٧٧م) ومن العلماء (ابن تيمية ت٧٢٨هـ) فكانت معركة (عين جالوت عام ٦٥٨هـ-١٢٦٠م) الفاصلة ضد المغول التي عوقت زحفهم وكانت سبباً في اندحارهم وانحسار خطرهم.

وفي كل مرة تخرج الأمة من محنتها وما ان تتعافى حتى تجابه خطراً جديداً فبعد انحسار الخطر المغولي ودخول بعض قادتهم الإسلام ظلت أوربا تكيد فبعد إخفاق الحملة التاسعة لم تتوقف نزعة الحقد الصليبي ولم تهدأ أوربا وإنما استمرت تكيد للشرق وتتآمر عليه وتتوسل بكل الوسائل للنيل من العالم الإسلامي بعد ان أخفقت في الغزو العسكري المباشر ولقد تلا الحروب الصليبية تصفية الوجود الإسلامي في الأندلس بصورة لا نظير لها في التاريخ مما ينم عن الحقد الدفين ثم ان سقوط القسطنطينية في أيدي المسلمين وتحقيق بشارة الرسول الأكرم محمد صلى الله عليه وسلم في فتح هذه المدينة المهمة في حياة المسلمين كان ذلك قد تحقق على يد البطل محمد الفاتح[١]، عام (١٤٥٣م) مما زاد في حقد الغرب على الإسلام والمسلمين وافقدهم

(١) هو محمد الثاني (٨٥٥هـ-٨٨٦هـ أو ١٤٥١٦-١٤٨١م) لقب بالفاتح لفتحه المدينة العظيمة القسطنطينية، ينظر، لويس شيخو، مجاني الأدب في حدائق العرب، مطبعة الآباء اليسوعيين، بيروت، ١٩١٣، ٣٣٣/٦.

حلاوة انتصارهم في الأندلس عام (١٤٩٢م) حيث سقطت آخر دويلة إسلامية في الأندلس[١].

وبعدها جاءت طلائع الحروب الصليبية متخفية برايات المكتشفين الجغرافيين (أول حملة فاسكوديجاما عام ١٥١٧م)، ثم جاءت الروح الصليبية كامنة في مدافع نابليون في حملته على مصر عام ١٧٩٨م ثم جاء الإنكليز عام ١٨٨٢م بعد فشل الفرنسيين ومع بعوث المستشرقين وإرساليات المنصرين كانت النوايا الخبيثة للدول الأوربية والفكر الغربي التي استهدفت استئصال شأفة الإسلام وخضد شوكته وبذر جذور النزعة اللادينية في نفوس أبنائه وفي عام ١٨٩٧م عقد المؤتمر الصهيوني في بال للتخطيط في إنشاء دولة يهودية في فلسطين والتمهيد للغزو الاستعماري الذي طال معظم بلدان العالم الإسلامي واحتلالها وجعلها مناطق نفوذ يتصرف بها باستعلاء وهمجية ليذل المسلمين في بلادهم فقد احتلت فرنسا الجزائر ١٨٣٠م وتونس ١٨٨١م ومراكش ١٩٩١ وسوريا ١٩١٨ واحتلت إنجلترا العراق ١٩١٧م[٢]. ثم بعد ذلك قضوا على الدولة العثمانية وقطعوا أوصالها بحقد صليبي وبتخطيط يهودي دقيق، والحق أن الجنرال اللنبي لم يكن صادقاً حين وقف على جبل الزيتون في الحرب العالمية الأولى قائلاً: "الآن انتهت الحروب الصليبية" كما ان الواقع التاريخي يؤكد ان هذه الحرب لن تنتهي. وهذا هو (جان بول رو) يقرر ذلك قائلاً: "لقد اعتدنا ان نتحدث عن ثمان حملات صليبية الأولى بدأت منها ١٠٩٦م والأخيرة انتهت ١٢٧٠م غير ان هذا التقسيم لا يبدو متجاوباً كثيراً مع الواقع، ويمكننا ان نزيد هذا العدد إذا أخذنا بالحسبان جميع الدفعات التي وجهت إلى الشرق.."[٣].

(١) محمد قطب، كيف نكتب التاريخ الإسلامي، دار الكتاب الإسلامي، ط١، مطبعة القدس، ١٩٩٢م، ص١٧٨.
(٢) د. أحمد شلبي، موسوعة النظم والحضارة الإسلامية، ص٢١٥.
(٣) جان بول رو، الإسلام في الغرب ترجمة نجدت هاجر وزميله، مصر ١٩٦٠م، ص٤١-٤٢.

ويقول (رو) أيضا "فقد قُذف بملايين الأوربيين إلى شواطئ الشرق ومهمتهم تغيير المعتقدات الشرقية، ومن أجل الوصول إلى ذلك كان عليهم ان يخربوا هذا الشرق"[١].

ويؤكد (رو) قائلاً "لم يكن القضاء على الدولة العثمانية إلا مظهراً من مظاهر الهجوم العام الذي يشنه الأوربيون على الدول الإسلامية، ومن جزر الفلبين إلى قلب إفريقيا عمل الرجل الأبيض على بسط طرق المعيشة وتفكيره ومخططاته وتكتيكه"[٢].

ويقول (رو): "إن الحرب دامت ثلاثة عشر قرناً وقسمها إلى أربع مراحل رئيسية جاعلاً المرحلة الرابعة منها هي طرد العثمانيين من ممتلكاتهم والقضاء على قوة الإسلام في آسيا الوسطى وفرض الاستعمار أو الحماية على القسم الأكبر من ديار الإسلام"[٣].

نعم ان الهدف هو تغيير المعتقدات والأفكار الإسلامية وإبعاد الشريعة عن حكم الحياة، فقد قام نابليون بتعطيل الشريعة وإحلال القانون الفرنسي محلها وأول عمل قام به الإنكليز في الهند هو إلغاء الشريعة الإسلامية، وأول عمل قام به أذناب المخطط اليهودي الصليبي في تركيا هو إلغاء الشريعة الإسلامية ثم إعلان تركيا دولة علمانية (لادينية).

لقد شنت القوى الاستعمارية والصهيونية حروباً ضارية ضد بلدان العالم الإسلامي ومنها بلاد العرب وعاون تلك القوى المستشرقون والإرساليات التنصيرية ودعاة التغريب في إنجاح الغزو والحرب النفسية من اجل القضاء على ذاتية العرب والمسلمين ومقومات الفكر العربي الإسلامي.

---

(١) جان بول رو، الإسلام في الغرب، ص٤٣.
(٢) جان بول رو، الإسلام في الغرب، ص٥٦.
(٣) المرجع نفسه، ص٧٠.

وإذا كان الاستعمار والتغريب قد حرصا على تشويه الفكر الإسلامي والثقافة العربية وسيلة للحط من شأن العرب والمسلمين فان ظاهرة واضحة قد أثبتت وجودها وأكدت ظهورها هي بروز طابع اليقظة والحيطة والحذر من التيارات والأفكار المسمومة التي غذاها واعتمدها الفكر الغربي والاستعمار الغربي كآليات للتخريب الحضاري تستهدف عقيدة الأمة وفكرها وتحاول تشويه تاريخها والنيل من رسول الله محمد بن عبد الله النبي العربي صلى الله عليه وسلم الذي بُعث رحمة للعاملين عليه أفضل الصلاة والسلام والحط من علماء الأمة وأعلامها.

وصراعنا مع الغرب صراع فكري حضاري لا ينتهي إلا بانتصار الحق الذي هو معلوم على الباطل الذي هو معدوم وان وعد الله يتحقق لقوله تعالى (وَنُرِيدُ أَنْ نَمُنَّ عَلَى الَّذِينَ اسْتُضْعِفُوا فِي الْأَرْضِ وَنَجْعَلَهُمْ أَئِمَّةً وَنَجْعَلَهُمُ الْوَارِثِينَ)[١].

مفهوم الفكر الإسلامي

الفكر لغة: يقول ابن منظور في لسان العرب:

فكر: الفكر: إعمال الخاطر في الشيء، قال سيبويه: ولا يجمع الفكر ولا العلم ولا النظر قال: وقد حكى ابن دريد في جمعه أفكاراً، والفكرة كالفكر، وقد فكر في الشيء (قوله "وقد فكر في الشيء الخ" بأن ضرب كما في المصباح)، وأفكر فيه وتفكر بمعنى...؟ ورجل فكير.. وفكير كثير الفكر والأخيرة عن كراع الليث.

التفكر اسم التفكير ومن العرب من يقول: الفكر.

الفكرة والفكري على فعلي اسم وهي قليلة. التفكر: التأمل والاسم الفكر والفكرة والمصدر الفكر بالفتح، قال يعقوب: يقال ليس لي في هذا الأمر، أي ليس لي فيه حاجة: والفتح فيه افصح من الكسر[١].

---

(١) سورة القصص: الآية ٥.

الفكر الإسلامي اصطلاحاً

عرف الدكتور محمد البهي[٢] الفكر الإسلامي بأنه "هو النتاج للعقل الناشئ في المجتمع الإسلامي، في ظل القرآن والسنة ، وسيرة السلف الصالح".

ويحاول توضيح مفهومه بأن الفكر الإسلامي هو المحاولات العقلية من علماء المسلمين لشرح الإسلام في مصادره الأصلية: القرآن والسنة الصحيحة.

١. أما تفقهاً واستنباطاً لأحكام دينية في صلة الإنسان بخالقه في العبادة أو صلة الإنسان بالإنسان في المعاملات أو لمعالجة أحداث جدت، لم تعرف بذاتها في تاريخ الجماعة الإسلامية على عهد الرسول صلى اللـه عليه وسلم وعهد صحابته أو تبريراً لتصرفات خاصة صدرت وتمت، أو تصدر تحت تأثير عوامل أخرى.

٢. وأما توفيقاً بين مبادئ الدين وتعاليمه من جانب، وفكر أجنبية دخلت الجماعة الإسلامية من جانب آخر، بعد أن قبلت هذه الفكر كمصدر آخر للتوجيه.

٣. أو دفاعا عن العقائد التي وردت فيه أو رداً لعقائد أخرى مناوئة لها، حاولت، أن تحتل منزلة في الحياة الإسلامية العامة لسبب أو لآخر يدعو إلى إعمال الفكر في المحافظة على الطابع الإسلامي. كما يراد له أن يكون أو يبقى ذا صبغة إسلامية.

وهذا ما يؤكد براعة الفكر الإسلامي ويدل على الأصالة في الفهم ورجاحة في العقل والتوازن في الخطوط الهادفة لبناء المجتمع الإسلامي.

---

(١) ابن منظور، محمد بن عبد الكريم (ت٧١١هـ)، لسان العرب، طبعة دار صادر، بيروت ١٩٥٦م، ٣٥/١١.
(٢) محمد البهي، الفكر الإسلامي في تطوره، دار الفكر، ط١، مصر، ١٩٧١، ص٧.

أما الدكتور محسن عبد الحميد فيقول "إن مصطلح الفكر الإسلامي من المصطلحات الحديثة وهو يعني كل ما أنتج فكر المسلمين منذ مبعث رسول اللـه صلى اللـه عليه وسلم إلى اليوم في المعارف الكونية العامة المتصلة بالله • والعالم والإنسان، والذي يعبر عن اجتهادات العقل الإنساني لتفسير تلك المعارف العامة في إطار المبادئ الإسلامية عقيدة وشريعة وسلوكاً"(١).

ويوضح الدكتور محسن في هذا المجال بالقول "فحتى يستطيع المفكر الإسلامي أن يحافظ على عقيدته وحضارته ونظرتهما إلى الوجود اضطر أن يبحث عن مصطلحات معاصرة تعبر عن كليات وجزئيات الصراع الحضاري المعاصرين منظومة الحضارة الإسلامية ومنظومة الحضارة الغربية"(٢).

كما عبر كل من الدكتور خاشع المعاضيدي والدكتور عبد الرحمن العاني والدكتور حمدان الكبيسي عن الفكر الإسلامي بالقول "عبر الفكر الإسلامي عن الوجوه في المجتمع العربي وكان حربا على كل أنواع الاستغلال والاستعباد". وبشيء من التوضيح يقولون "يمكن اعتبار مرحلة الدعوة الإسلامية في عهد الرسول صلى اللـه عليه وسلم مرحلة للعمل الفكري الجاد.. وقد واجهت هذه المرحلة صراعاً مصيرياً شهدت خلاله الدعوة الإسلامية مرحلة الإنضاج"(٣).

وفي مداخلة للكاتب عمر عبيد حسنة من خلال تقديمه لكتاب المذهبية الإسلامية والتغيير الحضاري للدكتور محسن عبد الحميد قال "ومن الأمور التي تسترعي الانتباه ان قضية المصطلحات أخذت من المؤلف عناية مشكورة، ومساحة

---

(١) محسن عبد الحميد، تجديد الفكر الإسلامي، نشر المعهد العالمي للفكر الإسلامي، فرجينا، ١٤١٦هـ-١٩٩٥م، ص٤١.
(٢) المرجع نفسه، ص٣٦.
(٣) خاشع المعاضيدي وآخرون، دراسات في المجتمع العربي، مطبعة جامعة بغداد، طبعة أولى بغداد، ١٩٧٧م، ص٧٠.

لا بأس بها، وقد كانت مناقشة المصطلح مدخله إلى الكتابة حينما اقترح أن تكون التسمية (المذهبية الإسلامية)[١] بدل (الفكر الإسلامي) أو (التصور الإسلامي)[٢] وخَطّأ من ذهب إلى ذلك الاصطلاح لأنه تخوف أن يخلط بسبب ذلك بين إفرازات العقل واجتهاداته وبين الكتاب والسنة كوحي معصوم، ونحن نعتقد أن التنبيه إلى هذا لدفع احتماله ذو أهمية في مجال الفكر الإسلامي، وان كنا لا نعتقد حصول مثل هذا الالتباس عند أصحاب المصطلحين، وعند الكثير من قرائهم، على كل تبقى وجهة النظر تغني العقل الإسلامي وتسهم بإيضاح الصورة ودفع الالتباس.. ولاشك أن مصطلح (المذهبية الإسلامية) الذي ارتضاه المؤلف.. هو وجهة نظره في الاختبار.."[٣]. أما رأي الكاتب أنور الجندي في هذا المجال فهو يقول "والفكر الإسلامي له قوانينه الخاصة ونظمه المتميزة في مجال العلوم السياسية والاقتصادية والتاريخ وعلم النفس مما قدمه الفارابي وابن سينا والبيروني والماوردي والغزالي وابن خلدون، هذه الآراء والمفاهيم التي صهرها فلاسفة الغرب في علومهم ودراساتهم وصاغوها صياغة جديدة فعزلوها عن مصادرها الإسلامية المرتبطة بالتوحيد.. وفي مجال الفقه والتشريع والقانون كان للفكر الإسلامي القدح المعلى في نظريات ما تزال حتى الآن بكراً وما تزال مناراً يهتدى به"[٤].

(١) ليس المقصود بالمذهبية الإسلامية هي المذهبية الفقهية.

(٢) اعتمده سيد قطب في كتابه (خصائص التصور الإسلامي)، طبع دار إحياء الكتب العربية، حلب، ط٢، ١٩٦٥م.

(٣) من مقدمة عمر عبيد حسنة على كتاب، محسن عبد الحميد، المذهبية الإسلامية والتغيير الحضاري، مطبعة وزارة التربية، الطبعة الرابعة، ١٤٢٠هـ العراق، ص١٠.

(٤) أنور الجندي، تأصيل مناهج العلوم والدراسات الإنسانية بالعودة إلى الفكر الإسلامي الأصيل، المكتبة العصرية-بيروت، ١٩٨٣، ص٥.

الفصل الأول

أصول الفكر الإسلامي ومقوماته وخصائصه

المبحث الأول

أصول الفكر الإسلامي

أولاً: القرآن الكريم

ثانياً: السنة النبوية الشريفة

ثالثاً: الإجماع

رابعاً: الاجتهاد

المبحث الثاني

مقومات الفكر الإسلامي

أولاً: العقيدة

ثانياً: نظام الأخلاق

ثالثا: الأمة المسلمة

رابعاً: التاريخ الحضاري

المبحث الثالث

خصائص الفكر الإسلامي

أولاً: التوحيد

ثانياً: التوازن والوسطية

ثالثا: التكامل والشمولية

رابعاً: المثالية والواقعية

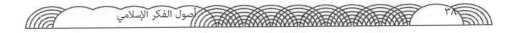

المبحث الأول

أصول الفكر الإسلامي

أولاً: القرآن الكريم

قال الله تعالى: (وَنَزَّلْنَا عَلَيْكَ الْكِتَابَ تِبْيَانًا لِكُلِّ شَيْءٍ وَهُدًى وَرَحْمَةً وَبُشْرَى لِلْمُسْلِمِينَ)[١].

إن أصالة الفكر الإسلامي وفاعليته وتطوره واستمرار عطائه متأتية من معينه الصافي وأصلهِ الناشئ من القرآن الكريم كتاب الله الذي لا تنقضي عجائبه ولا يشبع منه العلماء.

فالفكر الإسلامي ينطلق من ضوابط الإسلام، يقول صاحب كتاب تجديد الفكر الإسلامي "ولو تأملنا القرآن الكريم لوجدناه يفتح المجال الواسع لحركة العقل الإنساني بل تأتي النصوص مرنة أو عامة أو ذات مقاصد كلية وهذا هو الواقع القرآني وبجانبه السنة النبوية الشريفة دفع علماء الإسلام إلى إعمال فكرهم في مجالين:

أولهما: في مجال الاجتهاد في تفسير القضايا التي لم تقرر بنصوص قاطعة، لا في الكتاب ولا في السنة.

وثانيهما: في مجال الاجتهاد في القضايا والمسائل التي لم يتطرق إليها البتة" [٢].

ولقد خلق الله تعالى الإنسان ومنحه العقل والإرادة وسخر له ما في السماوات وما في الأرض وكلفه بحمل الأمانة وعمل الخير وإعمار الأرض،

---

(١) سورة النحل: الآية ٨٩.

(٢) محسن عبد الحميد، تجديد الفكر الإسلامي، ص٤٧.

فبالتفكير يواجه الإنسان كل ما حوله ليكتشف فيه ما يساعده على التكليف والبقاء وإنشاء الحضارة والاستخلاف في الأرض، وفي القرآن الكريم آيات بينات تدفع الإنسان إلى تحريك طاقته الفكرية وتشجعه على استعمالها في التفكير العميق والتدبر، قال الله تعالى: (لَقَدْ أَنْزَلْنَا إِلَيْكُمْ كِتَابًا فِيهِ ذِكْرُكُمْ أَفَلَا تَعْقِلُونَ)(١)، وقال تعالى: (الَّذِينَ يَذْكُرُونَ اللَّهَ قِيَامًا وَقُعُودًا وَعَلَى جُنُوبِهِمْ وَيَتَفَكَّرُونَ فِي خَلْقِ السَّمَاوَاتِ وَالْأَرْضِ رَبَّنَا مَا خَلَقْتَ هَذَا بَاطِلًا سُبْحَانَكَ)(٢).

فالقرآن الكريم هو مصدر القيم الأساسية للفكر الإسلامي فقد دعا القرآن إلى المعرفة عن طريق العقل والفكر قال تعالى: (أَعِظُكُمْ بِوَاحِدَةٍ أَنْ تَقُومُوا لِلَّهِ مَثْنَى وَفُرَادَى ثُمَّ تَتَفَكَّرُوا)(٣)، وقوله تعالى: (أَفَلَمْ يَسِيرُوا فِي الْأَرْضِ فَيَنْظُرُوا....)(٤).

إن الآيات تشير إلى "عناية الله" بالإنسان وكيف سخر له كل شيء من مخلوقاته الموجودة في السماوات والأرض وذلك من أجل استمرار الحياة، إن أسرار الحياة تقف وراء الكثير من هذه القضايا، ولمحات القرآن الكريم أو إشاراته، أشبه بالضوء القوي يسلطه عليها ليفكر الإنسان فيها تفكيراً عميقاً، ولا يمر بها مروراً سطحياً كما اعتاد الناس أن يفعلوا، (كَذَلِكَ نُفَصِّلُ الْآيَاتِ لِقَوْمٍ يَتَفَكَّرُونَ)(٥)، وقوله تعالى: (كَذَلِكَ يُبَيِّنُ اللَّهُ لَكُمُ الْآيَاتِ لَعَلَّكُمْ تَتَفَكَّرُونَ)(٦). هذا فضل الله ومَنُّه

---

(١) سورة الأنبياء: الآية ١٠.
(٢) سورة آل عمران: الآية ١٩١.
(٣) سورة سبأ: الآية ٤٦.
(٤) سورة محمد: الآية ١٠.
(٥) سورة يونس: الآية ٢٤.
(٦) سورة البقرة: الآية ٢٦٦.

وكرمه على الإنسان، وعنده المزيد فخزائنه ملآنة (يُؤْتِي الْحِكْمَةَ مَنْ يَشَاءُ وَمَنْ يُؤْتَ الْحِكْمَةَ فَقَدْ أُوتِيَ خَيْرًا كَثِيرًا وَمَا يَذَّكَّرُ إِلَّا أُولُو الْأَلْبَابِ)^(١). وعندما نتابع الآيات التي ورد فيها الفعل (يتفكرون) نجد القرآن الكريم يتحدث عن الرسل السابقين وأنهم رجال وبشر أوحي إليهم مثل محمد عليه وعليهم الصلاة والسلام، وأنهم جاؤوا بالحجج والبينات وقضايا العقيدة التي كلفوا بها (لَعَلَّهُمْ يَتَفَكَّرُونَ)^(٢). إن الآيات تشير إلى عناية الله بالإنسان وكيف سخر له كل شيء من مخلوقاته الموجودة في السماوات والأرض (آيَاتٌ لِقَوْمٍ يَعْقِلُونَ)^(٣)، يقول الدكتور يوسف القرضاوي:

"لم يقل العلماء المعتدلون الذين اهتدوا بالكتاب والسنة بسد باب الإلهام والكشف والبصيرة، وإنما أرادوا أن يقيدوه بالأصول والضوابط التي تمنع دخول الوهم والكذب والغلو فيه وإن كان العقليون من قديم حاولوا أن يضبطوا إنتاج العقل بقواعد المنطق الذي عرفوه بأنه: (آلة قانونية تعصم مراعاتها الذهن عن الخطأ في الفكر)، وبهذا يمكن الرجوع إلى هذه القواعد عند الخلاف وإذا كان الشرعيون قد وفقهم الله لوضع علم (أصول الفقه) لضبط الاستدلال فيما فيه نص وفيما لا نص فيه وأسسوا بذلك علماً عظيماً لم يعرف مثله في حضارة من الحضارات وغدا مفخرة من مفاخر التراث الفكري الإسلامي"^(٤).

---

(١) سورة البقرة: الآية ٢٦٩.
(٢) الشيخ محمد علي الجوزو، مفهوم العقل والقلب في القرآن والسنة، دار العلم للملايين، بيروت، ط١، بيروت ١٩٨٠، ص١١٨.
(٣) سورة الجاثية: الآية ٥.
(٤) د. يوسف القرضاوي، موقف الإسلام من الإلهام والكشف، ط١، مكتبة وهبة، القاهرة ١٩٩٤، ص٢٧-٢٨.

والقرآن الكريم هو كتاب الإسلام والمصدر الأول للتشريع والتوجيه والفكر وهو كما قال الشاطبي: "كلية الشريعة وعمدة الملة وينبوع الحكمة وآية الرسالة ونور الأبصار والبصائر المسلمة"[١].

إن القرآن الكريم دعا إلى هذه العلوم من باب النظر والبحث والانتفاع مما في الكون من نعم وعبر (قُلِ انْظُرُوا مَاذَا فِي السَّمَاوَاتِ وَالْأَرْضِ)[٢].

---

(١) الشاطبي، أبو إسحق إبراهيم بن موسى (ت٧٩٠هـ)، الموافقات في أصول الشريعة، دار المعرفة للطباعة والنشر، بيروت، ب. ت، ٣٤٦/٣.

(٢) سورة يونس: الآية ١٠١، وينظر: محمود عبد العزيز الفداع، علوم القرآن، الجداول الجامعة في العلوم النافعة، دار الدعوة، ط٤، كويت ١٩٨٩، ص١٤٤.

ثانيا: السنة النبوية

ومعنى السنة اصطلاحاً: ما أثر عن النبي صلى الـلـه عليه وسلم من قول أو فعل أو ترك أو تقرير[١]. وأقوال النبي صلى الـلـه عليه وسلم إنما تكون مصدراً للتشريع، إذا كان المقصود بها بيان الأحكام أو تشريعها، أما إذا كانت في أمور دنيوية بحتة لا علاقة لها بالتشريع، فلا تكون دليلاً من أدلة الأحكام، ولا مصدراً تستنبط منه الأحكام الشرعية، ومن ذلك ما روي: أنه عليه الصلاة والسلام رأى قوماً في المدينة يؤبرون النخل، فأشار عليهم بتركه، ففسد الثمر، فقال لهم: أبروا، أنتم أعلم بأمر دنياكم[٢].

ولقد شجع الرسول الكريم صلى الـلـه عليه وسلم المسلمين على الاجتهاد العقلي والتدبر والتفقه في شؤون الحياة كافة وفرّق بين الوحي الإلهي والتفكير الإنساني وأدرك الصحابة الكرام ذلك فكانوا كثيراً ما يقفون أمام الرسول الكريم فيسألونه فيما إذا كان الذي يعرضه عليهم وحياً إلهياً أم رأياً رآه؟ فإذا اخبرهم أن ذلك كان منه اجتهاداً وتفكيراً، فكروا بدورهم وعرضوا آراءهم أمامه صلى الـلـه عليه وسلم ، كما حدث قبيل معركة بدر (٢هـ) من مشاورة أصحابه ونزوله عند رأي الحباب بن المنذر (ت٢٠ هـ) الذي قال:" يا رسول الـلـه: أرأيت هذا المنزل، أمنزل أنزلكه الـلـه، ليس لنا أن نتقدم ولا نتأخر عنه، أم هو الرأي والحرب والمكيدة؟ قال: بل هو الرأي والحرب والمكيدة. قال: يا رسول الـلـه، فإن هذا ليس بمنزل، فانهض بالناس حتى تأتي أدنى ماء من القوم فننزله ثم نُغَور ما وراءه من القليب. فقال رسول الـلـه صلى الـلـه عليه وسلم : لقد أشرت بالرأي[٣].

---

(١) جاسم بن محمد مهلهل الياسين، التوحيد والفقه وأصول الفقه، دار الدعوة، ط٤، الكويت ١٩٨٩، ص٥٠.
(٢) د. عبد الكريم زيدان، الوجيز في أصول الفقه، بغداد ١٩٧٦، ص١٦٤.
(٣) ابن هشام، محمد بن عبد الملك (ت٢١٣هـ)، سيرة النبي (٤) أجزاء، تحقيق محي الدين عبد الحميد، مطبعة حجازي، القاهرة ١٣٥٦هـ-١٩٣٧م، ٢٥٩/٢.

وهناك مواقف أخرى برز فيها الفكر الإسلامي متجلياً بفطنة بعض الصحابة وصحة آرائهم، كما حدث عندما شاور عليه السلام أصحابه قبيل معركتي أحد والخندق، وكذلك الأخذ برأي سعد بن عبادة (ت١٤هـ) وسعد بن معاذ (ت٥هـ) رضي الله عنهما برفض اقتراح تخصيص ثلث ثمار المدينة المنورة لغطفان.

وكذلك رضاه صلى الله عليه وسلم عن جواب الصحابي الجليل معاذ بن جبل (ت١٨هـ) رضي الله عنه بسؤاله له عندما كلفه قضاء اليمن " كيف تقضي إذا عرض لك قضاء؟ قال: أقضي بكتاب الله، قال: وإذا لم تجد في كتاب الله؟ قال: بسنة رسول الله، قال: فإن لم تجد في سنة رسول الله، قال: اجتهد ولا آلو، ففرح رسول الله صلى الله عليه وسلم لذلك فقال: الحمد لله الذي وفق رسول رسول الله لما يرضي رسول الله صلى الله عليه وسلم "[١].

وقد أدرك العلماء من الصحابة والتابعين وتابعيهم هذه الحقيقة الإسلامية الصريحة، فعدّوا الاجتهاد العقلي بضوابطه الشرعية أصلاً من أصول الدين، مثال ذلك القياس والاستحسان وتحقيق المصالح وسد الذرائع ورفع الضرر وما إلى ذلك من وجوه الاجتهاد الأخرى، ويكاد علماء الإسلام يجمعون على القول بحجية العقل في مجاله[٢]. فقد روي عن النبي صلى الله عليه وسلم أنه قال: "ما اكتسب المرء مثل عقل يهدي صاحبه إلى هدى ويردّه عن ردى"[٣]. وقوله عليه السلام "لكل شيء دعامة ودعامة عمل المرء عقله... الحديث"[٤]. ويذكر الماوردي (ت٤٥٠هـ) في كتابه أدب الدنيا والدين:

(١) أبو داود، سليمان بن الأشعث (ت٢٧٥هـ)، سنن أبو داود، تحقيق محمد محي الدين عبد الحميد، دار الفكر، ١٥٣/٣.
(٢) د. محسن عبد الحميد، تجديد الفكر الإسلامي، ص٤٦.
(٣) البيهقي، أبو بكر أحمد بن الحسين (ت٤٥٨هـ)، شعب الإيمان، دار الكتب العلمية، ط١، (بيروت، ١٩٨٩)، ١٦١/٤).
(٤) ابن شيرويه، أبو شجاع شيرويه (ت٥٠٩هـ)، الفردوس بمأثور الخطاب، دار الكتب العلمية، ط١، (بيروت، ١٩٨٦م)، ٣٣٣/٣.

أن عمر بن الخطاب (ت٢٣هـ) رضي الله عنه قال: "أصل الرجل عقله وحسبه دينه ومروءته خلقه"[١].

وقال الحسن البصري (ت١١٠هـ) رحمه الله: "ما استودع الله أحداً عقلاً إلا استنقذه به يوماً ما". وقال بعض البلغاء: "خير المواهب العقل وشر المصائب الجهل".

وقال الشاعر إبراهيم بن حسنان:

يعيش الفتى في الناس بالعقل أنه ... على العقل يجري علمه وتجاربه
إذا أكمل الرحمن للمرء عقله ... فقد كملت أخلاقه ومآربه

وقال الماوردي في فضل العقل: "اعلم أن لكل فضيلة أساً، ولكل أدب ينبوعاً، وأس الفضائل وينبوع الآداب هو العقل الذي جعله الله تعالى للدين أصلاً، وللدنيا عماداً، فأوجب التكليف بكماله، وجعل الدنيا مدبرة بأحكامه، وألف به بين خلقه مع اختلاف هممهم ومآربهم وتباين أغراضهم ومقاصدهم"[٢].

وقال آخرون وهو القول الصحيح: "إن العقل هو العلم بالمدركات الضرورية"[٣]. يقول الشافعي (ت٢٠٤هـ) رحمه الله تعالى: "إن الله تعالى جلَّ ثناؤه منَّ على العباد بعقولهم فدلهم بها على الفرق بين المختلف وهداهم السبيل إلى الحق نصاً ودلالة"[٤]. ورد ابن حزم (ت٤٥٦هـ) رحمه الله على من أبطلوا حجة العقل بالقول: "وبالله تعالى التوفيق، إن صحة ما أوجبه العقل عرفناه بلا واسطة ولا زمان ولم يكن بين أول أوقات فهمنا وبين معرفتنا بذلك مهلة البتة، ففي أول أوقات

(١) الماوردي، أبو الحسن علي بن حبيب البصري، أدب الدنيا والدين، تحقيق محمد عبد المنعم خفاجي، مطبعة حجازي، ط١، مصر ١٣٧٤هـ-١٩٥٤م، ص٧.
(٢) الماوردي، أدب الدنيا والدين، ص٧.
(٣) م.ن، ص٨.
(٤) الشافعي، أبو عبد الله محمد بن إدريس (ت٢٠٤هـ)، الرسالة، تحقيق: أحمد محمد شاكر، مطبعة مصطفى البابي الحلبي، (القاهرة ١٩٤٠م)، ص٥٠١.

فهمنا علمنا أن الكل أكثر من الجزء وأن كل شخص فهو غير الآخر، وأن الشيء لا يكون قائماً قاعداً في حال واحدة، وأن الطويل أمد من القصير، وبهذه القوة عرفنا صحة ما يوجبه القياس"[١].

وقد خطّأ ابن تيمية (ت٧٢٨هـ) رحمه الله تعالى أولئك الذين يقدحون في الدلائل العقلية مطلقاً لأنهم يتصورون أنها هي الكلام المبتدع الذي أحدثه من أحدثه من المتكلمين والفلاسفة[٢].

وخلاصة القول أن الفكر الإسلامي يعتمد على مصدريه الأساسيين القرآن الكريم والسنة النبوية الشريفة، وأن الباحث المنصف إذا تحرى عن حقائق الحياة الإسلامية خلال التاريخ الطويل يرى أن مظاهر الفكر الإسلامي المتنوعة كلها انطلقت من الإسلام وجالت في دائرته واصطبغت بصبغته، وأن القضايا الكلية والجزئية التي أثيرت في التاريخ الإسلامي كانت بأصالة مصدريه[٣].

---

(١) ابن حزم الأندلسي الظاهري (ت٤٥٦هـ)، الإحكام في أصول الأحكام، ط١، مطبعة السعادة، القاهرة ١٩٢٨، ١٦/١.
(٢) ابن تيمية، أبو العباس تقي الدين أحمد بن عبد الحليم (ت٧٢٨هـ)، الفتاوى الكبرى، تحقيق حسنين محمد مخلوف، دار المعرفة، بيروت، ١٢٧/١٣.
(٣) د. علي سامي نشار، نشأة الفكر الفلسفي في الإسلام، ٣٣/١-٣٤.

ثالثاً: الإجماع

الإجماع معناه[١]: العزم والتصميم على الشيء ويقال: أجمع فلان الأمر، أي عزم عليه وصمم. ومن معناه أيضاً: الاتفاق، ومنه قوله تعالى: (فَأَجْمِعُوا أَمْرَكُمْ وَشُرَكَاءَكُمْ)[٢]. ويقال: أجمع القوم على كذا، أي اتفقوا عليه مع العزم والتصميم.

وفي اصطلاح الأصوليين الإجماع: هو اتفاق المجتهدين من الأمة الإسلامية. وذهب البعض إلى أن اتفاق الأكثرين، وان لم يكن إجماعاً، إلا أنه يعد حجة يلزم اتباعها، لأن اتفاق الأكثرين يشعر بأن الحق معهم، وأن هناك دليلاً قاطعاً أو راجحاً دعاهم إلى الاتفاق، إذ يندر في العادة أن يكون دليل المخالف هو الراجح، لقوله صلى الله عليه وسلم : "لا تجتمع أمتي على خطأ"[٣]، و"لا تجتمع أمتي على ضلالة"[٤] وهذه الأحاديث وإن كانت أحادية إلا أن معناها متواتر، فتفيد القطع بأن ما تجتمع عليه هو الحق والصواب[٥].

ففي عصر الصحابة، لاسيما في زمن أبي بكر وعمر رضي الله عنهما كان المجتهدون قلة ومعروفين بأعيانهم، وموجودين كلهم تقريباً في المدينة المنورة، أو في مكان يسهل الوصول إليهم ومعرفة آرائهم، وكان الاجتهاد يأخذ شكل الشورى.

أما بعد ذلك العصر، فإن أحكاماً اجتهادية في بعض المسائل وجدت واشتهرت ولم يعرف لها مخالف، ولكن عدم معرفة المخالف لا يدل على عدم

---

(١) الجوهري، إسماعيل بن حماد (ت٣٩٣هـ)، معجم الصحاح في اللغة والعلوم، إعداد وتصنيف نديم وأسامة مرعشلي، ط١، دار الحضارة العربية، بيروت ١٩٧٥، ص١٥٩.

(٢) سورة يونس: الآية ٧١.

(٣) أخرجه أبو داود وضعفه الألباني، (ضعيف الجامع الصغير)، ١٨١٥.

(٤) المصدر نفسه.

(٥) د. عبد الكريم زيدان، الوجيز في أصول الفقه، مؤسسة الرسالة، ط١، بيروت ١٤٠٥هـ-١٩٨٥م، ص١٨٢.

وجود المخالف[١].

قال شيخ الإسلام ابن تيمية: "وأما ما يشبه ذلك من وجه دون وجه فهو ما تنازعوا فيه مما أقروا عليه وساغ لهم العمل به من اجتهاد العلماء والمشايخ والأمراء والملوك، كاجتهاد الصحابة في قطع اللينة وتركها"[٢].

ويقول الشاطبي: "فإن الله تعالى حكم بحكمته أن تكون فروع هذه الملة قابلة للأنظار ومجالاً للظنون، وقد ثبت عند النظار أن النظريات لا يمكن الاتفاق فيها عادة، فالظنيات عريقة في إمكان الاختلاف، لكن في الفروع دون الأصول وفي الجزئيات دون الكليات فلذلك لا يضر هذا الاختلاف"[٣]. وشاع على ألسنة العلماء: (إجماعهم قاطعة واختلافهم رحمة واسعة)، ولا منازعة في مشروعية الاجتماع على الخير والتعاقد عليه، ولقد أثنى الله على أهل بيعة الرضوان فقال عزوجل: ﴿لَقَدْ رَضِيَ اللَّهُ عَنِ الْمُؤْمِنِينَ إِذْ يُبَايِعُونَكَ تَحْتَ الشَّجَرَةِ﴾[٤]. وقد أجمع هؤلاء الذين أثنى عليهم ومدحهم على إمامة أبي بكر الصديق رضي الله عنه ، وسموه خليفة رسول الله صلى الله عليه وسلم وبايعوه وانقادوا له وأقروا له بالفضل[٥]. ويستشهد يوسف أبيش بقول الباقلاني (ت٤٠٣هـ) في كتابه (التمهيد): "إنما يصير الإمام إماماً بعقد من يعقد له الإمامة من أفاضل المسلمين الذين هم من أهل الحل والعقد، والمؤتمنين

(١) المرجع نفسه، ص١٧١.
(٢) ابن تيمية، أبو العباس تقي الدين أحمد بن عبد الحليم (ت٨٢٧هـ)، الفتاوى الكبرى، تحقيق حسنين محمد مخلوف، دار المعرفة للطباعة والنشر، بيروت، ١٢٤/١٩.
(٣) الشاطبي، أبو إسحاق إبراهيم بن موسى بن محمد اللخمي (ت٧٩٠هـ)، الاعتصام، الناشر المكتبة التجارية الكبرى، القاهرة، ١٦٨/٢.
(٤) سورة الفتح: الآية ١٨.
(٥) الأشعري، أبو الحسن علي بن إسماعيل (ت٣٣٠هـ)، كتاب الإبانة، طبعة حيدرآباد ١٣٧١، ص٤٨-٥١.

على هذا الشأن"[١].

وذكر ابن الأثير (ت٦٣٠هـ) مقالة علي بن أبي طالب (٣٥-٤٠هـ) رضي الله عنه عندما اجتمع إليه الناس في بيته، وأرادوا أن يعقدوا له البيعة فقال: "إن بيعتي لا تكون خفية، ولا تكون إلا في مسجد، فحضر الناس إلى المسجد، ثم جاء علي فصعد المنبر وقال: يا أيها الناس عن ملأ وأذن أن هذا أمركم، ليس لأحد فيه حق إلا من أمرتم، وقد افترقنا بالأمس على أمر وكنت كارهاً لأمركم، فأبيتم إلا أن أكون عليكم... فقالوا: نحن على ما فارقناك عليه بالأمس اللهم اشهد... ثم بايعه الناس"[٢].

وما روي عن عمر بن عبد العزيز (٩٩-١٠١هـ) رحمه الله بعد أن أخذت له البيعة بناء على عهد الخليفة سليمان بن عبد الملك (ت٥٤—٩٩هـ) إليه، أنه قام فصعد المنبر ثم قال: "أيها الناس إني لست بمبتدع ولكني متبع؟، وان من حولكم من الأمصار والمدن إن أطاعوا كما أطعتم فأنا واليكم، وإن هم أبوا فلست لكم بوال.. ثم نزل"[٣]. فالإجماع واختيار الأمة للإمام كان مصدراً للفكر السياسي الإسلامي وأصلاً من الأصول الرئيسية لانعقاد الإمامة. ومن مقالات أهل العلم في ذلك ما قاله علي بن أبي طالب كرم الله وجهه، فيما رواه عنه زيد بن علي (ت١٢٢هـ) في مجموعة، ولا تنعقد الإمامة إلا ببيعة المسلمين.

وقال شيخ الإسلام ابن تيمية: "وكذلك عمر لما عهد إليه أبو بكر رضي الله

(١) يوسف أبيش، نصوص الفكر السياسي الإسلامي، دار الطليعة، ط١، بيروت ١٩٦٦، ص٢٠، وينظر: الباقلاني، محمد بن الطيب بن محمد، التمهيد في الرد على الملحدة المعطلة، القاهرة ١٩٤٧، ص١٨١.

(٢) ابن الأثير، أبو الحسن علي بن أبي الكرم (ت٦٣٠هـ)، الكامل في التاريخ، طبع دار صادر، بيروت ١٩٦٥، ٩٨/٣-٩٩.

(٣) ابن كثير، أبو الفداء إسماعيل بن عمر (ت٧٧٤هـ)، البداية والنهاية، تحقيق محمد عبد العزيز النجار، مكتبة النصر- الرياض ١٩٦٦، ١٨٢/٩-١٨٣.

عنهما، إنما صار إماماً لما بايعوه وأطاعوه، ولو قدر أنهم لم ينفذوا عهد أبي بكر ولم يبايعوه لم يصر إماماً"(١).

فالإجماع على اختيار الإمام هو الذي قال به الجمهور الأعظم... إن طريق ثبوتها –أي الإمامة- الاختيار من الأمة.

كما إن الإمام إذا أراد الاستعفاء من منصبه فإنه يتقدم إلى الأمة، فالأمة هي التي تعين وهي التي تقيل، قال الماوردي: "للإمام أن يستعفي الأمة عن الإمامة وليس ذلك للوزير"(٢).

وإذا كان الإجماع في اختيار الإمام أصلاً من أصول الفكر السياسي فإن الإجماع ينسحب على جوانب الحياة الأخرى ليكون من الأصول الهامة في الفكر الإسلامي بشكل عام.

---

(١) ابن تيمية، منهاج السنة، تحقيق محمد رشاد سالم، ب. ت، ١٤٢/١.
(٢) الماوردي، الأحكام السلطانية، مطبعة مصطفى الحلبي، القاهرة ١٩٣٨م، ص٢٤.

رابعاً: الاجتهاد

ومعنى الاجتهاد عند الأصوليين: هو بذل المجتهد وسعه في طلب العلم بطريق الاستنباط. وأن مجال الاجتهاد هي ما لم يرد فيه دليل قاطع من نص صحيح أو إجماع صريح. وانه لا أثم على المجتهد في هذه المسائل وإن أخطأ[1]. قال رسول الله صلى الله عليه وسلم : "إذا حكم الحاكم فاجتهد فأصاب فله أجران، وإذا حكم فاجتهد فأخطأ فله أجر"[2]. ولذلك فرق الصحابة الكرام وتابعوهم بإحسان بين أمرين أولهما: وحي إلهي ثابت في القرآن الكريم والسنة النبوية الشريفة، وثانيهما: فكر إسلامي متجدد يظهر في كل عصر نتيجة للاجتهاد في القضايا المتغيرة في الزمان والمكان. قال شيخ الإسلام ابن تيمية: "ومذهب أهل السنة والجماعة أنه لا إثم على من اجتهد وإن أخطأ"[3]. وفي موضع آخر قال: "وإني أقرر أن الله قد غفر لهذه الأمة خطأها وذلك يعم المسائل الخبرية القولية والمسائل العملية"[4].

ويقول الشاطبي رحمه الله: "إن تعلق هذا الاجتهاد بالعلم الواقع أكثر من تعلقه بالشرع، ولذلك لا يشترط فيه العلم بمقاصد الشرع ولا العلم بالعربية، ولا غير ذلك من الشرائط المعتبرة في النوع الآخر من الاجتهاد المتعلق بتحقيق المناط. وهو الاجتهاد في إدراك الأحكام الشرعية"[5].

ويعد الاجتهاد من أصول الفكر وكلمة جامعة تشمل جميع أنواع السعي وبذل

---

(١) الغزالي، أبو حامد محمد بن محمد (ت٥٠٥هـ)، المستصفى من علم الأصول، مكتبة المثنى، بغداد ١٩٧٠، ١٠٣/٢.
(٢) ابن حجر، فتح الباري، ٣١٨/١٣.
(٣) د. صلاح الصاوي، الثوابت والمتغيرات في مسيرة العمل الإسلامي، مطبعة وزارة التربية، ط٢، ١٤١٨-١٩٩٨، ص٤٩.
(٤) ابن تيمية، الفتاوى الكبرى، ١٢٣/١٩، ٢٢٩/٣.
(٥) الشاطبي، الموافقات، ١٦٥/٤.

المجهود في استنباط الأحكام والأفكار والمواقف من النصوص الشرعية، واستخلاص الفروع من الأصول.

ويمثل الاجتهاد طابع الحركة ومواجهة التغيير والتطور في البيئات والعصور تجاه المسائل والقضايا الاجتماعية والمعاملات المختلفة، ويكشف عن قوة الحيوية والحركة في الفكر الإسلامي فهو عامل حيوي مؤثر يحول بين الفكر وبين الجمود أو التخلف أو التوقف عن مواجهة العصر أو التجاوب معه، وهو علامة على طبيعة الفكر الإسلامي القادر على التحرر من قيد التقليد. وينسحب طابع الاجتهاد على الفكر الإسلامي كله فيكون علامة من علاماته البارزة بما يحقق له من القدرة على النماء والقدرة على مواجهة كل جديد.

لقد كان مفهوم الاجتهاد في الفكر الإسلامي هو مفهوم التجديد في مجال تصحيح الفهم الناقص أو الفهم المنحرف فضلاً عن الحقيقة الأصلية. وكان الاجتهاد والتجديد طابع الفكر الإسلامي والثقافة العربية جميعاً وليس طابع الفقه وحده، التماساً للمنابع الأصلية، وبناءً عليها مما يتصل بالحضارة والعصر والتقدم، وإعطاء إجابات صحيحة لكل القضايا الجديدة التي يفرضها العصر بحيث يظل الفكر الإسلامي قادراً على مواجهة تطورات الحضارة[١].

"ومفهوم الاجتهاد ولاشك هو مفهوم التجديد وهو في أعمق صوره، إيجاد حلول للقضايا الجديدة مع حماية الأصول العامة والحيلولة دون أن يفقد الفكر الإسلامي طابعه وروحه وذاتيته المتمثلة في التكامل والشمول والامتزاج بين الروح والمادة والعقل والقلب والدنيا والآخرة"[٢].

يقول ابن تيمية رحمه الله: "والاجتهاد ليس هو أمراً واحداً لا يقبل التجزؤ والانقسام بل قد يكون الرجل مجتهداً في فن أو باب أو مسألة دون فن وباب

---

(١) أنور الجندي، الشبهات والأخطاء الشائعة في الأدب العربي والتراجم والفكر الإسلامي، ص٦٣.
(٢) الجندي، م. ن.

ومسألة، وكل أحد فاجتهاده بحسب وسعه"[١].

ولقد كان للعالم البيروني (ت٤٤٠هـ) أثره الكبير في تطور الفكر الإسلامي بمنهجه الاستقرائي الرائع كما كان له فضله العظيم في تاريخ العلوم عامة. لكن البيروني لم ينتبه إلى فضله هو وفضل أسلافه من علماء التطبيق المسلمين إلى منهج المسلمين لم يكن هذا ولا ذاك، فلا هم شغلوا بالعلم الجزئي فحسب كما شغل الهنود، ولا شغلوا بالنظر -وآلته البرهان- كما شغل اليونان، وإنما توصلوا إلى المنهج الاستقرائي التجريبي كمنهج وطبقوه على علوم الهنود وعلوم اليونان. وكان الهنود يقفون متعجبين مسحورين، حين يعرض لهم البيروني هذه النظرية، بل نسبوه إلى السحر[٢].

ولقد شهد الباحث جورج سارتون بأهمية العلم العربي في العصور الوسطى وقرر أن أعظم النتائج العلمية لمدة أربعة قرون إنما كانت صادرة عن العبقرية الإسلامية. كما بين أيضاً أن معظم الأبحاث العلمية الممتازة خلال هذه القرون الأربعة إنما نمت في لغة العلم الكبرى حينئذ - وهي اللغة العربية[٣].

إن تاريخ أمتنا يذكر الكثير من آثار الفكر الإسلامي ومآثر المفكرين العرب والمسلمين، في مجال البحث العلمي والمنهج التجريبي والعلوم المختلفة كالعلوم الكونية القائمة على التجريب، وعلوم الآداب والاجتماع والتربية وما إلى ذلك من المعارف المكتسبة مما له علاقة بالعقل ويقع ضمن مفهوم الفكر الإسلامي بالمعنى الحضاري.

---

(١) ابن تيمية، الفتاوى الكبرى، ٢١٢/٢٠.
(٢) البيروني، أبو الريحان محمد بن أحمد (ت٤٤٠هـ)، تحقيق ما للهند من مقولة مقبولة في العقل أو مرذولة، مطبعة دار المعارف العثمانية - حيدرآباد الدكن، الهند ١٩٥٨، ص٨.
(٣) جورج سارتون، العلم القديم والمدنية الحديثة، ترجمة عبد الحميد صبرة، ص٧٨ وما بعدها.
George Sarton: Introduction to the History of Science.

ولقد كان أعلام الأمة رواداً في هذا المجال فمثلاً ابن تيمية مؤرخ المنهج الاستقرائي الإسلامي، يخوض في التجريبيات ويقرر أنها طريق العلم، وبخاصة في الطب. وطال المنهج التجريبي في تطبيقاته المختلفة لدى علماء المسلمين في الكيمياء، وكان من بين العلماء المشتغلين بمباحث الكيمياء جابر بن حيان (ت١٦٠هـ)(١)، ضمن فكرة استحالة المعادن، أو بمعنى تحول ماهية معدن رخيص ومبذول إلى معدن ثمين، وذلك بالوصول إلى معرفة الطبائع وميزانها، الذي إذا عرف بان كل ما فيها وكيف تركبت، فهو يعتمد التجربة ويقول: "والدربة تخرج ذلك، فمن كان درباً، كان عالماً حقاً، ومن لم يكن درباً لم يكن عالماً. وحسبك بالدربة في جميع الصنائع"(٢). وان (الدربة) عند جابر بن حيان تعني التجربة(٣). وقد استخدم لفظ التجربة تارة وكلمة الامتحان تارة أخرى وكلها تدور في نطاق الاختبارات الكيمياوية التي كان ابن حيان يجربها. وكان جابر بن حيان يعتمد طريق المتكلمين وهو قياس الغائب على الشاهد في كيفية الاستدلال والاستنباط على ثلاث أوجه:

١. دلالة المجانسة أو الأنموذج: أي لأنها تقوم على الاستدلال بأنموذج جزئي على أنموذج جزئي آخر، أو بنماذج جزئية للتوصل إلى حكم كلي -وهو ما يقابل "الوقائع المختارة" في المنهج الاستقرائي المعاصر- ويرى ابن حيان أن هذه الدلالة غير اضطرارية ولا ثابتة في كل حال، يقول: "وذلك أن هذا الشيء الذي هو الأنموذج مثلاً لا يوجب وجود شيء آخر من جنسه، حكمه في الجوهر والطبيعة حكمه"(٤).

(١) د. علي سامي نشار، مناهج البحث عند مفكري الإسلام، دار المعارف، ط٤، القاهرة ١٩٧٨، ص٢٦١. نقلاً عن القرافي، نفائس الأصول في شرح المحصول (مخطوط)، ص١٠٣.
(٢) النشار، مناهج البحث عند مفكري الإسلام، ص٢٦٢ نقلاً عن جابر بن حيان، كتاب السبعين، مختارات كروس، ص٤٦٤.
(٣) د. زكي نجيب محمود، جابر بن حيان، القاهرة ١٩٦١، ص٥٧.
(٤) النشار، مناهج البحث، م. س، ص٢٦٣ نقلاً عن جابر بن حيان، كتاب التصريف، ص٤١٥.

٢. دلالة مجرى العادة: أقام أصوليو الإسلام -متكلمين وفقهاء- قياسهم على فكرة العادة، ومؤداها أنهم إذا شاهدوا حادثة تعقبها حادثة أخرى عادة، حكموا بأنهم إذا شاهدوا هذه الحادثة مرة أخرى فإن الأخرى ستعقبها أو ستقترن بها.. ولكن بدون تحقيق علاقة ضرورية بين الاثنين، وإنما هي عادة تقوم على المشاهدة وعلى التجربة، وذهب علماء أصول الفقه إلى أن جري العادة ليس يقينياً وتابعهم جابر بن حيان فأعلن احتمالية هذا المسلك، وأما التعلق المأخوذ من جري العادة، فإنه ليس فيه علم يقين واجب اضطراري برهاني أصلاً، بل علم إقناعي يبلغ إلى أن يكون أحرى وأولى وأجدر لا غير[١].

ويرى التهاوني (ت٥٥٣هـ) في فكرة العادة أنها: "العادة عبارة عما يستقر في النفوس من الأمور المتكررة المعقولة عند الطبائع السليمة"[٢].

٣. الاستدلال بالآثار: إن ما يقصده جابر بن حيان بالآثار: "هو الدليل النقلي أو شهادة الغير أو السماع، أو الرواية. أما شهادة الغير فهي شهادة ظنية قد تقبل وقد لا تقبل، ويرى أن هناك أوائل وثواني في العقل: أما الأوائل فلا يشك في شيء منها، ولا يطلب عليها برهنة ولا دليل، أما الثواني فتستوفي من الأول بدلالته"[٣]. ويذكر ابن حيان أن الحدس يخرج المبادئ، ولكن من الصعوبة القول بأن جابر بن حيان قد توصل إلى وجود هذه الحدوس لكل إنسان، وإذا انكشفت الشكوك لم يبق في النفوس والعقول من المطالبات شيء البتة، وهذا لا يكون إلا بالعيان، وإقامة البرهان الذي لا ينحل للكل، وإقامة البرهان لا يكون إلا بالعيان. لقد كان جابر بن حيان مجداً في منهجه وقد أخذت عليه

---

(١) النشار، المناهج، ص٢٦٤ نقلاً عن جبار بن حيان، كتاب التصريف، ص٤١٨.

(٢) النشار، المناهج، إشارة إلى التهاوني: الكشاف، ١٤٧/٢.

(٣) النشار، مناهج البحث، ص٢٦٨، مستشهداً بجابر بن حيان، كتاب الخواص، ص٣٣٢.

تجاربه العلمية كل مأخذ، فتابع في أبحاثه المنهج التجريبي وتبين له كثيراً من حقائق هذا المنهج.

أما النموذج الآخر من علماء المسلمين ممن أخذوا بالمنهج الاستقرائي فهو نموذج الحسن بن الهيثم (ت٤٣٠هـ) الذي كان أكبر عالم رياضي وطبيعي في العصور الوسطى، ولا تزال آراؤه ونظرياته في الرياضيات والبصريات لها مكانتها حتى الآن، ويرى صاحب كتاب (الحسن بن الهيثم وبحوثه وكشوفه النظرية) ويقرر في مقدمة كتابه أنه ينبغي أن تستبدل أسماء روجر بيكون وموريليكوس وليوناردو دافنشي ودلايورتا وكبلر باسم الحسن بن الهيثم[١]. ومن خلال دراسته لكتاب (المناظر) لابن الهيثم دراسة علمية نافذة، خلص إلى القول: "إن ابن الهيثم استخدم المنهج الاستقرائي، وجمع بين الاستقراء والقياس، وقدم فيه الاستقراء على القياس، وحدد فيه الشرط الأساسي في البحث العلمي الحديث -وهو أن يكون غرض الباحث طلب الحقيقة بدون تأثر برأي أو عاطفة سابقة. كما أنه بين- أن الحقيقة العلمية غير ثابتة بل يعتريها التبديل والتغيير، ويرى مصطفى نظيف أيضاً: أن ابن الهيثم فاق فرنسيس بيكون أصالة وقدرة في فهم المنهج"[٢]. وقد أسمى التجربة بالاعتبار وأسمى من يقوم بالتجربة بالمُعتبر، وأطلق على الإنبات بالتجربة "الإثبات بالاعتبار" مقابلاً للإثبات بالقياس البرهاني، وأنه لا يعتمد على الاعتبار في إثبات القواعد أو القوانين الأساسية فحسب، بل يعتمد عليه أيضاً في إثبات النتائج التي تستنبط بالقياس بعد ذلك من تلك القواعد أو القوانين[٣].

وكما استخدم ابن الهيثم الاستقراء فقد استخدم التمثيل في مواضع كثيرة من كتبه كما استخدم الاستنباط الرياضي. أما مصدر ابن الهيثم في منهجه سواء أكان

(١) مصطفى نظيف، كتاب الحسن بن الهيثم وبحوثه وكشوفه النظرية، القاهرة ١٩٤٢م، ١/ح من المقدمة.
(٢) مصطفى نظيف، المرجع نفسه، ص٢٩-٣٧.
(٣) مصطفى نظيف، كتاب الحسن بن الهيثم وبحوثه وكشوفه النظرية، ص٣٢٤.

استقراءً أم تمثيلاً، فهو منهج المتكلمين والأصوليين تكون قبله ونضج لديهم في صورته الكاملة، ثم انتقل إليه وإلى غيره من علماء المسلمين(١).

فالمنطق الإسلامي الاستقرائي يفسر لنا كل هذه الظواهر والنتيجة الأولى التي يمكن التوصل إليها من خلال هذا العرض الوجيز، هو أن مفكري الإسلام الممثلين لروح الإسلام لم يقبلوا الارسطوطاليس لأنه لا يعترف بالمنهج الاستقرائي أو التجريبي.

والنتيجة الثانية، أن مفكري المسلمين وضعوا هذا المنهج بجميع عناصره، ولقد كانت الأندلس هي المعبر الذي انتقل خلاله العلم الإسلامي إلى أوربا. يقول مفكر الهند الكبير محمد إقبال "Duhring إن آراء روجر بيكون عن العالم أصدق وأوضح من آراء سلفه، ومن أين استمد روجر بيكون دراسته العلمية؟.. من الجامعات الإسلامية في الأندلس"(٢).

ويقرر بريفولت: "إن روجر بيكون درس العلم العربي دراسة عميقة، وأنه لا ينسب له ولا لسميه الآخر أي فضل في اكتشاف المنهج التجريبي في أوربا... أما مصادر الحضارة الأوربية الحقة فهو منهج العرب التجريبي. وقد انتشر منهج العرب التجريبي في عصر بيكون وتعلمه الناس في أوربا، يحدوهم إلى هذا العلم رغبة ملحة"(٣).

ويقرر بحسم وإصرار "إن ما ندعوه بالعلم ظهر في أوربا كنتيجة لروح جديدة في البحث ولطرق جديدة في الاستقصاء... طريقة التجربة والملاحظة والقياس (Mesurement) ولتطور الرياضيات في صورة لم يعرفها اليونان، وهذه الروح

---

(١) النشار، مناهج البحث، ص٢٧٠.
(٢) محمد إقبال، تجديد الفكر الديني، ترجمة عباس محمود، ص١٢٣٤ من الترجمة العربية.
(٣) بريفولت، الإنسانية، ص٢٩٢.

وتلك المناهج أدخلها العرب إلى العالم الأوربي"[١].

المسلمون إذن هم مصدر هذه الحضارة الأوربية القائمة على المنهج التجريبي. وأن فرنسيس بيكون قام بعد ذلك بشرح هذا المنهج، ثم بحث فيه جون ستيوارت محتذياً حذو العرب، آخذاً بكل ما توصلوا إليه، مردداً عبارتهم وأمثلتهم[٢].

لقد قام الكثير من المستشرقين والكتاب الغربيين وفي مقدمتهم (توماس الأكويني) بالعمل على تفريغ الفكر الإسلامي من إطاره ونقله إلى الفكر الغربي على أنه فكر غربي منفصل عنه تماماً. وقد ظلت صيحة الإنكار والتجاهل لأثر الإسلام في الفكر الغربي قائمة ومستمرة منذ ذلك الوقت وحتى سنوات قريبة حيث قام أمثال (توماس كارلبل وجوستاف لوبون وغيرهما) بالكشف عن هذه الحقيقة وإعلانها. والاعتراف بأن الفكر الإسلامي قدم للثقافة والفكر الغربي أعظم ما قامت عليه النهضة الحديثة والحضارة المعاصرة في مجالين مهمين:

أولهما: العلوم الإنسانية والاجتماعية.

ثانيهما: مجال العلم التجريبي.

"ولم يقف أثر الفكر الإسلامي عند الجانب العلمي وحده الذي كان من أعظم ثماره المنهج العلمي التجريبي بل أمتد إلى مختلف النظريات في الفكر السياسي والاجتماعي الحديث"[٣].

وشهد شاهد من أهلها

ولتكن شهادة العالم الفرنسي غوستاف لوبون مثلاً على الاعتراف بفضل

---

(١) بريفولت، الإنسانية، ص١٩٦.
(٢) النشار، مناهج البحث، ص٢٧٧.
(٣) أنور الجندي، الثقافة العربية، إسلامية أصولها وانتماؤها، دار الكتاب اللبناني، ط١، بيروت ١٩٨٢، ص١٧٠.

الإسلام والعرب وحضارتهم المنبثقة من روحه وعقيدته وفكره على الغرب وهذه نصوص من كتابه (حضارة العرب) الترجمة العربية:

١. يقول: "لم يلبث العرب.. أن أدركوا أن التجربة والترصد خير من أفضل الكتب، وعلى ما يبدو من ابتذال هذه الحقيقة جَدّ علماء القرون في أوربة ألف سنة قبل أن يعلموها"[١].

٢. ويقول: "ويعزى إلى بيكن، على العموم أنه أول من أقام التجربة والترصد، اللذين هما ركن المناهج العلمية الحديثة، مقام الأستاذ، ولكنه يجب أن يُعْتَرف اليوم بأن ذلك كله من عمل العرب وحدهم، وقد أبدى هذا الرأي جميع العلماء الذين درسوا مؤلفات العرب، ولاسيما هنبولد، فبعد أن ذكر هذا العالم الشهير أن ما قام على التجربة والترصد هو أرفع درجة في العلوم قال: "إن العرب ارتقوا في علومهم إلى هذه الدرجة التي كان يجهلها القدماء تقريباً""[٢].

٣. ويستشهد لوبون بمقولة (سيديو): "إن أهم ما اتصفت به مدرسة بغداد في البداءة هو روحها العلمية الصحيحة التي كانت سائدة لأعمالها، وكان استخراج المجهول من المعلوم والتدقيق في الحوادث تدقيقاً مؤدياً إلى استنباط العلل من المعلولات وعدم التسليم بما لا يثبت بغير التجربة مبادئ قال بها أساتذة من العرب، وكان العرب في القرن التاسع من الميلاد حائزين لهذا المنهاج المجدي الذي استعان به علماء القرون الحديثة بعد زمن طويل للوصول إلى أروع الاكتشافات"[٣].

---

(١) غوستاف لوبون، حضارة العرب، ترجمة أكرم زعيتر، طبع بمطبعة عيسى البابي الحلبي، القاهرة ١٩٦٩، ص٤٣٥.
(٢) لوبون، حضارة العرب، ص٤٣٥.
(٣) لوبون، م. ن، ص٤٣٦.

٤. ويقول لوبون: "ومنح اعتماد العرب على التجربة مؤلفاتهم دقة وإبداعاً لا ينتظر مثلهما من رجل تعوّد درس الحوادث في الكتب، ولم يبتعد العرب عن الإبداع إلا في الفلسفة التي كان يتعذر قيامها على التجربة"[١].

٥. ويعزز لوبون رأيه بآراء غيره من العلماء فيقول: "واختبر العرب الأمور وجربوها، وكانوا أول من أدرك أهمية هذا المنهاج في العالم وظلوا عاملين به وحدهم زمن طويلاً، قال دولَنْبر) في كتاب (تاريخ علم الفلك) (نَعُدّ راصدْين أو ثلاثة بين الأغارقة، وتَعُدّ عدداً كبيراً من الرُّصَّاد بين العرب) وأما في الكيمياء فلا نجد مجرباً يونانياً مع أن المجربين من العرب يُعدّون بالمئات"[٢].

٦. ويقول لوبون: "ولم يقتصر شأن العرب على ترقية العلوم بما اكتشفوه فالعرب قد نشروها، كذلك بما أقاموا من الجامعات وما ألفوا من الكتب، فكان لهم الأثر البالغ في أوربة من هذه الناحية.. إن العرب وحدهم كانوا أساتذة الأمم النصرانية عدة قرون... وإن التعليم في جامعاتنا لم يستغن عما نُقل إلى لغاتنا من مؤلفات العرب إلا في الأزمنة الحاضرة"[٣].

٧. قال لوبون: "واقتصر على ذكر أهم أعمال العرب الرياضية بإيجاز، لما في بيانها مفصلاً من الدخول في الدقائق الفنية، وأقول إن العرب هم الذين أدخلوا المماس إلى علم المثلثات، وأقاموا الجيوب وتعمقوا في مباحث المخروطات، وحولوا علم المثلثات الكُرِيةِ بردِّهم حل مثلثات الأضلاع إلى بضع نظريات أساسية تكون قاعدة له"[٤].

---

(١) لوبون، م. ن، ص٤٣٧.
(٢) لوبون، حضارة العرب، ص٤٣٧.
(٣) لوبون، م. ن.
(٤) لوبون، م. ن، ص٤٥٥.

٨. ويقول لوبون: "وأدت مدرسة بغداد الفلكية في زمن هارون الرشيد وابنه المأمون (٨١٤-٨٣٣م) على الخصوص إلى أعمالٍ مهمة، وأُدمجت مجموعة الأرصاد التي تم أمرها في المراصد ببغداد ودمشق في كتاب (الزيح المصَحَّح) الذي نأسف على ضياعه، ومع ذلك يمكننا أن نعلم صحة الأرصاد التي اشتمل عليها هذا الكتاب من الدقة العظيمة التي عُيِّن بها انحراف سمت الشمس في ذلك الزمن، فقد كان رقم الانحراف كما حقق فيه ٢٣ درجة و٣٣ دقيقة و٥٢ ثانية، أي ما يعادل الرقم الحاضر... ولذا نقول أن العرب هم الذين نشروا علم الفلك في العالم كله بالحقيقة"[١].

٩. ويقول: "كان العرب يُعيِّنون الزوايا بأرباع الدائرة والأسطرلاب.. ومن ينعم النظر في تركيبها يعلم أنها دالة على حذق كبير، وأنه يصعب صنع ما هو أحسن منها في الوقت الحاضر"[٢].

١٠. وأضاف الفكر الإسلامي إضافات بعيدة المدى في مجالات العلوم المختلفة في الفيزياء والميكانيكا وفي الكيمياء والمعارف الصناعية المختلفة، وفي الملاحة وعلوم البحار وفي الطب، ويقول لوبون حول الفيزياء: "فكان كتاب الحسن بن الهيثم في البصريات وفي المرايا المحرقة ومحل الصور وانحراف الأشياء وجسامتها الظاهرة، الخ. فاستعان به (كيبلر) وعد مسيو شال الذي هو حجة في هذه الموضوعات، هذا الكتاب مصدر معارفنا للبصريات"[٣].

إن معارف العرب الميكانيكية واسعة جداً ويرى الدكتور (برنارد الأكسفوردي) أن العرب هم الذين طبقوا الرقاص على الساعة، ويرى غوستاف لوبون إن العرب عرفوا الساعات ذات الأحمال الثقيلة التي تختلف عن الساعات

---

(١) لوبون، م. ن، ص٤٥٥، ٤٥٩.

(٢) لوبون، حضارة العرب، ص٤٦٣.

(٣) لوبون، م. ن، ص٤٧٣.

المائية. ذلك ما وصفت به ساعة الجامع الأموي الشهيرة من قبل (بنيامين التطيلي). والساعة الدقاقة التي أهداها هارون الرشيد إلى شارلمان.

وعرف موسى بن شاكر مائة تركيب ميكانيكي كما علل علماء المسلمين صعود الماء في العيون والفوارات، وتجمع الماء في العيون والقنوات، واستعملوا السيفون وسموه (السمارة).

وفي الكيمياء يقول لوبون[١]: ولم يكن لليونان علم بما اكتشفه العرب من المركبات المهمة كالكحول وزيت الزاج (الحامض الكبريتي) وماء الفضة (الحامض النتري) وماء الذهب وقد اكتشف العرب أهم أسس الكيمياء كالتقطير والترشيح والتصعيد والتبلير (البلورة) والتذويب والألغام والتكليس، وكانت كتب جابر بن حيان موسوعة علمية حاوية ما وصل إليه علم الكيمياء العربي في عصره ووصف كثير من المركبات الكيمياوية التي لم تذكر قبله كماء الفضة وماء المُهَيِّمْن اللذين لا نتصور علم الكيمياء بغيرهما... ويسمى ببعض الأسماء كالكبريت والزئبق والزرنيخ الخ، واشتملت كتب جابر على بيان كثير من المركبات الكيمياوية التي كانت مجهولة قبله، كالحامض النتري وماء الذهب والبوتاس وملح النشادر وحجر جهنم (نترات الفضة) والسليماني والراسب الاحمر، وكان جابر أول من وصف في كتبه أعمالاً أساسية كالتقطير والتصعيد والتبلور والتذييب والتحويل... وكان الرازي (ت٣١١م)[٢] أول من قال: (إن زيت الزاج يستخرج من تقطير كبريت الحديد.. وابتدع العرب فن الصيدلة، ويبدو لنا مقدار معارفهم في الكيمياء الصناعية من حذقهم لفن الصباغة واستخراج المعادن وصنع الفولاذ ودباغة الجلود الخ.

---

(١) لوبون، م. ن، ص٤٧٤-٤٧٦، وينظر: أنور الجندي، الثقافة العربية، ص١٨٦، والجندي في أضواء على الفكر العربي الإسلامي، طبعة الدار المصرية ١٩٦٦، ص٤٠-٤٨.

(٢) الزركلي، خير الدين، الأعلام (قاموس تراجم)، دار العلم للملايين، ط٤، بيروت ١٩٧٩، ١٠/٣.

وبالنسبة للعلوم التطبيقية والاكتشافات يقول لوبون: "إنهم (أي العرب) كانوا يعلمون استغلال مناجم الكبريت والنحاس والزئبق والحديد والذهب وأنهم كانوا ماهرين في فن تسقية الفولاذ، كما تشهد بذلك نصال طليطلة، وأنه كان لنسائجهم وأسلحتهم وجلودهم وورقهم شهرة عالمية، وأنه لم يسبقهم أحد في كثير من فروع الصناعة إلى عصرهم. وكان من بين اختراعات العرب – ما لا يجوز الاكتفاء بذكره لأهميته، كاختراعهم للبارود مثلاً، بارود الأسلحة النارية"[١].

وفي الطب عرفوا طبيعة الكثير من الأمراض كالجدري والحصبة واستعملوا الأمصال في معالجة الأمراض، ووصفوا تشريح الجسم الإنساني وصفاً دقيقاً وعرفوا العقاقير فسجل ابن البيطار (ت٦٤٦هـ) ١٤٠٠ عقاراً لم تعرف اليونان منها غير ٤٠٠ عقار والألف اكتشفها العرب وحددوا منافعها ومضارها، وألف أبو القاسم الزهراوي (ت٤٢٧هـ) كتابه في الطب والجراحة في عشرين مجلداً، والأطباء المسلمون هم أول من فتتوا الحصى في المثانة، وسدوا الشرايين النازفة، وعرفوا الكثير عن الجذام وعدوى الطاعون، واستعملوا المرقد (المخدر) في العمليات الجراحية. والأطباء المسلمون هم أول من كشف النقاب عن الدورة الدموية ودودة الأنكلستوما، كما صحح الأطباء العرب آراء بقراط وجالينوس في التشريح ووظائف الأعضاء.

وقد ترجم كتاب ابن سينا (القانون في الطب)[٢] في خمس عشرة طبعة إلى اللاتينية والإنجليزية، وقد بحث عن العقاقير والأدوية في سبعمائة وستين نوعاً. قال الدكتور (ردينستون): أنه يحتوي على ما يزيد على مليون كلمة وقد عالج القرحة

---

(١) لوبون، حضارة العرب، ص٤٧٧.
(٢) ابن سينا، القانون في الطب، شرح وترتيب جبران جبور، تعليق د. أحمد شوكت، طبعة مؤسسة المعارف، بيروت ١٤١٨هـ-١٩٩٨م.

الدرنية والقولنج الكبدي والكلوي والتهاب الرئة والجنب والتهاب الدماغ. وقد ظلت مؤلفاته أساساً للمباحث.

وعرف الفكر الإسلامي التطعيم ضد الجدري، واستخدموا عفن البنسلين، وعين الغراب كمراهم، أما طب العيون فهو من صناعة العرب. وظلت تذكرة طب العيون تستخدم حتى القرن التاسع عشر[1].

والرازي (ت٣١١هـ) الذي كان من علماء الكيمياء هو من أشهر أطباء العرب وزاول الطب في بغداد خمسين سنة... وأشهر كتبه (الحاوي) الذي جمع فيه صناعة الطب، وكتاب (المنصوري) الذي يقع في عشرة أقسام وهي:

١. التشريح. ٢. الأمزجة. ٣. الأغذية والأدوية.
٤. الصحة. ٥. دواء البشرة. ٦. نظام السفر.
٧. الجراحة. ٨. السموم. ٩. الأمراض على العموم.
١٠. الحمى.

وترجمت أكثر كتب الرازي إلى اللغة اللاتينية وطبعت عدة مرات لاسيما في البندقية سنة ١٥٠٩م وفي باريس سنة ١٥٢٨م وأعيد ترجمة كتابه في الجدري والحصبة سنة ١٧٤٥م وظلت جامعات أوربة تعتمد كتبه زمناً طويلاً مع كتب ابن سينا وكانت أساساً للتدريس في جامعة لوفان في القرن ١٧[2].

---

(١) رينيه جارودي، بحث خاص في دور العرب في الطب، ألقاه في القاهرة في ت٢ ١٩٦٩م.
(٢) غوستاف لوبون، حضارة العرب، ص٤٨٩.

المبحث الثاني

مقومات الفكر الإسلامي

أولا: العقيدة

تعد العقيدة الإسلامية من أهم المقومات الأساسية للفكر الإسلامي، وتمده بأسباب القوة والتأثير في المجتمع وبناء الحضارة، ومن فضل الله أن هذه العقيدة كانت ولا تزال كما هي بصفائها ونقائها وبساطتها وقدسيتها. فقد تكفل بتجليتها التجلية الحقة كتاب الله العزيز الذي لا يأتيه الباطل من بين يديه ولا من خلفه، والسنة النبوية الشريفة التي تثبت ثبوتاً لا تتطرق إليه الأوهام ولا الظنون.

ومن مزايا هذه العقيدة الثابتة: أنها ميراث رسل الله عليهم السلام جميعاً وأنها العقيدة الجامعة التي ربطت بين قلوب المؤمنين وباركها الله من فوق سبع سماوات، فهي عقيدة واحدة لا تتبدل بتبدل الزمان والمكان، ولا تتغير بتغير الأفراد أو الأقوام، قال تعالى: (وَلَقَدْ بَعَثْنَا فِي كُلِّ أُمَّةٍ رَسُولًا أَنِ اعْبُدُوا اللَّهَ وَاجْتَنِبُوا الطَّاغُوتَ) (١). إنها عقيدة التوحيد، إنه الإسلام وهو دين الله الذي أوحاه إلى محمد صلوات الله وسلامه عليه وهو إيمان وعمل، والإيمان يمثل العقيدة والأصول التي تقوم عليها شرائع الإسلام وعنها تنبثق فروعه، والعمل يمثل الشريعة، والفروع التي تعدّ امتداداً للإيمان والعقيدة(٢).

ومن هنا جاء تحديد معنى العقيدة بأنها هي التصديق بالشيء الجازم به دون شك أو ريبة. فهي بمعنى الإيمان... والإيمان بمعنى التصديق.

---

(١) سورة النحل: الآية ٣٦.
(٢) سيد سابق، العقائد الإسلامية، منشورات مكتبة التحرير، طبع دار الشؤون الثقافية العامة، ص١٧.

وإن مفهوم الإيمان أو العقيدة يقضي بالمعرفة بالله وبملائكته وكتبه ورسله وباليوم الآخر وبالقدر الذي يسير نظام الكون في الخلق والتدبير لقوله تعالى: (آمَنَ الرَّسُولُ بِمَا أُنْزِلَ إِلَيْهِ مِنْ رَبِّهِ وَالْمُؤْمِنُونَ كُلٌّ آمَنَ بِاللَّهِ وَمَلَائِكَتِهِ وَكُتُبِهِ وَرُسُلِهِ)(١)، وبذلك تفتح العقيدة المنافذ والأفق الرحب للمسلم وتهيّئ له مقومات التفكير السليم والفكر المبدع البناء فمعرفة الـلـه تبارك وتعالى من شأنها أن تفجر المشاعر النبيلة، وتوقظ حواس الخير، وتربي ملكة المراقبة وتبعث على طلب معالي الأمور وأشرافها، وتنأى بالمرء عن محقرات الأعمال وسفاسفها. والرقي في معرفته إلى مظاهر عظمته في الكون والطبيعة (إِنَّ فِي خَلْقِ السَّمَاوَاتِ وَالْأَرْضِ وَاخْتِلَافِ اللَّيْلِ وَالنَّهَارِ لَآيَاتٍ لِأُولِي الْأَلْبَابِ) (٢).

وهكذا تكون العقيدة إحدى أهم الدعائم والمقومات الأساسية للفكر الإسلامي في إطار المنهج الرشيد الذي رسمه الـلـه للإنسان ليكون بحق خليفته في الأرض، يؤمن بالله ويعمل لرضاء الـلـه ويفكر بما يرضي الـلـه وأن يكون عند حسن ظن الـلـه به في تفكيره وفي الدعوة إلى الخير والأمر بالمعروف والنهي عن المنكر تنفيذاً لأمر الـلـه وإقراراً بالوحدانية. قال تعالى: (وَلْتَكُنْ مِنْكُمْ أُمَّةٌ يَدْعُونَ إِلَى الْخَيْرِ وَيَأْمُرُونَ بِالْمَعْرُوفِ وَيَنْهَوْنَ عَنِ الْمُنْكَرِ وَأُولَئِكَ هُمُ الْمُفْلِحُونَ) (٣).

هكذا تربى الصحابة الكرام • والتابعين وتابعوهم والسلف الصالح من الأمة وكان قدوتهم الرسول محمد صلى الـلـه عليه وسلم فكانوا بحق خير أمة أخرجت للناس، وعلى هذه السنن مضى رسول الـلـه صلى الـلـه عليه وسلم يغرس هذه العقيدة في نفوس أمته لافتاً الأنظار،

---

(١) سورة البقرة: الآية ٢٨٥.
(٢) سورة آل عمران: الآية ١٩٠.
(٣) سورة آل عمران: الآية ١٠٤.

وموجهاً الأفكار وموقظاً العقول. وقد شهد اللـه لهذا الجيل بالتفوق والامتياز فقال تعالى: (كُنْتُمْ خَيْرَ أُمَّةٍ أُخْرِجَتْ لِلنَّاسِ تَأْمُرُونَ بِالْمَعْرُوفِ وَتَنْهَوْنَ عَنِ الْمُنْكَرِ وَتُؤْمِنُونَ بِاللَّهِ)(١). إن معرفة اللـه تعالى هي أسمى المعارف وأجلها وللمعرفة بالله وسيلتان، إحداهما: العقل والنظر فيما خلق اللـه تعالى من أشياء، وثانيهما: معرفة أسماء اللـه وصفاته. فبالعقل من جانب وبمعرفة الأسماء والصفات من جانب آخر يعرف الإنسان ربه ويهتدي إليه.

والمعرفة عن طريق العقل تتم بالنظر والتأمل والتفكير(٢). والإسلام أراد للعقل أن ينهض من عقاله فدعا إلى النظر والتفكير (قُلِ انْظُرُوا مَاذَا فِي السَّمَاوَاتِ وَالْأَرْضِ)(٣).

وما أوسع الدنيا التي دعا الإسلام إلى التفكير فيها، وأن معرفة اللـه إنما هو نتاج عقل ذكي ملهم وثمرة تفكير عميق مشرق، وهذه هي إحدى وسائل القرآن الكريم في إعمال العقل والحث على النظر والتفكر في مجالات الكون الفسيحة وآفاق الحياة الرحبة. وبذلك تلتقي المعرفة بالله عن طريق العقل مع المعرفة عن طريق معرفة أسمائه وصفاته العليا وهي النوافذ التي تستمد منها القلوب اليقين، ومنها غذاء الروح وزكاة النفوس، وبذلك يتحقق التوازن في المعرفة والإيمان والتفكير ويحصل الإبداع في الفكر والعمل وكل ذلك بفضل اللـه يتم فهو الخالق وهو الميسر وهو الهادي إلى سواء السبيل يقول الإمام الطحاوي: "وكلهم يتقلبون في مشيئته بين فضله

---

(١) سورة آل عمران: الآية ١١٠.
(٢) سيد سابق، العقائد، مرجع سابق، ص١٩.
(٣) سورة يونس: الآية ١٠١.

وعدله"[١].

"هذا وإن الفكر البشري مدعو للتدبر والنظر والاعتبار والتكيف والتأثر والتطبيق في عالم الضمير وعالم الواقع لمقتضيات هذا التصور، والإيجابية في العمل والتنفيذ وفق هذا التصور الشامل الكبير"[٢].

إن جمال هذه العقيدة وكمالها وتناسقها وبساطة الحقيقة الكبيرة التي تمثلها، عندئذ تبدو هذه العقيدة رحمة حقيقية للقلب والعقل ورحمة بالحياة والأحياء ورحمة بما فيها من جمال وبساطة ووضوح وتناسق وتجاوب مع الفطرة مباشر وعميق، لقوله تعالى: (أَفَمَنْ يَمْشِي مُكِبًّا عَلَى وَجْهِهِ أَهْدَى أَمَّنْ يَمْشِي سَوِيًّا عَلَى صِرَاطٍ مُسْتَقِيمٍ) [٣].

"فهذه العقيدة هي روح ذلك النظام الذي أسس بنيانه الأنبياء عليهم السلام ومناط أمره وقطبه الذي تدور رحاه حوله، وهذا هو الأساس الذي ارتكزت عليه دعامة النظرية السياسية في الإسلام"[٤].

---

(١) الطحاوي، أبو جعفر أحمد بن محمد بن سلامة بن سليمان (ت٣٢١هـ)، شرح العقيدة الطحاوية، اختصار صلاح السامرائي، مكتب التراث العربي، طبع شركة السرمد، بغداد ١٩٩٠، ص٣٦.

(٢) سيد قطب، خصائص التصور الإسلامي ومقوماته، القسم الأول، طبع دار إحياء الكتب العربية، ط٢، حلب ١٩٦٥، ص٦٥.

(٣) سورة الملك: الآية ٢٢.

(٤) أبو الأعلى المودودي، نظرية الإسلام السياسية، دار العروبة للدعوة الإسلامية، باكستان، ط١، ص٢٣.

ثانياً: نظام الأخلاق

لقد جبلت النفس الإنسانية على الفطرة، وألهمها خالقها وهداها سبلها: (إِنَّا هَدَيْنَاهُ السَّبِيلَ إِمَّا شَاكِرًا وَإِمَّا كَفُورًا) [١]، وقال تعالى: (قَدْ أَفْلَحَ مَنْ زَكَّاهَا (9) وَقَدْ خَابَ مَنْ دَسَّاهَا) [٢].

وأكرم الله الإنسان وفضله على الكثير من خلقه: "فالإنسان أعظم خلق الله، لذلك كان أبدع ما يعرف الله، فبقدر ما يعرف الإنسان نفسه يعرف ربه، وبقدر ما يجهل نفسه يجهل ربه، وأهم شيء في الإنسان صفاته الأساسية التي لا يمكن تعليلها إلا بأنها قبس من أمر الله ثم أخلاق الإنسان"[٣]. وضرب لنا مثلاً أعلى في الخُلق الرفيع نبينا محمد صلى الله عليه وسلم : (وَإِنَّكَ لَعَلَى خُلُقٍ عَظِيمٍ)[٤] وجعله لنا الأسوة والقدوة الحسنة وقد ربى الرعيل الأول من الصحابة على الخلق القويم فاستحقوا رضوان الله وبشر الأفاضل منهم بالجنة (مُحَمَّدٌ رَسُولُ اللَّهِ وَالَّذِينَ مَعَهُ أَشِدَّاءُ عَلَى الْكُفَّارِ رُحَمَاءُ بَيْنَهُمْ تَرَاهُمْ رُكَّعًا سُجَّدًا يَبْتَغُونَ فَضْلًا مِنَ اللَّهِ وَرِضْوَانًا)[٥]..(وَعَدَ اللَّهُ الَّذِينَ آمَنُوا وَعَمِلُوا الصَّالِحَاتِ مِنْهُمْ مَغْفِرَةً وَأَجْرًا عَظِيمًا)[٦]، "فأما ما يجب أن يكون عليه العلماء من الأخلاق التي بهم أليق ولهم ألزم فالتواضع ومجانبة العجب لأن التواضع

---

(١) سورة الدهر: الآية ٣.

(٢) سورة الشمس: الآيتان ٩-١٠.

(٣) سعيد حوى، الله جل جلاله، دار الدعوة، ط١، بيروت ١٣٨٩هـ-١٩٦٩م، ص٦٢.

(٤) سورة القلم: الآية ٤.

(٥) سورة الفتح: الآية ٢٩.

(٦) سورة الفتح: الآية ٢٩.

عطوف والعجب منفر وهو بكل أحد قبيح وبالعلماء أقبح لأن الناس بهم يقتدون"[١].

وطبع الفكر الإسلامي سمة أخلاقية عميقة انتظمت مختلف أنواعه ولم تنفك عنه، وكانت في الحق عاملاً جذرياً، وطابعاً عضوياً، قوامها التماس أساليب الصدق والرحمة والحب والوفاء وإنكار أساليب الغدر والكذب. فإذا كان التعامل في المجال السياسي تعاملاً كريماً واضح المعالم قوامه مفهوم الإسلام ومنطق القرآن (وَإِمَّا تَخَافَنَّ مِنْ قَوْمٍ خِيَانَةً فَانْبِذْ إِلَيْهِمْ عَلَى سَوَاءٍ)[٢]، وهذا شأن الخُلق القويم الذي هو عماد الفكر الإسلامي في مجالاته المختلفة "فإن العلماء المسلمين قد أعملوا قرائحهم منذ عهد مبكر: علماء الكلام وعلماء الأصول، فكروا جميعاً في مقياس الخير والشر (أو بحسب تعبيرهم: مسألة الحسن والقبح)، وإخلاص النية والقصد، هذا في المجال النظري، وأما في المجال العملي فمن الحق أن الإمام الغزالي (ت٥٠٥هـ) قد حاول في كتابه (جواهر القرآن) أن يحلل جوهر القرآن، وأن يرده إلى عنصرين أساسيين يتصل أحدهما بالمعرفة، ويتصل الآخر بالسلوك. وانتهى إلى أنه حصر في القرآن من النوع الأول سبعمائة وثلاثاً وستين آية، كما حصر من النوع الثاني سبعمائة وإحدى وأربعين آية[٣].

فنظام الأخلاق المستند إلى نصوص من القرآن الكريم يرتكز على دعائم أربع تعد بحد ذاتها من المقومات الأساسية للفكر الإسلامي، وهي:

---

(١) الماوردي، أدب الدنيا، ص٥٦.

(٢) سورة الأنفال: الآية ٥٨.

(٣) د. محمد عبد الله دراز، دستور الأخلاق في القرآن، رسالة دكتوراه، تعريب وتحقيق وتعليق د. عبد الصبور شاهين ومراجعة الدكتور محمد بدوي، مؤسسة الرسالة، ط١، بيروت ١٣٩٣-١٩٧٣، ص٥.

١. الأخلاق الفردية، ومنها:

أ. طهارة النفس، لقوله تعالى: (وَنَفْسٍ وَمَا سَوَّاهَا (7) فَأَلْهَمَهَا فُجُورَهَا وَتَقْوَاهَا)[١].

ب. الاستقامة، لقوله تعالى: (فَاسْتَقِيمُوا إِلَيْهِ وَاسْتَغْفِرُوهُ)[٢].

جـ. العفة وغض البصر، لقوله تعالى: (قَدْ أَفْلَحَ الْمُؤْمِنُونَ).. (وَالَّذِينَ هُمْ لِفُرُوجِهِمْ حَافِظُونَ)[٣].

د. كظم الغيظ، لقوله تعالى: (وَالْكَاظِمِينَ الْغَيْظَ وَالْعَافِينَ عَنِ النَّاسِ وَاللَّهُ يُحِبُّ الْمُحْسِنِينَ)[٤].

هـ. الصدق، لقوله تعالى: (وَالَّذِي جَاءَ بِالصِّدْقِ وَصَدَّقَ بِهِ أُولَئِكَ هُمُ الْمُتَّقُونَ)[٥].

و. التواضع، لقوله تعالى: (وَاقْصِدْ فِي مَشْيِكَ وَاغْضُضْ مِن صَوْتِكَ)[٦].

ز. اجتناب سوء الظن، لقوله تعالى: (وَلَا تَقْفُ مَا لَيْسَ لَكَ بِهِ عِلْمٌ)[٧].

ح. الصبر، لقوله تعالى: (يَا أَيُّهَا الَّذِينَ آمَنُوا اصْبِرُوا وَصَابِرُوا)[٨].

(١) سورة الشمس: الآيات ٧-٨.
(٢) سورة فصلت: الآية ٦.
(٣) سورة المؤمنون: الآيتان ١، ٥.
(٤) سورة آل عمران: الآية ١٣٤.
(٥) سورة الزمر: الآية ٣٣.
(٦) سورة لقمان: الآية ١٩.
(٧) سورة الإسراء: الآية ٣٦.
(٨) سورة آل عمران: الآية ٢٠٠.

ط. الاعتدال، لقوله تعالى: (وَالَّذِينَ إِذَا أَنْفَقُوا لَمْ يُسْرِفُوا وَلَمْ يَقْتُرُوا وَكَانَ بَيْنَ ذَلِكَ قَوَامًا) [١].

ي. التسابق في الخيرات، لقوله تعالى: (وَلِكُلٍّ وِجْهَةٌ هُوَ مُوَلِّيهَا فَاسْتَبِقُوا الْخَيْرَاتِ) [٢].

٢. الأخلاق الأسرية، ومنها:

أ. بر الوالدين والإحسان إليهما وطاعتهما، لقوله تعالى: (وَبِالْوَالِدَيْنِ إِحْسَانًا وَذِي الْقُرْبَى)[٣].

ب. حسن تربية الأولاد والأسرة، لقوله تعالى: (يَا أَيُّهَا الَّذِينَ آمَنُوا قُوا أَنْفُسَكُمْ وَأَهْلِيكُمْ نَارًا) [٤].

جـ. بناء الحياة الزوجية وتكوين البيت المسلم، لقوله تعالى: (الْيَوْمَ أُحِلَّ لَكُمُ الطَّيِّبَاتُ وَطَعَامُ الَّذِينَ أُوتُوا الْكِتَابَ حِلٌّ لَكُمْ وَطَعَامُكُمْ حِلٌّ لَهُمْ وَالْمُحْصَنَاتُ مِنَ الْمُؤْمِنَاتِ)[٥]. وقوله تعالى: (وَلَا تُنْكِحُوا الْمُشْرِكِينَ حَتَّى يُؤْمِنُوا وَلَعَبْدٌ مُؤْمِنٌ خَيْرٌ مِنْ مُشْرِكٍ وَلَوْ أَعْجَبَكُمْ) [٦].

---

(١) سورة الفرقان: الآية ٦٧.
(٢) سورة البقرة: الآية ١٤٨.
(٣) سورة النساء: الآية ٣٦.
(٤) سورة التحريم: الآية ٦.
(٥) سورة المائدة: الآية ٥.
(٦) سورة البقرة: الآية ٢٢١.

٣. الأخلاق الاجتماعية، ومنها:

أ. الدعوة إلى الخير والأمر بالمعروف والنهي عن المنكر، لقوله تعالى: (وَلْتَكُنْ مِنْكُمْ أُمَّةٌ يَدْعُونَ إِلَى الْخَيْرِ وَيَأْمُرُونَ بِالْمَعْرُوفِ وَيَنْهَوْنَ عَنِ الْمُنْكَرِ وَأُولَئِكَ هُمُ الْمُفْلِحُونَ) [١].

ب. أداء الأمانة والوفاء بالعهد، لقوله تعالى: (إِنَّ اللَّهَ يَأْمُرُكُمْ أَنْ تُؤَدُّوا الْأَمَانَاتِ إِلَى أَهْلِهَا) [٢]، وقوله تعالى: (يَا أَيُّهَا الَّذِينَ آمَنُوا أَوْفُوا بِالْعُقُودِ) [٣].

جـ. إصلاح ذات البين، لقوله تعالى: (فَاتَّقُوا اللَّهَ وَأَصْلِحُوا ذَاتَ بَيْنِكُمْ) [٤].

د. التراحم، لقوله تعالى: (وَتَوَاصَوْا بِالْمَرْحَمَةِ) [٥].

هـ. الإحسان بالأيتام والمساكين، لقوله تعالى: (وَبِذِي الْقُرْبَى وَالْيَتَامَى وَالْمَسَاكِينِ) [٦].

و. العفو، لقوله تعالى: (وَإِذَا مَا غَضِبُوا هُمْ يَغْفِرُونَ) [٧].

ز. مقابلة الإساءة بالإحسان، لقوله تعالى: (وَيَدْرَءُونَ بِالْحَسَنَةِ السَّيِّئَةَ) [٨].

---

(١) سورة آل عمران: الآية ١٠٤.
(٢) سورة النساء: الآية ٥٨.
(٣) سورة المائدة: الآية ١.
(٤) سورة الأنفال: الآية ١.
(٥) سورة البلد: الآية ١٧.
(٦) سورة النساء: الآية ٣٦.
(٧) سورة الشورى: الآية ٣٧.
(٨) سورة الرعد: الآية ٢٢.

ح. الإيثار، لقوله تعالى: (وَيُؤْثِرُونَ عَلَى أَنفُسِهِمْ وَلَوْ كَانَ بِهِمْ خَصَاصَةٌ)[١].

ط. الأخوة، لقوله تعالى: (إِنَّمَا الْمُؤْمِنُونَ إِخْوَةٌ)[٢].

ي. العدل، لقوله تعالى: (إِنَّ اللَّهَ يَأْمُرُ بِالْعَدْلِ)[٣].

٤. أخلاق الدولة، ومنها:

أ. مشاورة الشعب، لقوله تعالى: (وَشَاوِرْهُمْ فِي الْأَمْرِ)[٤].

ب. تحقيق العدالة، لقوله تعالى: (وَإِذَا حَكَمْتُمْ بَيْنَ النَّاسِ أَنْ تَحْكُمُوا بِالْعَدْلِ)[٥].

جـ. صيانة أموال الأمة، لقوله تعالى: (وَمَا كَانَ لِنَبِيٍّ أَنْ يَغُلَّ وَمَنْ يَغْلُلْ يَأْتِ بِمَا غَلَّ يَوْمَ الْقِيَامَةِ)[٦].

د. حراسة الدين وسياسة الدنيا، لقوله تعالى: (وَأَعِدُّوا لَهُمْ مَا اسْتَطَعْتُمْ مِنْ قُوَّةٍ)[٧].

هـ. عدم الركون إلى الأعداء وموالاتهم، لقوله تعالى: (يَا أَيُّهَا الَّذِينَ آمَنُوا لَا تَتَّخِذُوا عَدُوِّي وَعَدُوَّكُمْ أَوْلِيَاءَ تُلْقُونَ إِلَيْهِمْ بِالْمَوَدَّةِ)[٨].

---

(١) سورة الحشر: الآية ٩.
(٢) سورة الحجرات: الآية ١٠.
(٣) سورة النحل: الآية ٩٠.
(٤) سورة آل عمران: الآية ١٥٩.
(٥) سورة النساء: الآية ٥٨.
(٦) سورة آل عمران: الآية ١٦١.
(٧) سورة الأنفال: الآية ٦٠.
(٨) سورة الممتحنة: الآية ١.

ثالثاً: الأمة المسلمة

المسلمون كما وصفهم رسول الله صلى الله عليه وسلم : "أمة من دون الناس"[١]. كما أراد لهم الله خالقهم ومخرجهم إلى الوجود ﴿مِلَّةَ إِبْرَاهِيمَ حَنِيفًا وَمَا كَانَ مِنَ الْمُشْرِكِينَ﴾[٢] هذا هو المنشأ أما من حيث المستوى فقال تعالى بحق هذه الأمة ﴿كُنْتُمْ خَيْرَ أُمَّةٍ أُخْرِجَتْ لِلنَّاسِ تَأْمُرُونَ بِالْمَعْرُوفِ وَتَنْهَوْنَ عَنِ الْمُنْكَرِ وَتُؤْمِنُونَ بِاللَّهِ﴾[٣]. أما من ناحية القصد والهدف فقد وصفهم رب العزة ﴿لِتَكُونُوا شُهَدَاءَ عَلَى النَّاسِ وَيَكُونَ الرَّسُولُ عَلَيْكُمْ شَهِيدًا﴾[٤]، "لقد أخرج الله هذه الأمة لتؤدي رسالة خاصة لم تكلف بها أمة من قبل، ولم تتهيأ لها أمة في التاريخ، فأما الأمم السابقة كلها فقد كلفت أن تستقيم لله في ذات نفسها فحسب"[٥]، لقوله تعالى: ﴿وَمَا أُمِرُوا إِلَّا لِيَعْبُدُوا اللَّهَ مُخْلِصِينَ لَهُ الدِّينَ حُنَفَاءَ﴾[٦].

ولقد كلفت هذه الأمة ذات التكليف﴿وَاعْبُدُوا اللَّهَ وَلَا تُشْرِكُوا بِهِ شَيْئًا﴾[٧] مع تكليفها بحمل الرسالة التي حملها الرسول الأمين محمد صلى الله عليه وسلم من بعده حتى يرث الله الأرض ومن عليها، لأنه لا نبي بعده ولا رسالة بعد رسالته. تلك الأهداف

---

(١) من وثيقة الموادعة بين المسلمين واليهود في أول العهد بالمدينة، رواه ابن إسحاق، محمد بن إسحق بن يسار المطلبي (ت١٥١هـ)، السيرة الكبرى..

(٢) سورة الأنعام: الآية ١٦١.

(٣) سورة آل عمران: الآية ١١٠.

(٤) سورة البقرة: الآية ١٤٣.

(٥) محمد قطب، رؤية إسلامية لأحوال العالم المعاصر، دار الوطن للنشر، الرياض، ب. ت، ص١٢١.

(٦) سورة البينة: الآية ٥.

(٧) سورة النساء: الآية ٣٦.

المنصوص عليها بالقرآن والسنة، ذات اعتبار، سواء في حكمة إخراج هذه الأمة للناس أو في تقرير خيريتها وتفضيلها بالدعوة إلى الخير والأمر بالمعروف والنهي عن المنكر ونشر العدل وتحقيق وحدانية الـلـه والبراءة من الشرك والعبودية للبشر والحجر والمال ونبذ العرقية والتعصب للجنس والقوم والعنصرية وكشف زيف إدعاء اليهود أنهم شعب الـلـه المختار. وفي القرآن الكريم كثير من الآيات التي حملت إلى اليهود في عصر النبوة مزيداً من غضب الـلـه عليهم ولعنته لهم ومسخهم قردة وخنازير بقوله تعالى: (قُلْ يَا أَهْلَ الْكِتَابِ هَلْ تَنْقِمُونَ مِنَّا إِلَّا أَنْ آمَنَّا بِاللَّهِ وَمَا أُنْزِلَ إِلَيْنَا وَمَا أُنْزِلَ مِنْ قَبْلُ وَأَنَّ أَكْثَرَكُمْ فَاسِقُونَ (59) قُلْ هَلْ أُنَبِّئُكُمْ بِشَرٍّ مِنْ ذَلِكَ مَثُوبَةً عِنْدَ اللَّهِ مَنْ لَعَنَهُ اللَّهُ وَغَضِبَ عَلَيْهِ وَجَعَلَ مِنْهُمُ الْقِرَدَةَ وَالْخَنَازِيرَ وَعَبَدَ الطَّاغُوتَ أُولَئِكَ شَرٌّ مَكَانًا وَأَضَلُّ عَنْ سَوَاءِ السَّبِيلِ)[١].

لقد كرم الـلـه هذه الأمة بالإسلام وكلفها بالدعوة والشهادة والجهاد هذا هو الأساس الذي يقوم به إسلامها، فهي تتحرك حركتها الطبيعية الذاتية بهذا الدين، ومن خلال حركتها تدعو، ومن خلال حركتها تشهد، ومن خلال حركتها تقوم بما تستلزمه الدعوة والشهادة من الجهاد.

فما هي الحركة الذاتية لهذه الأمة بهذا الدين؟ وكيف قام بها الجيل الأول الفريد؟ والجواب بإيجاز: إنها صدق الإيمان بالله واليوم الآخر، وجدية الأخذ من الكتاب والسنة في كل أمر يعرض في حياة الناس ويستجد في أمور دنياهم. وصدق الجهاد في سبيل الـلـه. وهي تحقيق معنى (الأمة) بالمعنى الإسلامي الصحيح القائم على العقيدة، لا تدخل فيه عصبية الجنس ولا اللون ولا اللغة ولا الأرض... إنما هي الأخوة في الإسلام. وهي تحقيق التكافل الذي يربط بناء الأمة وهي تحقيق

---

(١) سورة المائدة: الآيات ٥٩-٦٠.

العدل الرباني في الأرض، وتحقيق النظام الأخلاقي ثم هي حركة علمية منبثقة من العقيدة، لتكون الأمة في عقيدتها وأخلاقها وتراثها وتاريخ أمجادها حافزاً للتأمل والنظر في فضل الله السابغ على هذه الأمة وحافزاً لانطلاقها في آفاق العلم والإبداع والتفكير والتدبر في مخلوقات الله وآياته وعجائب خلقه ولتكون الركائز والمقومات الأساسية للفكر الإسلامي في البناء والتطور.

"إنها أمة تحمل السمات الحقيقية للأمة لأول مرة بل ربما للمرة الوحيدة في التاريخ.. أمة تجمعها العقيدة رابطتها الأولى ورابطتها الأقوى"[(١)].

فلا رابطة أقوى من العقيدة ولا عقيدة أقوى من الإسلام. وعلى يد هذه الأمة قامت حركة علمية واسعة واستوفى الفكر الإسلامي أسباب نضوجه وسعة عطائه وتنوع فروع المعرفة التي أبدع بها علماء الأمة وزاد فيها عطاؤهم وتوجت في تحويل الأمة إلى البحث العلمي وبراعتها في استحداث المنهج العلمي التجريبي الذي كان سبباً في إغناء الثروة العلمية العربية الإسلامية وإعطاء الأوربيين قبساً أوقدت به نهضتهم الحديثة ومهدت السبيل للثورة الصناعية وتخلص أوربا من أمراضها الثلاث الجهل والفقر والمرض. وأبدلها حضارة بدلاً من التخلف.

"فالإسلام منهج فكر ومجتمع، وليس ديناً لاهوتياً، ومن هنا فلا تنطبق عليه مطلقاً النظريات الغربية.. وهو إلى ذلكم الأرضية الفكرية والإطار العقلي والروحي للأمة صاغ لها وجودها وكيانها ووحدتها منذ أربعة عشر قرناً فهي لا تنفك عنه ولا ينفك عنها"[(٢)].

---

(١) محمد قطب، رؤية إسلامية، ص١٦٢.

(٢) أنور الجندي، الثقافة العربية، ص٦٠.

رابعاً: التاريخ الحضاري

ليس القصد هنا هو استعراض تاريخ الأمة الإسلامية، ولا حتى إبراز ملامحها فذلك يطول، وتختص به البحوث والدراسات التاريخية المتخصصة، إنما القصد هو إعطاء لمحات من تاريخ هذه الأمة التي كرمها الـلـه بحمل الدعوة إلى التوحيد والأمر بالمعروف والنهي عن المنكر لبيان دور تاريخها في العطاء الفكري والحضاري، كأحد مقومات الفكر الإسلامي، ومما يحسب لهذه الأمة -في التاريخ- أنها رسخت معنى التوحيد في صورته الحقيقية -صورة التلقي من عند الـلـه- وأنشأت على أساسه حضارة متشعبة النشاط الفكري، وحركة علمية في شتى فروع المعرفة والعلوم، فكانت الأمة الفريدة في التاريخ التي طبقت المنهج الرباني في واقع الأرض وعرضته للبشرية رائقاً صافياً تسري فيه أعمال البشر مصبوغة بصبغة الـلـه ﴿وَمَنْ أَحْسَنُ مِنَ اللَّهِ صِبْغَةً وَنَحْنُ لَهُ عَابِدُونَ﴾ [(١)].

لقد قدم علماء الأمة ومفكروها ثروة "إنسانية" ثرّة لا تزال تمثل زاداً نافعاً للبشرية للآن وسيبقى عطاء الفكر الإسلامي لمواجهة وتغطية الحاجات المستجدة للناس من خلال منهج الإسلام الشامل المتكامل ليشمل كل جوانب الحياة: السياسية والاقتصادية والاجتماعية والفكرية والأخلاقية، كما شملت الثابت الذي يريد الـلـه له أن يثبت، والمتغير الذي أذن الـلـه فيه بالاجتهاد الدائم لمواكبة ما يجدّ من أمور الحياة. وقامت على يد هذه الأمة حركة علمية واسعة ونهضة فكرية شملت كل الجوانب الحياتية. لم تكن موجودة قبل إسلامها، فقد حث القرآن الكريم الأمة على التفكر والتأمل وشجع الرسول الأمين محمداً صلى الـلـه عليه وسلم المسلمين لطلب العلم والتفكر في مخلوقات الـلـه والإبداع، وبرز العديد من أعلام الأمة في عصر النبي

(١) سورة البقرة: الآية ١٣٨.

الكريم صلى الـلـه عليه وسلم وفي عهد الراشدين وفي عصر التابعين وتابعيهم بإحسان وأخذوا بالأسباب، وأدى ذلك إلى تحويل الأمة إلى البحث العلمي في شتى مجالاته. وإن كان القصد الأساسي من طلب العلم والبحث والتفكر إنما هو تقرير الوحدانية ونفي الشركاء عن الـلـه جل في علاه، إلا أن الحس البشري لا يملك مع تأمل آيات القرآن الكريم وهدي الرسول صلى الـلـه عليه وسلم إلا أن يدخل المجال العلمي الرحب فكلها (ظواهر طبيعية) تلفت النظر والقرآن يشد الانتباه إليها شداً ليتأملها الإنسان ويتدبرها، وفي أثناء تدبرها لا عجب أن يبحث في (السنن الربانية) التي يجري الـلـه بها هذه (الظواهر الطبيعية) والبحث عن هذه السنن ومحاولة التعرف عليها هي (الروح العلمية) التي يتقدم بها البحث العلمي ويكشف المجهول. "وكان العلم لدى الإغريق (نظريات) فلسفية لا تتجه إلى التجريب إنما يكفي أن تعرض على (العقل) فإن أقرها -بصورة من الصور- فهي صحيحة بصرف النظر عن واقعها العلمي، وإن لم يقرها فهي غير صحيحة بصرف النظر كذلك عن واقعها العلمي"(١).

"ولم يقف أثر الفكر الإسلامي عند الجانب العلمي وحده، الذي كان من أعظم ثماره (المنهج العلمي التجريبي) بل امتد إلى مختلف نظريات الفكر السياسي والاجتماعي"(٢).

وأن التاريخ كأحد أهم المقومات للفكر الإسلامي يخبرنا بأن هذا الفكر هو الأكثر إبداعاً وأصالة، فقد تجاوز منطق أرسطو الذي لم يكن هو العامل في المنهج الإسلامي امتداداً للفكر اليوناني (النظري) فالفكر الإسلامي إبداع حقيقي في التفكير العلمي، ونظرته شاملة يطل بها على الكون العريض ونظامه الاجتماعي مستقل قوامه التوحيد. في حين كانت فلسفة افلاطون وأرسطو تعبر بدقة عن طبيعة

---

(١) محمد قطب، رؤية إسلامية، ص١٦٥.

(٢) أنور الجندي، الثقافة العربية، ص١٧٠.

المجتمع اليوناني في مرحلة انهياره، وكان مجتمعاً قوامه الطبقية، "فالفكر والتأمل والمتعة هي من نصيب "السادة" والعمل والفاقة من نصيب العبيد، وكانت فلسفة افلاطون وأرسطو تعبر عن هذا الوضع تعبيراً دقيقاً"(١)، ويورد محمد إقبال شهادة الكاتب بريفولت في كتاب (بناء الإنسانية): "فالعالم القديم -كما رأينا- لم يكن للعلم فيه وجود، وعلم النجوم عند اليونان ورياضياتهم كانت علوماً أجنبية.. أخذوها عن سواهم ولم تتأقلم في يوم من الأيام فتمتزج امتزاجاً كلياً بالثقافة اليونانية.. أما ما تدعوه (العلم) فقد ظهر في أوربا نتيجة لروح من البحث جديدة.. وهذه الروح وتلك المناهج العلمية، أدخلها العرب إلى العالم الأوربي"(٢).

ويعترف هذا الكاتب الغربي بالقول "ولم يكن العلم وحده هو الذي أعاد أوربا إلى الحياة، بل إن مؤثرات أخرى كثيرة من مؤثرات الحضارة الإسلامية بعثت باكورة أشعتها إلى الحياة الأوربية"(٣). لقد احتكوا بأمة حية قوية ذات تاريخ وحضارة وفكر وثاب.. وغيروا منهج حياتهم من جذوره فانبعثوا أمة من جديد. ويستشهد الكاتب محمد قطب بآراء المنصفين من كتاب الغرب وعلى سبيل المثال يقول: "وتبدي الكاتبة الألمانية زيجريد هونكة إعجابها الشديد بالحضارة الإسلامية في كتابها (شمس الله تشرق على العرب)، كما يتحدث كثير من المؤرخين الغربيين عن ازدهار تلك الحضارة في بلاد الأندلس وبلاد المشرق في الوقت الذي كانت أوربا تعيش قرونها الوسطى المظلمة. وتركز هونكة بصفة خاصة على أثر الحضارة الإسلامية في نهضة أوربا"(٤).

---

(١) أنور الجندي، م. ن، ص١٧٣.
(٢) محمد إقبال، تجديد الفكر الديني، ص٢٥٠.
(٣) محمد إقبال، تجديد الفكر، ص١٤٩.
(٤) محمد قطب، رؤية إسلامية، ص١٦٩.

فالتاريخ يمثل في الفكر الإسلامي عنصراً هاماً من عناصر القوة والبناء وقد حفل التاريخ الإسلامي بصفحات مشرقة ومواقف حافلة في مجالات متعددة أهمها:

١. نشر كلمة الـلـه في الآفاق.

٢. نشر رواق العدل والإحسان.

٣. الجهاد والاستشهاد في سبيل الـلـه وحماية الذمار والعقيدة.

٤. لا يحارب المسلمون إلا اضطراراً للدفاع، أو في سبيل نشر الإسلام.

ولم يكن تاريخ الإسلام وحضارته هو تاريخ الملوك والأمراء، ولكنه كان تاريخ المجتمع كله، بمختلف عناصره وقواه وأبطاله، فالتاريخ بصفة عامة هو تاريخ العقول والأفكار وجماع السياسة والدين والاقتصاد، وحصيلة الحركة العقلية والأدبية وكلها مرتبطة بالدائرة الفكرية الأوسع المستمدة من القرآن والسنة. فقد وردت كلمة "علم" في القرآن الكريم (٨٥٠ مرة) وإن أول أمر استخدم في القرآن هو كلمة "اقرأ" وإن أول أداة ذكرت في كتاب الـلـه هي "القلم". وميزة الفكر الإسلامي

هي: إدراك عميق بأهمية الرابطة العليا بين الأشياء، كأساس للمعرفة العقلية، وعلى هذه الرابطة العلية تقام التجارب وتتحقق النظرة الموضوعية إلى الظواهر الطبيعية والاجتماعية على السواء. فآيات القرآن الكريم صريحة في إعطاء الدور الرئيس للإنسان في هذا المجال وجعلته مدار الحركة الحضارية وأوكلت إليه مهمة البناء والخلافة على هذه الأرض﴿وَإِذْ قَالَ رَبُّكَ لِلْمَلَائِكَةِ إِنِّي جَاعِلٌ فِي الْأَرْضِ خَلِيفَةً﴾[1]. "ويقوم الإنسان بهذا الدور التاريخي من خلال عقله المدرك في عالم الشهادة وشعوره وتأمله وطاقته الكثيرة التي زوده الـلـه تعالى بها لكي يصنع تاريخه

(١) سورة البقرة: الآية ٣٠.

على هذه الأرض بمعونة اللـه تعالى فبحركته من خلال حريته الملتزمة يتحرك التاريخ ويتطور الزمن"[١].

لقد اتصل الفكر الإسلامي بالثقافات المختلفة من هندية وفارسية ويونانية -من منطلق (الحكمة ضالة المؤمن أنى وجدها أخذ بها وهو أحق الناس بها)- اتصالاً حراً لم يقيده نفوذ ولم يفرض عليه اختبار فاختار منه ما يناسب مقوماته الأساسية بعد أن اختبره وغربله وحققه وأضاف إلى كيانه ثم خطا به خطوات وابتدع فنوناً جديدة، ولقد كان هدف الفكر الإسلامي في جوهره تحرير الإنسانية من الوثنيات. وكان طابعه التقدم في مجال العلم مع سيادة الخلق والعدل وتكريم الإنسان ورفع قدره، دون أن تغلبه المادة بل يظل هو المسيطر عليها"[٢].

"ولقد أغنى ابن خلدون (ت٨٠٨هـ) الفكر الإسلامي فهو من أوائل الذين اهتموا بالتعليل الصحيح للتاريخ، وأول من ألف في فلسفة التاريخ وأحسن من كتب في المجتمعات الفطرية (البدائية). والتاريخ في نظر ابن خلدون ليس (أخبار عن الأيام والدول) ولكنه في حقيقته تمحيص للروايات وتعليل للكائنات (الحوادث) وعلم بأسباب الوقائع وبكيفية وقوعها"[٣]. ولا يجوز أن يقتصر التاريخ على ذكر الملوك والمعارك، بل يجب أن يتناول شرح أحوال العمران والتمدن وما يعرض في الاجتماع الإنساني من العوارض، والمؤرخ محتاج إلى الإحاطة بعلوم مختلفة، ومعارف متنوعة، لأن التاريخ ليس قصصاً فحسب بل هو وصف للبيئة الاجتماعية كلها ولما فيها من الأفكار والحركات والمظاهر والحضارة والثقافة وغيرها، والتعليل

(١) د. محسن عبد الحميد، المذهبية الإسلامية، طبع مطابع وزارة التربية، بغداد، ط٤، ١٤٢٠هـ ص٥٢.
(٢) أنور الجندي، أضواء على الفكر العربي الإسلامي، ص٤-٥.
(٣) د. عمر فروخ، تعليل التاريخ، طبع بيروت، ط٣، ١٣٩٧هـ-١٩٧٧م، ص١١-١٢.

العاقل للتاريخ يقوم -كما يقول ابن خلدون- على ما يأتي[١]:

١. العوامل التي تؤثر في سير التاريخ كثيرة فلا يجوز الاكتفاء بعامل واحد منها عند التعليل.

٢. إن بعض العوامل يكون في بعض وقائع التاريخ أشد أثراً من بعضها الآخر.

٣. إن الدافع الأول في سير التاريخ إنما هو العصبية (أي الخصائص المادية في العدد والسلاح والمال والعلم) وأن ظفر جماعة بجماعة يقوم على أوجه مختلفة من القوة في العصبية الظافرة.

٤. إن طبيعة البيئة تؤثر تأثيراً ظاهراً في سير التاريخ بين أهلها.

٥. إن التاريخ صورة للحضارة كلها، فيجب أن يتناول المؤرخ أوجه الحضارة كلها عند كتابة التاريخ. من أجل ذلك وجب أن يكون المؤرخ ملماً إلماماً كافياً بعدد من العلوم والفنون حتى يستطيع فهم عوامل التاريخ وتدوين نتائج التاريخ على وجهها الصحيح ووصف تطور الحضارة.

٦. إن أحوال المجتمع تتبدل باستمرار -ولكن ببطء- فعلى قارئ التاريخ وعلى مدون أحداث التاريخ أن يفطنا لذلك.

٧. لا يجوز لنا أن نقبل خبراً إذا كان مستحيلاً في العقل أو في العادة، وكذلك يجب أن نتروى في قبول الأخبار الممكنة في العقل وفي العادة حتى تثبت لنا صحتها ثبوت صدق ناقلها[٢].

---

(١) ابن خلدون، عبد الرحمن بن محمد (ت٨٠٨هـ)، المقدمة، ط١، دار القلم، بيروت ١٩٧٨)، بتصرف ومن عدة صفحات ١٧١-١٧٤.

(٢) د. عمر فروخ، تعليل التاريخ، ص١٣.

فإن التاريخ فن من الفنون التي تتداولها الأمم والأجيال: تشدُّ إليه الركائب والرحال، وتسمو إلى معرفته السوقة والأغفال. وتتنافس فيه الملوك والأقيال، وتتساوى في فهمه العلماء والجُهال إذ هو في ظاهره لا يزيد على أخبار الأيام والدول والسوابق من القرون الأول تنمو فيه الأقوال وتضرب فيه الأمثال وتطرف فيه الأندية إذا غصها الاحتفال... وفي باطنه نظر وتحقيق وتعليل للكائنات ومبادئها دقيق، وعلمٌ بكيفيات الواقع وأسبابها عميق، فهو لذلك أصيل في الحكمة وعريق، وجدير بأن يُعدَّ في علومها وخليق[١].

إن التاريخ الحضاري -في القرآن الكريم- إذ يقوم الإنسان -خليفة الله في أرضه- كما يؤكد القرآن في أكثر من موضع، بإعمار الأرض، بما ركب الله في ذاته من عقل وروح وإرادة وتكييف جسدي فذ، أو بما هيأه الله في الأرض وما حولها من إمكانيات التعامل الحيوي معها، والاستمرار في أطرافها، والتحاور المبدع الخلاق بينها وبين الإنسان الذي جُعل بهذا التمهيد المزدوج لأداء مهمته الحضارية: سيداً للعالمين، وفُضل على كثير من خلق الله تفضيلاً[٢]، قال تعالى: (﴿ثُمَّ جَعَلْنَاكُمْ خَلَائِفَ فِي الْأَرْضِ مِنْ بَعْدِهِمْ لِنَنْظُرَ كَيْفَ تَعْمَلُونَ﴾)[٣]. إنه الامتحان والاختبار الرباني للإنسان الذي سُخرت له كل القوى والمخلوقات من أجل أن ينجح في دوره في إعمار الأرض ودوره الإيجابي الفعال في البناء الحضاري والإبداع الفكري والسمو الروحي والأخلاقي، وإلى التبصر بحقيقة وجوده وارتباطه الكونية عن طريق النظر الحسي إلى ما حوله، ابتداءً من مواقع الأقدام وانتهاء بآفاق النفس والكون.. وأعطى للحواس مسؤوليتها الكبرى عن كل خطوة يخطوها الإنسان

---

(١) د. عمر فروخ، تعليل التاريخ، ص١٣.
(٢) د. عماد الدين خليل، التفسير الإسلامي للتاريخ، ط٤، الموصل ١٩٨٦م، ص١٧٥.
(٣) سورة يونس: الآية ١٤.

المسلم في مجال البحث والنظر والتأمل والمعرفة والتجريب.. لقوله تعالى: (وَلَا تَقْفُ مَا لَيْسَ لَكَ بِهِ عِلْمٌ إِنَّ السَّمْعَ وَالْبَصَرَ وَالْفُؤَادَ كُلُّ أُولَئِكَ كَانَ عَنْهُ مَسْئُولًا)[١]. وناداه من فوق عليائه أن يمعن النظر، والتأكيد على إعمال الفكر فيما حوله بقوله: (فَلْيَنْظُرِ الْإِنْسَانُ مِمَّ خُلِقَ)[٢]، وإلى ملكوت الله (أَوَلَمْ يَنْظُرُوا فِي مَلَكُوتِ السَّمَاوَاتِ وَالْأَرْضِ)[٣]، وإلى التاريخ وحركة الإنسان في الأرض (أَفَلَمْ يَسِيرُوا فِي الْأَرْضِ فَيَنْظُرُوا كَيْفَ كَانَ عَاقِبَةُ الَّذِينَ مِنْ قَبْلِهِمْ كَانُوا أَكْثَرَ مِنْهُمْ وَأَشَدَّ قُوَّةً)[٤].

إنه تحريك للبصائر وإعمال للعقل وإغناء للفكر من أجل أن يكون الإنسان المسلم عند حسن ظن الله به، يتفاعل مع خطاب القرآن الكريم ويتحمل المسؤولية في التفكير العميق المتبصر المسؤول بتنسيق وتوازن من أجل إعطاء الحياة الإنسانية قيمتها. وليؤكد في تفكيره وعطائه وموقفه من العمل الحضاري أن القرآن ما جاء فقط للجوانب الأخلاقية والروحية فحسب.. وإنما يطلب من الإنسان ويدفعه إلى بذل الجهد من أجل التنقيب عن السنن والنواميس في أعماق التربة، وفي صميم العلاقات المادية بين الجزئيات والذرات والتفاعل بإيمانه وفكره مع الحركة الحضارية المكلف بأن يكون جزءاً منها ومحركاً فاعلاً فيها وأن يعتبر بما (كان) وأن يتطلع لما يجب أن (يكون)، وأن يحسن استثمار ما سخر له الله سبحانه وتعالى من الذرة إلى المجرة.

إن مقياس التفوق الحضاري لا يكمن في حجم الإنتاج الكمي بقدر ما يكمن في مدى (أخلاقية) الجماعة المتحضرة. وسعيها لخدمة الأهداف الإنسانية الشاملة..

---

(١) سورة الإسراء: الآية ٣٦.
(٢) سورة الطارق: الآية ٥.
(٣) سورة الأعراف: الآية ١٨٥.
(٤) سورة غافر: الآية ٨٢.

وبنظرة سريعة إلى تاريخ أمتنا ومعالم حضارتها في عصور تألقها ومقارنة ذلك بمعطيات الحضارة المعاصرة على المستوى الإنساني، فالأمر واضح جلي للعيان وهو أن الحضارة المعاصرة تتجاوز حتى على مستوى الفكر والفلسفة حدود الموضوعية الشاملة، وتهبط كثيراً عن أخلاقية الإنسان بما هو إنسان، فتنحصر أهدافها ومعطياتها في نطاق دولة أو عرق معين كما هو الحال عند (هيغل) أو طبقة معينة كما هو الحال عند (كارل ماركس)، أو على أحسن تقدير في إطار وحدة حضارية معينة كما هو الحال عند (توينبي). هذا بينما تطرح الحضارة الإسلامية وحدها شعاراتها الإنسانية الشاملة الرحيبة المنبثقة عن قيم الحق والعدل التي صاغها القرآن الكريم (وَلَا يَجْرِمَنَّكُمْ شَنَآنُ قَوْمٍ عَلَى أَلَّا تَعْدِلُوا اعْدِلُوا هُوَ أَقْرَبُ لِلتَّقْوَى)[١].

"إن الإسلام يقوم نظام حضارته كله على الإيمان بالرسالة.. وإن الإيمان حجر أساسي لنظام الأخلاق بكامله وهذا الحجر الأساسي شيء لا أساس له في الغرب"[٢].

ولنضرب مثلاً واحداً من تاريخنا الحضاري وهو:

"حين فتح الصحابي الجليل أبو عبيدة بن الجراح (ت١٨هـ) الشام وأخذ الجزية من أهلها الذين كانوا يومئذ ما يزالون على دينهم، اشترطوا عليه أن يحميهم من الروم الذين كانوا يسومونهم الحيف والاضطهاد، وقبل أبو عبيدة الشرط، ولكن هرقل أعدّ جيشاً عظيماً لاسترداد الشام من المسلمين وبلغت الأنباء أبا عبيدة، فردّ الجزية إلى الناس، وقال لهم: لقد سمعتم بتجهيز هرقل لنا وقد

(١) سورة المائدة: الآية ٨.
(٢) أبو الأعلى المودودي، نحن والحضارة الغربية، دار الفكر، دمشق، ب. ت، ص٢٧.

اشترطتم علينا أن نحميكم وإنا لا نقدر على ذلك، ونحن لكم على الشرط إن نصرنا اللـه عليهم. ولم

يكن أبو عبيدة (أمين الأمة) يصنع ذلك رجاء (مصلحة) بعيدة يقدرها، ويضحي بالمصلحة القريبة!

كلا، إنما ينطلق من المبدأ الذي رباهم عليه الإسلام على يد الرسول محمد صلى اللـه عليه وسلم :

الوفاء بالمواثيق"(١)، وهكذا علمهم الإسلام، وهكذا كان التاريخ الإسلامي مليئاً بالوقائع التي تنبئ

عن أصالة هذه الأمة التي بنت حضارتها على العقيدة ونظام الأخلاق والعدل والوفاء بالمواثيق،

"ومن هنا نقول باطمئنان إن الإسلام هو الحضارة، وأن المجتمع المسلم هو المجتمع المتحضر أياً كان

القدر الذي يشتمل عليه من الأشكال المادية والتنظيمية"(٢).

(١) محمد قطب، واقعنا المعاصر، ٨٣/١-٨٤.

(٢) محمد قطب، واقعنا المعاصر، ص١٠٢.

المبحث الثالث

خصائص الفكر الإسلامي

أولاً: التوحيد

يعد التوحيد الخاصية الأساسية في الفكر الإسلامي، والمقوم الأول للتصور الإسلامي، "بما انه هو الحقيقة الثابتة في العقيدة الإسلامية، وفيما يقوم على هذا التصور من مشاعر وأخلاق وسلوك وتنظيم جوانب الحياة الواقعية.. وامتداد ذلك إلى تنظيم جوانب الحياة الإنسانية كلها"[١]. فالله جل في علاه متفرد بالوحدانية (قُلْ هُوَ اللَّهُ أَحَدٌ (١) اللَّهُ الصَّمَدُ (٢) لَمْ يَلِدْ وَلَمْ يُولَدْ (٣) وَلَمْ يَكُنْ لَهُ كُفُوًا أَحَدٌ)[٢]. وقوله تعالى (ذَلِكُمُ اللَّهُ رَبُّكُمْ لَا إِلَهَ إِلَّا هُوَ خَالِقُ كُلِّ شَيْءٍ فَاعْبُدُوهُ)[٣]. وقوله تعالى(لَا إِلَهَ إِلَّا هُوَ فَأَنَّى تُؤْفَكُونَ)[٤]. وقوله تعالى (وَلِلَّهِ يَسْجُدُ مَنْ فِي السَّمَاوَاتِ وَالْأَرْضِ)[٥].

هذه الآيات وعشرات غيرها تقرر إفراد الله –سبحانه- بالألوهية وأن هذه الآيات الكريمة تكفي لبيان ان التوحيد هو من أهم الخصائص التي يتحلى بها الفكر الإسلامي. ومن خلاله يتم فيه التأمل في المشاهدات الكونية وخلق السماوات والأرض وتعاقب الليل والنهار وحركة الرياح والحياة والموت والعلاقات والسلوك وغاية وجود الإنسان ووظيفة العقل والقلب، هكذا لبيان معنى التوحيد في الفكر

---

(١) سيد قطب، خصائص التصور، م.ن، ص٢١٣.
(٢) سورة الإخلاص، الآيات من ١-٤.
(٣) سورة الأنعام، الآية ١٠٢.
(٤) سورة فاطر، الآية ٣.
(٥) سورة النحل، الآية ٤٩.

الإسلامي ولمجاله في الحياة الإنسانية وميزان القيم والاعتبارات في المنهج الذي يتمثل في (لا إله إلا الـلـه) ليشمل كل جوانب حياة الإنسان ومعاده. والقرآن الكريم يربط بين عقيدة التوحيد وبين مقتضياتها في العقل والضمير وفي الحياة ربطاً وثيقاً، ويرتب على وحدانية الـلـه تعالى كل ما يكلفه المسلم: سواء ما يكلفه من شعور في الضمير أو ما يكلفه من شعائر في العبادة أو ما يكلفه من التزام في الشريعة أو ما يكلفه بإعمال العقل للتفكر والنظر في الكون وفي الحياة والآخرة، ويقول الـلـه في كتابه العزيز (وَإِلَهُكُمْ إِلَهٌ وَاحِدٌ لَا إِلَهَ إِلَّا هُوَ الرَّحْمَنُ الرَّحِيمُ (163) إِنَّ فِي خَلْقِ السَّمَاوَاتِ وَالْأَرْضِ وَاخْتِلَافِ اللَّيْلِ وَالنَّهَارِ وَالْفُلْكِ الَّتِي تَجْرِي فِي الْبَحْرِ بِمَا يَنْفَعُ النَّاسَ وَمَا أَنْزَلَ اللَّهُ مِنَ السَّمَاءِ مِنْ مَاءٍ فَأَحْيَا بِهِ الْأَرْضَ بَعْدَ مَوْتِهَا وَبَثَّ فِيهَا مِنْ كُلِّ دَابَّةٍ وَتَصْرِيفِ الرِّيَاحِ وَالسَّحَابِ الْمُسَخَّرِ بَيْنَ السَّمَاءِ وَالْأَرْضِ لَآيَاتٍ لِقَوْمٍ يَعْقِلُونَ)[١].

"إن للتوحيد مكانة في ضمير المسلم وفكره، وان لعلم التوحيد مكانة رفيعة بين العلوم، وإنّ شرف كل علم يقدر بشرف موضوعه ومجال بحثه، فإذا كان الطب اشرف من النجارة لان ميدان بحث النجارة: الخشب وميدان بحث الطب: الإنسان فان شرف علم التوحيد يستمد من شرف مجالات بحثه، وهل هناك ما هو اعظم من خالق الكون؟ وهل هناك من هو اطهر من رسل الـلـه من بني البشر؟! وهل هناك ما هو أهم من معرفة الإنسان بربه وخالقه؟ والحكمة من وجوده في هذه الدنيا، ولماذا خلقه الـلـه عليها؟ وما هو المصير الذي ينتظره بعد موته هذه هي مجالات علم التوحيد وموضوعاته"[٢].

"هذا هو التوحيد الذي جاء به الأنبياء والمرسلون من ربهم، وصاغه الإسلام الصياغة الأخيرة، بحيث حدد معالمه تحديداً دقيقاً قطعياً لا يقبل التمثيل والتشبيه

---

(١) سورة البقرة، الآيتان: ١٦٣-١٦٤.

(٢) عبد المجيد عزيز الزنداني، التوحيد، دار الأنبار، بغداد، ١٤١٠هـ ١٩٩٠م، ٩/١.

والتعطيل، كما حدث في الفلسفات والأديان التي سبقت الإسلام، إذا انتهت إلى الوقوف عند الشق الأول من التوحيد، وهو توحيد الربوبية أي الإيمان بوجود خالق العالم فحسب، دون إكمال ذلك بالشق الثاني وهو توحيد الألوهية، الذي يعبر عن توحيد العبادة، أي عبادة الخالق وحده لا شريك له من الأهواء والأنداد والأشخاص والأوثان"[١]. لقوله تعالى ﴿ذَلِكَ بِأَنَّ اللَّهَ هُوَ الْحَقُّ وَأَنَّ مَا يَدْعُونَ مِنْ دُونِهِ هُوَ الْبَاطِلُ وَأَنَّ اللَّهَ هُوَ الْعَلِيُّ الْكَبِيرُ﴾[٢].

لقد ظل الإسلام يحاول أن يحفر بأعمق ما يكون، هذه القضية الكبرى في الوجود، في قلب المؤمن وعقله وكيانه كله، لان البشر قبل الإسلام أتاهم الأنبياء والمرسلون، فدعوهم إلى التوحيد، ولكن سرعان ما كانت مبادئهم تنسى، ويعود الشرك مرة أخرى إلى المجتمع، بحيث يمكن من خلال استقراء تاريخي وحضاري دقيق القول، انه لم يقم مجتمع إنساني متكامل قبل الإسلام. أو لم تقم حضارة أو لم تقم دولة على أساس التوحيد إلا لمدد قصيرة جداً في حياة البشر، ومن هنا كان لابد للاسلام، من حيث هو الدين الخاتم، والذي كان يخطط لقيادة البشرية. أن يوضح العقيدة الصحيحة ويركزها تركيزاً مصيرياً واضحاً في الكيان الإنساني كله بحيث تتضح منهجيته عن الحياة وتتعمق جذور تفكيره العقلي السديد[٣].

"وقد ظل التوحيد هو العامل الجوهري في الفكر الإسلامي إيماناً بوحدة العقل ووحدة النفس، والثقة بأن الطبيعة الإنسانية واحدة في جميع الناس، ومن الإيمان بالوحدة انطلق الإيمان بالعدل الاجتماعي والحرية، وكان هذا مصدر انفتاح العالم

---

(١) د. محسن عبد الحميد، منهج التغيير الاجتماعي في الإسلام، مكتبة القدس، مطبعة الزمان، (بغداد، ١٩٨٦)، ص٣٧.

(٢) سورة الحج، الآية: ٦٢.

(٣) د. محسن عبد الحميد، المنهج الشمولي في فهم الإسلام، دار إحسان، ط١، ١٩٩٢م، ص٩.

الإسلامي أمام العناصر المختلفة، وكان التوحيد منطلقاً للفكر الإسلامي إلى الوحدة"[١].

كانت الهداية إلى التوحيد هي قمة العطاء الرباني لهذه الأمة، وهي كذلك قمة العطاء الذي قدمته هذه الأمة للبشرية وكان الفكر الإسلامي المنطلق من هذه القاعدة غني بمعطياته لتغطي جوانب الحياة المختلفة. صحيح إن التوحيد هو رسالة الرسل جميعاً ولكنه جاء أصفى ما يكون، وآكد ما يكون في رسالة محمد سيد المرسلين عليه وعليهم الصلاة والسلام أجمعين. فكل الأمم التي آمنت برسلها آمنت بالتوحيد ولكن ما من أمة حافظت على التوحيد أطول مدى ولا اشد صفاء من أمة محمد صلى الله عليه وسلم ، تصديقاً لقوله تعالى: (كُنْتُمْ خَيْرَ أُمَّةٍ أُخْرِجَتْ لِلنَّاسِ....)[٢].

هكذا كانت الأمة وهكذا كان ينظر إلى خيراتها بين الأمم. وكتاب الله يرينا كم كانت قضية التوحيد هي القضية الأولى والكبرى في ذلك الكتاب -القرآن الكريم- وكم تناولت من آفاق، وكم وثقت توثيقاً عميقاً مع كل خطرة نفس تخطر في قلوب البشر، ومع كل حدث من أحداث الكون المادي، وكل حدث في حياة البشر في دنياهم وآخرتهم سواء، ولعمق التوجيه الرباني في كتابه المنزل -مع تكفل رب العالمين بحفظ كتابه- بقيت هذه الأمة -بقدر الله ومشيئته- تحافظ على صفاء توحيدها فترة طويلة من الوقت ونشره في الآفاق، بينما نجد اليهودية التي نزل لها كتاب التوحيد من قبل حرفته بتصوراتها الوثنية الهابطة والأمة النصرانية تقبلت تحريف شاؤل اليهودي وتمسكت من بعده بعقيدة هي ابعد ما تكون عن التوحيد[٣]. وهذا ما سنوضحه ونركز عليه في الفصل الثاني.

---

(١) أنور الجندي، الثقافة العربية، ص٦٩-٧٠.
(٢) سورة آل عمران، الآية: ١١٠.
(٣) محمد قطب، رؤية إسلامية، ص١٣٨.

ولقد كان المقتضى الأول للتوحيد في حس الأمة المسلمة هو التلقي من عند الله لا من أي مصدر سواه، ومنهج التلقي هو مفرق الطريق بين الحق والباطل، ومما يحسب لهذه الأمة في التاريخ أنها رسخت معنى التوحيد في صورته الحقيقة وأنشأت على أساسه حضارة هائلة متشعبة الألوان في النشاط الحضاري وحركة فكرية في شتى العلوم وفروع المعرفة، فكانت أمة الإسلام، الأمة الفريدة في التاريخ التي طبقت المنهج الرباني في واقع الأرض، وعرضته للبشرية رائقاً صافياً، تسري فيه أعمال البشر مصبوغة بصبغة الله ﴿صِبْغَةَ اللَّهِ وَمَنْ أَحْسَنُ مِنَ اللَّهِ صِبْغَةً وَنَحْنُ لَهُ عَابِدُونَ﴾[١].

وقدم مفكرو الأمة وأعلامها ثروة إنسانية ثرة لا تزال تمثل معيناً للبشرية إلى اليوم اقترنت بقضية التوحيد التي أصبحت لها واقعاً عملياً في حياتهم، يمثل منهج حياة متكاملاً يشمل كل جوانب الحياة السياسية والاقتصادية والاجتماعية والفكرية والأخلاقية.

لقد فتحت عقيدة التوحيد القلوب وفتح الفكر الإسلامي العقول قبل فتح الأرض هذه القلوب والعقول لم يفتحها السيف، فالسيف قد يفتح الأرض ولكنه لا يفتح القلوب والعقول، "إنما فتحتها العقيدة الإسلامية ممثلة في سلوك واقعي من الفاتحين"[٢].

"ومن هنا كانت دعوة الإسلام المتجددة إلى إنكار الرموز أو تقديس الموتى أو عبادة الأبطال والعظماء أو إقامة القبور الضخمة أو التماثيل أو غيرها من الدواعي التي انحرفت بالبشرية من قبل عن التوحيد وذلك حرصا على بقاء المفهوم الأصيل الذي نزل به القرآن، ولقد كان التوحيد فيصلاً ضخماً بين الفكر الإسلامي وبين

(١) سورة البقرة، الآية: ١٣٨.
(٢) محمد قطب، رؤية إسلامية، ص١٥٨.

الأفكار والمفاهيم والفلسفات والمذاهب المختلفة، على نحو يحرر النفس الإنسانية من كل وثنية وانحراف وعبودية"[١].

"إن التوحيد -الذي هو جوهر الإسلام- معناه نفي الآلهة الزائفة التي تتحكم في الإنسان. ومن ثَمَّ تحرير الإنسان من العبوديات الزائفة كلها، وإطلاق أفكاره وروحه تعمل بكل طاقاتها، طليقة من كل قيد زائف، متقيدة في الوقت ذاته بمنهج الـلـه وأوامره التي يتحقق بها خير الدنيا وسعادة الآخرة بينما الآلهة الزائفة لا تمنح الإنسان كرامته اللائقة به، وإنما تستعبده بشهواته فتحيله إلى حيوان بل أضل سبيلاً، أو تستعبده بجبروتها والضغوط الواقعية منها عليه، سياسية كانت هذه الضغوط اقتصادية أو اجتماعية أو فكرية، فيستذل، ويفقد من كرامته بقدر خضوعه للطاغوت وينقلب الناس إلى سادة وعبيد"[٢] وحين يؤمن الإنسان بالله الإيمان الحق يستعلي على تلك الطواغيت، فلا يعود لها في حسه وزن، وان آذته، وان عذبته، وان حرمته من ضروراته.. وان قتلته.. فيتحمل إيذاءها مستعلياً عليها كما مات العرب المسلمون في الأندلس استعلاء بعقيدتهم وفكرهم وإسلامهم على محاكم التفتيش (فَاقْضِ مَا أَنْتَ قَاضٍ إِنَّمَا تَقْضِي هَذِهِ الْحَيَاةَ الدُّنْيَا)[٣]. والطغاة يموتون والشهداء يموتون ثم يطوي التاريخ سيرة الطغاة إلا من اللعنة التي تحل كلما ذكروا ويبقى الشهداء أحياء.. أحياء عند ربهم. وأحياء في ذاكرة الناس والتاريخ.

انه التوحيد.. انه المنهج الرباني.. الذي يحرر الناس من داخل أنفسهم فيصبحون قوى فاعلة في واقع الحياة، تفكر وتخطط وتبني وتعمر بأعمال اليد والعقل لتصنع ما يشبه المعجزات (وَاذْكُرْ عِبَادَنَا إبْرَاهِيمَ وَإِسْحَاقَ وَيَعْقُوبَ أُولِي الْأَيْدِي

---

(١) أنور الجندي، الشبهات والأخطاء الشائعة، ص٢٥.

(٢) محمد قطب، كيف نكتب التاريخ الإسلامي، دار الكتاب الإسلامي، الطبعة الأولى، ١٤١٥هـ-١٩٩٢م، ص٥٨.

(٣) سورة طه، الآية: ٧٢.

وَالْأَبْصَارِ)[١] والمعروف ان الفكر الإسلامي كان متصلاً بالدعوة إلى الاجتهاد وتحرير الفكر من اسر التقليد، ولكن صوت التوحيد لم يلبث ان خفت بعد عصر ابن تيمية، ولم يصل جهد الدعاة إلى مكان التأثير والتغيير واجتاح عالم الإسلام طابع من الانحراف عن مفهوم الإسلام الأصيل: من التكامل والوسطية والحركة ديناً ودنيا وعقلا وقلبا وروحاً ومادة فقد كانت دعوة التوحيد في القرن الثامن عشر تواجه تحدياً أساسياً هو (الجبرية والتقليد) كأساس فكري لخطر الجمود والضعف الذي منيت به الوحدة الإسلامية العثمانية، غير ان الغزو الفرنسي لمصر ثم الغزو الفرنسي للجزائر وما اتصل به من غزو بريطاني للخليج العربي والعراق. ولعل اخطر ما واجه الفكر الإسلامي في ظل النفوذ الاستعماري هو عدم القدرة على امتلاك الإرادة الحرة في الاجتهاد وانعدام فرصة الحرية الكاملة للإذاعة بخصائص الفكر الإسلامي وكشف جوهره، وإبراز حقائقه، ومدافعة الشبهات عنه، أو تطبيقه[٢].

---

(١) سورة ص، الآية: ٤٥.
(٢) أنور الجندي، الثقافة العربية، ص١٢.

ثانياً التوازن والوسطية

عندما جاء الإسلام وأمكن للعرب ان يذعنوا لأمر الـلـه وان يقيموا دولة ويبنوا كياناً واحداً ذا نسيج قوامه الإيمان والعمل ويرسي نظاماً عقيدياً وسياسياً واقتصادياً وتشريعياً يوصف بالواقعية والاعتدال ويعتمد الوسطية والتوازن في حكم الحياة، والتوازن في مقوماته والتوازن في إيحاءاته وتأملاته ونظراته إلى مخلوقات الـلـه وبدائع صنعه في خلق الإنسان (وَفِي أَنْفُسِكُمْ أَفَلَا تُبْصِرُونَ)(١).

وفي الكون (خَلْقِ الرَّحْمَنِ مِنْ تَفَاوُتٍ فَارْجِعِ الْبَصَرَ هَلْ تَرَى مِنْ فُطُورٍ)(٢). والتوازن بين فاعلية "الإنسان" وفاعلية "الكون" وبين مقام الإنسان ومقام الكون. وقد سلم الفكر الإسلامي في هذه المعادلة والموازنة من جميع التقلبات والانحرافات التي صاحبت الفكر البشري الذي يفتقر إلى قاعدة التوازن فالنظام الدولي الذي كان سائداً قبل ظهور الإسلام وأثناء قيام دولته في المدينة بقيادة الرسول محمد صلى الـلـه عليه وسلم كان ذلك النظام الدولي تحكمه وتتحكم فيه القطبية الثنائية، كان يمارس تجاه الدول الصغرى والشعوب المستضعفة كل عسف وتسلط واستغلال، وإذلال، القوي بقوته والقادر بقدرته وهو صاحب الأمر والقرار والذي يمسك بمصير الشعوب.. يقتل، ينهب، يستغل، يسخر، يسيطر، يحاصر، يقمع، يبيد كما حصل في هيروشيما وناكازاكي وفيتنام وفلسطين، وأحياناً يحقق مآربه تلك تحت غطاء مكذوب من الشرعية أو بدعوى صيانة القانون الدولي كما حدث لشعبنا وجيشنا في العراق، فلم تكن روحية النظام الدولي القديم الذي كان سائداً يوم قامت دولة الرسول صلى الـلـه عليه وسلم وتحرشت بها دولة الروم وواجهت تحديات دولة الفرس تختلف إطلاقاً عن روح النظام الدولي السائد يوم ضاعت هيبة أمة الإسلام بتقسيم بلدانها غنائم للدول الاستعمارية عقب الحرب العالمية الأولى ١٩١٤م وتسليم فلسطين إلى بريطانيا لتهديها لمندوبها السامي اليهودي (هربرت

---

(١) سورة الذاريات، الآية: ٢١.

(٢) سورة الملك، الآية: ٣.

صموئيل) ليكون ملكاً حقيقياً لدولة اليهود غير المعلنة تحت ظل العلم البريطاني والنظام العالمي الذي كان سائداً أثناء الحرب العالمية الثانية أعطى أمر استخدام الذرة في إفناء البشرية كما حصل مع اليابان عام ١٩٤٥ بقرار من القطب المنتصر (أمريكا) وأعطى هذا القطب الشرعية الدولية لدولة اليهود في فلسطين المغتصبة وأضاع حق العرب المسلمين في أرضهم ومقدساتهم وهو نفس النظام العالمي بثوبه الجديد الذي قرر إفناء الشعب العراقي بحرب عالمية ثالثة عام ١٩٩١ وتمكين اليهود من تنفيذ خطة الخطوة خطوة لتحقيق حلمهم في مشروع إسرائيل الكبرى. وهو حلم لن يتحقق لأن وعد الله هو الذي سيتحقق بإذن الله ووعد الله هو زوال دولة الظلم.

وستبقى الأمة الوسط والعاقبة للمؤمنين ﴿وَكَذَٰلِكَ جَعَلْنَاكُمْ أُمَّةً وَسَطًا لِّتَكُونُوا شُهَدَاءَ عَلَى النَّاسِ وَيَكُونَ الرَّسُولُ عَلَيْكُمْ شَهِيدًا﴾[1].

هذه الأمة الوسط كانت تمثل التحدي الأول والأكبر للنظام العالمي السائد يومذاك جاء ذلك من خلال الرسائل التي بعث بها الرسول الأكرم محمد صلى الله عليه وسلم إلى رؤساء الدولتين العظمين فمثلاً جاء في رسالته إلى هرقل الروم (سلام على من اتبع الهدى، أما بعد، فإني أدعوك بدعاية الإسلام، أسلم تسلم، وأسلم يؤتك الله أجرك مرتين. وإن توليت فإن عليك إثم الأريسيين) إنها دعوة إلى الحق والعدل لا ظلم فيها ولا تفريط ولا إفراط، إنها دعوة الإسلام التي بنى بها النبي عليه الصلاة والسلام أمة وسطاً وذلك "النظام الإسلامي ذو النمط النوعي الملفت للنظر

(١) سورة البقرة، الآية: ١٤٣.

بسماحته وعدالته ومساواته وقيمه وحضارته كان لابد له وأن يتعامل مع الحالة المتحكمة والمستحكمة بما ينقض أسسها ويقوض سلطتها وفاعليتها"[1].

وهذا ربعي بن عامر يعبر بجلاء عن هذه الوسطية والتوازن في الفكر والمعتقد والمقصد من الدين الجديد والنظام الجديد فلخص ذلك كله بكلمات معدودات يوم دخل على ممثل دولة الفرس وقائد قواتها العسكرية رستم فقال: "الله ابتعثنا لنخرج من شاء، من عبادة العباد إلى عبادة الله الواحد القهار، من ضيق الدنيا إلى سعتها، من جور الأديان إلى عدل الإسلام. فأرسلنا بدينه إلى خلقه لندعوهم اليه، فمن قبل ذلك قبلنا منه ورجعنا عنه، ومن أبى قاتلناه أبداً، حتى تفضي إلى موعود الله، قالوا: وما موعود الله؟ قال: الجنة لمن مات على قتال من أبى، والظفر لمن بقى"[2].

هكذا عبر مندوب المسلمين عن عدل الإسلام واعتداله، ووسطيته "فالإسلام هو منهج الاعتدال ويكون بإعطاء كل ذي حق حقه، فللجسد حقوقه في الحياة وللروح حقوقها ولا إفراط ولا تفريط، ولا تعارض بين حظوظ الدنيا المشروعة وطلب حظوظ الآخرة العظيمة..

وفي منهج الوسط الذي لا إفراط فيه ولا تفريط تسير الحياة السعيدة في هذه الدنيا، وهذا هو منهج المسلم العارف بدينه الملتزم لتعاليمه ووصاياه"[3].

وينعكس منهج الوسطية والاعتدال على الفكر الإسلامي لتكون سمة من سماته وإحدى الخصائص الهامة فيه وابرز معالمه التوفيق بين الوجهين الروحية والمادية في الحياة الإنسانية.

---

(١) فتحي يكن، المتغيرات الدولية والدور الإسلامي المطلوب، مؤسسة الرسالة، الطبعة الأولى، بيروت، ١٤١٣هـ-١٩٩٣م، ص١٩.

(٢) ابن كثير، البداية والنهاية، ٣٨/٨.

(٣) عبد الرحمن حسن حبنّكة الميداني، أجنحة المكر الثلاثة وخوافيها، التبشير - الاستشراق - الاستعمار، دار العلم، دمشق، الطبعة الثانية، ١٤٠٠هـ-١٩٨٠م، ص٤٤٨.

والفكر الإسلامي في توازنه ووسطيته يكون بعيداً عن التطرف من ناحية الجمود والانطلاق غير المنتظم.. وهو تطور وثبات في نفس الوقت والحضارة تقوم على أساس من الفكر الإسلامي الذي يستمد مقوماته من القرآن الكريم فأول مقومات الحضارة الإسلامية الجوهرية أنها تستمد من الإسلام وعقيدة التوحيد التي تقوم على الموازنة بين الروح والمادة، والعلم والدين، والقلب والعقل، والدنيا والآخرة. ويقوم نظامها السياسي على الشورى والمساواة، واحترام حقوق الإنسان. وتقوم الأسرة في مجتمعها على المودة والرحمة، ويقوم اقتصادها على تبادل المنافع واتخاذ المال وسيلة لاغاية، واحترام الملكية الفردية غير المستغلة أو المعطلة للصالح العام"[(١)].

"فالإسلام إنما تنبعث الدعوة في نفسه من مصدر واحد هو الإحساس الواضح والإدراك العميق بأن الفكر الإسلامي قد انجرف عن مقوماته الأساسية واضطربت خواصه في التوازن والوسطية وذلك باستعلاء جانب منه على جانب آخر، وفي مدد كثيرة استعلى مفهوم العقل كما حدث عند المعتزلة وأصحاب الكلام، وفي مدد أخرى استعلى مفهوم القلب كما حدث عند الصوفية في العصر السابق لحركة اليقظة"[(٢)].

"ان الفطرة البشرية تجد ضالتها في التصور الإسلامي يما يلبي أشواقها كلها من معلوم ومجهول، ومن غيب لا تحيط به الأفهام ولا تراه الأبصار ومكشوف تجول فيه العقول وتتدبره القلوب، ومن مجال أوسع من إدراكها تستشعر إزاءه جلال الخالق الكبير، ومجال يعمل فيه إدراكها وتستشعر إزاءه قيمة الإنسان في الكون وكرامته على الـلـه. وتتوازن الكينونة الإنسانية بهذا وذلك التوازن بين طلاقة المشيئة الإلهية وثبات السنن الكونية.. فالمشيئة الإلهية طليقة لا يرد عليها قيد ما، مما يخطر

---

(١) أنور الجندي، الثقافة العربية، ص٢٤٧.

(٢) أنور الجندي، اليقظة الإسلامية في مواجهة الاستعمار، دار الاعتصام، القاهرة، ب.ت، ص٣٧.

على الفكر البشري جملة. وهي تبدع كل شيء بمجرد توجهها إلى إبداعه وليست هنالك قاعدة ملزمة، ولا قالب مفروض تلتزمه المشيئة الإلهية حين تريد أن تفعل ما تريد"[١].

"ومن هذا وذاك يقع التوازن في الضمير بين الخوف والطمع، والرهبة والأنس، والفزع والطمأنينة"[٢].

"إن خاصية الاعتدال والتوازن في الفكر الإسلامي تغطي مساحة واسعة، فالتطور والثبات يمثلان طرفي المعادلة، فالفكر يؤمن بثبات الأصول العامة والقواعد العليا وتطور الجزئيات والتفاصيل والفروع،.. ومفهوم الفكر الإسلامي في التطور والثبات هو مفهوم العلم في شأن الكون والوجود نفسه، الثابت الأصول والطوابع المتطور الجذور والفروع.. ومفهوم التطور في الفكر الإسلامي يستمد وجوده من قانون الاعتدال والتوازن"[٣].

إن المفهوم الإسلامي للتطور غير مفهوم التطور المرتبط بنظرية دارون القائمة على إنكار وجود الخالق وان التطور الذي التمست المذاهب الفلسفية المادية بمعنى إطلاق الحريات الاجتماعية والفكرية على النحو الذي يصل إلى الإلحاد والإباحية ليس من مفهوم الفكر الإسلامي ولا هو متقبل فيه. وان ذلك النحو من الفهم إنما قام في أوربا في ظروف محلية خاصة وليس له قيمة حقيقية في مجال القيم الإنسانية، "وقد وردت حكمة التطور بمفهومها الإسلامي في الطبقات الكبرى لابن سعد وفي مقدمة ابن خلدون وفي كتاب البدر الطالع للشوكاني ولدى السبكي حيث قال "ومن كرامات هذه الأمة التطور بأطوار مختلفة وهذا الذي يسميه الصوفية بعالم

(١) سيد قطب، خصائص التصور، ص١٣٧.
(٢) سيد قطب، خصائص، ص١٦٠.
(٣) أنور الجندي، الشبهات والأخطاء الشائعة، ص٩٣.

المثال ويثبتون عالماً متوسطاً بين عالم الأجسام والأرواح، وأشار ابن خلدون إلى ان أهل الدول أبداً يقلدون في طور الحضارة الدولة السابقة قبلهم.. الخ"(١).

"وسار التابعون وتابعوهم ومن جاؤوا من بعدهم على النهج ذاته في إعمال الفكر والاجتهاد في المسائل المستحدثة، نتيجة لتطور الحياة وامتزاج الثقافات والحضارات والأعراف الاجتماعية.. حتى ظهرت المذاهب الفقهية الكبرى المعروفة في ديار الإسلام كلها شرقاً وغرباً، تمثل طبيعة الشريعة الإسلامية الحركة المرنة، فقدمت ثروة تشريعية ضخمة، استوعبت حياة أمم شتى في أزمنة شتى مما يقوم دليلاً قاطعاً على حركة الفكر الإسلامي المبدع الذي استطاع أن يواكب الأحداث بفهم دقيق وعميق لكتاب الله تعالى وسنة رسوله صلى الله عليه وسلم ، وإدراك ذكي لحقائق التغيرات الاجتماعية.. وقد قام علماء الإسلام منذ عهد الشافعي بجهود فكرية جبارة.. فقدموا بذلك منهجاً واضح المعالم للفكر الإسلامي جمع بين النقل الصحيح والعقل الصريح، وحافظ عبر العصور على اتزان ذلك الفكر"(٢).

وخلاصة القول، فإن الفكر الإسلامي يقف بوسطيته واعتداله وتوازنه ثابتَ الأصول متطوراً ومتغيراً يعطي للحياة الإنسانية حقها ويغطي كل جوانب الحياة ويحقق الحاجات المستجدة بشكل لا يؤثر على الأصول والقواعد الأساسية ولا يتقاطع معها ففيه المرونة والقدرة على الحركة والتجاوب مع ظروف البيئات والعصور بموازنة واعتدال ووسطية جعلت الأمة بعقيدتها وفكرها الإسلامي شهيدة على الناس جميعاً فتقيم بينهم العدل والقسط وتضع لهم الموازين والقيم، وتبدي فيهم رأيها فيكون هو الرأي المعتمد وتزن قيمهم وتصوراتهم وشعاراتهم فتفصل في أمرها وتقول: هذا حق وهذا باطل.. وبينما هي شهيدة على الناس وفي مقام الحكم العدل بينهم، فان الرسول صلى الله عليه وسلم هو الذي يشهد عليها، فيقرر لها موازينها

---

(١) ذكرها أنور الجندي في كتابه الشبهات والأخطاء الشائعة، ص٩٤-٩٥.
(٢) د. محسن عبد الحميد، تجديد الفكر الإسلامي، ص٧١-٧٢.

وقيمها ويحكم على أعمالها وتقاليدها، ويزن ما يصدر عنها.. وبهذا تتحدد وظيفة هذه الأمة.. لتعرفها ولتشعر بضخامتها، ولتقدر دورها حق قدرة، وتستعد له استعداداً لائقاً (وَكَذَٰلِكَ جَعَلْنَاكُمْ أُمَّةً وَسَطًا)[١].

يقول صاحب الظلال "وإنها الأمة الوسط بكل معاني الوسط سواء من الوساطة بمعنى الحسن والفضل، أو من الوسط بمعنى الاعتدال والقصد، أو من الوسط بمعناه المادي والحسي.. أمة وسطاً في التصور والاعتقاد.. لا تغلو في التجرد الروحي ولا في الارتكاس المادي.. وتعطي لهذا الكيان المزدوج الطاقات حقه المتكامل من كل زاد، وتعمل لترقية الحياة ورفعها في الوقت الذي تعمل فيه على حفظ الحياة وامتدادها، وتطلق كل نشاط في عالم الأشواق وعالم النوازع، بلا تفريط ولا إفراط، في قصد وتناسق واعتدال.. أمة وسطاً في التفكير والشعور.. لا تجمد على ما علمت وتغلق منافذ التجربة والمعرفة.. ولا تتبع كذلك كل ناعق ومقلد، وإنما تستمسك بما لديها من تصورات ومناهج وأصول، ثم تنظر في كل نتاج للفكر، والتجريب وشعارها الدائم: الحقيقة ضالة المؤمن أنّى وجدها أخذها في تثبت ويقين"[٢].

---

(١) سورة البقرة، الآية: ١٤٣.

(٢) سيد قطب، في ظلال القرآن، الدار العربية، بيروت، الطبعة الرابعة، المجلد الأول، الجزء الثاني، ص١٤-١٥.

ثالثا: التكامل والشمولية

إن الفكر الإسلامي يتصف بالشمولية بمعنى أنه ينظر إلى السياسة مثلاً: كجزء من كل متكامل، تتفاعل فيه الأجزاء فتؤثر وتتأثر، لأن السياسة ومفاهيمها إنما تتأثر إيجابياً أو سلبياً بالأوضاع الدينية والاقتصادية والاجتماعية والنفسية كما أن الفكر السياسي الذي وجد في القرآن الكريم لم يكن منفصلاً ولا متمايزاً عن الفكر الاجتماعي والاقتصادي والأخلاقي وهكذا يختلف الفكر العربي الإسلامي عن أي فكر يفصل ما بين نواحي الحياة المختلفة"[١]. فالفكر الإسلامي يؤمن بتكامل وحداته وعناصره المختلفة والتقائها على الهدف الأساسي للفكر وهو بناء شخصية الفرد وبناء المجتمع، وأبرز مميزات التكامل في الفكر الإسلامي هو التوازن والتوسط والتنسيق بين تيارات الوحدات المختلفة واتجاهاتها، بحيث يحميها من التعارض أو التضارب أو التخلف ويحول بينها وبين خلق جو من التفاعل بحيث تلتقي فروع الاجتماع والسياسة والاقتصاد والتربية والقانون على مفهوم متكامل أساسه بناء الفرد والجماعة ودفعها إلى التقدم والبناء والنمو وأداء الرسالة الإنسانية الأساسية التي يقوم الفكر الإنساني من أجل بنائها وحمايتها ودفعها إلى الأمام، وعندما يتم هذا اللقاء يمكن لهذه الرسالة أن تحقق غايتها وهذا لا يتم إلا بوجود جو من التكامل بين هذه الفروع المختلفة من الفكر تستهدف غاية واحدة، وتقوم على أساس فهم واحد مستمد من القرآن والإسلام"[٢].

"ومرجع ذلك أن الفكر الإسلامي يقوم على التكامل والشمولية فيجمع بين

---

(١) د. جهاد تقي صادق، الفكر العربي الإسلامي، الطبعة الأولى، بغداد، ١٩٩٣، ص٣٢؛ وينظر: حسن العطار، الوطن العربي دراسة مركزة لتطوراته السياسية، مطبعة أسعد، ط١، بغداد، ١٩٦٦، ص ص٩٨-٩٩.

(٢) أنور الجندي، الشبهات والأخطاء، ص١٠١.

الدين والدنيا والعقل والقلب والعلم والدين والروح والمادة"[١]. وصح قول من قال: (خذوا الإسلام جملة أو دعوه) فأما الإسلام كله أو لا يكون هنالك إسلام. ولقد أكمل رسول الله صلى الله عليه وسلم الدين وبلغ الرسالة وأدى الأمانة ونصح الأمة وجاهد في الله حق جهاده، قبل أن يلتحق بالرفيق الأعلى ونزلت آية الكمال يقول تعالى
(الْيَوْمَ أَكْمَلْتُ لَكُمْ دِينَكُمْ وَأَتْمَمْتُ عَلَيْكُمْ نِعْمَتِي وَرَضِيتُ لَكُمُ الْإِسْلَامَ دِينًا)[٢].

"ولذلك فإنّ مصادر علم الصحابة كانت شمولية وحركتهم ونظرتهم للحياة من خلال الإسلام كانت متكاملة متوازنة.. لقد بنوا دولة الإسلام، وحققوا العدل في القضاء والسياسة والاقتصاد والحكم ولم يقفوا أمام أية مشكلة في الحياة دون حل موزون، يحقق مقاصد الإسلام في الوجود"[٣].

فقد وقف عمر بن الخطاب رضي الله عنه بعقليته الاجتهادية الشمولية موقفاً جريئاً في مسألة أرض العراق وعارض رأي الصحابة الكرام رضوان الله عنهم الذين ذهبوا إلى توزيعها على المجاهدين الفاتحين للعراق وقال: كيف توزع بلاداً كاملة على عدد من الجند وأهل البلاد ماذا يأكلون؟ والدولة من أين تنفق؟ والثغور كيف تسد وتؤمن؟ فأيدهُ جمع من المجتهدين الصحابة يؤيدونه في موقفه منهم علي بن أبي طالب ومعاذ بن جبل رضي الله عنهما، فراجع عمر رضي الله عنه كتاب الله تعالى بعمق وتدبر.. قال وجدتها في كتاب الله، فقرأ عليهم قول الله تعالى: (مَا أَفَاءَ اللَّهُ عَلَى رَسُولِهِ مِنْ أَهْلِ الْقُرَى فَلِلَّهِ وَلِلرَّسُولِ وَلِذِي الْقُرْبَى وَالْيَتَامَى وَالْمَسَاكِينِ وَابْنِ السَّبِيلِ كَيْ لَا يَكُونَ

---

(١) المرجع نفسه، ص١٣٠.
(٢) سورة المائدة، الآية: ٣.
(٣) د. محسن عبد الحميد، المنهج الشمولي في فهم الإسلام، ص١٧.

دُولَةً بَيْنَ الْأَغْنِيَاءِ مِنْكُمْ)[١]. فهدأت النفوس واطمأنت لحكم الله تعالى وأخذوا بما أشار عليهم أمير المؤمنين عمر رضي الله عنه .

"فعلم الصحابة كان علماً شمولياً ولذلك استطاعوا أن يواجهوا أمور الحياة فيؤسسوا دولة وحضارة أنارت للدنيا طريق الحق والعدل.. وقد أدرك التابعون هذه الحقيقة الواضحة فلازموا الصحابة الكرام وأخذوا عنهم القرآن والسنة وطرق استنباط الأحكام، فكانوا تلامذة أمناء في المدارس العلمية التي أرسوا أسسها، كمدرسة مكة ومدرسة المدينة ومدرسة البصرة ومدرسة الكوفة ومدرسة الشام ومدرسة مصر. وقد علموا تماماً أن هنالك نظاماً راسخاً للفهم في الإسلام هو نظام المنهج الأصولي الذي انتج عبر التاريخ الفكر الإسلامي المتجدد النامي المتطور.. واستطاعوا في ضوء ذلك المنهج الشمولي أن يحولوا الوحي الإلهي إلى حركة وتغيير وحياة"[٢].

ولذلك فرق الصحابة الكرام وتابعوهم بإحسان بين الوحي الثابت في القرآن والسنة النبوية وبين الفكر الإسلامي المتجدد في كل عصر نتيجة للاجتهاد في القضايا المتغيرة في الزمان والمكان.

هذا المنهج الشمولي لابد أن يقود حركة الإنسان المسلم ومجتمعه في صيغ التغيير المستمر والحضارة المتجددة، وحين يكون الإنسان على فطرته التي فطره الله عليها فإنه ينشئ حضارة متكاملة ومتوازنة.

"ولقد كانت المزية الكبرى للحضارة الإسلامية أنها أخذت الإنسان كله، بكل جوانبه، فكانت حضارة (إنسانية) حقاً، شاملة لكل المجالات التي يتحقق بها كيان

---

(١) سورة الحشر، الآية: ٧.

(٢) د. محسن عبد الحميد، المنهج الشمولي، ص٢٠-٢١.

"الإنسان".. وكان أجمل ما في هذه الحضارة ذلك التوازن الدقيق في داخل الكيان الإنساني وفي واقع الحياة"[١].

يقول الكاتب المسلم (ليوبولد فايس) الذي سمى نفسه محمد أسد حول اختلاف الفكر والتصور الإسلامي عن التصورات الأخرى: "يختلف إدراك العبادة في الإسلام عما هو في كل دين آخر -الأديان في صورتها التي صارت إليه- فالعبادة في الإسلام ليست محصورة في أعمال من الخشوع الخالص، كالصلاة والصيام مثلاً، ولكنها تتناول (كل) حياة الإنسان العملية أيضاً. وإذا كانت العناية من حياتنا على العموم (عبادة الله) فيلزمنا حينئذ، ضرورة، ان ننظر إلى هذه الحياة في مجموع مظاهرها كلها على أنها تبعة أدبية متعددة النواحي، وهكذا يجب ان نأتي أعمالنا كلها"[٢].

ويقول أيضاً "وعبادة الله في أوسع معانيها تؤلف في الإسلام معنى الحياة الإنسانية.. هذا الإدراك وحده يرينا إمكان بلوغ الإنسان الكمال -في إطار حياته الدنيوية الفردية- ومن بين سائر النظم الدينية نرى الإسلام -وحده- يعلن أنَّ الكمال الفردي ممكن في الحياة الدنيا"[٣].

إن هذا التصور -عن طريق خاصية الشمول في صورتها هذه- يمكن أن يعطينا تفسيراً مفهوماً. لوجود هذا الكون ابتداء. ثم لكل حركة فيه بعد ذلك وكل انبثاقه.. ويعطينا -على الأخص- تفسيراً مفهوماً لانبثاق ظاهرة (الحياة) في المادة الصماء.. إن هذا الكون يواجه الكينونة الإنسانية ابتداء بوجوده! ويتطلب منها إدراكاً وتفسيراً لهذا الوجود، ثم يواجهها بتناسقه وتوازنه وموافقاته العجيبة -التي

---

(١) محمد قطب، رؤية إسلامية لأحوال العالم المعاصر، ص١٧٤.
(٢) محمد أسد، الإسلام على مفترق الطرق، من الترجمة العربية بقلم الدكتور عمر فروخ، ص٢١.
(٣) محمد أسد، الإسلام على مفترق الطرق، ص٢٣.

يستحيل أن تأتي بها المصادفة- فللمصادفة كذلك قانون يستحيل معه أن تتجمع هذه الموافقات كلها مصادفة"[1].

وبعد فإن هذا التكامل والشمول -بكل صوره- للفكر الإسلامي يتفاعل مع أي جانب من جوانب الحياة المختلفة، في الإيمان والعمل وفي كل نفس وكل حركة وكل خالجة وكل خطوة وكل اتجاه، قال تعالى (وَكُلَّ شَيْءٍ أحْصَيْنَاهُ فِي إِمَامٍ مُبِينٍ).

(١) سيد قطب، خصائص التصور الإسلامي، ص١٠٩؛ وينظر: أ.كريس موريسون، كتاب العلم يدعو إلى الإيمان، ترجمة محمود صالح الفلكي، طبع مكتبة النهضة، الطبعة الأولى، (القاهرة، ١٩٦٣م)، ص١٩٤.

رابعاً: المثالية والواقعية

ومن أبرز معالم الفكر الإسلامي أنه يجمع بين المثالية والواقعية وأنه يحتفظ بالعمل في صميم الحياة العامة ولا شك أن لفكرنا العربي الإسلامي رسالة وهدفاً وطريقاً مفتوحاً قادراً على الحركة والتطور، ومواجهة الأحداث والأزمنة والبيئات والحضارات المختلفة. إنه روحي ومادي جامع.. ويقوم بين المحافظة والتطرف ويجمع بين التحليل والتأليف، ويمزج بين الواقعية والقيم، ويتسم بجرأة الفكر وحرارة الشعور"(١).

وفي طبيعة الفكر الإسلامي ذاته ما يحفز الإنسان لمحاولة الحركة الإيجابية، لتحقيق المنهج في صورة واقعية.. فالمسلم يعرف من تصوره الإسلامي أن الإنسان قوة إيجابية فاعلة في الأرض، وأنه ليس عاملاً سلبياً في نظامها. فهو مخلوق ابتداءً ليستخلف فيها وهو مستخلف فيها ليحقق منهج الله في صورته الواقعية: لينشئ ويعمر وليغير ويطور وهو معان من الله"(٢).

هذه الخاصية المهمة من خواص الفكر الإسلامي، تُعدّ تصوراً يتعامل مع الحقائق الموضوعية، ذات الوجود الحقيقي المستيقن والأثر الواقعي الإيجابي لا مع تصورات عقلية مجردة ولا مع (مثاليات) لا مقابل لها في عالم الواقع، أولا وجود لها في عالم الواقع"(٣).

ثم إن التصميم الذي يضعه للحياة البشرية يحمل طابع الواقعية كذلك لأنه قابل للتحقيق الواقعي في الحياة الإنسانية، ولكنها في الوقت ذاته واقعية مثالية أو مثالية واقعية، لأنها تهدف إلى أرفع مستوى وأكمل نموذج، تملك البشرية أن

---

(١) أنور الجندي، الثقافة العربية، ص٣٥٣.
(٢) سيد قطب، الخصائص، ص١٨٦.
(٣) سيد قطب، الخصائص، ص١٩٠.

تصعد عليه. وبشيء من الإيضاح، إنه يتعامل مع الحقائق الموضوعية. ذات الوجود الحقيق المستيقن، والأثر الواقعي الإيجابي.. يتعامل مع الحقيقة الإلهية، متمثلة في آثارها الإيجابية وفاعليتها الواقعية.. وتبعا مع الحقيقة الكونية، متمثلة في مشاهدها المحسوسة، المؤثرة أو المتأثرة.. ويتعامل مع الحقيقة الإنسانية، متمثلة في الأناسي كما هم في عالم الواقع (فَاطِرُ السَّمَاوَاتِ وَالْأَرْضِ جَعَلَ لَكُمْ مِنْ أَنفُسِكُمْ أَزْوَاجًا وَمِنَ الْأَنْعَامِ أَزْوَاجًا يَذْرَؤُكُمْ فِيهِ لَيْسَ كَمِثْلِهِ شَيْءٌ وَهُوَ السَّمِيعُ الْبَصِيرُ (11) لَهُ مَقَالِيدُ السَّمَاوَاتِ وَالْأَرْضِ يَبْسُطُ الرِّزْقَ لِمَنْ يَشَاءُ وَيَقْدِرُ إِنَّهُ بِكُلِّ شَيْءٍ عَلِيمٌ) [١].

"إن الحركة العلمية الإسلامية نشأت في ظل العقيدة، وان هذه المزية التي تفردت بها الحركة الإسلامية هو المنهج الصحيح في العلم، الذي استمده المسلمون من منهجهم الرباني، فسعدت به البشرية حيناً من الزمان غير قصير.. من خلال المنهج العلمي والقدرة الواقعية"[٢].

"وإن الفهم الصحيح لمسائل العقيدة الإسلامية لابد أن يستند إلى القرآن والسنة، وعدم محاولة التعمق الكلامي في الغيبيات التي تبعد العقول المسلمة عن واقع عالم المادة وتقحمها في الانحرافات والاختلافات، بل ظهرت قضايا أخرى تعالج المشكلات الإنسانية المتنوعة التي تتصل بحركة الحياة الواقعية"[٣].

"وبينما تسعى معظم المذاهب التفسيرية والمعطيات الفكرية للوضعيين إلى تصور عالم لا صراع فيه (كالهيغلية في مرحلة تجليّ المتوحد والماركسية في مرحلة حكم البروليتاريا) يسوده السلام، فتتجاوز بهذا واقعيتها وعلميتها، وتغفل عن

(١) سورة الشورى، الآيتان: ١١، ١٢.
(٢) محمد قطب، كيف نكتب التاريخ الإسلامي، ص١٦٠.
(٣) د. محسن عبد الحميد، تجديد الفكر الإسلامي، ص١٣٤.

الأساس الدائم في تاريخ البشرية والمولدّ الأبدي لحركته الحضارية، وتتناقض تناقضاً أساسياً مع مذاهبها -هي نفسها- التي بدأت بالحركة وآلت إلى سكون غير واقع ولا ممكن وبينما يحدث هذا مع المنهج الوضعي.. إذا بالقرآن ينطلق من (موقف) واقعي -إذا صح التعبير- لأنه يتحدث عن تجارب واقعة وينبثق عن رؤية تجمع الماضي إلى الحاضر إلى المستقبل"[(١)].

هذا ما يفعله القرآن في النفوس لتكون أهلاً (للخيرية) والتي استحقتها أمتنا بوصف الـلـه تعالى لها (كُنتُمْ خَيْرَ أُمَّةٍ أُخْرِجَتْ لِلنَّاسِ...)[(٢)].

ومدح رسول الـلـه صلى الـلـه عليه وسلم جيل الصحابة والذي يليه.. بقوله "خيركم قرني، ثم الذين يلونهم، ثم الذين يلونهم"[(٣)].

إنه الجيل الذي تم فيه اللقاء بين المثال والواقع، فترجم مثاليات الإسلام إلى واقع، وارتفع بالواقع البشري إلى درجة المثال. والمثالية والواقعية أو الواقعية المثالية من أبرز خصائص هذا الدين، والفكر الإسلامي الذي تلتقي فيه المثالية التي لا تهمل الواقع بالواقعية التي لا تهمل المثال، ويكون من نتائجها -في أعلى حالاتها- ذلك الجيل المتفرد في التاريخ"[(٤)].

والمتأمل في أسس الإسلام ومبادئه وأحكامه وشرائعه ووسائل تربيته للناس وتوجيههم لفعل الخير وترك الشر، التحلي بالفضائل والتخلي عن الرذائل، يلاحظ عناصر ثلاثة[(٥)]:

---

(١) د. عماد الدين خليل، التفسير الإسلامي للتاريخ، طبعة رابعة، الموصل، ١٩٨٦، ص٢٤٤-٢٤٥.

(٢) سورة آل عمران، الآية: ١١٠.

(٣) النووي، رياض الصالحين، متفق عليه؛ رواه البخاري: ١٩٠/٥-١٩١، ومسلم: ٢٥٣٥، ص١٩٨.

(٤) محمد قطب، واقعنا المعاصر، ١٥/١.

(٥) عبد الرحمن الميداني، أجنحة المكر، ص٤٣٢.

العنصر الأول: الدعوة المثالية، والدفع إلى نشدان الكمال المطلق.

العنصر الثاني: التطبيقات الواقعية الملائمة للواقع الإنساني.

العنصر الثالث: الوسائل المنسجمة مع الخصائص الإنسانية.

فإذا سأل الناس عن الخير الأمثل في واقع تطبيقي وجدوه في مجتمع المسلمين يوم كان الإسلام حاكما عليهم، والقرآن متمثلاً في أخلاقهم وأعمالهم، وإذا سألوا عن الفضيلة وجدوها عندهم، وإذا بحثوا عن الحق والعدل، وجدوهما في دينهم وشرائعهم وأقضيتهم، واذا فتشوا عن القوة المتماسكة المتراصة وجدوها في صفوفهم. وهذا ما اذهل أعداء الإسلام الذين أعمتهم عصبياتهم الدينية والعرقية، وآثار حقدهم وحدهم، ولذلك اخذوا في تهديم الأسس التي كان بها للمسلمين ذلك المجد التليد. (يُرِيدُونَ أَنْ يُطْفِئُوا نُورَ اللَّهِ بِأَفْوَاهِهِمْ وَيَأْبَى اللَّهُ إِلَّا أَنْ يُتِمَّ نُورَهُ) [١].

وكل مثالية يدعيها أعداء الإسلام إنما هي مثالية مزورة، غايتهم منها التضليل والخداع، ولو كانت لهم مثاليات حقيقية صادقة قابلة للتطبيق الإنساني لرأى الناس أثرها في السلم أو في الحرب، ولكنهم لم يستطيعوا أن يسجلوا في تاريخهم الطويل إلا صورة المادية المفرطة، المرتبطة بالأنانيات الفردية، أو العنصرية أو العصبية المذهبية. بخلاف الفكر الإسلامي القائم على الدعوة المثالية والدفع إلى نشدان الكمال المطلق، والتطبيقات الواقعية الملائمة للواقع الإنساني، وذلك لأن الفكر الإسلامي والدعوة الإسلامية في دعوتها المثالية تحرر الإنسان من عشق المادة وعبادتها وتربطه بمثالية عبادة الله وحده لا شريك له، وفي هذا غاية الدفع المثالي، لأن نقل غاية الأعمال الإنسانية من أهدافها المادية، إلى ابتغاء مرضاة الله الخالق الرزاق الذي بيده ملكوت السماوات والأرض وهو على كل شيء قدير، وله

---

(١) سورة التوبة، الآية: ٣٢.

وحده الألوهية وهو وحده يجازي على الخير خيراً وعلى الشر شراً، هو غاية المثالية، فالله تعالى هو مثالية الوجود، وهو واضع مفاهيم الخير والشر في الحياة وخالق موازين الإحساس بها في ضمائر الناس، فابتغاء مرضاته لابد أن تكون هي مثالية الغايات. وأما في تطبيقاتها الواقعية، فإنها حينما تكلف الإنسان السعي إلى كماله الإنساني لا تتجاوز حدود طاقته الجسدية أو الفكرية، كما أنها تعطي غرائزه وشهواته ومطالبه النفسية من الدنيا بالمقدار الذي يصلح ولا يفسد، وفي هذا غاية التكميل والتهذيب الواقعي.

ويحاول أهل التغريب متأثرين بأساتذتهم المستشرقين التأثير على مزية المثالية الحقة والواقعية الحقة للفكر الإسلامي باتهامه بأنه مثالي بعيد عن الواقعية بقصد التشكيك بالإسلام والتنفير منه بالقول: إن الإسلام وتعاليمه وفكره وأنظمته مثالية، غير ممكنة التطبيق، أي إن الإسلام مثالي غير واقعي وما على المسلمين إلا أن يسعوا وراء أنظمة وضعية أنشأها الغرب المتحضر، من هذا المدخل القائم على المغالطة والكذب يحيكون نسيجاً للإقناع يضللون به فريقاً مستغفلاً من أبناء المسلمين(وَمَكْرُ أُولَئِكَ هُوَ يَبُورُ)[1].

وإذا كان الفكر الإسلامي قد جمع بين المثالية والواقعية في أروع صورة ممكنة للتطبيق، وكفل للناس سعادة دنياهم وأخراهم فخليق به أن يبيح للناس أن يأخذوا نصيبهم من زينة الحياة الدنيا ومتعها، بلا إسراف ولا إجحاف ولا طغيان ولا عدوان على حقوق الناس ولا تجاوز لحدود الله"[2].

(١) سورة فاطر، الآية: ١٠.
(٢) عبد الرحمن الميداني، أجنحة المكر، ص٤٤٠.

الفصل الثاني

أصول الفكر الغربي ومقوماته وخصائصه

المبحث الأول

أصول الفكر الغربي

أولا: الإغريقية الوثنية والفكر الروماني القديم

ثانيا: الفكر اليهودي

ثالثا: العقائد الوثنية في الديانة النصرانية

رابعاً: الحضارة الإسلامية

المبحث الثاني

مقومات الفكر الغربي

أولاً: العقل

ثانياً: الإنسية

ثالثاً: الوضعية

رابعاً: نسبية القيم

المبحث الثالث

خصائص الفكر الغربي

أولاً: الإلحاد

ثانياً: الإباحية

ثالثا: الميكافيلية

رابعاً: النزعة العدوانية

المبحث الأول

أصول الفكر الغربي

أولاً: الإغريقية الوثنية والفكر الروماني القديم

تمتد جذور الفكر الأوربي بصورة خاصة والفكر الغربي بصورة عامة، عميقاً في الحياة اليونانية والرومانية فقد ورثت الحضارة الأوربية الحديثة، الإرث الإغريقي الوثني والمادية الرومانية فهي سليلة الحضارة اليونانية والحضارة الرومانية، قد خلفتهما في تراثها الفكري والسياسي والفلسفي والاجتماعي.

فقد كانت الحضارة اليونانية أول مظهر للعقلية الأوربية. وأول حضارة -سجلها التاريخ قامت على أساس الفلسفة الأوربية برزت فيها النفسية الأوربية وعلى أنقاضها قامت حضارة الرومان تحمل نفس الروح الأوربية.

"ظلت الشعوب الأوربية طيلة قرون محتفظة بخصائصها وطبيعتها، وارثة لفلسفتها وعلومها وآدابها وأفكارها، حتى برزت بها في القرن التاسع عشر في ثوب براق.. لحمته وسداه من نسيج اليونان والرومان"(١).

نشأ الفكر الغربي في أحضان الوثنية اليونانية وعبادة القيصر الإله الروماني، ثم اصطبغ ميراثه هذا بأساطير اليهودية المحرفة ومفاهيم التثليث المسيحية، التي انصهرت في بوتقة أديان التثليث والتعدد السابقة لها سواء في روما أو مصر أو الهند أو فارس، فلم يحمل في جوهره إلا قدراً ضئيلاً من ميراث النبوة الحقيقي الذي حرفهُ رؤساء الأديان حين اتجهت اليهودية إلى فكرة شعب الله (المختار) والإله القاسي (يهوه) إله الحرب إلههم الخاص من دون العالمين، وحين اتجهت المسيحية

---

(١) الندوي، أبو الحسن، ماذا خسر العالم بانحطاط المسلمين، طبع دار الأنصار، ط١٠، القاهرة، ١٩٧٧م، ص١٧٦.

إلى فكرة الصلب والتثليث والخطيئة وكلها أفكار وثنية، نشأت في ديانات وعقائد سابقة استعارتها أوربا من الأمم القديمة، وقد عبر عنها القرآن الكريم (يُضَاهِئُونَ قَوْلَ الَّذِينَ كَفَرُوا مِنْ قَبْلُ) [١].

وفي هذه الأرضية نبت الفكر الغربي قبل ظهور الإسلام ومن هذه الوثنية وهذا الركام والغواش وخرافات الأمم وأساطيرها نشأ الفكر الغربي "ولقد كانت أوربا مغرقة في الوثنية.. أن التراث الذي كان قائماً قبل الإسلام كان خليطاً من ركام الوثنيات السابقة والمعاصرة لهم، من تراث الفرعونية والمجوسية والهندوسية وعقائد الرومان وهي مجموعة من الأفكار المختلطة.. هذا الركام المختلط الذي تمثل في مراحل كثيرة فيما قدم أفلاطون وأرسطو قبل المسيحية وما قدمه أفلوطين" [٢].

أما البحث الذي تناوله (جورج سباين) -أستاذ الفلسفة بجامعة كورنل بأمريكا- إذ تعقب تطورات الفكر السياسي منذ العهد التمهيدي لعهد الفيلسوف الإغريقي أفلاطون (ت٣٤٧ ق.م) تلميذ سقراط ( ) وأستاذ أرسطو (ت٣٢٢ ق.م).

"وقد اقتضى هذا التعقيب -لجذور- الفكر السياسي تحليل البيئة السابقة على سقراط، والتي تضمنت شتاتاً متناثراً من الاتجاهات الفكرية، استطاع ذلك الفيلسوف تحويلها إلى فلسفة محددة.. وان جاءت جد متعارضة" [٣].

ويصف أفلاطون في جمهوريته المجتمع الإغريقي الوثني والمتفسخ والأمة

_____

(١) سورة التوبة، الآية: ٣٠.
(٢) أنور الجندي، الفكر الغربي دراسة نقدية، طبع وزارة الأوقاف والشؤون الدينية، ط١، الكويت، ١٩٨٧م، ص٢٨.
(٣) جورج هـ. أسباين، تطور الفكر السياسي، الكتاب الأول، ترجمة حسن جلال العروسي، دار المعارف، ط٣، القاهرة، ١٩٦٣م، ص٢١.

الراشية والآلهة المرشية بقوله[1]: إن الآلهة تبلو كثيرين من الأبرار بالكوارث والمحن، وتسبغ على الأشرار سوابغ النعم، فيقرع المملقون والدجالون أبواب المثرين، ويؤكدون لهم نيل السلطان الإلهي ليغفروا لهم ما اجترحوه هم وآباؤهم من المظالم والفجور. لقاء القرابين.. والولائم وحفلات السرور. وإذا أراد أحدهم الإيقاع بعدوه أمكنه ذلك بنفقة زهيدة باراً خصمه أو مجرماً.. ويستشهدون بالشعراء لإثبات ادعائهم في تسهيل الارتكاب، ومنها قول أحدهم:

إن الخطيئـــة ســـهلاً بـــات مرتعهـــا ... تزينـــــه فائحـــات الـــــورد والآس
أمـــا الفضـــيلة فـــالخلاق يقرنهـــا ... بمـــا يـــذيب الحشـــا في أفضـــل النـــاس

ويستشهدون بهوميرس لإثبات تأثير الناس في نفوس الآلهة:

حتـــى الإلاهـــات تـــرشى في محاكمهـــا ... فـــتعلن الصـــفح عـــما قـــد جنـــى الرجـــل
تجـــود بـــالعفو عنـــه بعـــد نقمتهـــا ... حتـــى غـــدا برضـــاه يضـــرب المثـــل

ويتكلم جورج سباين عن شيوعية أفلاطون في المجتمع الإغريقي فيقول "تتخذ شيوعية أفلاطون أساسين يلتقيان في إلغاء الأسرة. أما الشكل الأول فهو تحريم الملكية الخاصة على الحكام، سواء أكانت منازل، أم أرضاً، أم مالاً، وجعلهم يعيشون في المعسكرات ويتناولون طعامهم على مائدة مشتركة.

أما الشكل الثاني فهو إلغاء الزواج الفردي الدائم والاستعاضة عنه بالإنسان الموجه وفقاً لمشيئة الحاكمين لإنتاج أصلح سلالة ممكنة.. فالأمر لا يجد تفسيراً. ولكن أفلاطون في الحقيقة لم يكلف نفسه مشقة التبسط في تفصيل خطته"[2].

---

(١) أفلاطون (ت٣٤٧ق.م)، جمهورية أفلاطون، نقلها إلى العربية حنا خباز، دار القلم، ط٢، بيروت، ١٩٨٠م، ص٥٠-٥١.
(٢) سباين، تطور الفكر السياسي، ٦٩/١-٧٠.

ويتجاهل أفلاطون أمر الأرقاء ولهذا قال (كونستنتبن ريتر) "إن الرق قد ألغي في (الجمهورية) من حيث المبدأ ولكن لا يكاد يصدق أن أفلاطون قصد إلى إلغاء نظام عالمي حينذاك (وهو الرق) دون ان يذكر ذلك"[١].

"إلا أنه في الوقت نفسه نجد أفلاطون يقسم الناس إلى قادة وعبيد في جمهوريته ودافع تلميذه أرسطو عن إقامة نظام العبودية والرق، وحتى القانون الروماني لم يكن يعدّ الرقيق إنساناً له شخصية ذات حقوق على الإنسانية بل يعدّه شيئاً كسائر السلع"[٢].

في هذه الأرضية نبت الفكر الأوربي القديم ومنها نشأ الفكر الغربي، واخذ من وثنية الإغريق وماديتهم وأساطير اليونان وعدوانية الرومان، وشيوعية أفلاطون وإباحية جمهوريته الفاضلة!!، فجاء هذا الفكر مضطرب القيم ومادي النزعة "فالفلسفة الإغريقية نشأت في وسط وثني مشحون بالأساطير واستمدت جذورها من هذه الوثنية ومن هذه الاساطير، ولم تخل من العناصر الوثنية الأسطورية قط"[٣].

وقد رفض الفكر العربي الإسلامي رأي أرسطو في (الإله) ذلك أن أرسطو جرد الإله من كل شيء فهو عنده المحرك الذي لا يتحرك وأنه مفارق للعالم ولا يعلم شيئاً[٤].

وقد لاحظ كثير من علماء أوربا روح العبث في الحياة اليونانية وعدم الجدية وقلة الخشوع وضعف الناحية الروحية وكثرة اللهو والطرب في حياتهم. ينقل (ليكي) في كتابه (تاريخ أخلاق أوربا): قول المؤلف الرومي (أبوليس) الذي نصه (إن المصريين كانوا يعظمون آلهتهم بالتضرع والبكاء، وكان اليونانيون يعظمون

---

(١) كونستنتين ريتر: أفلاطون حياته ومؤلفاته ومذهبه المجلد الثاني طبع ١٩٢٣، ص٥٩٦.
(٢) أنور الجندي، الشبهات والأخطار الشائعة، ص٦٧.
(٣) سيد قطب، خصائص التصور الإسلامي، ص١٢.
(٤) أنور الجندي، أضواء على الفكر العربي الإسلامي، ص٦٢.

آلهتهم بالرقص والغناء) ويعلق عليه بقوله "لا ريب أن التاريخ اليوناني يصدق ذلك ويؤيده، فلا نعلم ديناً من الأديان يزاحم دين اليونان وتقاليده في كثرة الأفراح والأعياد والألعاب في قلة الخشية والخشوع.."[١].

كما أن اليونانيين عنصريون ويستخفون بغيرهم من الأجناس وفي هذا يقول (ليكي) "أن أرسطو طاليس لم يكتف بحب وطنه والولاء له فحسب، بل قال: إن اليونانيين ينبغي لهم أن يعاملوا الأجانب بما يعاملون به البهائم"[٢].

ولقد قضى فقهاء الأمة ومفكروها موقفاً حازماً من أساليب اليونان وفلسفتهم وفكرهم ومعتقداتهم وحضارتهم المادية والجوانب الهدمية في المنطق الأرسطو طاليس.

فقد وجه ابن تيمية نقده إلى هذا المنطق بإحدى عشرة حجة استمدها من الشكاك اليونانيين من ناحية ومن السوفسطائيين من ناحية أخرى. وقد تضمنت مؤلفات ابن تيمية أهم الآراء التي انتقد بها منطق أرسطو وهي (منهاج السنة) و (مجموعة الرسائل الكبرى) و (السبعينية) و (شرح العقيدة الأصفهانية) و (الرد على المنطقيين) و (كتاب الموافقة).

"وقد انقسم الفقهاء بعد ابن تيمية في أمر المنطق الأرسطو طاليس إلى قسمين: قسم تابع ابن تيمية في اتجاهه النقدي للمنطق وأهم ممثليه تلميذه ابن القيم الجوزية (ت٧٥١هـ) والصنعاني (ت٨٤٠هـ) والسيوطي (ت٩١١هـ) وقسم اتجه اتجاه ابن الصلاح (ت٦٤٣هـ) في تحريم المنطق وأهم ممثليه عبد الوهاب السبكي (ت٧٧١هـ) وليس لابن تيمية أثر فيه"[٣].

---

(١) W.E.H Lecky, History of European morals, London, 1869, Vol., p344.

(٢) lbid, vol., p343.

(٣) د. علي سامي النشار، مناهج البحث عند مفكري الإسلام، ص٢٢٠.

فقد كتب الصنعاني المذكور تحت تأثير ابن تيمية، كتابه (ترجيح أساليب القرآن على أساليب اليونان)[١].

"والمعروف أن الفكر الغربي لم يعرف طريق القوة إلا بعد أن تحرر من قيود الوثنية، وامتص مفاهيم الفكر الإسلامي.. لقد كانت تعاليم الفكر الإسلامي هي العامل الحيوي الذي جعل الفكر الغربي ينفض عن نفسه قيود الجهل، فلما نجحت الثقافة الغربية في بناء فكرها العلمي على أساس المنهج العلمي التجريبي الإسلامي، وأقامت حضارتها، عادت تحت ضغط قوى مؤثرة، هدفها السيطرة عليه وتدميره. فأرادت العودة إلى التماس قيم اليونان والإغريقية والوثنية المادية"[٢].

وتأثر الفكر الغربي بالنزعة الاستعلائية لدى الرومان، والعرقية وسيادة الجنس الأبيض وتميزه بالنفوذ والسلطان على غيره من الأجناس. "وأخذ الفكر الغربي هذه النظرة من التراث الروماني الذي كان يرى أن روما وحدها هي صاحبة الامتياز والسيادة، وأن كل ما حولها عبيد"[٣].

"كذلك فعل الغرب أول نهضته.. وبلغ به حد التعصب عندما أكد أن فكره الحديث يرتبط بالفكر اليوناني والروماني على الرغم من انفصال دام ألفي عام بين أفلاطون وديكارت (٤٣٠ق.م-١٦٥٠م).. لقد عاد الفكر الغربي فبعث الفكر اليوناني والروماني وارتبط به واتخذه مقوماً أساسياً.. بعد أن انفصل عنه أكثر من ألف عام. أما الفكر العربي الإسلامي فانه لم ينفصل عن قاعدته منذ أربعة عشر قرناً، وما تزال مقوماته هي مصدر قوته"[٤].

فإذا كانت هذه أصول الفكر الغربي ومقوماته، فنستطيع القول أن المجتمع

---

(١) هو الوزير الصنعاني (ت٨٤٠هـ)، وهو مفكر زيدي كما أشار إليه النشار.
(٢) أنور الجندي، الثقافة العربية، ص٢٢٨-٢٢٩.
(٣) أنور الجندي، م. ن، ص٢٢٩.
(٤) أنور الجندي، م. ن، ص٣٥٤.

الروماني (أي الجنس الأبيض المستعمر) لم يكن له دين موحد يتعبد به، ولا فلسفة واحدة يؤمن بها، بل كان غارقاً في دياجير جاهلية كالحة متعددة الألوان مختلفة الأنحاء، فالطبقة الحاكمة لا تدين في الواقع بغير الشهوة العارمة للتسلط.. وإن الإمبراطور نفسه كان (إلهاً) يعبده الشعب"[١].

"أما الطبقة المثقفة فأشتات متفرقة، منها أتباع المدرسة الرواقية الموغلة في التجريد، ومنها مريدو المدرسة الأبيقورية المفرطة في البهيمية ومدارس أخرى متأثرة بالفلسفات والوثنيات الإغريقية في تصوراتها وأفكارها.. أما طبقة العامة الشعب فهي بفطرتها تميل إلى التدين لكن التناحر المزمن بين الآلهة والصراع المرير بين الفلاسفة، أفقداها الثقة في المعتقدات الدينية والفلسفية بجملتها، فآثرت الاستجابة لداعي الهوى والانصياع إلى الملذات الجسدية والإغراق في المتع الحسية"[٢].

ويقول الراهب (أوغسطين) "ان الروم الوثنيين كانوا يعبدون آلهتهم في المعابد ويهزؤون بهم في دور التمثيل"[٣]. ويقول (كرسون) "إن الآلهة يعيشون بعيداً عن العوالم ولا يهتمون إلا بشؤونهم فلا تعنيهم أمورنا.. فإنهم لا يريدون منا شيئاً، هم لا يعيروننا بالاً فلنفعل نحوهم كما يفعلون نحونا"[٤].

ويقول محمد أسد في هذا الشأن: "وخلاصة القول إن الروم لم يعتنقوا ديناً اعتناقاً جدياً يجعلهم يستمدون تصوراتهم وعقائدهم ونظام حياتهم منه وحده، نعم كان لهم آلهة ولكنها آلهة تقليدية (لم تكن سوى محاكاة شاحبة للخرافات اليونانية، لقد كانت أشباحاً سكت عن وجودها حفظاً للعرف الاجتماعي ولم يكن يسمح لها

---

(١) سفر عبد الرحمن الحوالي، العلمانية، نشأتها وتصورها وآثارها في الحياة الإسلامية المعاصرة، الدار السلفية للنشر والتوزيع، الكويت، ١٩٨٧م، ص٥٣.

(٢) سفر عبد الرحمن الحوالي، العلمانية، ص٥٤.

(٣) أبو الحسن الندوي، ماذا خسر العالم بانحطاط المسلمين، ص١٨٢.

(٤) كرسون، المشكلة الأخلاقية والفلاسفة، ترجمة عبد الحليم حمود، ط٢، القاهرة، ب ت، ص٦١.

قط بالتدخل في أمور الحياة الحقيقية"[١].

"وبالجملة فان أساس المثل الأعلى الإغريقي والروماني (وثني خالص) وقد عدّت الثقافة الغربية هذه القيم أساساً أصيلاً، حتى صار لسان حال مؤرخي هذا الفكر: إن الفكر الهليني وحده هو الذي كون العقلية الأوربية كافة، وان المؤلف أو الكاتب الغربي الذي لم يتأثر بالخيال الهليني في كتابته وتفكيره تعد منتجاته ضرباً من ضروب العامية الجافة المبتذلة. لأن المفكرين في أوربا يؤمنون تمام الإيمان بأن ما يستمتعون به من أدب رائع وثقافة خصبة ليس له إلا منبع واحد هو التراث الهليني"[٢].

ويذكر سلامة موسى (أناجز أجوراس) (ت٤٢٨ق.م) انه: "هو أول من تعرفه ممن اضطهدهم الدين. فإنه كان يعلم تلاميذه بأن الشمس ليست مركبة يركبها الآلهة كما تقول الديانة بل هي قطعة من نار.. وكاد يحدث نظرية التطور فتألب عليه رجال الدين وحبسوه في أثينا ثم نفوه منها فمات في آسيا الصغرى وهناك رجل آخر يدعى (بروتا جوراس) (ت٤١٥ق.م) وهو يعدّ أول إنسان ذكره التاريخ صرح بكفره بالآلهة. فقد ذهب إلى أثينا وأخذ ينشر بين الناس آراء الدهريين"[٣].

(١) محمد أسد، الإسلام على مفترق الطرق، ص٣٨.

(٢) أنور الجندي، الثقافة العربية، ص١٣٧ بتصرف.

(٣) سلامة موسى، حرية الفكر وأبطالها في التاريخ، دار العلم للملايين، ط٢، بيروت، ١٩٥٩م، ص٢٩.

ثانياً: الفكر اليهودي

يعتمد الفكر اليهودي في تغذيته وبنائه على عدة مصادر وأصول تمتد جذورها عميقاً في التاريخ اليهودي.

مصادر الفكر اليهودي

إن أهم المصادر التي يضفي اليهود عليها القداسة ويستمدون منها التوجيه وهذه المصادر هي:

١. العهد القديم.

٢. التلمود.

٣. بروتوكولات حكماء صهيون.

١. العهد القديم:

"العهد القديم هو التسمية العلمية لأسفار اليهود، وليست التوراة إلا جزءاً من العهد القديم.. وقد تطلق (التوراة) على الجميع من باب إطلاق الجزء على الكل أو لأهمية التوراة ونسبتها إلى موسى عليه السلام ، لأنه أبرز أنبياء بني إسرائيل، وعنده يبدأ تاريخهم الحقيقي، وكلمة (توراة) معناها الشريعة أو التعاليم الدينية"[١].

ويختلف اليهود والنصارى على أسفار العهد القديم. فاليهود بعض احبارهم يضيفون أسفاراً لا يقبلها أحبار آخرون. أما النصارى، فالنسخة الكاثوليكية تزيد سبعة أسفار عن النسخة البروتستانتية.

وتجمع المصادر التاريخية على أن اليهود أعادوا كتابة التوراة على النحو الذي

---

(١) د. أحمد شلبي، مقارنة الأديان ١. اليهودية، مكتبة النهضة المصرية، ط٥، القاهرة، ١٩٧٨م، ص٢٣٨.

هو قائم الآن في منفى بابل بين ٥٨٦ ق.م، ٥٣٨ ق.م. كما يقرر (ويلز)[١]. وقد توعدهم الله جل في علاه بقوله تعالى (فَوَيْلٌ لِلَّذِينَ يَكْتُبُونَ الْكِتَابَ بِأَيْدِيهِمْ ثُمَّ يَقُولُونَ هَذَا مِنْ عِنْدِ اللَّهِ لِيَشْتَرُوا بِهِ ثَمَنًا قَلِيلًا فَوَيْلٌ لَهُمْ مِمَّا كَتَبَتْ أَيْدِيهِمْ وَوَيْلٌ لَهُمْ مِمَّا يَكْسِبُونَ)[٢].

"ولا ريب أن هذه التوراة تختلف اختلافاً بيناً عن التوراة المنزلة التي ذكرها القرآن والتي هي محتويات الألواح التي كتب تبارك وتعالى فيها الشريعة وأن التوراة الموجودة الآن ضمن الكتاب المقدس ليست المذكورة في القرآن بحال"[٣].

وجعلوا وجهة نظر اليهود في الإنسانية كلها قائمة على أساس العنصرية بحيث تأخذ موقف العداء لكل من اختلف مع اليهود.

وقد حرفت التوراة عقيدة بني إسرائيل في الإله (يهوه) حيث تقول إن يهوه قطع وعداً لإبراهيم بتفضيل الشعب اليهودي على جميع الأجناس (يسمى اليهود أنفسهم شعب التوراة. أو شعب الله المختار). فديانتهم المحرفة تنكر البعث والآخرة. وزينت موقف بني إسرائيل من إبراهيم وأبنائه، وبالنسبة لميراث إبراهيم حتى يستأثر به إسحق وحده دون أخيه الأكبر إسماعيل، ويتركز هذا الزيف في دعواهم بإعطاء إبراهيم لإسحق كل ما كان له. أما ابنه الأكبر إسماعيل وذريته فقد أعطاهم عطايا وصرفهم عن اسحق. "ملعون كنعان. عبد العبيد يكون لإخوته. ومبارك يكون إله سام. وليكن كنعان عبداً لهم، ليفتح الله على يافث فيسكن في مساكن سام. وليكن كنعان عبداً لهم"[٤]. لكن العقل يظل في جانب ودوافع الأحبار

---

(١) Wells: A short History of the world p.89.

(٢) سورة البقرة، الآية: ٧٩.

(٣) أنور الجندي، المخططات التلمودية الصهيونية اليهودية في غزو الفكر الإسلامي، دار الاعتصام، القاهرة، ١٩٧٧م، ص٢٠.

(٤) سفر التكوين ٩: ٢٥-٢٧.

الخفية في (العهد القديم)، في جانب آخر فالرب كان مشغوفاً بابرام فقد ظل يظهر له مرة متجسداً ومرة في المنام ومرة في شكل رجل مسافر بين ملاكين وفي كل مرة عطايا الرب تتسع مثلما ظلت مطالع الكهنة الساسة تتسع وجوعهم يزداد شراهة، فقبل ارتحال إبرام إلى مصر ظهر له الرب وقال له عند بلوطه مروة "لنسلك أعطي هذه الأرض. وكان كنعان حينئذ في الأرض"[(١)]. وجاء في سفر العدد "إن لم تطردوا سكان الأرض من أمامكم يكون الذين تستبقون منهم أشواكاً في عيونكم ومنخس في جوانبكم ويضايقوكم على الأرض التي انتم ساكنون فيها فيكون أني أفعل بكم كما هممت أن أفعل بهم"[(٢)].

أما سفر التثنية فانه يكشف عن حقد اليهود وعدوانيتهم وتعطشهم للدماء حيث جاء فيه (متى أتي بك الرب إلهك إلى الأرض التي أنت داخل إليها لتمتلكها وطرد (أصحابها) من أمامك وضربتم فانك تحرمّهم (تبيدهم). ولا تقطع لهم عهداً ولا تشفق عليهم"[(٣)].

وفي سفر التكوين يرسم أحبار اليهود خارطة إسرائيل الكبرى وطموحاتهم التي لن تتحقق بإذن الله تعالى فيقول "في ذلك اليوم قطع الرب مع إبرام ميثاقاً قائلاً: لنسلك أعطي هذه الأرض من نهر مصر إلى النهر الكبير نهر الفرات"[(٤)].

وإذا بالرب لدى يهود وأحبارهم (رجل حرب) كما يصرح بذلك سفر الخروج "الرب رجل حرب"[(٥)].

---

(١) شفيق مقار، قراءة سياسية للتوراة، رياض الريس للكتب والنشر، لندن، ب ت، ص١٣٢.
(٢) سفر العدد ٣٣: ٥٥ و ٥٦.
(٣) سفر التثنية ٧: ١ و٢.
(٤) سفر التكوين ١٥: ١٨.
(٥) سفر الخروج ١٥: ٣.

"وينقل الجندي رأي (ديورانت) الذي يقرر ان أسفار العهد القديم جمعت لأول مرة في بابل وظهرت في القرن الخامس قبل الميلاد وأن رسم الكاهن عزرا (عزير) مرتبط بتدوين التوراة. ويؤكد المؤرخون أنه في المنفى في بابل بعد عام (٥٨٦ق.م) تحول الدين العبري إلى الدين اليهودي. أصبح الإله - إله شعب الله المختار، وهو يتدخل لا لحماية شعبه فحسب، بل لإذلال وإخضاع شعوب العالم لشعبه المختار والاستمرار في استعبادهم على مر العصور"[١].

ويقول ول ديورانت "إن اليهودية استوعبت أساطير بابل وسومر.. والفكر الفارسي، وأن هذه الأساطير كانت معيناً غزيراً لأسفار العهد القديم. وإن القصص الشعبي في مصر والهند وفارس واليونان، قد تداخل فيها تماماً وان عقيدة المخلص المنتظر موجودة في الديانة الفارسية"[٢]. وهذا ما أكدته دائرة المعارف الفرنسية تحت عنوان "توراة" بالحرف: "إن العلم العصري ولا سيما النقد الألماني قد أثبت، بعد أبحاث مستفيضة في الآثار القديمة والتاريخ وعلم اللغات أن التوراة لم يكتبها موسى وإنما كتبها أحبار لم يذكروا اسمهم عليها، ألفوها على التعاقب معتمدين في تأليفها على روايات سماعية سمعوها قبل أسر بابل"[٣].

لم يكتف اليهود بتحريف التوراة فقد تجرأ بنو إسرائيل على الله الخالق الرزاق فلم يستطيعوا في أي فترة من فترات تاريخهم أن يستقروا على عبادة الواحد الذي دعا إليه الأنبياء، وكان اتجاههم إلى رسم أهدافهم للسيطرة على العالم بتصورات تحمل كل ما في الإرث اليهودي من مفاسد هذا فضلاً عن التأثير الفارسي والتأثير الإغريقي الواضحان في الفكر اليهودي فاتصف هذا الفكر بالأنانية والاستعلاء وحب الثراء مع روح الغلو والتحدي والتعصب وتبرير الغدر والكذب والوقيعة

---

(١) أنور الجندي: المخططات التلمودية، ص٢٠.
(٢) الجندي، المخططات التلمودية، ص٢١.
(٣) الجندي، م. ن، ص٢٢.

كوسيلة للنجاح "الغاية تبرر الوسيلة" وقد تحدث جوستاف لوبون في كتابه عن اليهود والحضارة، الذي أصدره عام ١٨٨٩م فأكد أن اليهود لم يكن لهم علوم أو فنون ولا حق لهم في الأرض التي يحاولون احتلالها وهم غرباء عنها وكل تقاليدهم وعاداتهم ودياناتهم مستعارة ومقتبسة ومسروقة من الدول المجاورة لهم. وإن آية القول بأنهم وحوش وقساة ما نجد في التوراة من أنواع الوحشية والبدائية وفي سفر يشوع يقال لهم: اهلكوا جميع ما في المدينة من رجل وامرأة وطفل وشيخ حتى الغنم والحمير بحد السيف واحرقوا المدينة وجميع ما فيها بالنار.

بينما نجد العرب كانوا ينفذون وصية أبي بكر رضي الله عنه "لا تقتلوا طفلاً صغيراً ولا شيخاً كبيراً ولا امرأة ولا تذبحوا شاة ولا بقرة ولا تعقروا نخلاً ولا تحرقوه"[١].

ولقد شهد كثيرون بأن العقيدة التي يتستر وراءها اليهود هي شريعة الغاب التي تقوم على تدمير المدن والقرى وحرق المساكن وقتل الأطفال والشيوخ، ويقول ول ديورانت: يبدو أن الغزاة اليهود عمدوا إلى أحد آلهة كنعان فصاغوه على الصورة التي كانوا هم عليه وجعلوا منه إلهاً، الإله (يهوه) فيهوه ليس خالقاً لهم بل مخلوق لهم، وفي يهوه صفاتهم الحربية: التدمير والسرقة ويهوه قاس مدمر متعصب لشعبه لأنه ليس إله كل الشعب بل إله بني إسرائيل فقط وهو بهذا عدو للآلهة الآخرين. كما شعبه عدو للشعوب الأخرى[٢].

ويؤكد الباحثون أن القول باختصاص شعب من الشعوب بإله خاص لهم وحدهم هي فكرة وثنية وقد ظل اليهود متعلقين بهذه الفكرة ويجعلونها أساساً من أسس فكرهم وأيدلوجيتهم التلمودية وهذا أبرز مظاهر عنصرية اليهودية وقد عمد اليهود إلى إحياء الأديان الوثنية القديمة التي أخذوا منها هذه الفكرة مثل أديان الهنود والمجوس القائمة على إنكار البعث والآخرة والشرك والاعتقاد بالتجسيم والتعدد

---

(١) الطبري، تاريخ الرسل والملوك، ٢٤٦/٢.

(٢) ول ديورانت، قصة الحضارة، ترجمة محمد بدران، القاهرة، ١٩٥٧م، ٢٤/٢.

والنفعية واضحاً في جميع مراحل تاريخهم.. وتعد كثرة أنبيائهم دليلاً على تجدد الشرك فيهم، وأن اليهود ارتدوا بعد سليمان إلى عبادة الأوثان وعبادة آلهة الأقوام المجاورين ولم يعد هناك ذكر للتوراة.

٢. التلمود[١]:

"من الناحية الواقعية التاريخية يتضح أن بني إسرائيل أهملوا المصدر الحقيقي للعقيدة وهو السماء، وانساقوا خلف مصادر اخرى؛ فقد مرت ببني إسرائيل أحداث خطيرة، عاشوا في مصر، ووقعوا بين شقي الرحى في فلسطين، ونفوا إلى بابل، وفي فترة الصراع بينهم وبين الدول، ثم في فترة التشرد كتبوا العهد القديم، ووضعوا التلمود[٢]".

ويعتقد اليهود أن العهد القديم ناقص ومبهم في كثير من المواضيع ولا يكون اليهودي عندهم مؤمناً إيماناً كاملاً إلا إذا صدق بالتلمود الذي يقول: إن الأميين هم الحمير الذين خلقهم الله ليركبهم شعب الله المختار فإذا نفق منهم حمارٌ ركبنا منهم حماراً. وتقوم فلسفة التلمود على العمل على إذلال البشرية وتسخيرها لليهود ونسف جميع المدنيّات والحضارات وإزالة الأديان السماوية من على وجه الأرض لتحل محلها الفلسفة الحاقدة على البشرية وليقوم على أنقاضها ملك إسرائيل. ويرد الباحثون وضع المشنا وهي متن التلمود ثم الجمار وهي شرح المشنا، بأن أول من جمع هذه التفسيرات "المشنا" هو الحاخام بوخاس، وأن أول من ترجم التلمود إلى اللغة العربية هو الدكتور شمعون موريال عام ١٩٠٥م[٣].

---

(١) فالتلمود هو عبارة عن الوصايا التي كتبها الأحبار وهي تضم (المشنا) وحواش المشنا (الجمارا) ومن المشنا والجمارا يتكون التلمود. وهناك تلمود بابل وتلمود أورشليم، وهم يضعونه في منزلة التوراة. ويجعله بعضهم أسمى من التوراة، وقد جمع بعد المسيح بمائة وخمسين سنة، وقبل بدأ في كتابة التعاليم الشفوية عام ١٦٦م، ولا يكون اليهودي عندهم مؤمناً إيماناً كاملاً إلا إذا صدق بالتلمود.

(٢) د. أحمد شلبي، مقارنة الأديان، ١. اليهودية، ص١٨٠.

(٣) الجندي، المخططات التلمودية، ص٢٦.

وكان للتشتت الذي وقع باليهود بعد مذبحة الرومان عام ١٣٥م أثر في بناء هذا الفكر الذي قام على أساس التآمر على البشرية كلها من أجل السيطرة عليها وهو الخط الذي سارت فيه اليهودية فيما بعد وإلى الآن. وقد امتزج الفكر اليهودي بالفكر البابلي ثم بالفكر اليوناني ويعد فيلسوفهم فيلون (ت٤٠م) هو الذي وفق بين تعاليم التوراة المحرفة وبين تعاليم وفلسفة اليونان الوثنية، وفسر التوراة تفسيراً يوفق بين تعاليمها وتعاليم اليونان وفسر العقائد الدينية اليونانية فجعلها مستخرجة من التوراة.

وفي الوقت نفسه ادعى بعض الحاخامات أن الفلسفة اليونانية مقتبسة من عقائد يهودية وان فيلسوفاً يهودياً يسمى (توراة أرستوبول) قد ادعى مطابقة أفكار بعض فلاسفة اليونان أمثال أفلاطون وسقراط مطابقة تماماً لقواعد اليهودية وأوامرها وان فيلون يقول: ان النظريات اليونانية هي نفس ما جاء في دين اليهود تماماً. وإن الفلسفة العلمانية التي سادت مدنية الغرب وغذت الحركات المعادية.. للدين والتاريخ هما من (اليهوا)[١].

والذي يقرأ التلمود يجد فيه العجب من استخفافهم بالأديان والأمم الأخرى لا بل يستبيحون أموالهم وأعراضهم ودماءهم كونهم من الجوييم وهو الشعب المختار. ويصفهم صاحب كتاب الخطر اليهودي بالقول: "ومن يقرأ كتبهم المقدسة يروعه ويغثيه أن (المؤامرة) قوام تاريخهم حتى في موقفهم تجاه إلههم (يهوه) والاعتماد في حياتهم على الخفاء والغدر والخسة والعنف والعناد.. في معاملتهم الأمم التي نكبت بوصالهم، فيندر أن تراهم في صلاتهم بها إلا عبيداً أذلاء لها يمكرون بها إذا كانت أقوى منهم، أو جبابرة غاشمين يستعبدونها إذا كانوا أقوى منها وهم لا يعترفون بعهد ولا يدينون بذمة، بل يلجؤون إلى الغدر والبغي كلما أحسوا من أنفسهم قوة"[٢].

---

(١) الجندي، م. ن، ص٢٧.
(٢) محمد خليفة التونسي، الخطر اليهودي، ترجمة عباس محمود العقاد، دار الكتاب العربي، ط٤، بيروت، ١٩٦١، ص٦١-٦٢.

"وقد وصفهم كثير من أنبيائهم في كتبهم المقدسة بأنهم شعب غليظ القلب صلب الرقبة، وبأنهم أبناء الأفاعي وقتلة الأنبياء. وليس التلمود سوى قصة العهد الذي أصبح فيه الشيطان سيد العالم وجعل الناس الأولين الذين عاصروهم في الزمان والمكان يحيدون عن جادة الحق والصواب حتى امتلأ العالم شراً وظلماً وبغياً وطغياناً وهكذا تأسس كنيس الشيطان على الأرض وشرع منذ أول يوم في التآمر لمحاربة الدستور الإلهي، وقد جاء سيدنا المسيح عليه السلام في الوقت بلغت مؤامرة الشيطان مرحلة سيطرت فيها على العالم.. ففضح سيدنا المسيح عليه السلام كنيس الشيطان وهاجم اتباعه مسمياً إياهم (أبناء الشيطان) وحدد بصراحة معلناً على رؤوس الأشهاد أنهم هم الذين يسمون أنفسهم يهوداً في حين أنهم حادوا عن شريعة موسى عليه السلام "[١].

"ولقد افترت التلمود كثيراً على اللـه وعلى الملائكة وعلى الأنبياء والرسل ومجدت أرواح بني إسرائيل وحاخاماتهم وشياطينهم، لقد جعلوا أرواح بني إسرائيل جزء من اللـه والأرواح الأخرى شيطانية شبيهة بأرواح الحيوانات.. يجب على كل إسرائيلي أن يبذل جهده لمنع تملك باقي الأمم في الأرض حتى تبقى السلطة لإسرائيل لأنه يجب أن تكون لهم السلطة أينما حلوا"[٢].

"هكذا ظن اليهود في أنفسهم، حتى أنهم جعلوا اللـه إلههم من دون الناس، وأنزلوه إلى مستواهم -جل اللـه في علاه- يتعاملون معه معاملة بعضهم بعضا -تعالى اللـه عما يصفون علواً كبيراً- ومن أجل هذا حرفوا التوراة، وغيروا وبدلوا في أحكامها وتعاليمها حتى تجيء على وفق أهوائهم الفاسدة، وتصوراتهم المريضة وينزل هذا الزور والبهتان من عقولهم وقلوبهم منزلة العقيدة والإيمان.. وهكذا أقام اليهود مسيرتهم في الحياة مع الناس، لا يرون صالحة تنشأ بين الناس حتى يعلموا

---

(١) وليم كار، أحجار على رقعة الشطرنج، تعليق خير اللـه طلفاح وشرحه بعنوان، (اليهود وراء كل جريمة)، مطبعة العبايجي، بغداد، ب ت، ص٤-٥.

(٢) أمين سامي الغمراوي، لهذا أكره إسرائيل، طبعة أولى، (القاهرة، ١٩٦٤، ص٧٥.

جاهدين على إفسادها.. ومن هنا كانت الحروب التي أغرى اليهود الناس بها، ليهلك بعضهم بعضاً"[١].

ويلخص الأستاذ محمد خليفة التونسي الخطة التي دبرها اليهود للاستيلاء على العالم، وسوق الأمم والشعوب سوق القطعان، بعصى الراعي فيقول:[٢]

١. لليهود منذ قرون خطة سرية غايتها الاستيلاء على العالم اجمع ينقحها حكماؤهم طوراً. فطوراً.

٢. تنضح هذه الخطة السرية بما اثر عن اليهود من الحقد على الأمم بالحرص على السيطرة العالمية.

٣. يسعى اليهود لهدم الحكومات في كل الأقطار والاستعاضة عنها بحكومة استبداد يهودية.

٤. إلقاء بذور الخلاف والشغب في كل الدول عن طرق الجمعيات السرية والمحافل الماسونية.

٥. يجب أن يساس الناس كما تساس قطعان البهائم الحقيرة وكل الأمميين قطع شطرنج بيد اليهود.

٦. يجب أن توضع تحت أيدي اليهود -لأنهم المحتكرون للذهب-، كل وسائل الطبع والنشر والصحافة والمدارس والجامعات والمسارح وشركات السينما ودورها والعلوم والقوانين والمضاربات وغيرها.

٧. وضع أسس الاقتصاد العالمي على أساس الذهب الذي يحتكره اليهود[٣]. لا

---

(١) عبد الكريم الخطيب، اليهود في القرآن، دار الشروق، ط١، القاهرة، ١٩٧٤م، ص٦٣-٦٤.
(٢) محمد خليفة التونسي: الخطر اليهودي، ص٣١-٣٢.
(٣) يستخدم اليهود اليوم الدولار كسلاح لهذا الغرض.

على أساس قوة العمل والإنتاج والثروات الأخرى مع إحداث الأزمات الاقتصادية العالمية على الدوام كي لا يستريح العالم أبداً، فيضطر إلى الاستعانة باليهود لكشف كروبه.

وجاء في التلمود أن تعاليم الحاخامات لا يمكن نقضها أو تغييرها ولو بأمر الـلـه. ومن تعاليم التلمود أيضاً:[١]

١. اعترف الـلـه بخطئه في تصريحه بتخريبه الهيكل فصار يبكي قائلاً: تباً لأني صرحت بخراب الهيكل!! (تعالى الـلـه ربنا عما يصفون علواً كبيراً) وتباً لهم كيف يحكمون!!.

٢. ليس الـلـه معصوماً من الطيش والغضب والكذب (تعالى ربنا عما يصفون علواً كبيراً).

٣. مصرح لليهودي أن يوجه السلام -لغير اليهود- على شرط أن يهزأ بهم سراً.

٤. اقتل الصالح.. من غير اليهود.

٥. لليهود حق اغتصاب النساء غير اليهوديات.

٦. قتل غير اليهودي من الأفعال التي يكافئ عليها الـلـه.

٧. مسموح غش الأجنبي وسرقة ماله بواسطة الربا الفاحش.

إن أبرز المواقف في حياة اليهودية في تاريخهم الغابر هي رحلة الشتات بعد ضربة بختنصر الكلداني عام (٥٧٦ق.م) لهم وسبيهم إلى بابل، وفي هذه الغزوة حرف اليهود التوراة. ثم جاء الضربة القاصمة لليهود بقيادة (تيطس الروماني عام

---

(١) د. أحمد شلبي، اليهودية، ص٢٧٥-٢٧٨ نقلاً عن (روهلنج): الكنز المرصود في قواعد التلمود، ص٤٨-٧٤ بتصرف؛ وينظر: شوقي عبد الناصر، بروتوكولات حكماء صهيون وتعاليم التلمود، ص٣٣-٣٨ بتصرف.

٨٠م و ١٣٥م) وعقب الغزو الروماني ثم وضع (المشنا – الجمارة) التلمود ثم بدأت رحلة إلى الشرق، العراق، فارس، الهند، الصين وقسم منهم ذهب إلى القرن الأفريقي ليستقروا في الحبشة.

لقد مر اليهود بامتحانات صعبة أمام هذه التحديات فبدلاً من الرجوع إلى الله والتمسك بكتابهم التوراة المنزلة على سيدنا موسى عليه السلام فقد زيفوا رسالة السماء وصنعوا لهم أيدلوجية عنصرية طامعة تستهدف امتلاك العالم كله واتخاذ فلسطين منطلقاً لهم.

قال تعالى (مَثَلُ الَّذِينَ حُمِّلُوا التَّوْرَاةَ ثُمَّ لَمْ يَحْمِلُوهَا كَمَثَلِ الْحِمَارِ يَحْمِلُ أَسْفَارًا بِئْسَ مَثَلُ الْقَوْمِ الَّذِينَ كَذَّبُوا بِآيَاتِ اللَّهِ وَاللَّهُ لَا يَهْدِي الْقَوْمَ الظَّالِمِينَ)[١].

وفيما بين الضربتين كان (فيلون بين ٢٠-٣٠ ق.م قد وضع مبدأه الديني الفلسفي الذي يقول "إن العنصر اليهودي يجب أن يستوطن الأرض المقدسة: أرض الميعاد والزحف منها إلى العالم والسيطرة عليه"[٢].

لقد كان ما صوره فيلون هو حجر الأساس للفكرة الصهيونية.. والفلسفة اليهودية التلمودية الصهيونية التي رسمت على ضوئها مخططاتهم. وفي جميع مراحل تاريخهم، والكشف عن أن اليهودية يهوديتان هي يهودية التوراة ويهودية التلمود، وأن يهودية التوراة تتمثل في الجماعات التي هاجرت من المشرق وتدفقت على أوربا. وان يهودية التلمود هي تلك الجماعات التي نشأت في بولونيا وحوض نهر الرين وهم يهود أوربا الأشكنازيون الذين ليسوا من نسل إسرائيل والذين يمثلون تسعة أعشار يهود العالم[٣].

---

(١) سورة الجمعة، الآية: ٥.
(٢) أنور الجندي، المخططات التلمودية الصهيونية اليهودية، ص٣١.
(٣) بنيامين فريدمان، اليهود ليسوا يهوداً، ترجمة زهدي الفاتح، ط٢، طبع النفائس، بيروت، ١٩٨٤، ص٧٣.

أما يهود التوراة فيطلق عليهم السيفارديون وليهود التوراة في أوربا رحلة طويلة منذ عصر الدولة الرومانية، ثم تجددت بعد ذلك حيث تشتتوا في إنجلترا وفرنسا وألمانيا ثم أزيلوا عنها بعد أن اضطهدوهم فاعتصموا بالدولة العربية الإسلامية في الأندلس وعاشوا في ظل حكم الإسلام بأمان وحرية وسلام حتى أخرج العرب من الأندلس عام ١٤٩٢م. وكان الملك فرديناند وزوجته إيزابيلا شديدي التعصب ضد اليهود بسبب غدرهم بسيدنا عيسى عليه السلام [١].

فضلاً عن ذلك نجد أن قيام اليهود كعادتهم بمحاولة التغلغل إلى حريم وعنعنات ومصارف الشعب الإسباني بقصد التخريب قد زاد من غيظ الملك والملكة.. فضلاً عن قيام حاخام اليهود بتفسير الفلسفة اليونانية وادعى بأنها قطعة متكاملة من الشريعة اليهودية بقصد نشر أحكام التوراة بمهارة وكيد تحت هذا الشعار، فاتضح أخيراً أن المعارف اليهودية - اليونانية تخص في طياتها الشخصية اليهودية البحتة، فكان اليهود على أمل إحراز السيادة على الشعوب بواسطة تلك المعارف، ولكن انقلبت آية سياستهم المذكورة فأصبحت مصيبة على ما كانوا يتوقعون وذلك بعد أن فضح القسيس (أوزيب) في كتابه (نومي نوسي) فكرة اخذ فيلسوف اليونان أفلاطون كثيراً من أفكاره عن موسى عليه السلام . وأن فيلسوفاً يهودياً قد ادعى مطابقة أفكاره لأفكار بعض فلاسفة اليونان أمثال أفلاطون وسقراط مطابقة تماماً لقواعد اليهودية وأوامرها[٢].

"وعندما أحس الملك فرديناند بعمل اليهود هذا، ألح عليهم بشدة لتنصيرهم للتخلص من شرهم، فتنصر بعضهم ظاهرياً وطرد اكثر من ثلاثمائة ألف يهودي من أسبانيا وذلك في ٢ آب سنة ١٤٩٢م ثم قام بطردهم من البرتغال. وكانت

---

(١) د. أحمد نوري النعيمي، اليهود والدولة العثمانية، دار الشؤون الثقافية العامة في وزارة الثقافة والإعلام، بغداد، ١٩٩٠، ص٢٣.

(٢) النعيمي، اليهود والدولة العثمانية، ص٢٤.

وجهتهم هذه المرة إلى الدولة العثمانية حيث أنقذتهم من محاكم التفتيش الإسبانية والاضطهاد الديني وآوتهم ووجدوا في الحكم الإسلامي التسامح والأمان والحرية التامة"[١]. وبعد وصولهم وضعوا أيديهم في أول الأمر على كافة الميادين التجارية، ثم بدأ هؤلاء اليهود بالسيطرة على المرافق الاقتصادية "وفي سالونيك بدؤوا برد الجميل والوفاء، حيث كانت مؤامرتهم الخطيرة في إسقاط الخلافة بقصد الوصول إلى القدس"[٢]. هذا بالنسبة ليهود التوراة أما يهود التلمود فقد أقاموا في دولة الخزر التي عاشت أربعة قرون ثم سقطت.. لقد كان دور اليهودية / التلمودية في أوربا خطيراً، لأن عملهم في الربا وتجارة الرقيق والمتاجرة بأعراضهم وأعراض غيرهم في سوق الرقيق والفجور حباً للمال وجمع المال فأصبح لهم نفوذٌ خطيرٌ في أوربا ومنذ زمن الإمبراطورية الرومانية كان هذا عملهم وسلوكهم وتجارتهم حتى تمكنوا من السيطرة على قيادة تلك الإمبراطورية بالمال والنساء والكيد فدفعوا بها إلى الدمار والانهيار.

ومن الإمبراطورية الرومانية إلى أوربا كلها، لقد امتد نفوذ يهود الشتات إلى كل أجزاء أوربا، وخاصة إنجلترا وفرنسا وألمانيا، ولهم في كل وطن من هذه الأوطان ثلاث مراحل: مرحلة الهجرة إليها ثم مرحلة الطرد منها ثم مرحلة العودة إليها، ففي إنجلترا مثلاً هاجر اليهود إليها عام ١١٩٠م في عهد الغزو النورماندي وعملوا في مجال الربا وتدفقت عليهم الأموال ثم طردوا عام ١٢٩٠م. ثم عادوا مرة أخرى عام ١٨٢٨م حيث حصلوا على جميع الحقوق البرلمانية وأصبح لهم مجال في تسلم الوظائف الكبرى وقد عين أول يهودي عضو في البرلمان ١٨٤٧م وكان روتشيلد أول يهودي في مجلس اللوردات ١٨٨٦م، ثم جاء بعده هربرت صموئيل

---

(1) Friedman Isaiah, Germany Turkry and Zionism 1807-1918 Oxford at the clarendon press 1977, p. 20.

(٢) الجندي، المخططات، ص٣٢.

١٩٠٩ م[1]. ليتسلم منصب وزير المستعمرات وبعد انهيار الإمبراطورية العثمانية عقب الحرب العالمية الأولى تنازل صموئيل سنة ١٩٢١م عن الوزارة ليصبح المندوب السامي في فلسطين وليبدأ العمل في تكوين دولة اليهود تحت العلم والتاج البريطاني وبالفعل فقد نجح هذا اليهودي الماكر من تحقيق ما أراد.

٣. بروتوكولات حكماء صهيون

البروتوكول: لغةً: ذكره الجوهري في معجم الصحاح. كما عرفه مجمع اللغة العربية في القاهرة[2]. "والبروتوكولات، معناها اصطلاحاً، هي محاضر جلسات يسميها بعض الباحثين (قرارات) فالبروتوكولات (تقرير) بالنسبة لواضعيها ومحاضر بالنسبة لعرضها على المؤتمرين في جلساتهم، (وقرارات) بالنسبة لقبولها وتأييدها. وبروتوكولات حكماء صهيون عبارة عن مؤامرة شريرة ضد البشرية. ويبدو أنها كانت رد فعل خلال القرن التاسع عشر من اضطهادهم في أوربا.. فتدارسوا في مؤتمر (بال) الذي عقد سنة (١٨٩٧م) في سويسرا -ضمن ما تدارسوه- وسائل الانتقام من البشرية جميعاً"[3].

وإن عدد البروتوكولات أربعة وعشرين، تهدف إلى سيطرة اليهود على العالم وأن قصة هذه البروتوكولات بإيجاز:

فقد عقد اليهود مؤتمرهم الخطير في عام ١٨٩٧م بزعامة ثيودور هرتزل تنفيذاً لتعليمات واضحة عثر عليها ضمن نص خطبة ألقاها الحاخام (ريتشورن) في اجتماع سري عقده اليهود على قبر قديسهم (سيمون بن يهودا) سنة ١٨٦٩م في

---

(١) الجندي، المخططات، التلمودية، ص٣٣.

(٢) البروتوكول، بأنه مصطلح يطلق عادة على اتفاقات تكميلية ملحقة بمعاهدة، أو على اتفاق قائم بذاته (P. accord)، أو على محضر لاجتماع دولي (P. Procis - verbal) وهو مرادف لكلمة (F) (Protocole) الجوهري، معجم الصحاح في اللغة والعلوم، ص٦٨.

(٣) د. أحمد شلبي، مقارنة الأديان (اليهودية)، ص٢٨٠.

مدينة براغ وورد فيها ما يلي:

"لقد وكل آباؤنا للنخبة من قادة يهودا أمر الاجتماع مرة على الأقل في كل قرن، حول قبر أستاذنا الأعظم الرابي المقدس سيمون بن يهوذا، الذي يعطي تعاليمه للصفوة من كل جيل للسيطرة على العالم وسلطه على نسل يهودا"[١].

وتتابع عقد المؤتمرات من قبل زعماء اليهود منذ عام ١٨٩٧م وإلى اليوم، وكان من مقررات المؤتمر في (بال) العمل على قيام دولة يهود بعد خمسين عاماً وتحقق لهم ذلك. وفي مؤتمرهم عام ١٩٥١م الذي عقد في القدس الذي كان في ظاهره لبحث خطة التهجير اليهودي إلى فلسطين المحتلة، أما في باطنه فكان الانتقال بالحركة اليهودية من دولة صهيون في إسرائيل إلى بحث خطوات تأسيس دولة إسرائيل الكبرى وتحقيق حلم اليهود في مملكتهم من النيل إلى الفرات وإقامة مملكة صهيون العالمية بعد مائة سنة من مؤتمرهم بسويسرا ١٨٩٧م وخاب ظنهم وسيخيب ولن يتحقق حلمهم بإذن الله لأنهم يعيشون في أوهام نبواتهم التوراتية الكاذبة وان وعد الله هو الذي سيتحقق وان الله تعالى لا يخلف وعده (فَإِذَا جَاءَ وَعْدُ الْآخِرَةِ لِيَسُوءُوا وُجُوهَكُمْ وَلِيَدْخُلُوا الْمَسْجِدَ كَمَا دَخَلُوهُ أَوَّلَ مَرَّةٍ وَلِيُتَبِّرُوا مَا عَلَوْا تَتْبِيرًا) [٢].

"لقد ترأس هرتزل المؤتمر في سويسرا وقد اجتمع فيه نحو ثلثمائة من أغنى حكماء صهيون كانوا يمثلون خمسين جمعية يهودية، وقد كانت قراراتهم فيه سرية محوطة بأشد أنواع الكتمان إلا عن أصحابها بين الناس.. وقد استطاعت سيدة فرنسية أثناء اجتماعها بزعيم من أكابر رؤسائهم في وكر من أوكارهم الماسونية السرية في فرنسا - أن تختلس هذه البروتوكولات.

---

(١) شوقي عبد الناصر، بروتوكولات حكماء صهيون وتعاليم التلمود، ص٤٣.
(٢) سورة الإسراء، الآية: ٧.

ووقعت في يد العالم الروسي (سيرجي نيلوس) سنة ١٩٠١م وطبعها بالروسية سنة ١٩٠٢م وافتضح أمرها وبانت نيات اليهود الإجرامية.

ورغم ادعاء اليهود بأنها ليست من عملهم ولكن العالم لم يصدق مزاعم اليهود"(١).

لقد طبق اليهود بروتوكولاتهم جيداً في أوربا على قاعدة الخطوة، خطوة وبدؤوا بإفساد المجتمع الأوربي من خلال آليات التخريب التي اعتمدوها في أوربا طيلة تواجدهم في بلدانها بقصد الثأر من أوربا المسيحية التي تكن الكراهية والامتهان لكل ما هو يهودي. واستطاعوا بذكاء ومكر أن يركبوا الثورة الفرنسية (١٧٨١م) ورفعوا عليها شعارهم الماسوني (الحرية والإخاء والمساواة) ووجهوها الوجهة التي يريدونها هم. ومن خلالها توصلوا إلى بعض أهدافهم من خلال شعار المساواة، وبعد أن كانوا نكرة مضطهدين صاروا أصحاب الحظوة والمواقع الهامة، وجاءت الثورة الصناعية بطوفانها واستحكم بها المرابون اليهود. فأصبحت لهم السطوة الاقتصادية بعد التمكن السياسي عقب الثورتين ولم يكتف اليهود فهدفهم السيطرة التامة ولا يتحقق لهم إلا بالإفساد الخلقي والفكري، فأرادت الكنيسة أخذ زمام الأمر فصاحت أن الربا حرام فأجابهم دهاقنة اليهود، إن الصناعة لا تسير إلا بالربا ولا علاقة للدين بالاقتصاد"(٢).

لقد انفتحت لليهود من خلال الثورة الصناعية أبواب جديدة للشر، لم يتوانوا في استغلالها، وقد اطمأنوا إلى الغفلة التي اعترت الأوربيين مما سهل عليهم السيطرة على وسائل الإعلام والصحافة بصفة خاصة واستخدام اليهود قضية المرأة وشعارات التحرر والانطلاق والاختلاط وترويج الأزياء وأدوات الزينة للمرأة وبهذه وتلك هبط اليهود بالمجتمع الأوربي إلى الدرك فحطموا الأسرة، وكسب

---

(١) محمد خليفة التونسي، الخطر اليهودي، ص٣٣-٣٥.
(٢) محمد قطب، رؤية إسلامية، ص٨٩.

اليهود وخسرت أوربا، وإذا كان هذا القدر كله من الشر قد (كسبه) اليهود من استغلال الثورة الصناعية فإن الحديث عن مكاسبهم من استغلال (الثورة الداروينية)، لا الحركة الصناعية قد سميت ثورة بسبب عنف التغييرات التي أحدثتها في حياة البشر، وهي لم تسفك دماً ولم تطلق طلقة، فأحرى بالنظرية الداروينية أن تسمى ثورة كذلك، لأن آثارها في الفكر الأوربي والحياة الأوربية أشد من أي ثورة حقيقية بما في ذلك الثورة الفرنسية، بل ان الثورة الشيوعية في روسيا إن هي إلا واحدة من آثار الثورة الداروينية بعد أن استغلها اليهود وصنعوا منها مادة قادرة على تحطيم كل شيء"[1].

تقول البروتوكولات "نحن رتبنا نجاح دارون ونيتشه. وإن تأثير أفكارهما على عقائد الأمميين واضح لنا بكل تأكيد"[2].

"كانت نظرية دارون محصورة في (علم الحياة) تحاول ان تفسر نشأة الحياة وتطورها فلم تكن نظرية فلسفية، ولا سياسية، ولا اقتصادية، ولا اجتماعية، ولا نفسية.. ولكنها انقلبت - في فترة وجيزة من الزمن فأصبحت كل هؤلاء، فحين يكون الإنسان حيواناً أو امتداداً لسلسلة التطور الحيواني فأين مكان العقيدة في تركيبه، وأين مكان الأخلاق، وأين مكان التقاليد الفكرية والروحية والاجتماعية..الخ"[3].

"واستخدم اليهود نظرية فرويد النفسية في التفسير الجنسي للسلوك البشري وإباحة الزنى، وقالوا بلسان المستقبل، سننشر الإلحاد وسننشر الفساد الخلقي ونشروه، ومن هنا كان ترويجهم لأفكار دارون وفرويد ودوركايم، والأخير أحدث نظرية في علم الاجتماع، أبرز فيها (العقل الجمعي) الذي يحرك الأفراد من خارج

---

(١) محمد قطب، رؤية إسلامية، ص١٠٢.

(٢) محمد خليفة التونسي، الخطر اليهودي، البروتوكول رقم (٢) ص١١٣.

(٣) محمد قطب، مذاهب فكرية معاصرة، دار الكتاب الإسلامي، ص٩٩.

كيانهم بصورة حتمية، والذي هو في الوقت ذاته دائم التقلب"(١).

فالهدف واضح من هذه النظريات فمثلاً جاء في البروتوكولات "أن فرويد منا، وسيظل يعرض أمور الجنس في وضح الشمس حتى لا يخجل الشباب من نشاطه الجنسي"، فإذا قال قائل: إن هذا فساد لا يليق بالكائن الإنساني.. عندئذ يسرع إليه ماركس فيقول: إن هذا ليس فساداً ولكنه تطور.. تطور حتمي، ثم يأتي دوركايم فيساند القضية من جانب آخر.. "ويرد على من يقول بوجود عاطفة دينية فطرية لدى الإنسان، وبأن هذا الأخير مزود بحد أدنى من الغيرة الجنسية والبر بالوالدين ومحبة الأبناء، وتفسير نشأة كل من الدين والزواج والأسرة على هذا النحو.. فيقول دوركايم: ولكن التاريخ يوقفنا على أن هذه النزعات ليست فطرية في الإنسان"(٢).

وهكذا تلتقي هذه النظريات الثلاث وتتساند.. تلتقي كلها عند ضرب من يتصدى للمخطط اليهودي الذي يستهدف الدين والأخلاق وتدمير المجتمع والتقاليد المستمدة من الدين وهي تشمل فيما تشمل: الزواج والأسرة وأخلاقيات الجنس والمرأة الملتزمة باعتبارها الأم والمربية.

هكذا يعمل اليهود لإشاعة الفاحشة والبغاء بين الأمم غير اليهودية ويشهد عليهم القرآن الكريم بأنهم يسعون أبداً إلى نشر الفساد في الأرض الفساد العقيدي والفساد الخلقي وكل أنواع الفساد لقوله تعالى بحقهم (وَيَسْعَوْنَ فِي الْأَرْضِ فَسَادًا وَاللَّهُ لَا يُحِبُّ الْمُفْسِدِينَ)(٣).

---

(١) محمد قطب، رؤية إسلامية، ص١٠٤.

(٢) أميل دوركايم، قواعد المنهج في علم الاجتماع، ت: الدكتور محمود قاسم ومراجعة الدكتور السيد محمد بدوي، ط٢، القاهرة، ب ت، ص٣.

(٣) سورة المائدة، الآية: ٦٤.

ويشهدون على أنفسهم بالتلمود أنه "إذا سرق أولاد نوح -أي غير اليهود- شيئاً ولو كانت قيمته طفيفة جداً يستحقون الموت. لأنهم خالفوا الوصايا التي أعطاها اللـه لهم، أما اليهود فمصرح لهم أن يضروا الأمي"[١].

ويقول بولس حنا "ان تجارة البغاء بالأجنبي والأجنبية ليست إثماً، لان الشريعة براء منهما"[٢].

ويعملون على نشر الإلحاد أيضاً "يجب علينا أن ننزع فكرة اللـه ذاتها من عقول غير اليهود، وأن نضع مكانها عمليات حسابية وضرورات مادية"[٣].

إن هدف اليهود تهويد العالم فكرياً وإحلال مفاهيم المادية في قلوب وعقول الناس وإعلاء حيوانية الإنسان، وإذلال إنسانيته.. إن الربا والإباحية والتفرقة العنصرية واستغلال الشعوب هي دعوة اليهودية العالمية في كل عصر وبيئة وهم يجددونها اليوم تحت أسماء عصرية ومذاهب أيدلوجية، ويستخدمون في سبيل ذلك ما سموه علوم الأنثرولوجياد والنفس والعلوم الاجتماعية ودعوات الانفجار السكاني وغيره لتبقى هذه المجموعة القليلة من اليهود المسيطرين على مقدرات الأمم وثروات الشعوب.. ويبق العالم كله بعد ذلك عبيداً لهم وخدماً.

إن مجموعة الأفكار والتصورات في اتجاهاتها المختلفة سواءً في السياسة، أم في الاجتماع، أم في الاقتصاد أو علم النفس والفلسفة والآداب والفنون كلها تنحصر في تصورات ثلاث رئيسية:

١. حيوانية الإنسان وماديته.

٢. التطور الدائم الذي يلغي فكرة الثبات.

---

(١) د. روهلنج، الكنز المرصود في قواعد التلمود، ترجمة يوسف حنا نصر اللـه، بيروت، ص٧٣.
(٢) بولس حنا سعد، همجية التعاليم الصهوينية، دار الكتاب، بيروت، ب.ت، ص١٧٣.
(٣) شوقي عبد الناصر، بروتوكولات حكماء صهيون وتعاليم التلمود، البروتوكول الرابع، ص٨٠.

٣. وحتمية التطور الذي لا يد فيه للإنسان، ولا رأي ولا اختيار.

هذه التصورات الرئيسية الثلاثة انبعثت التفريعات والتطبيقات حتى شملت كل نشاط البشرية[1].

لقد ظهر واضحاً أن (بروتوكولات حكماء صهيون) إنما هي مخطط السيطرة (الصهيونية) على العالم باستخدام كل الوسائل، وأهمها الدعوة إلى الإباحية وإشاعة الأدب الزائف، المنحرف، والعمل على تحطيم الدين أو النيل منه. ويقول البروتوكول الثالث عشر "سننشر بين الشعوب أدباً مريضاً قذراً تغثي له النفوس ويساعد على هدم الأسرة، وتدمير جميع المقومات الأخلاقية للمجتمعات المعادية لنا، وسنستمر في الترويج لهذا الأدب وتشجيعه حتى بعد فترة قصيرة من الاعتراف بحكمها".

"ومن ثم تبلورت مفاهيم الفكر الغربي في صورة تغلب عليها طوابع التحرر من القيم الروحية والأخلاقية في مجال المجتمع مع غلبة طابع الحس والمادة.. لقد أسقطت هذه المفاهيم قيم التوحيد الإلهية والنبوة، ثم لم تلبث أن أسقطت قيمة الإنسان نفسه في محاولة خطيرة ترمي إلى إثبات أن الإنسان هو عبد نزواته وغرائزه الجنسية، وبهذه النظرية أدخل الإنسان في حظيرة الحيوان، استمداداً من ان الإنسان سليل الحيوان، وأنه ينتمي إلى فصيلة القرود"[2].

وتقول البروتوكولات أيضاً:

"لقد خدعنا الجيل الناشئ، وجعلناه فاسداً متعفناً بما علمناه من مبادئ ونظريات يجب أن تحطم بكل عناد الإيمان، وتكون النتيجة الموقنة لهذا، هي إثمار ملحدين يجب أن تكتسح كل الأديان والعقائد الأخرى". وهناك إشارات صريحة إلى

(١) محمد قطب، معركة التقاليد، مكتبة وهبة، مطابع دار القلم، القاهرة، ب.ت، ص٥٥.
(٢) أنور الجندي، الثقافة العربية، ص٢٠٣-٢٠٤.

مدى التبرير وراء النظريات الفلسفية ذات التأثير السلبي في المجتمعات. فقد ورد في البروتوكول الثاني "ليعتقدوا أن هذه القوانين النظرية التي أوحينا إليهم ذات أهمية قصوى، يجب أن لا يكون هنا اعتقاد في أن مناهجنا كلمات جوفاء، لاحظوا أن نجاح دارون، وماركس، ونيتشه قد دبرناه من قبل، سيكون واضحاً على تأكيد الأثر الأخلاقي لاتجاهات هذه العلوم في الفكر الأممي". وبالرغم من أن الفكر الغربي قد سادته نظريات أخرى معارضة لنظريات فرويد وماركس ونيتشه وتفسيرات خلفاء دارون من اليهود، فان قوة النفوذ المسيطرة على دور النشر والصحف والإذاعات قد مكنت لهذه النظريات بأن تنمو وتتسع، وتخترق جدران الجامعات والمعاهد، ودوائر المعارف، حتى أصبحت في نظر الأجيال التالية لها وكأنما هي حقائق علمية.

ثالثاً: العقائد الوثنية في الديانة النصرانية

لقد كان سيدنا عيسى بن مريم عليه السلام من أولي العزم من الرسل وجاء من ربه عز وجل بالديانة النصرانية الحقة والإنجيل المنزل عليه، ودعا بني إسرائيل إلى التوحيد وعبادة الله وحده لا شريك له، وكان ناصحاً أميناً لهم بأن يخففوا من غطرستهم المادية وحب الدنيا وان يحسبوا للآخرة حسابها (وَقَالَ الْمَسِيحُ يَا بَنِي إِسْرَائِيلَ اعْبُدُوا اللـه رَبِّي وَرَبَّكُمْ إِنَّهُ مَنْ يُشْرِكْ بِاللَّهِ فَقَدْ حَرَّمَ اللـه عَلَيْهِ الْجَنَّةَ وَمَأْوَاهُ النَّارُ وَمَا لِلظَّالِمِينَ مِنْ أَنصَارٍ)[١].

وقال الرسول الأمين محمد صلى الله عليه وسلم "الأنبياء أخوة العلات أمهاتهم شتى، ودينهم واحد، وإني أولى الناس بعيسى بن مريم لأنه لم يكن نبي بيني وبينه"[٢]. لكن اليهود بما عرف عنهم من النزعة العدوانية ومحاربة الدين الحق، منهم لم يكتفوا برفض دعوة السيد المسيح عليه السلام .

وإنما بدؤوا بالكيد لعيسى والاضطهاد لأتباعه، واستهدفوه مع الحواريين والأنصار وأغروا به الحاكم الروماني (بلاطس) وتآمروا عليه، وأجمعوا على قتله كما قتلوا أنبياء الله عليهم السلام من قبل وهذا هو شأن اليهود في كل زمان ومكان. لكن إرادة الله فوق إرادتهم وتدبيره فوق كيدهم فنجاه وخذلهم ونفذوا حقدهم بشبيه سيدنا عيسى عليه السلام .

وظل كيد اليهود لأتباعه من بعده، ولم يهنأ لهم عيش ولم يهدأ لهم بال حتى قاموا بتحريف كتاب الله (الإنجيل) وإدخال العقائد الوثنية عليه وفي تعاليم النصرانية الحقة الداعية إلى التوحيد.

---

(١) سورة المائدة، الآية: ٧٢.

(٢) أخرجه الإمام مسلم في الفضائل، ٢٣٦٥، وأبو داود في السنن، ٤٦٧٥.

إن السيد المسيح عليه السلام قد بعث في بيئة تعج بركام هائل من الخرافات والوثنيات وجاء كأي نبي مرسل لينقذ قومه من هذا الركام الوثني ويهديهم إلى التوحيد.. وإنه قام بمهمته خير قيام، وكان عليهم شهيداً مادام فيهم فلما توفاه الله تعالى ورفعه إليه، حدث ما لم يكن بالحسبان من تحريف للدين وتشويه للعقيدة، وعملية التحريف بدأت مبكرة حين كان الحواريون لا يزالون على قيد الحياة، كما أنها ابتدأت بموضوع ليس بالهين، وهو القول بأن للمسيح طبيعة إلهية، مع ان سيدنا عيسى عليه السلام –كما تعترف دائرة المعارف البريطانية- "لم تصدر عنه أي دعوى تفيدانه من عنصر إلهي أو من عنصر أعلى من العنصر الإنساني المشترك"[١].

وتتفق المصادر التاريخية على أن اليد الطولى في التحريف كانت لمبشر من اتباع الحواريين، تسميه المسيحية المحرفة (بولس الرسول)، وهو الذي أثار موضوع ألوهية المسيح لأول مرة مدعياً بأنه (ابن الله)[٢]. -تعالى الله عن ذلك علواً كبيراً- وكانت هذه الدعوى البذرة الأولى للتثليث.

"إن الاسم الحقيقي لبولس هو (شاؤل)، وهو شخصية ذات عبقرية عقائدية، ويبدو أنه كان ينفذ تعاليم المحكمة اليهودية العليا (سانهدرين) حيث كان أستاذه عمانوئيل أحد أعضائها"[٣].

وقد اشتهر بولس أول حياته باضطهاد المسيحيين[٤] ثم تحول فجأة ليصبح الشخصية المسيحية الأولى، والقطب الكنسي الأعظم، ومنذ ظهوره، إلى الآن لم يحظ أحد في تاريخ الكنيسة بمثل ما حظي به من التقديس، إلا أن أحرار المفكرين

(١) محمد علي يوسف، الجفوة المفتعلة بين العلم والدين، (بيروت، ١٩٦٦م)، ص١٥.
(٢) رسالة بولس إلى أهل روما (صح ١: ٤-٥).
(٣) محمد أبو زهرة، محاضرات في النصرانية، ط٤، القاهرة، ب ت، ص٨٤.
(٤) هـ.ج. ويلز، معالم تاريخ الإنسانية، ترجمة عبد العزيز توفيق جاويد، القاهرة، ١٩٧٦م، ٧٠٥/٣.

الأوربيين لم يخفوا عداوتهم له. فمثلاً الكاتب الإنجليزي (بنتام) ألف كتاباً اسماه (يسوع لا بولس) ومثله العالم الفرنسي (غوستاف لوبون) في (حياة الحقائق).

أما المؤرخ (ويلز) -وهو من المعتدلين- فقد عقد فصلاً بعنوان (مبادئ أضيفت إلى تعاليم يسوع)، قال فيه: "وظهر للوقت معلم آخر.. يعده كثير من.. العصريين المؤسس الحقيقي للمسيحية، وهو شاؤل الطرسوسي، أو بولس والراجح أنه كان يهودي المولد.. ولا مراء في انه تعلم على أساتذة من اليهود، بيد انه كان متبحراً في لاهوتيات الإسكندرية الهيلينية.. وهو متأثر بطرائق التعبير الفلسفي للمدارس الهيلنستية، بأساليب الرواقين.

إن محرري دائرة المعارف البريطانية وهم من ذوي الكفاءات العالية في معظم التخصصات -ومنها اللاهوت- لم يتطرفوا أو يبالغوا في القول بأنه "لم يبق من أعمال السيد المسيح شيء ولا كلمة واحدة مكتوبة"[(١)].

إن هذا التحريف وهذا التشويه في المسيحية الأولى دين الله الخالص تعد عملية غزو وتخريب من الداخل، تلك هي التي قام بها (شاؤل) (لقد كان شاؤل اليهودي يسطو على الكنيسة وهو يدخل البيوت ويجر رجالاً ونساءً ويسلمهم إلى السجن"[(٢)]. وإن أعظم محنة نزلت بالمسيحية عقيدة وشريعة هي عملية الغزو من الداخل التي بطلها قاتل النصارى وحواريي السيد المسيح عليه السلام ولما رأى أن الاضطهاد لا يلوي أنصار المسيح ولا يقضي على دين العهد الجديد فإنه تسلل متظاهراً باعتناق المسيحية وجاء بتعاليم مناقضة للدين الحق، وبذلك أحدث فوضى عقائدية وبلبلة فكرية، فتضاعف البلاء على النصارى إذ أصيبوا في دينهم وأنفسهم دفعة واحدة، واشتدت محنتهم عندما التقى قهر الرومان واضطهادهم مع غدر اليهود ودسهم فقد ذاقوا من ظلم (نيرون ٦٤م) و (تراجان ١٠٦م) و (ريسيوس ٢٥١م) و (دقلديانوس ٢٨٠م) -وهذا الأخير هو طاغية زمانه في قصة أهل

---

(١) محمد علي يوسف، الجفوة المفتعلة بين العلم والدين، ص١٣.
(٢) رسالة أعمال الرسل، صح ٨: ٤.

الكهف- لقد البسوا المؤمنين ثياباً مطلية بالقار وكانوا يشعلون بها النار لتكون مشاعل بشرية يستضيئون بها في مراقصهم"[١].

إن تاريخ اليهود أسود فقد تآمروا على نبي الله عيسى عليه السلام وأغروا به الحاكم الروماني (بيلاطس) وعقدوا النية على قتلة بحجة أنه يطلب الملك من الرومان، وقد نجاه الله من كيد اليهود وبطش الرومان ويذكر المقريزي (ت٨٤٥هـ): "في أيام قرقا ملك الروم، بعث كسرى ملك فارس جيوشه إلى بلاد الشام ومصر فخربوا الكنائس وقتلوا النصارى.. وساعدهم اليهود في محاربة النصارى وتخريب كنائسهم"[٢].

بولس اقتبس عقيدة التثليث من الوثنيين

"كان بولس صاحب نظرية دينية قبل ان يسمع بيسوع الناصري بزمن طويل ومن الراجح انه تأثر بالمثرائية، اذ هو يستعمل عبارات عجيبة الشبه بالعبارات المثرائية، ويتضح من رسائله المتنوعة.. أنه نقل عن يسوع من أقوال وتعليم (فكرة الشخص الضحية) الذي يقدم قرباناً لله كفارة عن الخطيئة. فما بشر به يسوع كان ميلاداً جديداً للروح الإنسانية أما ما علمه بولس فهو الديانة القديمة، ديانة الكاهن والمذبح وسفك الدماء، طلباً لاسترضاء الإله"[٣].

لم يعرف بولس يسوع قط، ولابد انه استقى معرفته بيسوع وتعاليمه سماعاً من التلاميذ الأصليين.. إن بولس كان متبحراً (بلاهوتيات الاسكندرية) -وهي

---

(١) محمد أبو زهرة، محاضرات في النصرانية، ط٤، القاهرة، ب ت، ص٣٢.

(٢) المقريزي، تقي الدين أحمد بن عبد القادر، (ت٨٤٥هـ)، المواعظ والاعتبار بذكر الخطط والآثار، مطبعة النيل، القاهرة، ١٩٠٨م، ٣٩٢/٤.

(٣) ويلز، معالم تاريخ الإنسانية، ٧٠٦/٣.

المدرسة الفلسفية المسماة الأفلاطونية الحديثة- وعقيدتها الثالوثية، وعنها نقل بولس فكرة التثليث. ﴿يُضَاهِئُونَ قَوْلَ الَّذِينَ كَفَرُوا مِنْ قَبْلُ قَاتَلَهُمُ اللَّهُ أَنَّى يُؤْفَكُونَ﴾[(١)].

والتعديل الذي أدخله على الأفلاطونية شكلي فقط: فالمنشئ الأزلي الأول يقابله عنده الله (الأب) والعقل المتولد عن المنشئ الأول يقابله عنده يسوع (الابن) والروح الكلي يقابله (روح القدس) ثم إنه سار شوطاً أبعد من ذلك، فاستعار من المثرائية فكرة الخلاص، وجعل القربان الضحية هو الأقنوم الثاني (الابن) ثم ان الكنيسة أكملت المسيرة فأضافت إلى فكرة الخلاص فكرة تقديس الخشبة التي صلب عليها المخلص، وهكذا تتابعت البدع واحدة إثر الأخرى، وكانت نتيجة ذلك أن دفنت التعالم الأصلية بطريقة تكاد تكون غير محسوسة تحت تلك الإضافات، وبهذه الطريقة وبغض النظر عن الأهداف والدوافع الخفية هدم بولس عقيدة التوحيد وأوقع اتباع المسيح فيما كان قد حذرهم منه أبلغ تحذير. واكتسبت تعاليم بولس الصفة الشرعية المطلقة بقيام اتباعه بكتابة الإنجيل الرابع المنسوب إلى (يوحنا الحواري)[(٢)].

ويقول جيبون عنه: "فسر نظرية الكون الأفلاطونية تفسيراً مسيحياً وأظهر أن يسوع المسيح هو الكيان الذي تجسد فيه (الكلمة) أو العقل (Logos) الذي تحدث عنه أفلاطون والذي كان مع اله منذ البدء"[(٣)].

إن القرون الثلاثة التي تسميها الكنيسة (عصر الهرطقة) شهدت صراعاً مريراً بين اتباع بولس واثانسيوس، وبين معارضي فكرة التثليث وعلى رأسهم (آريوس)

(١) سورة التوبة، الآية: ٣٠.
(٢) ويلز، معالم تاريخ الإنسانية، ٧٠٩/٣.
(٣) إدوارد جيبون، اضمحلال الإمبراطورية الرومانية، ترجمة محمد علي أبو درة، ط١، بيروت، ب ت، ٩١١/١.

ولم تكتب الغلبة والنصر النهائي للثالوثيين إلا في مجمع نيقية عام ٣٢٥م مع أنهم كانوا أقلية. وبهذا يقول (برنتن):

"وقد امتدت هذه الهرطقات فشملت الجانب الأكبر من السلوك والعقائد، ونستطيع أن تأخذ الجدل النهائي الذي ثار حول العلاقة بين يسوع والإله الواحد -الإله الأب- مثلاً لعصر الهرطقة كله، وأخيراً قبلت المسيحية الرسمية في عام ٣٢٥م في مجلس نيقيه بالقرب من القسطنطينية عقدة التثليث أو ما نادى به أثانسيوس، والثالوث (اللـه، الأب، ويسوع الابن، والروح القدس، طبقاً لهذه العقيدة: أشخاص حقيقيون عددهم ثلاثة لكنهم واحد أيضاً، وبقيت المسيحية تثليثها يسمو على الرياضيات"[١].

"لقد ظل العقل البشري يلح على الكنيسة أن تعطيه إجابة مقنعة عن سؤال داخلي قاتل وهو: كيف يصدق ان (١+١+١=١؟) فكان رد الكنيسة المتكررة دائماً هو أن ذلك (سر) لا يستطيع العقل إدراكه، هكذا كان رأي القديس أوغسطين (٤٣٠م) وهو يواجه حملة (أريوس) على التثليث الكاثوليكي، وقال ان كل ما جاء في الأناجيل لا ينبغي للعقل ان يجادل فيه (لأن سلطانها أقوى من كل سلطان أمر به العقل البشري"[٢]. ولقد كانت الكثير من الشعوب الوثنية تدين بعقيدة التثليث وفي هذا يخبرنا العلامة (دوان) الذي افتتح كتابه بالآية الكريمة ﴿وَلَا تَقُولُوا ثَلَاثَةٌ انْتَهُوا خَيْرًا لَكُمْ إِنَّمَا اللَّهُ إِلَهٌ وَاحِدٌ﴾[٣]. فيقول: "إذا رجعنا البصر نحو الهند نرى أن أعظم وأشهر عباداتهم اللاهوتية هو التثليث (أي القول بان الإله ذو ثلاثة

---

(١) جربن برنتن، أفكار ورجال (قصة الفكر الغربي)، ترجمة محمود محمود، القاهرة، ١٩٦٥م، ص١٧٣.
(٢) توفيق الطويل، قصة النزاع بين الدين والفلسفة، ط٢، القاهرة، ب ت، ص٨٣.
(٣) سورة النساء، الآية: ١٧١.

أقانيم) ويدعون هذا التعليم بلغتهم (ثري مورتي) وهي جملة مركبة من كلمتين.. أما (ثري) فمعناها (ثلاثة) و (مورتي) معناها (هيئات) أو أقانيم وهي (برهمه وفشنو وسيفا) ثلاثة أقانيم غير منفكين عن الوحدة وهي الرب والمخلص وسيفا ومجموع هذه الثلاثة أقانيم إله واحد ويرمزون عن هذه الأقانيم الثلاثة بثلاثة أحرف وهي الألف والواو والميم ويلفظونها (اوم)[١]. فبرهمة (خالق الوجود) صار شخصاً ذكراً هو (برهمة الخالق) ثم زاد في العمل فانقلب إلى الصفة الثانية من الوجود فكان (فشنو) الحافظ، ثم انقلب إلى الصفة الثالثة الظلالية فكان (سيفا) المهلك والمبيد وهو (الروح القدس) ويدعونه (كرشنا الرب) المخلص.. فهذه الأقانيم الثلاثة (الخالق، والحافظ، والمهلك) تتناوب العمل، جاء في الكبيتا وهو أحد كتبهم المقدسة إن كرشنا قال (أنا رب المخلوقات جميعها، أنا سر الألف والواو والميم – أوم- أنا برهمة وفشنو وسيفا التي هي ثلاثة آلهة إله واحد. ويتابع (دوان) القول: بأن البوذيين يعبدون إلها مثلث الأقانيم يسمونه (فو) ويقولون (فو واحد لكنه ذو ثلاثة أشكال)[٢].

ويقول (فاير): "والصينيون يعبدون بوذا ويسمونه (فو) ويقولون إنه دو ثلاثة أفانيم، والألف والواو والميم كما تقول الهنود تماماً"[٣]. وكان المصريون القدماء كانوا يعبدون إلهاً مثلث الأقانيم، وكان الفرس يدعون (منزوسا) وتعني (الكلمة، والوسيط ومخلص الفرس) أشار إلى ذلك العلامة (نبصون) بكتابة المسيح الملاك ويعود دوان للقول: "وكان الآشوريون يدعون (مردوخ) (الكلمة) ويدعونه أيضاً (ابن الله البكر) وكانوا يتوسلون إليه بالدعاء.. وكان الكلدانيون يقولون (للكلمة) (ممرار)، وكان اليونانيون (القدماء الوثنيون) يقولون أن الإله مثلث الأقانيم.. وكان

---

(١) دوان، خرافات التوراة والإنجيل وما يماثلها في الديانات الأخرى، الترجمة العربية، ص٣٦٦.

(٢) دوان، المرجع نفسه، ص٢٧٢.

(٣) محمد طاهر التنير، العقائد الوثنية في الديانة النصرانية، مكتبة ابن تيمية، ط١، الكويت، ١٩٨٧م، ص٣٩، نقلاً عن كتاب (فابر) أصل الوثنية وكتاب (جونس) التنقيبات الآسيوية ٢٨٥/٣، وكتاب (دانس) الصين، ١٠١/٢، وكتاب (هلسلي ستيفنسن) الإيمان والعقل، ص٧٨.

الفرس يعبدون إلهاً مثلث الأقانيم مثل الهنود تماماً.. وكان الآشوريون والفينيقيون يعبدون آلهة مثلثة الأقانيم"[١]. هذه أمثلة عن التثليث عند الوثنيين وهي تتشابه أو تقترب كثيراً مما جاء عند النصارى وهذه بعض الأمثلة نقلاً عن كتبهم المقدسة:

تقول رسالة يوحنا الأولى "فإن الذين يشهدون في السماء هم ثلاثة الأب والكلمة وروح القدس وهؤلاء الثلاثة هم في واحد"[٢]. وجاء في إنجيل يوحنا الإصحاح الأول، العدد الأول "في البدء كان الكلمة والكلمة كان عند الـلـه وكان الكلمة الـلـه". أما رسالة بولس الرسول إلى أهالي كولوسي فتقول: "فانه فيه (المسيح) خلق الكل ما في السماوات وما على الأرض ما يرى وما لا يرى سواء عروشاً ام سيادات ام رياسات ام سلاطين الكل به وله خلق الذي هو قبل كل شيء وفيه يقوم الكل"[٣].

كما يوجد غير هذه الشيء الكثير، ولكن يكفي القاء نظرة سريعة في الأناجيل للاطلاع على الأسماء والألقاب التي يدعو النصارى بها السيد المسيح – عليه السلام - بعد ان اطلعنا على الألقاب عند الوثنيين: ومن خلال جدول المقارنة بين النصوص في الديانات الوثنية وبين النصوص الواردة في الأناجيل يتضح مدى دقة الاقتباس والتكييف لهذه النصوص التي ادخلها بولس وغيره في المسيحية الحقة:

جدول رقم (١)

نصوص وأقوال الهنود الوثنيين في كرشن استناداً إلى المراجع أدناه	نصوص وأقوال النصارى في يسوع المسيح استناداً إلى المصادر أدناه

(١) دوان، الديانات القديمة، ص/٨١٩.
(٢) يوحنا: ص٥ ع٧.
(٣) بولس: ص١ ع١٦، ١٧.

١. ولد كرشنة من العذراء ديفاكي التي اختارها اللـه والدة لابنه (كرشنا) بسبب طهارتها[١].	١.ولد يسوع من العذراء مريم التي اختارها اللـه والدة لابنة (يسوع) بسبب طهارتها وعفتها[٢].
٢. عرف الناس ولادة كرشنة من نجمه الذي ظهر في السماء[٣].	٢. لما ولد يسوع المسيح ظهر نجمة في المشرق بواسطة ظهور نجمة عرف الناس محل ولادته[٤].
٣. لما ولد كرشنة أضيء الغار بنور عظيم وصار وجه أمه ديناكي يرسل أشعة نور مجد[٥].	٣. لما ولد يسوع المسيح أضيء الغار نبور عظيم أعيى بلمعانه عينتي القابلة وعيني خطيب أمه يوسف النجار[٦].
٤. وعرفت البقرة إن كرشنة إله وسجدت له[٧].	٤. وعرف الرعاة يسوع وسجدوا له[٨].
٥. لما ولد كرشنة كان (ناندا) خطيب أمه ديفاكي غائباً عن البيت حيث أتى إلى المدينة كي يدفع ما عليه من الخراج للملك[٩].	٥. ولما ولد يسوع كان خطيب أمه غائباً عن البيت وأتى كي يدفع ما عليه من الخراج للملك[١٠].

(١) دوان، خرافات التوراة والإنجيل، ص٢٧٨.
(٢) إنجيل مريم، الإصحاح السابع.
(٣) موريس، تاريخ الهند، المجلي الثاني، ص٣١٧.
(٤) إنجيل متي، الإصحاح الثاني، العدد ٣.
(٥) دوان، المرجع نفسه، ص٢٧٩.
(٦) إنجيل ولادة يسوع المسيح الإصحاح ١٢ العدد ١٢.
(٧) دوان، المرجع نفسه، ص٢٧٩.
(٨) إنجيل لوقا الإصحاح الثاني من عدد٨ إلى ١٠.
(٩) فشنوبورانا، الفصل الثاني من الكتاب الخامس.
(١٠) إنجيل لوقا الإصحاح الثاني من عدد١ إلى ١٧.

٦. ومات كرشنة ثم قام من بين الأموات[١].	٦. ومات يسوع ثم قام من بين الأموات[٢].
٧. ونزل كرشنة إلى الجحيم(٣).	٧. ونزل يسوع إلى الجحيم[٤].
٨. وقال كرشنة "أنا صلاح الصالح وأنا الابتداء والوسط والأخير والأبدي وخالف كل شيء وأنا فناؤه ومهلكه"[٥]. ومهلكه"[٥].	٨. قال يسوع "أنا هو الأول والآخر ولي مفاتيح الهاوية والموت"[٦].

جدول رقم (٢)

نصوص وأقوال الهنود الوثنيين في بوذا استناداً إلى المراجع أدناه	نصوص وأقوال النصارى في يسوع المسيح استناداً إلى المصادر أدناه
١.ولد بوذا من العذراء (مايا) بغير مضاجعة رجل[٧].	١. ولد يسوع المسيح من العذراء مريم بغير مضاجعة رجل[٨].

(١) دوان، المرجع نفسه، ص٢٨٢.
(٢) إنجيل متى الإصحاح ٢٨.
(٣) دوان، المرجع نفسه.
(٤) دوان، خرافات التوراة والإنجيل،ص٢٨٢.
(٥) موريس وليمس، ديانة الهنود الوثنيين، ص٢١٢.
(٦) رؤيا يوحنا الإصحاح الأول من عدد ١٧ إلى ١٨.
(٧) وليمس، ديانة الهنود الوثنيين، ص٨٢، ١٠٨.
(٨) إنجيل متي الإصحاح ١.

٢. كان تجسد بوذا بواسطة حلول روح القدس على العذراء مايا^(١).

٢. كان تجسد يسوع المسيح بواسطة حلول الروح القدس على العذراء مريم^(٢).

٣. وأهدوا بوذا وهو طفل هدايا من مجوهرات وغيرها من الأشياء الثمينة(٣).

٣. وأهدوا يسوع وهو طفل هدايا من ذهب وطيب ومر^(٤).

٤. كان بوذا ولداً مخيفاً وقد سعى الملك بمبسارا وراء قتله لما أخبروه أن هذا الغلام سينزع الملك من يده إن بقي حياً^(٥).

٤. كان يسوع ولداً مخيفاً سعى الملك هيرودس ورأى قتله كي لا ينزع الملك من يده^(٦).

٥. بوذا الألف والياء ليس له ابتداء ولا انتهاء وهو الكائن العظيم والواحد الأزلي^(٧).

٥. يسوع الألف والياء ليس له ابتداء ولا انتهاء وهو الكائن العظيم والواحد الأبدي^(٨).

٦. وجاء في كتب البوذية المقدسة ان الجموع طلبوا من بوذا آية كي يؤمنوا به^(٩).

٦. وجاء في كتب النصارى الدينية المقدسة أن الجموع طلبوا من يسوع علامة (أي آية) ليؤمنوا به^(١٠).

---

(١) بنصون، الملاك المسيح، ص١٠، ٢٥.

(٢) إنجيل متي، الإصحاح ١.

(٣) دوان، ص٢٩٠.

(٤) إنجيل متي، الإصحاح الثاني عدد ١١.

(٥) بيل، تاريخ البوذية، ص١٠٢، ١٠٤.

(٦) إنجيل متي الإصحاح الثاني العدد الأول.

(٧) دوان، ص٢٩٣.

(٨) إنجيل يوحنا، الإصحاح١ عدد١.

(٩) مولر، علم الأديان، ص٢٧.

(١٠) إنجيل متي، الإصحاح ١٢ عدد ٣٨.

٧. قال بوذا "الرجل العاقل الحكيم لا يتزوج ويرى الحياة الزوجية كاتون ناره متأججة ومن لم يقدر على العيشة الرهبانية.."[1].

٧. فحسن للرجل أن لا يمس امرأة ولكن إن لم يضبطوا أنفسهم فليتزوجوا لأن التزوج اصلح من التحرق[2].

وما يقال عن عقيدة التثليث عند الهنود والصينيين الوثنيين يقال عن الوثنية المصرية ومعتقداتها أن الآلهة ثلاثة (حورسن وسيرابيس وأيزيس) والوثنية الرومية ومن مبادئها التثليث (جوبيتر، مارس وكورينوس) ومع وجود الديانة اليهودية المحرفة والعقيدة المثرائية المتمثلة بعقيدة وثنية قديمة قوامها الكاهن والمذبح وتقديم القرابين، وآثار الأفلاطونية الحديثة التي هي فلسفة تتلخص في ان العالم في تكوينه وتدبيره يصدر عن ثلاثة عناصر:

١. المنشئ الأزلي الأول.

٢. العقل الذي تولد منه كما يتولد الابن من أبيه.

٣. الروح الذي يتكون منه جميع الأرواح والذي يتصل بالمنشئ الأول عن طريق العقل وكان موطنها الإسكندرية.

ومن كل هذا الخليط من العقائد والأفكار يستنبط فكر مشترك وعقيدة تقوم على ست دعائم:

١. الإيمان بالتوراة المحرفة.

---

(١) ريس دافس، البوذية، ص١٠٣.

(٢) رسالة كورنتوس الأول، الإصحاح السابع، من عدد ١ إلى ٩.

٢. التثليث.

٣. الخطيئة والخلاص بالقرابين بالواسطة (الكهان) بين اللـه والناس.

٤. الحلول (تجسيد الإله في الإنسان).

٥. الرهبانية.

٦. تقديس التماثيل والأصنام[١].

إن هذه الدعائم الست هي بعينها دعائم الدين النصراني الكنسي ولب تعاليمه التي سيطرت على الفكر الأوربي.

مما يثير بعض التساؤلات: أيمكن أن يتحول دين سماوي توحيدي إلى مزيج مركب من خرافات ووثنيات متضاربة؟ ومن الذي قام بعلمية التحول هذه؟ وكيف احتفظت المسيحية باسمها ونسبتها وهي على هذه الحال؟.

إن الكثير من مؤرخي الفكر الغربي ومنهم (برنتن) يقولون بأن هذه هي المسيحية الرسمية أو (مسيحية بولس) وان المسيحية الظافرة في مجلس (نيقيه ٣٢٥م) أي (العقيدة الرسمية) في أعظم إمبراطورية في العالم مخالفة كل المخالفة لمسيحية المسيحيين في الجليل، ولو ان المرء عدّ العهد الجديد التعبير النهائي عن العقيدة المسيحية لخرج من ذلك قطعاً لا بأن مسيحية القرن الرابع الميلادي تختلف عن المسيحية الأولى فحسب بل بأن مسيحية القرن الرابع لم تكن مسيحية بتاتاً"[٢].

مجمع نيقيه والفكر الغربي

منذ ان ظهر إلى الوجود ما يسمى (المسيحية الرسمية) في مجمع نيقية ٣٢٥م، والكنيسة تمارس الطغيان الديني والإرهاب في ابشع صوره لقد فرضت عقيدة

---

(١) ديورانت، قصة الحضارة، ٧/١٠.

(٢) جرين برنتن، أفكار ورجال (قصة الفكر الغربي)، ص٢٠٧.

التثليث قهراً وحرمت ولعنت مخالفيها، بل سفكت دماء من ظفرت به من الموحدين، وأذاقتهم صنوف التعذيب وألوان النكال ونصبت نفسها عن طريق المجامع المقدسة (إلهاً) يحلل ويحرم، ينسخ ويضيف، وليس لأحد حق الاعتراض، أو على الأقل حق إبداء الرأي كائناً من كان، وإلا فالحرمان مصيره واللعنة عقوبته لأنه كافر (مهرطق).

وعززت الكنيسة سلطتها الدينية الطاغية بادعاء حقوق لا يملكها الله –جل في علاه- مثل حق الغفران وحق الحرمان وحق النحلة، ولم تتردد في استعمال هذه الحقوق واستغلالها، فحق الغفران أدى إلى المهزلة التاريخية صكوك الغفران الذي قرره مجمع لاتيران عام ١٢١٥م وما يقال عن حق الغفران يقال أيضاً عن حق الحرمان لمن خالف أغاليط الكنيسة فهي عقوبة معنوية بالغة كانت شبحاً مخيفاً للأفراد والشعوب في آن واحد، ومنهم الملوك، أمثال هنري الرابع إمبراطور ألمانيا[١].

وكذلك ما حصل مع هنري الثاني الإنجليزي، ورجال الدين والفكر المخالفين من (آريوس) حتى لوثر والعلماء والباحثون المخالفون لآراء الكنيسة من (برونو) إلى أرنست رينان وأمثاله.

"أما حق (النحلة) فهو حق خاص يبيح للكنيسة ان تخرج عن تعاليم الدين وتتخلى عن الالتزام بها متى اقتضت مصلحتها في ذلك"[٢].

فقد كان الختان واجباً فأصبح حراماً، وكانت الميتة محرمة فأصبحت مباحة،

---

(١) سلامة موسى، حرية الفكر وأبطالها في التاريخ، ص٥٦.

(٢) ويلز، معالم تاريخ الإنسانية، ٨٩٦/٣.

وكانت التماثيل شركاً ووثنية فأصبحت تعبيراً عن التقوى، وكان زواج رجال الدين حلالاً فأصبح محظوراً وكان أخذ الأموال من الاتباع منكراً فأصبحت الضرائب الكنسية فرضاً لازماً، وأمور كثيرة نقلتها المجامع من الحل إلى الحرمة أو العكس دون أن يكون لديها من الله سلطان أو ترى في ذلك حرجاً، وأضافت إلى لغز (الثالوث) عقائد وآراء أخرى، تحكم البديهة باستحالتها ولكن لامناص من الإيمان بها والإقرار بشرعيتها على الصورة التي توافق هوى الكنيسة، كقضية الاستحالة في العشاء الرباني، وعقيدة الخطيئة الموروثة وعقيدة الصلب والطقوس السبعة، كل هذه فرضتها على الأتباع بحجة أنها أسرار عليا لا يجوز الخوض فيها، أو الشك في صحتها، وكان احتكارها للمصادر الدينية ذلك الذي جعلها حاجباً، لا يستطيع أحد دخول الملكوت إلا بواسطته ولا يمكنه الاتصال بالله إلا من طريقة وهي حق لا مرية فيه مادامت الكنيسة هي التي قررته إذ هي معصومة عن الخطأ منزهة عن الزلل[١].

لقد أوصل هذا الأمر الكنيسة إلى حد الطغيان والإرهاب، كما فعلت مع أتباعها ومع غيرهم وكان لمحاكم التفتيش أسوأ الأثر وأبشع التصورات والوقائع التي حصلت في إسبانيا وهي غنية عن التعريف، فقد كانت المحكمة عبارة عن سجون مظلمة تحت الأرض بها غرف للتعذيب وآلات لتكسير العظام وسحق الجسم"[٢].

وبجرائم هذا الإرهاب البالغ والطغيان العالي عاش الناس تلك الأحقاب ترتعد قلوبهم وترتجف أوصالهم عند ذكر الكنيسة ووقف كبار المفكرين والنقاد مبهوتين مطرقين، ولم يداخل العلماء الأفذاذ آنذاك مثل (نيوتن، وبيكون

---

(١) سفر الحوالي، العلمانية، ص١٢٨.

(٢) محمد الغزالي، التعصب والتسامح بين المسيحية والإسلام، دحض شبهات ورد مفتريات، دار البيان، الكويت، ب.ت، ص٢٩٤.

وديكارت) وكانت أن يعترضوا على عقائد الكنيسة البعيدة عن تعاليم السيد المسيح عليه السلام ، لاسيما التثليث والخطيئة والاستحالة أو على الأقل يجاهروا بمخالفتها، بل يخيل إلى الباحث أنهم كانوا يعيشون فترة من فقدان الوعي تجاه هذه العقائد رغم نبوغهم في مجالات أخرى يقول برنتن: "لم يكن بوسع الكثيرين من أفراد المجتمع الغربي ان يعترفوا صراحة وجماعة.. بأية فكرة أو عقيدة أخرى"[(١)].

أما الصراع بين الكنيسة والعلم فانه مشكلة من أعمق المشكلات في التاريخ الفكري الأوربي. ان لم تكن أعمقها قاطبة، فمنذ عصر النهضة إلى عصرنا والصراع على أشده، وأنه لو كان الدين الأوربي حقاً خالصاً والعلم الأوربي يقيناً مجرداً لما حدثت معركة على الإطلاق. ومن المؤسف حقاً أن جناية رجال الدين الأوربيين على الحقيقة كانت أشنع وأنكى من جناية أنصار العلم عليها، وإن كان كل منهما مسؤولاً عن النتائج المؤسفة لذلك الصراع. ذلك أن الكنيسة ارتكبت خطأين فادحين في آن واحد:

أولهما: تحريف حقائق الوحي الإلهي وخلطها بكلام البشر.

وثانيهما: فرض الوصاية الطاغية على ما ليس داخل في دائرة اختصاصها.

والخطأ الأول مسؤول عن تسرب الخرافات الوثنية والمعلومات البشرية إلى كثير من تعاليم المسيحية وسبق التطرق لهذا سلفاً. أما الخطأ الثاني فنشأ عن ضيق صدر الكنيسة بما يخالف تعاليمها الممزوجة وإصرارها الأعمى على التشبث بها. فكان الامتداد الطبيعي للطغيان الديني طغياناً فكرياً عاماً، وحاسبت الناس لا على معتقدات قلوبهم فحسب بل على نتائج قرائحهم وبنات أفكارهم. وكان الرجال

---

(١) برنتن، أفكار ورجال، ص٢٠٧.

الذين يتلقون تعاليمهم من الكنيسة يكادون يحتكرون الحياة العقلية، وكان أصحاب الميول الفلسفية، متأثرين بثرائهم من الفكر الإغريقي في ميادين العلم والفلسفة. ولا سيما آراء أرسطو وبطليموس، ونشأ من ذلك فلسفة مركبة تسمى (الفلسفة المسيحية) وهي خليط من نظريات الإغريق وظواهر التوراة والأناجيل وأقوال القديسين القدامى وكانت آراء أرسطو في الفلسفة ونظرية العناصر الأربعة ونظرية بطليموس في أن الأرض مركز الكون، وعن خلق العالم والإنسان وما أضاف إلى ذلك القديس أوغسطين وكليمان الإسكندري وتوما الأكويني كانت عقائد مقدسة. والعجيب أنها ظلت مصرة على هذا الرأي حتى مطلع القرن التاسع عشر، فقد طبع كتاب الأسقف (آشر) الذي يحمل هذه النظرية سنة ١٧٧٩م[١].

---

(١) ويلز، معالم تاريخ الإنسانية، ١٦/١.

رابعاً: الحضارة الإسلامية

وصف عصر النهضة الأوربية بأنه مرحلة الانتقال من المدة التاريخية المسماة، بالعصور الوسطى إلى ما يسمى بالعصر الجديد، ويرجع المؤرخون والباحثون عوامل النهضة إلى انحطاط الكنيسة ومحاربتها للعلم والعلماء وطغيان الإمبراطورية آنذاك، ويرون أن هدف النهضة كان الإعداد لتحرير النفس البشرية من أغلال الكنيسة التي كانت تشل حركتها.

"وكان لحركة إحياء الدراسات العربية والترجمة من الفكر الإسلامي أبعد الأثر في هذه النهضة، حيث بدأ ما يسمى (الدراسات الإنسانية) على قلم (بترارك) الذي حاول الاكتشاف المضاعف للإنسان والكون، وقد قامت هذه الحركة على أساس الفهم لكرامة الإنسان مخلوقاً ومفكراً ذا إرادة، تريد وتختار، وقوة تحس وتتذوق وتجرب، وهذه المعاني الأساسية التي حملها القرآن إلى الفكر الإنساني عامة، وحملها المسلمون إلى الأندلس الذي تربى في جامعاته جميع قادة النهضة"(١).

وعرفت أوربا الطريق إلى النهضة بفضل مراكز الحضارة الإسلامية في الأندلس وصقلية وجنوب إيطاليا. التي كانت تشع نور العلم والمعرفة على القارة المستغرقة في دياجير الخرافة والجهل، فاستيقظ العقل الأوربي من سباته وأخذ يقتبس عن المسلمين مناهج البحث وطرائق التفكير التي تجعله يكد ويعمل في مجال اختصاصه دون وصاية ضاغطة.

"إن الحركة العلمية الإسلامية تفردت.. لأنها انبثقت من العقيدة، ونمت وترعرعت في ظل العقيدة، ولم يحدث صراع بينها وبين العقيدة، وتلك المزية هي التي لا نقدرها حق قدرها.. وإن أبرز إنجازاتها كان هو المنهج التجريبي في البحث

---

(١) أنور الجندي، الثقافة العربية، ١٦٩.

العلمي، الذي قام عليه التقدم الحديث كله في ميدان العلوم. وهو ميزته الكبرى الذي تفرد به بين الحركات العلمية في التاريخ"[1].

لقد ثارت ثائرة رجال الكنيسة على الذين يتلقون علوم المسلمين، ويعرضون عن التعاليم المقدسة فأعلنت حالة الطوارئ ضدهم وشكلت محاكم التفتيش في كل مكان تتصيدهم وتذيقهم صنوف النكال. وأصدرت منشورات بابوية جديدة تؤكد العقائد السابقة وتلعن وتحرم مخالفيها، وبذلك قامت المعركة على قدم وساق وأخذت تزداد سعاراً بمرور الأيام. وكان من سوء طالع الكنيسة أن النظريات الكونية سبقت النظريات الإنسانية في الظهور وهي نظريات أثبتت الأيام صحتها -إجمالاً- بخلاف الأخرى، وبذلك قدر للكنيسة أن تصطدم بالصحيح قبل الزائف، فلما خسرت معركتها معه سهلت هزيمتها أمام الآخر.

إن النظرية التي هزت الكنيسة لأول مرة هي نظرية كويرنبكوس (١٥٤٣م) الفلكية التي تنفي نظرية بطليموس، وتثبت كروية الأرض فما كان من محكمة التفتيش إلا أن حرمت كتابة (حركات الأجرام السماوية) ومنعت تداوله، وقالت إن ما فيه وساوس شيطانية مغايرة لروح الإنجيل. وظنت أن أمر هذه النظرية قد انتهى، ولكن عالماً آخر هو (جردانو برونو) بحث نظرية كوبرنيكوس بعد وفاة الأخير، فقبضت محكمة التفتيش عليه وزجت به في السجن ثم أحرقته سنة ١٦٠٠م وذرت رماده في الهواء[2].

أما العالم الأخر الذي قال بكروية الأرض فهو العالم الإيطالي (جاليلو ت١٦٤٢م) فكانت هذه النظرية تحدياً خطيراً لمعتقدات الكنيسة التي تؤمن بنظرية بطليموس، بأن الأرض مسطحة وأنها هي مركز الكون، والإنسان مركز الوجود، بحجة أن التوراة قالت ذلك.

---

(١) محمد قطب، كيف نكتب التاريخ الإسلامي، ص١٥٣.
(٢) سفر الحوالي، العلماينة، ص١٥٠.

"حين يستعرض الإنسان هذا التاريخ المليء، بالخطايا والأخطاء، من طغيان روحي وفكري ومالي وسياسي وعلمي، وفساد خلقي، وانحراف فكري وسلوكي، ومساندة للظلم في جميع ألوانه، وتخذيل للمصلحين وتخدير للمظلومين، وصد عن سبيل الله، وتشويه لصورة الدين.. هل نعجب من النهاية التي وصلت الأمور إليها من انسلاخ الناس في أوربا من ذلك الدين ونفورهم منه، وثورتهم على رجاله وإبعادهم له عن كل مجالات الحياة"(١).

وبالمقابل استطاع الفكر الإسلامي أن يقدم للثقافات الغربية في مختلف مجالات البحث العلمي والعلوم الكونية والإنسانية معطيات ضخمة بعيدة المدى، قام عليها الانطلاق العلمي، والتطور الفكري سياسياً واجتماعياً واقتصادياً. غير أن الفكر الغربي الذي بطبيعته إغريقي الجذور، وثني الملامح، مادي النزعة، والذي استطاع أن يسيطر على حياة المجتمع الأوربي ويصبغها بصبغته، ويصوغها في قوالبه لم يستطع الفكر الإسلامي أن يحرره من قيوده ويخرجه من طبيعته العنيدة، فقد امتص كل القيم الإسلامية البناءة في مجال العلم ومجال الفكر والمجتمع والحياة، ثم تخلى عن الجوهر الأساسي القائم على التوحيد، وأعاد صياغتها في إطاره وطوابعه. ثم لم يلبث أن أعلن مجافاته للفكر الإسلامي، وحمل عليه حملة عنيفة، وأنكر فضله وأثره في نهضته، والواقع إن الفكر الغربي قد وقع تحت تأثير خطرين كبيرين الأول: خطر الجذور الوثنية الإغريقية الرومانية البعيدة المدى في تشكيل مزاجه وطوابعه، وهو مزاج ليس الدين جزءاً منه، ولا ارتباط له أساساً بالمفاهيم الغيبية، أو الروحية، أو مفاهيم التوحيد، والنبوة وما إليها حيث تقوم أساساً على فكرة الصراع بين البشر والآلهة.

أما الخطر الثاني، فهو خطر اليهودية وفكرها وتعاليمها التي يسجلها التلمود والمشنا وأهدافها

وخططها المعلنة وغير المعلنة وهو ما كشف عنه في أواخر القرن

---

(١) محمد قطب، مذاهب فكرية معاصرة، ص٧٦.

التاسع عشر بما يسمى (بروتوكولات حكماء صهيون) والدعوات الصهيونية والماسونية والبهائية والمذهب النفسي الفرويدي والمذهب الاجتماعي لدور كايم والنزعة الحيوانية في نظرية دارون ونيتشه ومادية ماركس. ودورها الخطير في الحياة الأوربية والحضارة الأوربية في مجال السيطرة عليها. لا بل العمل على تحطيم هذه الحضارة والديانة المسيحية تحطيماً كاملاً[١]. هكذا تكون معاول الهدم وآليات التخريب. بينما نجد الفكر الإسلامي والحضارة الإسلامية ونظريات المسلمين في العلوم يجود وتجود في مختلف المجالات مما عرفه (روجر بيكون) و (ورابر) و (ديكارت)، "وكان الإسلام سمحاً كريماً في العطاء العلمي فانه لم يقفل أبوابه على أهله ولكنه سمح لأهل أوربا الذين رغبوا في الالتحاق بالجامعات الإسلامية في الأندلس (جامعات بلنسية وقرطبة) بتعلم علوم الإسلام وقد جاء الأوربيون النصارى من مختلف أنحاء أوربا يدرسون في الجامعات الإسلامية في الأندلس قبل سقوطها، وقد شهد كثير من أعلام الفكر الغربي بالعطاء الإسلامي الذي نقل الفكر الأوربي من منهج أرسطو التأملي النظري إلى المنهج الإسلامي التجريبي الذي كان نواة الحضارة المعاصرة ثم كان أن سيطر الغربيون على هذه الجامعات بعد خروج العرب المسلمين من الأندلس"[٢]. ليس هذا رأي المفكرين والمؤرخين المسلمين فقط وإنما هو رأي المنصفين من علماء ومفكري الغرب الذين وقفوا على الحقيقة بأنفسهم من خلال استقرائهم لآلاف المخطوطات والمؤلفات والمصادر الأصلية التي تفخر بها مكتبات أوربا وتزخر بها جامعاتها ومؤسساتها الثقافية. لقد اطلعوا على مضامينها وحققوا الكثير منها وألفوا وصنفوا الكتب على ضوء ما وجدوه في هذه الثروة الفكرية المأسورة لديهم. واقتبسوا منها افضل العلوم واستفادوا كثيراً من تجارب علماء المسلمين وخبراتهم.

(١) الجندي، الثقافة العربية، ص١٩٨.
(٢) أنور الجندي، الفكر الغربي دراسة نقدية، ص٨٥.

المنهج العلمي التجريبي الإسلامي

أهم ما قدمه الفكر الإسلامي للفكر الغربي

إن الفكر الإسلامي له طابعه الجامع الكامل. القائم على النظرة العقلية، والممارسة العلمية التي تختلف كل الاختلاف عن الفكر اليوناني القائم على التأمل النظري ويقف عنده، في حين ينطلق الفكر الإسلامي في مفهومه العلمي ومنهجه الحسي مستمداً من القرآن الكريم والسنة النبوية الشريفة أساساً ومن الدعوة الصريحة إلى النظر في الكون والتفكر والتدبر والاهتمام بالعلم. وآية ذلك ان كلمة (علم) وردت في القرآن (٨٥٠مرة)[١] وأن أول أمر استخدم في القرآن الكريم هو كلمة (اقرأ) وأن أول أداة ذكرت في كتاب الـلـه هي (القلم) بقوله تعالى (اقْرَأْ بِاسْمِ رَبِّكَ الَّذِي خَلَقَ (1) خَلَقَ الْإِنْسَانَ مِنْ عَلَقٍ (2) اقْرَأْ وَرَبُّكَ الْأَكْرَمُ (3) الَّذِي عَلَّمَ بِالْقَلَمِ (4) عَلَّمَ الْإِنْسَانَ مَا لَمْ يَعْلَمْ)[٢] فالإسلام هو الذي أمر المسلمين باتباع المنهج العلمي وآيات القرآن الكريم التي تنطق بالحق هي التي تهديهم إلى التفكر بمخلوقات الـلـه والإطلاع على ما في الكون من عجائب وظواهر وسنن وقوانين

ولم يقتصر هذا التفكر في مجال الطبيعة فقط بل وفي مجال الإنسان والمجتمع. لقوله تعالى: (إِنَّ فِي خَلْقِ السَّمَاوَاتِ وَالْأَرْضِ وَاخْتِلَافِ اللَّيْلِ وَالنَّهَارِ لَآيَاتٍ لِأُولِي الْأَلْبَابِ)[٣]. وقوله تعالى: (وَيَتَفَكَّرُونَ فِي خَلْقِ السَّمَاوَاتِ وَالْأَرْضِ رَبَّنَا مَا خَلَقْتَ

---

(١) أنور الجندي، الثقافة العربية، ص١٧١.

(٢) سورة العلق، الآيات: ١-٥.

(٣) سورة آل عمران، الآية: ١٩٠.

هَذَا بَاطِلًا سُبْحَانَكَ فَقِنَا عَذَابَ النَّارِ)[١]. وقوله تعالى: (ﮉ ﮊ ﮋ ﮌ ﮍ)[٢]. ومئات الآيات مما تدعو المسلمين للتفكر. ومن هنا انفتح المسلمون على العلوم والبحث العلمي وفق المنهج الحسي التجريبي في مختلف فروع المعرفة. وقد سبق التطرق إلى ذلك بشيء من التفصيل في الفصل الأول. ولنأخذ رأي بعض المؤرخين الأوربيين وتكفي شهادة الغريب قبل القريب، فهذا المؤرخ الفرنسي غوستاف لوبون يقول: "واختبر العرب الأمور وجربوها، وكانوا أول من أدرك أهمية هذا المنهاج في العالم، وظلوا عاملين به وحدهم زمناً طويلاً. كما ويستشهد لوبون بقول دولنبر صاحب كتاب -تارخ علم الفلك: (تعد راصدين أو ثلاثة بين الأغارقة وتعد عدداً كبيراً من الرصاد بين العرب، وأما في الكيمياء فلا تجد مجرباً يونانياً مع أن المجربين من العرب يعدون بالمئات"[٣].

ويشيد العالم الفرنسي (روجيه جارودي)[٤] بفضل الحضارة الإسلامية على الحضارة المعاصرة على نحو لم يسبق إليه فهو يقرر "أن الحضارة في الغرب لم تبدأ من إيطاليا مع إحياء التراث اليوناني والروماني ولكن في إسبانيا مع بدء إشعاع العلوم والثقافة العربية الإسلامية، ولكنه يرى أن هذه الحضارة الغربية لم تأخذ من العلم العربي الإسلامي سوى مناهجه وتقنياته تاركة العقيدة التي كانت توجه هذه المناهج والتقنيات إلى اللـه تعالى ليظل العلم في خدمة البشرية على الدوام"[٥].

إن الدور الذي قام به علماء الإسلام في وضع أحجار الأساس في بناء العلم التجريبي في العالم كله، لم يعد خافياً على أحد، وإن ظل بعض خصوم الإسلام يرددون

---

(١) سورة آل عمران، الآية: ١٩١.
(٢) سورة الذاريات، الآية ٢١.
(٣) غرستاف لويون، حضارة العرب، ص٤٣٧.
(٤) غارودي كان منظراً ماركسياً عالي الدرجة، اعتنق الإسلام عن إيمان ويقين وقال: (اخترت الإسلام لينقذني من ضياعي).
(٥) أنور الجندي، الثقافة العربية، ص٢٩٧.

دعاواهم الباطلة بأفكار هذا الأثر الباهر بدعوى ان المسلمين لم يزيدوا عن ان نقلوا تراث اليونان إلى اللغة العربية وهذه قضية حسمها كثير من العلماء المنصفين أمثال (درابر) و (سارتون) و (هونكه) وعشرات أمثالهم. وقد نقل الكاتب أنور الجندي ما أورده (جورج سارتون) في كتابه تاريخ العلوم مساحة ٣٥٠ سنة متواصلة للمسلمين من أوائل القرن الثاني إلى أواخر القرن الخامس الهجري أي (من ٧٥٠ إلى ١١٠٠م) حيث تبرز أسماء مثل (جابر ابن حيان ت١٦١هـ) و(أبو بكر الرازي ت٣٢٠هـ) و(المسعودي ت٣٤٥هـ) و(الخوارزمي ت٣٨٧هـ) و(ابن الهيثم ت٤١١هـ) و(ابن سينا ت٤٢٨هـ) و(البيروتي ت٤٤٠هـ) وبعد عام ١١٠٠م بدأت تظهر أول الأسماء الغربية ولكن خلال قرنين ونصف يظل الشرف العلمي في الغرب شركة مع علماء مسلمين وقد جاء عطاء المسلمين العلمي في مختلف الفروع[1].

أولاً: في مجال علوم الرياضيات ويبرز في هذا الاختصاص الخوارزمي، وهو أول من استخدم الأرقام وأعطى الصفر دلالته، وظل هذا الإنجاز العلمي مفيداً ومستمراً في الأداء حتى يومنا هذا حتى في عصر الحاسوب، حيث إنه يعتمد الأرقام ومنها الرقمان الصفر والواحد في أداء عمله.

ثانياً: لقد اقترن علم الجبر واللوغاريتمات بالعالم العربي الخوارزمي وما سبق الجبر كان حلولاً مفردة ولقضايا معينة.

ثالثاً: ولقد برع العلماء المسلمون في علم المثلثات وفي صورته الحالية وظل كتاب (النقوصي) مصدراً هاماً في هذا العلم حتى القرن السابع عشر الميلادي.

---

(١) أنور الجندي، الفكر الغربي دراسة نقدية، ص١١٣.

رابعاً: أما الفلك فإن علماء الفلك العرب سبقوا العالم الإيطالي المعروف (جاليلو) إلى الكثير من أبحاثه.

خامساً: وفي علم الكيمياء كان (جابر بن حيان) رائداً في هذا العلم تجربة ومشاهدة واستنتاجاً. وكان له العديد من الكتب ومنها (السبعين) و (الخواص الكبير).

سادساً: وقد نبغ الحسن بن الهيثم في علم الطبيعة والبصريات والرياضة وظل كتابه (المنارة) من أشهر الكتب التي عرفت في أوربا وهو الذي صحح طبيعة الضوء ووضح عملية الإبصار باستخدامه التمثيل والمنهج الاستقرائي "وقد كان المنهج الاستقرائي طريق الحضارة الأوربية الحديثة ووسمها ومبدعها، سار عليه علماؤها ومفكروها فأنتجوا لنا الحياة الحديثة. وقد توصل المسلمون قبل أوربا بقرون طوال إلى كل عناصره كما أن المسلمين قد أقاموا المنهج الاستردادي على أسس علمية دقيقة فيما يعرف بعلم مصطلح الحديث، وطرق تحقيق الحديث رواية ودراية هي منهج البحث التاريخي الحديث كما عرفه (فليخ) و (سينيوبوس) و (لانجو)"[١].

وقد سبق علماء المسلمين وتوصلوا إلى كل ما توصل إليه علماء مناهج البحث التاريخي من نقد النصوص الداخلي والخارجي، كما عرفوا طرق التحليل والتركيب التاريخية، وفحص الوثائق، ومنهج المقارنة والتقسيم والتصنيف، كما أن دراسة التحقيق التاريخي عند كثيرين من علماء الطبقات -وبخاصة (السبكي التاج ت٧٧١هـ) و(ابن خلدون ت٨٠٨هـ) و(السخاوي ت٩٠٢هـ)- سيوضح هذا توضيحاً أكيداً. ولم يكن ابن خلدون -كما تصور الباحثون- عالم اجتماع، وإنما هو عالم منهج تاريخي، استخدم المنهج الاستقرائي في براعة نادرة -لتفسير الظواهر العرضية التي قابلها تفسيراً يستند على التحليل والتركيب ومستخدماً قياس الغائب على الشاهد من ناحية، واستقراء الحوادث العارضة في المشاهدة، للتوصل إلى

---

(١) د. علي سامي النشار، مناهج البحث عند مفكري الإسلام، ص٢٧٠.

أحكام عامة، فكان عمله الباهر في نطاق التاريخ يساوي تماماً عمل الفقهاء الأشاعرة، وعلماء أصول الفقه والدين منهم في الفقه والكلام، ومازالت دراسة هذا المنهج على طريق علمي صحيح دراسة بكراً في العالم الإسلامي[(١)].

ففضل الحضارة العربية الإسلامية على الحضارة الغربية وعلى الفكر الغربي أمر ثابت لا ينكره أبناء الغرب ويذكره بالعرفان مؤرخوه وعلماؤه. وليس ثمة ما هو أدل على ما كان لتلك الحضارة العربية الإسلامية من الأثر أو الفضل على العالم الغربي من أن نشير إلى شهادة المؤرخ الفرنسي (أناتول فرانس)[(٢)]. حين يقرر "إن أتعس يوم في تاريخ فرنسا كان في عام (٧٣٢م)، أي العام الذي نشبت فيه معركة بواتييه: ففي هذا العام تراجعت الحضارة العربية أمام البربرية الفرنسية".

تلك التي استشهد بها المفكر الفرنسي روجيه جارودي في محاضرة له في القاهرة[(٣)]. كما شهد أحد العلماء الغربيين بأنه "ما من ناحية من نواحي تقدم أوربا إلا وللحضارة الإسلامية فيها فضل كبير وآثار حاسمة"[(٤)] ويشهد الكاتب الأسباني (بلاسكو أبانيز) على فضل حكم العرب لاسبانيا، وعن الحضارة التي نشروها في

---

(١) د. علي سامي النشار، م. ن، ص٢٧١.

(٢) يعد الكاتب الفرنسي (أناتول فرانس) صاحب كتاب (فوق الحجر الأبيض) من أكبر كتاب فرنسا في الربع الأول من القرن العشرين.

(٣) روجيه جارودي، في محاضرته (أثر الحضارة العربية على الثقافة العالمية، ألقاها في ١٩٦٩/١١/٢٤ ونشرت ترجمتها مجلة الطليعة عدد: يناير (ك١٩٧٠/٢) في ص١١٣ وما بعدها.

(٤) بريفولت، بناء الإنسانية، ص١٩٠. Robert Briffault: Themaking Hamanity, p. 190 نقلاً عن كتاب الدكتور عبد الحميد متولي: أزمة الفكر السياسي الإسلامي في العصر- الحديث، ط١، المكتب المصري الحديث، الإسكندرية، ١٩٧٠م، ص٢٤٣.

تلك البلاد بأنها كانت "أجمل الحضارات وأغناها في القرون الوسطى"[١].

ومما ذكره المفكر الفرنسي غارودي "إن روائع الاكتشافات العلمية والفنية للحقبة الهيلينية (اليونانية) في القرنين الثالث والثاني قبل الميلاد لم تنجح في تغيير العالم وذلك لأسباب اقتصادية، واجتماعية، إذ أن انتشار الرق كان عقبة أمام التكنيك العلمي في أحداث تغيير جذري للحياة الاقتصادية، فاستغلال قطعان العبيد (الأرقاء) الذين كانوا يحصلون عليهم بسعر خيالي كان يحقق مزايا أكثر من تلك التي يحققها تشغيل الآلات وهكذا فشلت الثقافة الهلينية في خلق حضارة جديدة"[٢].

ويؤكد ذلك ما ذكره المؤرخ البريطاني (ذو الشهرة العالمية) أرنولد توينبي من "ان مؤلفات الفيلسوف أرسطو إنما وصل بعضها للمرة الأولى إلى العالم المسيحي الغربي عن طريق الترجمة العربية"[٣].

وقد كانت لمؤلفات العلماء العرب اكبر الأثر في إيقاظ النهضة العلمية بالقارة الأوربية بل وفي نهضته الثقافية العالمية "لقد كان المفكرون العرب -كما يقرر المفكر غارودي- هم الذين أيقظوا أوربا في القرن الحادي عشر من القبر الذي دفنتها فيه العلوم اللاهوتية"[٤].

ويستشهد أكرم ضياء العمري برأي الفيلسوف الإنجليزي (براترند راسل): "بأن العرب كانوا سادت التجريب، الذي كان سبباً لانبعاث المدنية الأوربية

---

(١) عباس محمود العقاد، أثر العرب في الحضارة الأوربية، طبع القاهرة، ١٩٦٠، ص١١٧.

(٢) غارودي، أثر الحضارة العربية على الثقافة العالمية، مجلة الطليعة، ص١١٨.

(٣) أرنولد توينبي، مختصر دراسة التاريخ، ترجمة فؤاد محمد شبل وراجعه محمد شفيق غربال، طبع لجنة التأليف والترجمة والنشر، ط١، القاهرة، ١٩٦٠، ص٢٦٦.

(٤) غارودي، في محاضرته، الاشتراكية والإسلام، التي ألقاها في القاهرة في ت٢ ١٩٦٩، مجلة الطليعة، ص١٤٢.

المعاصرة"[١].

ويذكر العقاد: أن العلماء الغربيين يشهدون بما كان لعلماء العرب.. من فضل في مختلف العلوم: كالتاريخ وعلم الاجتماع والجغرافيا والطب والفلك والرياضيات والطبيعة والكيمياء فضلاً عن الأدب والفنون.. وحسبنا أن نشير من تلك المؤلفات إلى كتاب "القانون"، لابن سينا، وهو موسوعة في الطب وقد تمت ترجمته في القرن الثاني عشر، كما ترجم كتاب (الحاوي) للرازي عام ١٢٧٩م وقد كانت مؤلفاتهما تعد المرجع الأولى في الطب لأساتذة بعض الجامعات الغربية إلى أوائل القرن السابع عشر[٢].

"لقد احتل العرب المركز الأول في ميدان الطب لمدة تزيد عن خمسمائة عام (مابين ٧٠٠م و ١٢٠٠م) وكان أستاذ أوربا في علم الجغرافيا هو (الإدريسي ت٥٦٢هـ)، الذي تلقى العلم في قرطبة وكان الكتاب الذي ألفه أبو العباس الفرغاني في الفلك عام ٨٦٠م مرجعاً في أوربا طوال سبعمائة عام"[٣]. ويقول العلامة محمد إقبال "والواقع أن بيكون، انما استقى المنهج التجريبي بل وتلقى علومه وتعليمه في الجامعات الإسلامية في الأندلس وذلك هو ما شهد به بعض الباحثين الغربيين واعترف به بيكون ذاته"[٤].

هذا عطاء حضارتنا ونتاج فكرنا الإسلامي وجود أمتنا لأوربا وحضارتها.

---

(١) د. أكرم ضياء العمري، التراث والمعاصرة، ط١، طبع رئاسة المحاكم الشرعية والشؤون الدينية بدولة قطر، ب ت، ص١٢٠.

(٢) عباس محمود العقاد، أثر العرب في الحضارة الأوربية، ص٣٩.

(٣) د. عبد الحميد متولي، أزمة الفكر السياسي الإسلامي في العصر الحديث، ص٢٤٦.

(٤) د. محمد إقبال، تجديد التفكير الديني في الإسلام، ص١٤٨-١٤٩.

وبدلاً من الاعتراف بالجميل والوفاء نجدهم ناصبوا الإسلام العداء. ولا عجب في ردهم هذا، فإنهم يعيشون في ظل تصور (التقدم) كما عبر عنه كوندورسي في القرن الثامن عشر وأوغست كونت في القرن التاسع عشر (بقانون الدول الثلاث) وفسره مفهوماً (النمو) و (التنمية) في القرن العشرين عن ثقافة حددتها ثلاث مسلمات في عصر النهضة:

١. مسلمة ديكارت (نجعل أنفسنا أسياد الطبيعة ومالكيها).

٢. مسلمة هوبز، الذي حدد العلاقات بين البشر (الإنسان ذئب يهاجم أخاه الإنسان).

٣. مسلمة مارلو: الذي أعلن موت الرب: (أيها الإنسان كن إلهاً بعقلك وسيد العناصر كلها)[١].

يقول طه باقر "إن هذه الحقيقة التاريخية المتعلقة بطبيعة الحضارة العربية الإسلامية وظروف نشوئها منذ ظهور الدعوة الإسلامية في القرن السابع الميلادي.. فقد تميزت هذه الحضارة على جميع الحضارات القديمة السابقة، في مسألة تطور العلوم والمعارف الإنسانية، بأنها نهضت بتلك العلمية الحضارية الضخمة الشاملة.. وتطويرها بحيث أصبحت حضارة عالمية، ومهدت الطريق لاستمرار تلك العملية التطورية بمقياس أوسع منذ عصر النهضة الأوربية من بعد انتقال العلوم والمعارف العربية إلى أوربا وظهور الحضارة الحديثة المعاصرة التي تسمى خطأ الحضارة الغربية"[٢].

ويستشهد الدكتور محسن عبد الحميد بالثوابت التي استوقفت المفكر الفرنسي

---

(١) غارودي، حفارو القبور، نداء جديد إلى الأحياء، تعريب رانيا الهاشم، منشورات عويدات، ط١، بيروت، ١٩٩٣م، ص٧٨.
(٢) طه باقر، إسهام الحضارة العربية في تقدم العلوم الرياضية، بحث نشر في مجلة آفاق عربية، العدد٥/، في كانون الثاني، ١٩٧٨، ص٧٨.

غارودي حول طبيعة الحضارة الغربية- في اعتمادها على:

١. الإرادة الفردية الغازية المريدة للربح والسيطرة والتي لا تتردد لحظة في تدمير القارات والحضارات من خلال توجيه العلوم والتقنيات.

٢. اعتمدت النظرة العلمانية الصرفة التي تؤكد أن العقل يحل كل المشاكل وأن كل المشاكل الأخرى هي مشاكل لاهوتية زائفة.

٣. إذن فهذه الحضارة تحيل الإنسان إلى العمل والاستهلاك، وتحيل الفكر إلى ذكاء آلي، فيتجرد من الإيمان والحسب والشعور الفني، وتحيل اللانهائي إلى الكم، ولذلك فان هذه الحضارة في رأي غارودي، مؤهلة للانتحار[١].

ويشهد (فيليب روديس) بفضل الحضارة العربية الإسلامية على أوربا وأمريكا وأنها كانت سبباً مباشراً في النهضة الأوربية الحديثة، وتمثل هذه الشهادة برسم مسار انتقال معالم الحضارة العربية الإسلامية على الخارطة المرفقة طياً من بغداد إلى أوربا عبر الأردن ومصر وشمال إفريقية ومنها عبر البحر المتوسط إلى اليونان وإيطاليا وفرنسا لتغمر جميع بلدان أوربا ومنها إلى العالم الجديد عبر المحيط الأطلسي[٢].

---

(١) غارودي، حوار الحضارات، ترجمة عادل العوا، ط١، منشورات عويدات، بيروت، ١٩٧٨، ص٣٧-٩٣.

(2) Philip Rhodes, AN OUTLINE HISTORY OF MEDICINE.

المبحث الثاني

مقومات الفكر الغربي

أولاً: العقل

يعد العقل أحد المقومات الأساسية في الفكر الغربي، "ولقد ظلت الاتجاهات الفلسفية الإغريقية -التي يُمثل (العقل) قسماً بارزاً منها- تسيطر على الفكر الأوربي، حتى جاءت المسيحية الكنسية فغيرت مجرى ذلك الفكر في انعطافة حادة تكاد تكون مضادة لمجراه الأول الذي استغرق من تاريخ الفكر الأوربي عدة قرون. فلم يعد العقل هو المرجع في قضايا الوجود إنما صار الوحي -كما تقدمه الكنيسة- وانحصرت مهمة العقل في خدمة ذلك الوحي في صورته الكنسية تلك ومحاولة تقديمه في ثوب معقول"[1].

وقد نشأت عن ذلك في الحياة الأوربية والفكر الأوربي مجموعة من الاختلالات. إن هذه الاختلالات لم تنشأ -كما تصور الفكر الأوربي في مبدأ عصر النهضة- من إهمال الفلسفة والعلوم الإغريقية والالتجاء إلى الفكر (الديني) فلم يكن هذا الفكر من حيث المبدأ، ولا إخضاع العقل للوحي هو مصدر الخلل في فكر العصور الوسطى في أوربا، إنما كان الخلل كامناً في ذلك الفكر الذي قدمته الكنيسة باسم الدين، وفي إخضاع العقل لما زعمته الكنيسة أنه وحي، بعد تحريفها ما حرفت منه، وإضافتها ما أضافت إليه، وخرج ذلك كله بعضه إلى بعض وتقديمه باسم الوحي. يقول الدكتور محمد البهي في هذا الصدد: "كان الدين أو النص سائداً طوال القرون الوسطى في توجيه الإنسان سواء في سلوكه وتنظيم جماعته، أو في فهمه للطبيعة. وكان يقصد بالدين (المسيحية) وكان يراد من المسيحية (الكثلكة)

(١) محمد قطب، مذاهب فكرية معاصرة، ص٥٠٠.

تعبر عن (البابوية). والبابوية نظام كنسي ركز السلطة العليا باسم الله في يد البابا، وقصر حق تفسير (الكتاب المقدس) على البابا وأعضاء مجلسه من الطبقة الروحية الكبرى، وسوى الاعتبار بين نص الكتاب المقدس ومفاهيم الكنيسة الكاثوليكية... وجعل عقيدة (التثليث) عقيدة أصلية في المسيحية، كما جعل (الاعتراف بالخطأ) و(صكوك الغفران) من رسوم العبادة... وغير ذلك مما يتصل بالكاثوليكية كمذهب وكنظام لاهوتي"[١].

يقول كرين برينتون: "العقلانية أو الحركة العقلانية، هي مثل كل الكلمات المشابهة لها يمكن تعريفها بسبل عدة متباينة وسوف نحدد معناها هنا، بصورة عامة إلى حد كبير، بأن نقول أنها مجموعة من الأفكار تفضي إلى الاعتقاد بأن الكون يعمل على نحو ما يعمل العقل حين يفكر بصورة منطقية وموضوعية، ولهذا فإن الإنسان يمكنه في نهاية الأمر أن يفهم كل ما يدخل خبرته مثلما يفهم، على سبيل المثال، مشكلة رياضية أو ميكانيكية بسيطة، وأن ذات القدرات العقلية التي كشفت للإنسان سبيل صنع واستخدام وتشغيل وإصلاح أي آلة منزلية سوف تكشف للإنسان في نهاية المطاف، كما يأمل المفكر العقلاني، السبيل لفهم كل شيء عن الموجودات الأخرى"[٢].

وهكذا تنزع العقلانية إلى إسقاط كل ما هو غيبي من الكون، وأبقت فقط على الطبيعي، الذي يؤمن المفكر العقلاني أنه قابل للفهم في النهاية وأن سبيل فهمه في الغالب الأعم الوسائل التي تعرفها الكثير باسم منهاج البحث العلمي، ومن هنا

---

(١) د. محمد البهي، الفكر الإسلامي الحديث وصلته بالاستعمار الغربي، ص٢٧٩.

(٢) كرين برينتون، تشكيل العقل الحديث، ترجمة شوقي جلال، مراجعة صدقي حطاب، إصدار المجلس الوطني للثقافة والفنون والآداب، (الكويت، ١٩٨٤)، ص١٢٤.

يتضح أن معنى العقلانية، حسب مفهوم برنتن أنها تفيد في الإبانة عن مدى ابتعاد المفكر العقلاني عن العقيدة المسيحية مثل النزعة المدرسية (الاسكولاتية)[١]. وتعدّ النزعة العقلانية بالصورة التي نمت بها خلال القرنين السادس عشر والسابع عشر في الغرب نسقاً (ميتافيزيقياً) كاملاً. بل وأكثر من هذا أنها كانت وما زالت بالنسبة لقليل من الناس مذهب شبه ديني، فقد كان من الأفضل وصفها بأسماء محددة مثل المادية والوضعية وما شابه ذلك من مسميات تشير بدقة أكثر إلى مركب كامل من المعتقدات والعادات والتنظيم المتصلة بذلك. وهكذا يمكن القول على سبيل التماثل أن النزعة العقلانية هي المصطلح العام والشامل، مثل البروتستانتية، وأن المادية والوضعية واللادينية بل ومذاهب التوحيد والتأليه الطبيعي أو الربوبية، إنما تمثل كلها أسماء الطوائف التي تندرج تحت ذلك الاسم العام تماماً مثلما يندرج دعاة تجديد العماد أو (الكريكرز) تحت اسم البروتستانتية"[٢].

لقد ظل الفكر الأوربي يتنقل من وضع سيء إلى وضع أسوأ فمن الإغريقية والرومانية إلى وضعه في العصور الوسطى حين كان الدين الكنسي محرفاً ثم انتقل إلى عصر الأحياء ومن ثم عصر التنوير وبعدها إلى الفلسفة الوضعية وأخيراً إلى حالته المعاصرة. وليس همنا في هذا المبحث أن نستعرض انحرافات الفكر الغربي في أطواره المتتابعة، إنما الذي يهم هو فقط متابعة خط العقلانية في ذلك الفكر.

كانت العقلانية الإغريقية لوناً من عبادة العقل وتأليهه، وإعطائه حجماً مزيفاً أكبر بكثير من حقيقته، كما كانت في الوقت نفسه لوناً من تحويل الوجود كله إلى (قضايا) تجريدية مهما يكن من صفائها وتبلورها فهي بلا شك شيء مختلف عن

---

(١) الأسكولاتية (scholasticism) اسم يطلق على الفلسفة المدرسية في العصور الوسطى ويسمى أتباعها (أسكولائيون) أو (مدرسيون) وقد عنوا بالفكر اللاهوتي والفلسفي المعتمد على سلطة الأباء اللاتينيين وأرسطو والشارحين لفلسفته، وعكف المدرسيون على تقديم البراهين النظرية لإثبات العقيدة الدينية ونظرة الدين إلى العالم.

(٢) برينتون، تشكيل العقل الحديث، ص١٢٧.

الوجود ذاته، بحركته الموارة الدائمة، بمقدار ما يختلف القانون الذي يفسر الحركة ذاتها، وبمقدار ما تختلف البلورة عن السائل الذي نتجت عنه.. قضايا تعالج معالجة كاملة في الذهن بصرف النظر عن وجودها الواقعي، وبصرف النظر عن كون وجودها الواقعي يقبل ذلك التفسير العقلاني في الواقع أو لا يقبله. ويتمشى معه أو يخالفه، وكان أشد ما يبدو فيه هذا الانحراف معالجة تلك الفلسفة (لقضية) الألوهية و(قضية) الكون المادي وما بينهما من علاقة ويتشعب هذا الانحراف شعباً كثيرة في وقت واحد. فأول انحراف هو محاولة إقحام العقل فيما ليس من شأنه أن يلم به فضلاً عن أن يحيط لكنهه في قضية ذات الإلهية، فمن باب احترام العقل لذاته ومعرفته لطبيعته وحدود مقدرته، ما كان لهذا العقل أن يقتحم ميداناً ليس بطبيعته مؤهلاً لاقتحامه، ولا قدرة له على الخوض فيه.. إن احترام العقل لذاته ومعرفته لطبيعته وحدود مقدرته هي التي توجب عليه أن يتجنب الخوض فيها لأنه لن يصل فيها إلى شيء له اعتبار. وليس معنى هذا أن "الدين" كله أمر خارج عن نطاق العقل، أو أن الاعتقاد في وجود الـلـه -جل في علاه- ومعرفة صفاته أمر لا نصيب فيه للعقل[1].

وحين أصرت الفلسفة اليونانية ومن تبعها بعد من فلاسفة النصارى.. فقد وصلوا جميعاً إلى ذلك التخبط الذي يملأ كتب الفلسفة.. فأرسطو الذي يعدّه دارسو الفلسفة أعظم (عقل) في التاريخ القديم، يصف إلهه -بعقله- على هذه الصورة: يقول العقاد: "ومذهب أرسطو في الإله أنه كائن أزلي أبدي مطلق الكمال لا أول له ولا آخر ولا عمل له ولا إرادة. منذ كان العمل طلباً لشيء و الـلـه غني عن كل طلب، وقد كانت الإرادة اختيار بين أمرين، فالإله الكامل المطلق الكمال لا يعنيه

---

(١) محمد قطب، مذاهب فكرية معاصرة، ص٥٠٢.

أن يخلق العالم أو يخلق مادته الأولى وهي "الهيولي"[١] ولكن هذه "الهيولي" قابلة للوجود يخرجها من القوة إلى الفعل شوقها إلى الوجود الذي يفيض عليها من قبل الإله، فيدفعها هذا الشوق إلى الوجود، ثم يدفعها من النقص إلى الكمال المستطاع في حدودها، فتتحرك بما فيها من الشوق والقابلية، ولا يقال عنها أنها من خلقة الله إلا أن تكون الخلقة على هذا الاعتبار"[٢].

هذا هو موقف الفلسفة العقلانية من الألوهية أما موقفها من (منهج الحياة) الذي ينبغي أن يسير عليه البشر. فقد تخبطت تلك الفلسفة العقلانية في تلك المسألة من أقصى اليمين إلى أقصى الشمال، فضلاً عن كونها حولتها إلى أحلام طوبائية أو ذهنية لا علاقة لها بواقع الحياة، ومن ثم لا أثر لها في واقع الحياة، ومن هذه الاختلالات انتقل الفكر الغربي إلى عصر "سيادة الدين".. وكان المفروض قد التزم العقل بالوحي، واستخدمه اليقين والهدى –في المسائل التي لا يهتدي فيها وحده ولا يستيقن فيها بمفرده- أن ينطلق الفكر في ميادينه الأصلية يبدع وينتج ويمد الإنسان بما يحتاج إليه في شؤون "الخلافة" وعمارة الأرض، ولكن الكنيسة الأوربية أفسدت ذلك كله بما أدخلته من التحريف على الوحي الرباني المنزل من السماء لهداية البشرية على الأرض، وتخبطت في قضية الوحي الألوهية تخبطاً من نوع جديد، حين قالت أن الله ثلاثة أقانيم وأن عيسى عليه السلام واحد من هذه الأقانيم الثلاثة وأنه ابن الله وفي الوقت ذاته إله وشريك لله في تدبير شؤون الكون[٣].

---

(١) الجوهري، الصحاح، ص١٢٥٨، معنى كلمة (هيولي) وهي مادة أولى (Prime matter) والهيولي لفظ يوناني بمعنى الأصل والمادة، والاصطلاح هي جوهر في الجسم قابل لما يعرض لذلك الجسم من الاتصال والانفصال محل الصورتين الجسمية والنوعية. والهيولي المطلقة (Absolute) جوهر ليس له صورة.
(٢) عباس محمود العقاد، حقائق الإسلام وأباطيل خصومه، طبع دار الهلال، (القاهرة، ١٩٦٩م)، ص٣٤.
(٣) محمد قطب، مذاهب فكرية، ص٥٠٧.

كما أن مفاهيم (الخطيئة) و(صكوك الغفران) من رسوم العبادة فضلاً عن عقيدة التثليث.. وغير ذلك مما يتصل بالكاثوليكية كنظام لاهوتي... حتى القرن الخامس عشر، فقام لوثر(١٤٣٨-١٥٤٦م) وكافح تعاليم البابوية والكنيسة الكاثوليكية فحارب (صكوك الغفران) ونظر إليها كوسائل للرق والعبودية، وألقى الضوء على عقيدة (التثليث) كما حارب سلطة (البابا) وجعل السلطة الوحيدة في المسيحية هي الكتاب المقدس وهي كلمة الـلـه (النص)، وطالب بالحرية في بحث الكتاب ليست أية حرية على العموم... ومع ذلك جعل الكتاب المقدس نفسه هو مصدر الحقيقة فيما يتصل بالإيمان ثم جعل الإيمان في الاعتبار والقيمة مقدماً على أي شيء آخر عداه من العقل أو الطبيعة، وجاء كالفن (١٥٠٩-١٥٦٤م) وأقر لوثر على أن: الإنجيل وحده هو المصدر "للحقيقة المسيحية" دون تفسيراته وشرحه، وأوضح رأيه في عقيدة التثليث وفقاً للأصول المسيحية، وبحركة لوثر وكالفن الإصلاحية تعرضت المسيحية للجدل الفكري وأصبحت موضوعاً للنقاش العقلي[1].

بعدئذ جاء هيغل الألماني (١٧٧٠-١٨٣١م) ويفهم من فلسفته ثلاث معاني:

١. الروح الذاتي (الواعي العاقل) الفاعل في الوجود، يَهَب الوجودَ صورته (أي يخلع عليه الشكل الراهن) ويسيطر عليه.

٢. الروح الموضوعي المائل في مقابل العقل الذاتي، وهو الوجود المَوِعي المعقول المبتدئ في عالم البشر أفراداً ومجموعاً.

٣. العقل المطلق، وهو في الحقيقة اتحاد العقل الذاتي بالعقل الموضوعي أو هو في

(١) محمد البهي، الفكر الإسلامي الحديث وصلته بالاستعمار الغربي، ص٢٨٠.

فلسفة هيغل -الـلـه-[1].

ويرى هيغل أن الروح المطلق (الكلي المطلق) يسيطر على العالم ويملي التاريخ إملاءً عاقلاً: إن العقل يتخذ التاريخ مَجْلياً (يبدأ فيه) وميداناً (تحدث فيه إثارة) والتاريخ ليس حوادث متفرقة تافهة تتعاقب اتفاقاً، بل هو شبكة متعانقة الحلقات تؤلف مجموعاً (عقلياً) متماسكاً منظماً من الحوادث العظيمة الدلالة على تلك الصلة المنطقية التي تربط نحو الكمال. أما الحوادث التاريخية المترابطة العاقلة، فالغاية منها أن تصل بالإنسان إلى حريته.

ويرى هيغل أن العالم قد مر بأربعة أدوار تاريخية:

١. الدور الشرقي، فيه حر واحد يحكمه المُستبد.

٢. الدور اليوناني، فيه عدد من المستبدين.

٣. الدور الروماني، وهو نظام سائد يعيشون في ظله.

٤. الدور الجرماني، فكان فيه الرجل الذي يملك الحرية ويخط وحده تاريخ العالم.

والدين في التاريخ هو المنهج العام للتقدم، ولابد أن يعتمد الدين في أطواره الأولى على العاطفة، ولكن إذا ظل الفرد يعتمد على العاطفة فإنه لا يتقدم ولا يتم تمامه. ولذلك يجب أن يكون عند الإنسان استشراف لحقيقة الـلـه، أي أن يكون في الوجود كائن عاقل (مفكر يتأمل في موضوع) وكائن معقول (موضوع يتأمل فيه المفكر)، وأدرك هيغل أنه جعل الدين ثَنوية بينما يجب أن يكون الدين توحيداً، فجنح حينئذ إلى التصوف وقال: "لولا إيماننا لما كان الـلـه هو الـلـه" ثم استشهد بقول المتصوف الألماني مايستر اكرت (اغتيل سنة ١٣٢٧م): "لولا الـلـه لما كنت ولولاي لما كان الـلـه". ثم أن هيغل عبر عن هذا المعنى تعبيراً (ما ورائياً) حين قال: "إن حياتنا في

---

(١) د. عمر فروخ، تعليل التاريخ، ص٢٠.

الـلـه هي حياة الـلـه فينا". ولا ريب في أن هذا من أثر التصوف في الإسلام، وهو القول بالوصول والاتحاد (وبالحلول أحياناً)، كما نرى عند أبي يزيد البسطامي والسهروردي وعند عمر بن الفارض وغيرهم. إن هيغل في فلسفة التاريخ خيالي بعيد عن الواقع، وهو يتخيل أن التاريخ يجري وفق العقل والمنطق، ثم هو لم يقم وزناً لأثر العاطفة الإنسانية في سير التاريخ إلا بالقدر الذي يحتاج إليه العقل حتى يستخدم الإنسان في (تمثيل) أحداث التاريخ على مسرح هذا العالم، لقد جعل التاريخ من حيز الفلسفة الماورائية وأخضعه للحتمية المنطقية ثم غفل عن الأثر الاجتماعي الإنساني في أحداث التاريخ، أسقطه من فلسفته عمداً"[1].

استمر اعتبار الوحي كمرجع أخير للمعرفة على خلاف في تحديد تعاليمه حتى كان النصف الثاني من القرن الثامن عشر وهو عصر (التنوير) في تاريخ الفلسفة الأوربية... وعصر التنوير له طابعه الخاص الذي يتميز به عن العصر السابق عليه، وكذا عن الآخر اللاحق له، وله طابعه المشترك في الفكر الألماني والإنجليزي والفرنسي في الفترة الزمنية التي تحدده، وله فلاسفة في دوائر الفكر الثلاث كونوا الطابع الفكري الذي عرف به.

١. فمن فلاسفته في ألمانيا: (ولف) Chirstian Wolf و(لسنج) Lesing.

٢. وفي إنجلترا: (لوك) Juhn Luke.

٣. وفي فرنسا: (فولتير) Voltaire و(بيلي) Piette Bayle و(لامتري) Lamettrie.

وطابعه الفكري الذي تميز به هو:

---

(١) د. عمر فروخ، تعليل التاريخ، ص٢٢-٢٣.

١. نمو شعور العقل وإحساسه بنفسه، وبقدرته على أن يأخذ مصير مستقبل الإنسانية في يده، بعد أن يزيل كل عبودية ورثها من قبل -وهي عبودية الكنيسة وتعاليمها- حتى لا تحجبه عن التخطيط الواضح لهذا المصير.

٢. الشجاعة والجرأة التي لا تتأرجح في إخضاع كل حدث تاريخي لامتحان العقل وكذلك في تكوين الدولة والجماعة والاقتصاد والقانون والدين والتربية تكويناً جديداً على الأسس السليمة المصفاة التي لكل واحد منها[١].

٣. الإيمان بتعاون جميع المصالح والمنافع، وبالأخوة في الإنسانية على أساس من هذه الثقافة العقلية وحدها، المستمرة في التزايد والنمو.

ومعنى ذلك كله وجوب سيادة (العقل) -كمصدر للمعرفة- على غيره الذي ينازعه (السيادة) في ذلك الوقت وهو (الدين) أي المسيحية (الكاثوليكية) أولاً. وقد تكون معها (البروتستانتية) كمذهب عرف للإصلاح الديني هناك، فللعقل في نظر أصحاب التنوير الحق في الإشراف على كل اتجاهات الحياة، وما فيها من سياسة وقانون ودين. و(الإنسانية) هي هدف الحياة للجميع، وليس الـلـه أو المجتمع الخاص أو الدولة الخاصة. وكما يسمى هذا العصر بـ (عصر التنوير) يسمى أيضاً بـ (العصر الإنساني).. وكذا يسمى بعصر الـ (Deisin) -أي عصر الإيمان الفلسفي بإله ليس له وحي وليس بخالق للعالم إذ كل مسميات هذه الأسماء تعتبر من خواصه-. فالتنوير لا يقصد به إلا إبعاد الدين عن مجال التوجيه، وإحلال العقل محله فيه. ويناقش جورج اسباين[٢] مارسيليو صاحب كتاب (المدافع عن السلام) الذي ألفه لغرض هدم نظام السيطرة البابوية التي يتمثل كأصدق ما يكون التمثيل في تصرفات البابا (أنوسنت الثالث)، وفي النظرية التي يقوم عليها القانون الكنسي. وكان هدف مارسيليو هو التوصل إلى تحديد دقيق فعال لما تدعيه السلطة

(١) د. محمد البهي، الفكر الإسلامي الحديث، ص٢٨٢.
(٢) جورج أسباين، تطور الفكر السياسي، ٢/٤٠٥-٤٠٦.

الروحية من حق في السيطرة، بطريقة مباشرة أو بطريقة غير مباشرة على أعمال الحكومات الزمنية. أي أنه ذهب إلى وضع الكنيسة تحت سلطة الدولة، فهو والحالة هذه يمكن أن يوصف بأنه أول أرسطوسي (Erastian) عرفه التاريخ. أما الأساس الفلسفي لنظرية مارسيليو فمأخوذ من أرسطو.. ومن المبدأ الأرسطوطالي الذي يتحدث عن المجتمع ذي الكفاية الذاتية القادرة على سد حاجاته المادية والأخلاقية معاً. ولكن الاستنتاج الذي انتهى إليه مارسيليو يختلف اختلافاً أساسياً عما انتهى إليه غيره ممن اعتنقوا مذهب أرسطو في القرون الوسطى ويحتمل أن يكون مرجع هذا الاختلاف إلى تأثير الترجمة اللاتينية لكتابات ابن رشد، الذي كان أهم خصائص مذهبه كما نقلته الترجمة اللاتينية هو استنادها المطلق إلى الطبيعة والعقل -(والكلام لسباين)- خلافاً لما رآه القديس توماس، أنه يجوز أن تأتي النتائج المنطقية للبحث الفلسفي مناقضة للعقيدة المسيحية. فكانت بذلك عبارة عن مذهب يضم عنصرين (أحدهما ديني والآخر فلسفي). وبهذه النزعة نرى أنه لا تناقض في كتاب (المدافع عن السلام) عندما فصل بين العقل وبين الوحي الإلهي، الذي نعتقد فيه عن طريق الإيمان المحض بدون العقل[(١)]. يقول الدكتور محسن عبد الحميد: "إن عقيدة التوحيد الخالص بشقيها الرِّبوي والألوهي قامت بعملية تحويل كبرى في حياة الإنسان، حيث حررت عقله، وطهرت قلبه ونفسه، وأنقذته من الخوف، ونقلته من جور الأديان إلى عدل الإسلام. ومن عبودية العباد إلى عبادة رب العباد، وهي أخرجت الإنسان من التيه وقضت على تعدد مصادر عبادته.. الذي أهدر إنسانيته"[(٢)].

---

(١) سباين، م. ن، ٢/٤٠٦-٤٠٧.

(٢) د. محسن عبد الحميد، منهج التغيير الاجتماعي في الإسلام، ص٤٤.

إن العقول الإنسانية لها دور كبير في تنظيم الحياة واكتشاف أسرارها شريطة الاستناد على أسس واضحة، وهذه الأسس لا يمكن أن تكون من عمل العقل، إذ العقل في كثير من الأحيان يهدم نفسه، فإذا كانت هذه طبيعته، فكيف نعتمد عليه في وضع الحقائق الثابتة، كي ننطلق منها إلى رسم صورة الحياة ومظاهرها السلوكية، ولو راجعنا العقول الكبيرة في مجالات الفكر الإنساني من أقدم عصور الحضارة إلى اليوم لرأيناها مضطربة في مبادئها وأساليبها وأهدافها اضطراباً شديداً، ومن هنا شاءت حكمة اللـه أن لا يترك الإنسان الذي حمل الأمانة من غير توجيه، بل هداه ووضع الحقائق التي يحتاج إليها في أداء دوره في الحياة العامة. إذن الوحي هو الأساس الذي يهدي، والعقل يفكر في ظله فينتج وإنتاجه هذا لا يمكن أن يكون هداماً، لأنه يرتبط بالحقائق الأزلية الإلهية الخارجة عن ذاته، ويستنير بها في ظلمات الحيرة والقلق والاضطراب[1].

(١) عبد القادر عودة، التشريع الجنائي الإسلامي، ط٣، القاهرة ١٩٦٣، ١/١٧-٣٤.

ثانياً: الإنسانية Humanism (E) Humanisme (F)[١]

إذا كان (العقل) ركيزة مهمة وإحدى المقومات الأساسية للفكر الغربي فإن (الإنسان) يعد المقوم الأهم في هذا الفكر، الذي بالغ وغالى في دور الإنسان الأبيض إلى حد الغرور والاستكبار وتجاوز الحدود إلى درجة التأليه والاستعلاء عن عبادة الله واتخاذ آلهة أخرى أنداداً لله، وهذا الداء ذاته المتكرر في الأمم المنحرفة عن المنهج الرباني، ويظن بعض المبهورين بوضع الغرب المسيطر أن هذا الأمر لا يجوز في حق الفكر الغربي والحضارة الغربية، الذين سخروا طاقة الذرة ووصلوا عن طريق العقول الإلكترونية إلى العجائب في الصناعة والذين يملكون من أدوات التدمير ما يكفي لتدمير وجه الأرض كذا مرة. هذا جانب يمثله نظرة الجاهل إلى الأمور بدقة وروية. أما في الجانب الآخر المتمثل بالنظرة الفاحصة والدقيقة، ولنأخذ شهادة من الغرب نفسه قبل الأخذ بنظر الآخرين، فقد شهد شاهد من أهلها: فهذا الفيلسوف البريطاني (براتراندرسل) يقول[٢]: "لقد انتهى العصر الذي يسود فيه الرجل الأبيض وبقاء تلك السيادة إلى الأبد ليس قانوناً من قوانين الطبيعة... ثم يعلل الأمر بأن الرجل الأبيض لم يعد لديه ما يعطيه".

أما العالم الفرنسي (أليكس كاريل) فيتحدث عن مظاهر الانهيار في الحضارة الغربية، ثم يعللها بأن تلك الحضارة أنشئت دون أية معرفة بطبيعة (الإنسان) الذي

---

(١) الجوهري، الصحاح في اللغة والعلوم، جاء فيه الإنسية مذهب أطلق على الحركة الفكرية التي يمثلها المفكرون في عصر النهضة ممن اشتهروا (بالإنسانيين) مثل بترارك وبوجيو ولورنت وبديه وهي حركة تسعى إلى إعلاء الفكر الإنساني ومقاومة روح التقليد والسلطة والجمود، وسبيل أنصارها هو تحطيم قيود العصر الوسيط والأسكولائية، ص٤١.
(٢) محمد قطب، رؤية إسلامية، ص٢١٢.

أنشئت من أجله(١).

ويتحدث (جون فوستر دالاس) وزير الخارجية الأمريكية الأسبق في كتابه (حرب أم سلام) عن إفلاس الحضارة الغربية "فيرده إلى نقص الإيمان والحيرة القائمة في عقول الناس، والتآكل الموجود في أرواحهم"(٢). وثلاثتهم يؤكدون انهيار الحضارة القائمة اليوم، وإن اختلفت الأسباب التي يعزون إليها الانهيار. كما أن جماهير الناس في الغرب قد أخذت تشعر بلذع الضياع والحيرة وتبحث في لهفة عن البديل. إن الفساد الأكبر في الفكر الغربي والمنهج الغربي هو إعطاء الإنسان أكثر من قدره والاستكبار عن عبادة الله، واتخاذ آلهة غير الله -تعالى الله عما يشركون-. لقد مر الفكر الأوربي بمجموعة من الاختلالات -أو الشطحات- جعلته يعجز عن التوفيق بين مجموعة من (الموافقات) الكامنة في الفطرة، وينظر إليها على أنها (متناقضات) لا يمكن الجمع بينها، إنما يأخذ الإنسان مكانه منها على أحد الطرفين المتناقضين، ويترتب على الطرف الذي يختاره من بين (النقطتين) موقفه من قضايا الوجود كلها، بدءاً من موقفه من قضية الألوهية إلى قضية الخلق إلى قضية الأخلاق، إلى قضية التشريع إلى قضية العلم إلى قضية السياسة، إلى قضية الاقتصاد... الخ.

إن الفكر الغربي تشوبه العديد من الاختلالات ويمكن بيان أهمها:

١. عجز الفكر الغربي عن التوفيق بين فاعلية قدر الله وفاعلية الإنسان، ففي الفترة المنسية آمن الناس -بتأثير التوجيه الكنسي- بفاعلية قدر الله ذاته بفاعلية الإنسان، ولم يكن إيمانهم بهذه الحقيقة من عند أنفسهم، بل بوحي من توجيهات دينهم، ولا تناقض بين الأمرين ﴿ الَّذِينَ آمَنُوا وَتَطْمَئِنُّ قُلُوبُهُمْ بِذِكْرِ

---

(١) ألكيس كاريل، الإنسان ذلك المجهول، تعريب شفيق أسعد مزيد، مكتبة المعارف، ط٣، بيروت ١٩٨٠، ص٣٧.
(٢) سيد قطب، المستقبل لهذا الدين، ودالاس هذا كان وزيراً للخارجية زمن الرئيس جونسون.

الـلـه ألا بِذِكْرِ الـلـه تَطْمَئِنُّ الْقُلُوبُ)[١]، ومن هذا التوازن الجميل في الاعتقاد، تحقق توازن جميل في واقع الأرض، فخرجت حضارة تعمل بأقصى طاقتها وفاعليتها في تعمير الأرض، وهي مؤمنة بالله.

ولكن الفكر الغربي عجز عن الاهتداء إلى هذا التوافق الجميل المتوازن، سواء في عهده الكنسي أو في عهد التمرد على الكنيسة، فلما احتك الأوربيون بالمسلمين في الحروب الصليبية، وفي مجال العلم والحضارة في الأندلس وغيرها، انبعث فيهم الرغبة الجياشة في الحياة، وفي تعمير الأرض، وفي ممارسة النشاط الذي حرمته الرهبانية من قبل.. فوجدوا دينهم عائقاً عن ذلك كله، فانقلبوا عليه انقلابة كاملة من أقصى اليمين إلى أقصى اليسار. من الإيمان بفاعلية قدر الـلـه على حساب فاعلية الإنسان، إلى الإيمان بفاعلية الإنسان على حساب فاعلية قدر الـلـه! خلل واضح في كلتا الحالتين. والحركة (الإنسية) التي تولدت عنها (العلوم الإنسانية) في أوربا هي الواقع العملي لهذا الانقلاب في الفكر الأوربي.. الذي ظل يتزايد -ولا يتراجع- إلى اللحظة. هي إيمان بفاعلية (الإنسان) ونبذ للإيمان بقدر الـلـه! نشأت عنه حضارة واسعة الأطراف ولكنها كافرة جاحدة بالله. هكذا انتقلت أوربا من دين بلا حضارة إلى حضارة بلا دين. وكان جوهر الخلل الذي وقعت فيه هو اتخاذ الإنسان نداً لله، واتخاذه هواه إلهاً من دون الـلـه (وَجَعَلُوا لِلَّهِ أَندَادًا لِيُضِلُّوا عَنْ سَبِيلِهِ)[٢].

٢. العجز عن التوفيق بين الدنيا والآخرة، وبين المادي والروحي في كيان الإنسان.

ففي الفترة الكنسية آمنت أوربا بالآخرة على حساب الدنيا، ونشأت على ذلك

---

(١) سورة الرعد: الآية ٢٨.

(٢) سورة إبراهيم: من الآية ٣٠.

الرهبانية وإهمال الحياة الدنيا.. كما آمنت بالجانب الروحاني من الإنسان على حساب الجانب المادي. ولاشك أن تعاليم المسيح عليه السلام كانت تمثل دفعة روحانية هائلة وأنها كانت تركز الاهتمام على الآخرة.

ولئن كان هذا أمراً منطقياً مع كل رسالة سماوية، فقد كان أوجب وألزم في رسالة المسيح عليه السلام إلى اليهود، ذلك لأنهم من بين كل الأمم التي أرسل إليها رسل من عند الله، كانوا أشدها مادية وقساوة قلب وانغماساً في حب الدنيا، وإهمال الآخرة، فقد عبدوا العجل الذهب -ولم تزايلهم عبادة الذهب إلى هذه اللحظة- وأساؤوا الأدب في حق الله تعالى فقالوا: (إِنَّ اللَّهَ فَقِيرٌ وَنَحْنُ أَغْنِيَاءُ)[١]. وحرفوا التوراة وسِيَر الأنبياء ليبيحوا لأنفسهم كل رذيلة وقالوا: (لَنْ تَمَسَّنَا النَّارُ إِلَّا أَيَّامًا مَعْدُودَةً)[٢]. فلزم لهم -في علم الله- جرعة روحية هائلة، توازن ماديتهم التي عرفوا فيها وتوجيه مركز إلى الآخرة ليوازن اشتغالهم الشديد بالحياة الدنيا[٣].

لكن النصارى -لأمر ما- (تجاوزوا المقدار) فلم يستخدموا العلاج في مكانه، وبالقدر الذي ينشئ السلامة والتوازن، وإنما جنحوا إلى الروحانية وإلى العالم الآخر جنوحاً أدى بهم إلى الرهبانية، وأهملت مطالب الجسد وكبتها، وإهمال الدنيا وعمارة الأرض. ونشأ عن ذلك الاختلال في حياتهم تمثل في فضائح الأديرة وما حدث فيها من المفاسد وتمثل في التخلف العلمي والمادي والحضاري (وَرَهْبَانِيَّةً ابْتَدَعُوهَا مَا كَتَبْنَاهَا عَلَيْهِمْ)[٤].

وحين احتك الأوربيون بالمسلمين وأخذوا عنهم منهجهم في الحياة والعمل

---

(١) سورة آل عمران: من الآية ١٨١.
(٢) سورة آل عمران: من الآية ٢٤.
(٣) محمد قطب، رؤية إسلامية، ص٢١٦-٢١٧ بتصرف.
(٤) سورة الحديد: من الآية ٢٧.

ونظام أخلاقهم وعبادتهم لله تعالى، تطرفوا في انقلابهم على واقعهم فكانت انقلابة من أقصى اليمين إلى أقصى الشمال! من إهمال الدنيا إلى الفتنة بها ومن إهمال الجسد وكبت رغائبه إلى الإغراق في متاعه الحسي وإهمال عالم الروح، وفي الحالين كان هناك خلل يفسد الحياة.

لقد تلقى المسلمون في القرآن توجيهات مماثلة لما تلقاه بنو إسرائيل على لسان عيسى عليه السلام ، ولكنهم قط لم يجنحوا إلى الرهبانية لأنهم نهوا عنها، وهدوا إلى الوسطية المتوازنة التي لا تجنح هنا ولا تجنح هناك.

٣. عجز الفكر الغربي عن التوفيق بين عالم الغيب وعالم الشهادة.. ففي الفترة الكنسية آمن بعالم الغيب، وأهمل البحث في عالم الشهادة، واكتفى بما قدمته له الكنيسة من تفسير كل شيء في عالم الشهادة، بأنه تم بمشيئة الله وقدره. وهو قول حق في ذاته، ولكنه لا يشرح للناس السنن التي يجري بها الله ما يحدث في عالم الشهادة، ولا يقول لهم: أنها سنن ثابتة، ثبتها الله بمشيئته الطليقة، بحيث يستطيع الناس أن يتعرفوا عليها، ويستثمروها ويرتبوا حياتهم عليها. فلما اكتشف نيوتن قانون السببية حدث انقلاب كامل في الفكر الأوربي، من النقيض إلى النقيض.. وكان الأجدر بأوربا أن تسميه (السنن الكونية) بدلاً من (قانون السببية) ومن اكتشاف السنن الكونية ومن المنهج التجريبي الذي تعلمته أوربا من المسلمين، نشأت في أوربا حركة علمية ضخمة، ولمكنها نشأت كافرة جاحدة[1].

٤. عجز الفكر الغربي عن إيجاد التوازن بين الثابت والمتغير. ففي الفترة الكنسية

(١) محمد قطب، رؤية إسلامية، ص٢٢١.

آمنت أوربا بالثبات في كل شيء: الـلـه والكون، والحياة والإنسان[1]. فالله سبحانه وتعالى أزلي لا يتغير، والكون منذ خلقه الـلـه على حاله الذي خلق عليه. والكائنات الحية منذ خلقت لم يطرأ عليها تغيير. وكذلك أوضاع الناس في الأرض حكاماً ومحكومين ثابتة لا تتغير، الإقطاعيون وأصحاب الأطيان في ترفهم وعامة الشعب في فقره وعوزه وعبوديته وشقوته، يتعاقب الزمان ويذهب الناس ويجيئون والأوضاع ثابتة لا تتغير، لأنها جزء من قدر الـلـه الثابت! فلما ظهرت الدارونية كانت مفاجأة حادة لفكرة الثبات التي آمن بها الناس وتوارثوها جيلاً بعد جيل. وأنكر الناس نظرية دارون وقاوموها مقاومة شديدة لأنها اصطدمت بإنسانيتهم وتعرضت لكرامتهم التي يعتزون بها، وكتبت عليهم أنهم حيوانات وأجدادهم قردة، فوقعت عليهم بثقلها، وبدأت الدعاية والترويج لها لتخفيف الصدمة واستدراج الناس لقبول منطوقها والتسليم بمضمونها، والإيمان بأنهم قردة.

لقد قام اليهود بهذا الدور الخطير وجندوا لها كل وسائل الإعلام المتاحة آنذاك حتى جعلوا الناس يؤمنون بها كأنها حقائق علمية نهائية لا مجرد (فرضية) ولا حتى (نظرية علمية) كما قدمها صاحبها نفسه (ريتشارد دارون). فانقلب الفكر الأوربي انقلابة كاملة من أقصى اليمين إلى أقصى اليسار، كما حدث في كل مرة! فبعد أن كان الثابت هو الصورة الدائمة للأشياء، أصبح (التطور) هو الصورة الدائمة للأشياء، ولم يعد هناك شيء ثابت على الإطلاق لا الكون ولا الحياة ولا الإنسان ولا الدين ولا الأخلاق. فالإنسان تطور من كائن شبيه بالقردة تمشي على أربع إلى قرد إنساني مستقيم القامة، إلى إنسان متوحش، إلى إنسان مستأنس. والدين تطور من عبادة الأب إلى عبادة الطوطم، إلى عبادة قوى الطبيعة، إلى عبادة الأفلاك، إلى عبادة الأصنام، إلى عبادة الـلـه الواحد.. إلى.. الإلحاد.

هكذا تقول الداورنية لا شيء ثابت على الإطلاق، فوقع الفكر الغربي في

---

(١) محمد قطب، م. ن، ص٢٢١.

محنة الاختلالات وأخطرها اختلالات العقيدة والتوحيد، نشأ عنها فساد في الفترة الكنسية أدى إلى الجهل والظلام والجمود والتخلف، ثم نشأت عنها فيما بعد ردود فعل لا تقل فساداً أو ربما كانت أشد، أدت إلى الاستكبار عن عبادة اللـه واتخاذ آلهة أخرى أنداداً لله. ذلك هو المنهج الفاسد الذي أفسد حياة الغرب على الرغم من كل التفوق العلمي والتكنولوجي والحربي والسياسي والاقتصادي، الذي أحرزه الغرب أثناء كفره بحسب سنة من سنن اللـه ﴿فَلَمَّا نَسُوا مَا ذُكِّرُوا بِهِ فَتَحْنَا عَلَيْهِمْ أَبْوَابَ كُلِّ شَيْءٍ﴾[١] إنه الاستدراج الرباني، فهل يرجعون ويشكرون، وبدلاً من هذا وذاك اتسعت رقعة الفساد فأصبح مؤذناً بالانهيار، حسب شهادتهم هم على أنفسهم، ومهما يكن بط ء الانهيار فهو واقع لا محالة لأن سنن اللـه لا تخطئ ﴿وَكَأَيِّنْ مِنْ قَرْيَةٍ أَمْلَيْتُ لَهَا وَهِيَ ظَالِمَةٌ ثُمَّ أَخَذْتُهَا وَإِلَيَّ الْمَصِيرُ﴾[٢] وقوله تعالى: ﴿ ... حَتَّى إِذَا فَرِحُوا بِمَا أُوتُوا أَخَذْنَاهُمْ بَغْتَةً فَإِذَا هُمْ مُبْلِسُونَ (44) فَقُطِعَ دَابِرُ الْقَوْمِ الَّذِينَ ظَلَمُوا وَالْحَمْدُ لِلَّهِ رَبِّ الْعَالَمِينَ﴾[٣].

وليس الذي سينهار دولة بعينها أو شعباً بعينه، حتى تأخذ مكانها دولة أخرى أو شعب آخر، إنما الذي في طريقه للانهيار هو (المنهج).. منهج الاستكبار عن عبادة اللـه، واتخاذ آلهة أخرى أنداداً لله. فهل يستحق (الإنسان) كل هذا التقديس؟ وهل يصلح أن يكون نداً لله؟ -تعالى اللـه عما يصفون علواً كبيرا- الجواب: هو ليس من المعقول أن يكون المخلوق نداً للخالق. وليس من الواقعية أن يفضل الضعيف الميت على القوي الحي الدائم. فأي فكر هذا وبأي معيار يوزن، وأي منهج يعتمد ﴿وَاللَّهُ غَالِبٌ عَلَى أَمْرِهِ وَلَكِنَّ

---

(١) سورة الأنعام: من الآية ٤٤.

(٢) سورة الحج: الآية ٤٨.

(٣) سورة الأنعام: الآيتان ٤٤-٤٥.

أَكْثَرَ النَّاسِ لَا يَعْلَمُونَ)[١].

يقول كاريل: "وهناك أسئلة أخرى لا عدد لها يمكن أن تلقى في موضوعات تعدّ في غاية الأهمية.. فمن الواضح أن جميع ما حققه العلماء من تقدم فيما يتعلق بدراسة الإنسان ما زال غير كاف، وأن معرفتنا بأنفسنا ما زالت بدائية في الغالب"[٢]. ومثل هذا الجهل بحقيقة الإنسان "وحقيقة التبجح الذي تبجحه كل من تصدى من جنس البشر -قديماً وحديثاً- لوضع تفسير شامل للكون والحياة والإنسان ولوضع مناهج للحياة وأنظمة للناس وشرائع لحياتهم"[٣].

يقول أبو الحسن الندوي بهذا الشأن: "وكذلك الذين خاضوا في الإلهيات من غير بصيرة، وعلى غير هدى، جاؤوا في هذا العلم بآراء فجة ومعلومات ناقصة وخواطر سانحة ونظريات مستعجلة.. فضلوا وأضلوا"[٤].

---

(١) سورة يوسف: من الآية ٢١.

(٢) د. ألكيس كاريل، الإنسان ذلك المجهول، ترجمة شفيق أسعد فريد، ص١٨.

(٣) سيد قطب، الإسلام ومشكلات الحضارة، ص٢٢.

(٤) أبو الحسن الندوي، ماذا خسر العالم بانحطاط المسلمين، ص٦٨.

ثالثاً: الوضعية[1]

يأتي (أوجست كونت) ليخوض بفلسفته الوضعية ليقول أن المعرفة "للحياة الإنسانية) لا تكمن باللاهوت (التفكير الديني) بل بملاحظة البيئة الاجتماعية وبالاختبار. وأن للمجتمع أطواراً تتعاقب على منهج مخصوص، وأن كل طور من أطوار المجتمع ينشأ من الطور الذي سبقه ضرورة، ثم يكون هو بدوره تمهيداً للطور الذي سيأتي بعده بالضرورة أيضاً والمجتمع يجب أن يمر بثلاثة أطوار أساسية هي:

١. الطور اللاهوتي (دور الخرافة والخيال) وهو مؤقت.

٢. الطور الماورائي (أي المجرد أو دور التجريد الفكري) وهو طور التحرر من قبضة الخرافات وتعزيز مظاهر الطبيعة.

٣. الطور العلمي (الطور النهائي) ودور الاستقرار وفي هذا يتخلى العقل عن الأوهام ويتسامى فوق عالم الطبيعة، ويقصر نظره على العلوم التجريبية ونتائجها.

ولقد انتقدت وجهة النظر (الوضعية) لـ (أوجست كونت) -الذي كان ملحداً وهو ابن أربعة عشر عاماً- وأخذوا عليه:

١. لم يكن كونت واسع العلم بالتاريخ ولذلك لم يستطع أن يعالج تعليل التاريخ معالجة شاملة.

٢. اعتمد الجانب النظري كثيراً بينما كان هو يقصد أن يضع قوانين للطبيعة.

---

(١) الجوهري، الصحاح، ص١٢٩٧، في معنى (الوضعية Positivism) والوضعية مذهب (أوجست كونت) الذي ينكر الميتافيزيقا ويقيم المعرفة على الواقع والتجربة.

٣. أن الأطوار الثلاثة التي جزم بأنها تتعاقب قد كانت دائماً موجودة معاً، فالدور اللاهوتي (الفطري الأول) لا يزال موجوداً إلى اليوم. وأن الدور الثالث والأخير والعلمي عنده كان معروفاً منذ أيام اليونان[١].

ورغم كل النقد والتحفظ فإن كونت يدعو إلى تجنب أخطاء المرحلة الثانية ويركز اهتمامه على فكرتي (الواقع والنافع) لا غير وهذا هو أساس (الوضعية).

أما (الواقع) فشرط ضروري لقيام علماء الاجتماع مقام رجال الدين معتمدين على الوقائع وحدها وعلى العقل وحده... وبذلك يكتمل المذهب الوضعي الذي يقوم على الانتقال من الواقع إلى النافع، وبذلك يصل كونت إلى هدفه وهو إلغاء العقائد الدينية الغيبية وما يتصل بها من أخلاق ونظم اجتماعية واعتبارها أفكاراً وأوهاماً غير واقعية ولا نافعة وإنما تعبر عن الصورة غير المكتملة للإنسانية في مرحلة دنيا من مراحل تطورها[٢].

وينطلق كونت في كل هذا من فلسفته الوضعية من زعمه أنه اكتشف القانون الأساسي للتقدم البشري وهو قانون تتابع المراحل الثلاث وهي باختصار، مرحلة الخرافة، ومرحلة التدين، ومرحلة العلم (الوضعية)[٣].

هذه هي أسس الوضعية التي أراد كونت أن يتحدى بها تعاليم الدين في العقيدة والسلوك، وقد ركبه الغرور حتى صار يرى نفسه قادراً على وضع منهج للحياة بديل عن المسيحية، وهي حماقة نتج عنها علم الاجتماع اللاديني الذي ما يزال بعض المفكرين يتردد في تسميته علماً[٤].

---

(١) د. عمر فروخ، تعليل التاريخ، ص٢٤-٢٥.
(٢) سفر الحوالي، العلمانية، ص٣٧٩.
(٣) اميل برترو، العلم والدين في الفلسفة المعاصرة، ترجمة أحمد فؤاد الأهواني، القاهرة ١٩٧٣، ص٤٢.
(٤) ستيوارت تشيس، الإنسان والعلاقات البشرية، ترجمة أحمد حمودة، القاهرة ١٩٥٥، ص١١-١٩.

ويمكن القول بأن آراء (كونت) وفلسفته لم تكن لتشتهر لولا تلميذه اليهودي (دوركايم) الذي طور المذهب ووضع له قواعد محددة واهتم بالمشاكل العملية مضيفاً إلى ذلك حقداً أعمى وعداوة للدين مريرة، ويقول نحن (عقليون) لا ماديون ولا روحيون... وليس مذهبنا الذي خلع عليه البعض اسم المذهب الوضعي سوى إحدى نتائج المذهب العقلي... ويمكن اختصار مذهب دوركايم بما يأتي:

١. عقل جمعي عشوائي خارج عن شعور الأفراد.

٢. هذا العقل يصدر أوامره على شكل "ظاهرة اجتماعية" تتقلب وتتغير بطريقة غير منطقية.

٣. هذه الظاهرة تقهر الأفراد وتخضعهم لسطوتها شعروا أم لم يشعروا.

إن بيت القصيد في مذهب دوركايم هو تطبيق هذه الأسس الوهمية على الدين وما يتصل به من عقائد وأخلاق ويتلخص هذا التطبيق في ثلاث قضايا:

١. أن الدين ليس إلهياً لأن فكرة الألوهية -في نظره- ليست إلا تعبيراً عن البيئة الاجتماعية في مرحلة من مراحل تطورها ويكون الإله فيها رمزاً.

٢. أن الدين ظاهرة اجتماعية يفرضها العقل الجمعي بقدرته القاهرة على الأفراد.

٣. ثم يصل دوركايم إلى نتيجة خطرة وهي أن الدين ليس فطرياً ومثله الأخلاق والأسرة، وذلك رأي اقتبسه علماء الاجتماع القائلون له، وعمموه في أبحاثهم دون أن يدرك هؤلاء أو بعضهم الدافع التلمودي الهدام لدى دوركايم...

هذا هو دوركايم وتلك هي دعاواه التلمودية مغلفة بغلاف العلم والبحث، ومع الأسف فمذهبه أكبر المذاهب الاجتماعية الغربية ورغم (كلاسيكيته) لا يزال

له أثر عظيم في الدراسات المعاصرة[١].

إن دوركايم وغيره من الوضعيين تسعى مذاهبهم التفسيرية ومعطياتهم الفكرية إلى تصور عالم لا صراع فيه (الهيغلية في مرحلة تجلّي المتوحد، والماركسية في مرحلة حكم البروليتاريا وتحكم العقل عند دوركايم والتحول من الواقع إلى النافع لدى أوجست كونت) فتتجاوز واقعيتها وعلميتها وتغفل عن (الأساس) الدائم في تاريخ البشرية والمولد الأبدي لحركته الحضارية، وتتناقض أساسياً مع مذهبها -هي نفسها- التي بدأت بالحركة وآلت إلى سكون غير واقع ولا ممكن.

بينما يحدث هذا، إذا بالقرآن ينطلق من (موقف) واقعي -إذا صح التعبير- لأنه يتحدث عن تجارب واقعة وينبثق عن رؤية تجمع الماضي إلى الحاضر إلى المستقبل... فيؤكد مسألة (الصراع) من جهة، ويقر من جهة أخرى التمايز الأبدي للشعوب والأقوام والجماعات، ويصعد من جهة ثالثة أساليب الصراع حتى ليصل بها إلى مرحلة التعامل الإنساني الكامل القائم على التعارف والتعاون، دون أن يتجاوز بهذا واقعيته أبداً. وفي عشرات المواقع يبين لنا القرآن الكريم دور الجماعة (المؤمنة) في ميدان الصراع الواسع الدائم.. ويحدثنا كذلك عن الوحدة التي تربط المؤمنين على مدار التاريخ، ماداموا استجابوا لنداء الله وآمنوا بوحدانيته المطلقة التي يتمخض عنها بالضرورة التلقي عنه وحده والتوجيه إليه وحده لقوله تعالى: ﴿إِنَّ هَذِهِ أُمَّتُكُمْ أُمَّةً وَاحِدَةً وَأَنَا رَبُّكُمْ فَاعْبُدُونِ﴾[٢]. هذه الجماعة أو الأمة التي بلغت أقصى درجات نضجها وفاعليتها وامتدادها على يد الرسول صلى الله عليه وسلم حيث أعلن القرآن الكريم عن توقف الوحي نهائياً، وعن إلقاء المسؤولية كاملة على الأمة الإسلامية وهي تعمل وتكافح لتحريك العالم صوب الأهداف التي رسمها القرآن، كتاب الله الأخير، المحفوظ.

---

(١) ر. م ماكيفر وزميله، المجتمع، ترجمة علي أحمد عيسى، القاهرة ١٩٦١، ص١٦-١٧.

(٢) سورة الأنبياء: الآية ٩٢.

ان الإسلام يحدثنا من خلال كتاب الـلـه وسنة رسوله، أن صراع المسلم في العالم (فرداً وجماعة) يتخذ اتجاهين أحدهما: هو الجهاد الأكبر، وهو يهدف إلى مواجهة الإنسان لذاته وتغييرها تغييراً حركياً مستمراً من أجل أن يسقط عنها كل النزعات والشهوات والممارسات السلبية التي من شأنها أن تصدها عن التوحد الكامل والاندماج الشامل في مسيرة الفكرة التي تتطلب -عبر ديمومتها الحركية- من المنتمين إليها شروطاً نفسية وأخلاقية وذهنية لابد من توفرها إذا ما أريد للحركة أن تصل إلى أهدافها بأشد الأساليب نقاء وتركيزاً وتوحداً (وَمَنْ جَاهَدَ فَإِنَّمَا يُجَاهِدُ لِنَفْسِهِ إِنَّ اللَّهَ لَغَنِيٌّ عَنِ الْعَالَمِينَ) [١].

وبدون هذا الصراع الإرادي الداخلي من أجل تغيير الذات، فإنه لا ينتظر أبداً حدوث أي تغيير أساسي على مستوى الصراع الخارجي في العالم لقوله تعالى: (إِنَّ اللَّهَ لَا يُغَيِّرُ مَا بِقَوْمٍ حَتَّى يُغَيِّرُوا مَا بِأَنْفُسِهِمْ)[٢]. وفي آية أخرى تلتقي بالصيغة المعاكسة لقوله تعالى: (ذَلِكَ بِأَنَّ اللَّهَ لَمْ يَكُ مُغَيِّرًا نِعْمَةً أَنْعَمَهَا عَلَى قَوْمٍ حَتَّى يُغَيِّرُوا مَا بِأَنْفُسِهِمْ)[٣]. والقاعدة القرآنية في كلتا الحالتين هي أن أي تغيير نوعي في الخارج لا يتحقق إلا بعد حدوث التغيير الداخلي في الذات الإنسانية سلباً وإيجاباً.. إن هذه القاعدة القرآنية الحاسمة تقترب كثيراً من تحليل مسألة سقوط الحضارة نظراً لارتباطها الوثيق بها.

أما صراع الجماعة الإسلامية على مستوى العالم فيصطلح عليه القرآن والسنة

---

(١) سورة العنكبوت: الآية ٦.

(٢) سورة الرعد: من الآية ١١.

(٣) سورة الأنفال: من الآية ٥٣.

باسم (الجهاد) وهو يتضمن كل أشكال (الصراع) الخارجي على الإطلاق فكرياً، سياسياً، عسكرياً، أخلاقياً، اقتصادياً وحضارياً، وهو -بهذا- يمثل مساحة للحركة أوسع بكثير من تلك التي تحتلها صراعات التفاسير المذهبية، لاسيما المثالية والمادية، كما أنه يتضمن ديمومة زمنية يعبر عنها حديث الرسول صلى الله عليه وسلم "الجهاد ماض إلى يوم القيامة"[١]، في وقت ترى فيه بعض مذاهب التفسير الوضعية أنه سيجيء اليوم الذي يكف فيه الصراع على مستوى العالم، وهو أمر يتناقض مع طبيعة معطياتهم (الحركية) من جهة ومع صميم العلاقات البشرية من جهة أخرى.

إن القرآن الكريم يبين لنا كيف أن هذا الجهاد هو صراع دائم بين معسكرين كبيرين كل منهما ينتمي إلى (فكر) ويلتزم موقفاً ويعمل في سبيل (الَّذِينَ آمَنُوا يُقَاتِلُونَ فِي سَبِيلِ اللَّهِ وَالَّذِينَ كَفَرُوا يُقَاتِلُونَ فِي سَبِيلِ الطَّاغُوتِ)[٢]. ويسمى هؤلاء بأنهم يعملون تحت لواء الشيطان عدو بني آدم ومصدر الصراع الرئيس في العالم، إلا أن كيده يبدو ضعيفاً غير قادر على الصمود إزاء أية جماعة مؤمنة تؤثر الجهاد على الاستسلام والحركة على القعود، لأنها تنتمي إلى الله الذي يملك كل شيء أو يقدر على كل شيء والذي (يُدَافِعُ عَنِ الَّذِينَ آمَنُوا)[٣]. بينما ينتمي أولياء الشيطان إلى قوة هي في الأساس جزء ضئيل محسور من خلق الله (فَقَاتِلُوا أَوْلِيَاءَ الشَّيْطَانِ إِنَّ كَيْدَ الشَّيْطَانِ كَانَ ضَعِيفًا)[٤]، ثم يجيء النصر النهائي،

(١) الخراساني، أبو عثمان سعيد بن منصور (ت٢٢٧)، كتاب السنن، تحقيق حبيب الرحمن الأعظمي، الدار السلفية، ط١، (الهند، ١٩٨٢)، بلفظ "... والجهاد ماض منذ بعثني الله إلى أن يقاتل آخر أمتي الدجال لا يبطله جور جائر ولا عدل عادل..."، ١٧٦/٢، وينظر: الفردوس بمأثور الخطاب، ١٢٢/٢، وفتح الباري، ٥٦/٦.
(٢) سورة النساء: من الآية ٧٦.
(٣) سورة الحج: من الآية ٣٨.
(٤) سورة النساء: من الآية ٧٦.

دوماً لصالح المؤمنين المجاهدين الذين يتحركون أبداً بأمر من اللـه ﴿حَتَّى لَا تَكُونَ فِتْنَةٌ وَيَكُونَ الدِّينُ كُلُّهُ لِلَّهِ﴾[١]، لمصارعة القوى المضادة والتغلب عليها لقوله تعالى ﴿وَإِنَّ جُندَنَا لَهُمُ الْغَالِبُونَ﴾[٢] وسواء تم هذا النصر في مراحل تاريخية محددة أم أنه سيتم في يوم قريب أم بعيد، فإن الجهاد ماض[٣].

إذ مالت هذه الفلسفة على عهد (هيغل) إلى تأييد الوحي والدين من جديد، بعد أن أحاط (كانت) إبان عصر التنوير، في نقده "للعقل النظري) المعرفة الدينية بمجموعة من الشكوك تجعلها ظناً بعيداً عن اليقين. كما جعل جدل (منطق) ما بعد الطبيعة يعلل الظاهر دون أن يهدمه، وادعى ان في كل ظاهرة -في تعليل ما بعد الطبيعة- تكمن علة شخصية للحكم يدعى فيها أنها علة مجردة. إذن الغاية الأولى للمذهب (الوضعي) هي معارضة الكنيسة، وبالتالي معارضة معرفتها. ومن باب التغطية عارض هذا المذهب باسم (العلم) الميتافيزيقا والمثالية العقلية بهذا العنوان. وإلا فإن المذهب الوضعي في الوقت الذي ينكر فيه دين الكنيسة يضع ديناً جديداً بدله هو دين (الإنسانية الكبرى)، وأما الأساس الخاص الذي قامت عليه الوضعية: فهو تقدير الطبيعة وتقييمها وحدها كمصدر للمعرفة، والطبيعة أو الحقيقة، أو الواقع، أو الحس كلها تدل على معنى واحد في نظر الوضعيين... وكل ما يأتي من (ما وراء الطبيعة) خداع للحقيقة!! وبناء على ذلك يكون (الدين) -وهو وحي- خداع. وأن عقل الإنسان في منطق الوضعية هو وليد الطبيعة[٤].

---

(١) سورة البقرة: من الآية ١٩٣.

(٢) سورة الصافات: الآية ١٧٣.

(٣) د. عماد الدين خليل، التفسير الإسلامي للتاريخ، ط٤، الموصل ١٩٨٦م، ص٢٤٧-٢٤٩.

(٤) د. محمد البهي، الفكر الإسلامي الحديث، ص٢٩٨.

لقد عانى الفكر الغربي كثيراً من الاختلالات العديدة في مقوماته والاضطراب الشديد في دعائمه، مما أدى إلى ارتباكه وعدم استقرار الحياة في المجتمع الأوربي وذلك بسبب عدم ارتباط الجانب الروحي بالجانب المادي وعدم امتزاج الدين بالفكر والثقافة وعدم اقتران العمل بالإيمان، إن هذا الفصل للروح عن المادة والاكتفاء بالقيم المادية، منذ مطلع القرن الخامس عشر الميلادي حيث غلبت الحيرة والقلق والاضطراب على الحياة في المجتمع الأوربي ومازالوا يعانون من إفرازات النظم الوضعية ويصارعون بين المذاهب الماركسية ورأسمالية وجماعية وفردية وعنصرية وعرقية وفوضوية ووجودية وعلمانية وغيرها، ليجدوا نموذجاً كاملاً لمجتمع ونظام، فلم يجدوا منذ ذلك القرن شيئاً إلا مزيداً من الاضطراب والتجارب التي لا تنتهي إلى شيء[1]. ذلك لأن عنصراً أساسياً ينقص الفكر الغربي والثقافة الغربية (بجزأيها الرأسمالي والماركسي) ذلك العنصر هو ما عبر عنه كثيرون من الفلاسفة والمفكرين المعتدلين أمثال اشبنجلر وتوينبي، بالروح أو الدين.

وهذه هي أزمة الإنسان المعاصر، وأزمة الفكر الغربي، وأزمة الحضارة بشكل عام، ولاشك أن الحيرة والاضطراب الفكري الذي يمر به الفكر نتيجة لهذا الصراع بين جزأي الفكر والحضارة، ومزيج الروح والمادة. وفكر الغرب يتسم بالمادية نتيجة لامتزاج مفاهيم الكهنوت مع وثنية الإغريق، ووقوف الكنيسة إزاء النهضة دون فهم حقيقي لمدلول الدين، أو طبيعة المسيحية الأصلية التي أرسل بها سيدنا عيسى عليه السلام، ولهذا جاء الفكر الغربي مرتبكاً، ويفتقر لما في الفكر الإسلامي من مقومات كاملة وعريقة ذات تاريخ وحضارة، ولم يقف هذا الفكر أمام أي تطور أو حركة حية لأن أمتنا لها طابعها وكيانها وشخصيتها ومقوماتها، وهي لا تتوقف عن النمو والتطور، وتفتح نوافذها على كل الثقافات لتأخذ منها، ولكنها تأخذ بحكمة وبصيرة ما يزيد شخصيتها قوة لا ما يمحو هذه الشخصية.

---

(١) أنور الجندي، الثقافة العربية، ص٣٢٩ بتصرف.

وبينما ترسم المذاهب الوضعية أهدافاً لحركتها الحضارية، تتميز حيناً بالغموض والمثالية، كما هو الحال عند (هيغل) وتتميز حيناً آخر بالتحديات الصارمة والمادية كما هو الحال عند ماركس وانجلز، وتتميز حيناً ثالثاً بصبغة مسيحية باهتة غير مبررة عقلياً، كما هو الحال عند توينبي.. الأمر الذي قاد الأول وهو يتحدث عن تحلّي المتوحد من خلال (الدولة) إلى أن يعطيها كافة المبررات الفلسفية لممارسة سياستها العدوانية التي قد تقود ولا ريب إلى الدمار الحضاري والظلم البشري، وقد قاد الثاني إلى إعلان دكتاتورية الطبقة العاملة كهدف للحركة التاريخية، وتبرير أي أسلوب تعتمده لتحقيق هدفها ما دامت لا تعدو أن تكون منفذة أمينة لمنطق التبدل في وسائل الإنتاج، الأمر الذي قادها -وهو يقودها- إلى تنفيذ المجازر الجماعية تجاه كافة القوى المعارضة والتي لا تنسجم وبداهات التحضر البشري الحر، وقاد الثالث وهو بصدد حقن الحضارة الغربية المعاصرة بالأمل، إلى عملية ترقيع غير منطقية بين القيم الروحية المسيحية وبين بعض معطيات الديانات العالمية الكبرى فيما أسماه (الديانة الرباعية)... اليهودية والمسيحية والبوذية والإسلام.. الأمر الذي يتناقض أساساً مع طبيعة التجربة (الدينية) القائمة على التلقي عن المصدر الواحد والتوجه المتوحد صوب هذا المصدر دون سواه، وفق عقيدة تتميز بالوحدة والترابط[1].

لقد انتهى عصر التنوير بانتهاء القرن الثامن عشر تقريباً، وابتدأ عصر آخر من عصور الفكر الأوربي بظهور فجر القرن التاسع عشر. وموضوع الصراع العقلي عند الأوربيين واحد لم يختلف عن ذي قبل - هو الدين والعقل، والطبيعة. ولكن تميز القرن التاسع عشر بفلسفة معينة، لأن اتجاه التفكير فيه مال إلى سيادة (الطبيعة)

---

(١) د. عماد الدين خليل، التفسير الإسلامي للتاريخ، ص١٨٠.

على الدين والعقل معاً، وإلى استقلال (الواقع) كمصدر للمعرفة اليقينية مقابل الدين والعقل...

وتميز القرن التاسع عشر بأنه عصر (الوضعية). و(الوضعية) نظرية فلسفية نشأت في دائرة

(المعرفة) وقامت في جو معين، وعلى أساس خاص، أما جوهرها المعين: فهو أولاً وبالذات سيطرة

الرغبة على بعض العلماء والفلاسفة في معارضة الكنيسة، والكنيسة تملك نوعاً خاصاً من المعرفة،

وكانت تستغله في خصومة المعارضين فترة من الزمن، وهذا النوع الخاص من المعرفة الكنسية هو

(المعرفة المسيحية الكاثوليكية) بوجه خاص، أو هو المعرفة الدينية، أو المعرفة (الميتافيزقية) بوجه

عام، يضاف إلى هذه الرغبة القوية في معارضة الكنيسة، ومعارضة ما تملك من معرفة خاصة، أن

فلسفة عصر (التنوير) وهي الفلسفة العقلية أو المثالية في نظر فلاسفة (الوضعية) قد أفلست فيما

أرادت أن تصل إليه، وهو إبعاد التوجيه الكنسي كلية عن توجيه الإنسان، وتنظيم الجماعة

الإنسانية على هذا الأساس[1]. ولم يكن خط الوضعية بأفضل ممن سبقها.

---

(١) د. محمد البهي، الفكر الإسلامي الحديث، ص٢٩٧.

رابعاً: نسبية القيم

إن توهين الدين وبعثرة القيم هو الهدف الأول للمذاهب الوضعية وخاصة الشيوعية، وفي الشرق الإسلامي كانت الدعاية للشيوعية تستهدف الدين وعلماءه لأن الإسلام في هذا الشرق يعدّ مصدر أنواع القيم الثابتة، الروحية أو العقلية والدينية. ثم هو مع ذلك مصدر للقيم الأخلاقية والنظر إلى الحياة بشكل شمولي. ومن البديهي أن نرى جهاز الدعاية الشيوعية في حينها يجند كل وسائل إعلامه، ويحاول بعنف أن يحدث اهتزازاً في القيم الروحية والخلقية والعقلية في المجتمع الإسلامي بدعوى خضوعها لمبدأ التغيير، كما تخضع الأشياء له، وفي محاولة لنقل تجربتها الخائبة في روسيا وبلدان أوربا الشرقية، وجندوا لذلك بعض الأقلام المحلية المأجورة، وروجوا بمكر وحاولوا ربط كل الأمور والقيم المعنوية بالحياة المادية وتبعيتها للجانب الاقتصادي بقصد إخضاعها لمبدأ التغيير وفق المنظور الماركسي الوضعي. وتركزت قوة هذه الدعاية في ثلاث نقاط:

١. معارضة ثبات القيم الروحية والأخلاقية والعقلية.

٢. معارضة وضعية المرأة في المجتمع غير الشيوعي.

٣. الاستخفاف بأصحاب المزارع وأصحاب رؤوس الأموال وتمجيد أصحاب العمل البدني بعد ذلك كله[1].

فهذا المثل عندما يضرب على الشرق لأنه كان قريباً من المشاهدة والسماع والمعاصرة، ولأن الأمر يختلف في الشرق عنه في أوربا مثلاً فليس في الشرق (رأسمالية) بالمعنى المفهوم في الفلسفة الماركسية التي قامت هي لمقاومة نفوذها هناك

---

(١) د. محمد البهي، الفكر الإسلامي الحديث، ص٣٢٧.

في أوربا وتقاومها الدعاية الشيوعية في أوربا وأمريكا، والخصومة بين الماركسية ورأس المال هي التي طبعت الفكر الماركسي بالطابع الاقتصادي. وطالما لم تقم هنا في الشرق الإسلامي صناعات كبيرة كالتي في أوربا وأمريكا واليابان فالحديث عن الرأسمالية في الشرق يبدو غير مبرر للقيام بالحملة الدعائية لمحاربة الرأسمالية، فكان الهدف هو القيم والمرأة وبخاصة في مصر باعتبارها أكبر الدول العربية، وحاولت هذه الدعاية أن تأخذ صبغة محلية كي تنفذ في أعماق المجتمع الإسلامي على أنها منتزعة من واقع البيئة الإسلامية، أو لكي تبدو في نظر العامة والجماهير منسجمة مع خصائص الجماعة الإسلامية وتمثلت الدعاية في صورة كتيبات تنقل هجوم جهاز الدعاية للفكر الماركسي ضد رجال الدين والكنيسة الكاثوليكية في أوربا إلى علماء الدين في المجتمع الإسلامي في الشرق، ولكي يبدو هذا الهجوم قريباً من البيئة الإسلامية، تصوغ هذه النشرات عبارات ومصطلحات متداولة في هذه البيئة بالنسبة لعلماء الإسلام وللإسلام نفسه، مع ترديد نفس العناصر الرئيسية التي قام بها هجوم الدعاية الشيوعية ضد الكنيسة ورجالها في أوربا، وكان لكتاب (من هنا نبدأ)[١] وكتاب (اللـه والإنسان)[٢] وكتاب (رجل في القاهرة) ضمن سلسلة (كتب للجميع)[٣] لغرض تزييف الوعي وتشويش الفكر الإسلامي والدس على الإسلام وتشويه معالمه وتعاليمه وقيمه. وأرادت معاول الهدم هذه أن تهدم صرح الأزهر أو اختراقه، ورغم تأثيرات هذه الحرب الإعلامية المسمومة فقد صمد الأزهر وبقي الإسلام في عقيدته وقيمه يدافع عن نفسه لأنه دين اللـه الذي ارتضاه لعباده، وتراجع المهاجمون ونكصوا على رؤوسهم نادمين وانهارت الإمبراطورية الأم. هذه هي نظرة الشيوعية إلى القيم والأخلاق والمجتمع، استغلها اليهود بمكر ودهاء في محاربة الأديان وتحطيمها والإبقاء على دينهم فقط، متوسلين بكل أدوات التخريب

(١) لمؤلفه خالد محمد خالد، (من هنا نبدأ)، من سلسلة كتب للجميع، نشر في القاهرة ١٩٥٨.
(٢) لمؤلفه مصطفى محمود، (اللـه والإنسان)، من سلسلة كتب للجميع، نشر في القاهرة ١٩٥٨، برقم ١١٣.
(٣) لمؤلفه رشدي صالح، (رجل في القاهرة)، من سلسلة كتب للجميع، نشر في القاهرة ١٩٥٨، برقم ١١٥.

والهدم التي تحملها المذاهب الوضعية وإيهام الشعوب (الجوييم) بأن الدين مخدر! وأنه أفيون الشعوب، وتبنوا الميكافيلية نظرياً وعملياً لتحقيق أهدافهم تحت شعار (الغاية تبرر الوسيلة)، وقد أتى (أكناز بوسلوني) العضو البارز في الحزب الشيوعي الإيطالي الذي كان يشارك في جلسات الشيوعية الدولية، بمثل حي على الواقع الذي كانت عليها الشيوعية في قرارات أقطابها أنها تبرر الكذب بشعار الميكيافيلية، يقول سلوني دب الخلاف حول تطبيق قرار أصدرته اللجنة المركزية وقد أبدى بعض الأعضاء وجهة نظر مخالفة تجاه القرار ظهر أنها معقوله فما كان من المندوب الروسي إلا أن قال: على جميع الفروع أن تعلن أنها تخضع للقرار ثم تتصرف على عكس ذلك تماماً، فقام المندوب الإنجليزي مقاطعاً وقال (ولكن هذا يعدّ كذباً)، يقول سلوني: وقد قوبل ذلك الاعتراض النزيه بعاصفة من الضحك الصادر من القلب وقد ذاعت هذه النكتة سريعاً في طول موسكو وعرضها... ووصلت بالهاتف إلى ستالين وكبار موظفيه في روسيا فأثارت فيهم الانبساط والضحك"[1].

لقد كانت الماركسية أخطر المذاهب الوضعية على القيم والأخلاق وغرضها تدمير الأديان عدا الدين اليهودي فكان (مردخاي ماركس) صاحب النظرية يقول: "إن حل المشكلة اليهودية يستلزم ان يسيطر اليهود على جميع الأديان بتطبيق التحول الاشتراكي للعالم بأسره، وإذابة الأديان والقوميات في بودقة الماركسية"[2]. ويدعي (بأن الدين أفيون الشعوب)، إنها نظرية تحمل بذور بطلانها لأن "حقيقة فكرها هي أن ماركس أخذ من فكر هيغيل وفيورباخ ليشكل فيها نظرية تقوم على المادة

(١) ستة من كتّاب الغرب، الصنم الذي هوى، ترجمة فؤاد حمودة، المكتب الإسلامي ١٩٦٠، ص١٢٦.
(٢) أنو الجندي، المخططات التملودية، ص٧٩.

والتناقض، لتصل إلى خرافة سيادة الجنس اليهودي وامتلاكه للعالم"(١).

وركبت اليهودية كل موجة واستثمرت جميع المذاهب في مضمار تحطيم الأديان والقيم الإنسانية وانتصر العلم على الكنيسة، هنالك نبذت أوربا إلهها -كما قال (سومرست موم)- "وآمنت بإله جديد اسمه العلم. وتحللت نهائياً من فكرة اللـه والتدين، ومن كل القيم والمفاهيم التي صاغها الدين من قبل"(٢). تلك هي العوامل التي أثرت في الفكر الغربي وفي الحياة الأوربية، وانتهت بانهيار الدين والأخلاق والتقاليد وذابت القيم ولم يبق من نسبتها أدنى درجة.

وإذا كان هذا هو دافع المجتمع الشيوعي أو الاشتراكي وموقفه من القيم فإن المجتمع الرأسمالي معه وكلاهما يؤمن بإله العلم وإله الصناعة وكلاهما ينكر إله الناس ورب الناس جميعاً – وإن كان أحدهما يعلن هنا الإنكار في غير خفية والثاني ينكره بالتطبيق لا بالقول- فوق أنهما فقدا الضمير كقوة ذاتية دافعة للإنسان في مجال التقدير والتقييم، فإن أحدهما يفترق عن الآخر بأن الفرد في المجتمع الاشتراكي يدفع إلى الإنتاج بعامل الخوف والرهبة من سلطة القانون، بينما الفرد في المجتمع الرأسمالي يدفع إلى الإنتاج بعامل الجشع والطمع والأنانية(٣). وفي المجتمعين ضاعت القيم وتبعثرت فلا شأن للفلسفة والفكر الغربي بالتربية الأخلاقية وبهذا يكون المجتمع الغربي خاوياً من الناحية الروحية ويفتقر إلى قيم ثابتة، وتكثر فيه المذاهب والنظريات المتعاقبة تحت غطاء التغيير، ومن بين هذه النظريات الاجتماعية التي لها مساس بالأخلاق ونسبية القيم تبرز النظرية الوضعية التي يعد (هربرت سبنسر) ألمع ممثليها(٤). ومن بين النظريات الأخلاقية النظرية النفعية، التي حمل لواءها (بنتام) و(آدم سميث) و(جون ستيوارت) وجاء من بعدهم (براتراندرسل)،

---

(١) د. علي جريشة، الاتجاهات الفكرية المعاصرة، دار الوفاء، القاهرة ١٩٨٨م، ص١٥٥.

(٢) محمد قطب، معركة التقاليد، ص٥٠.

(٣) د. محمد البهي، الإسلام في الواقع الآيدلوجي المعاصر، دار الفكر، طبعة القاهرة ١٩٧٠، ص٣٦.

(٤) مصطفى الخشاب، علم الاجتماع ومدارسه، طبع القاهرة ١٩٦٧، ٩٢/٣.

وبنظرة إلى هاتين النظريتين، يبدو أنهما تمثلان اتجاهاً واحداً فضلاً عن اتفاقهما في البيئة (إنجلترا) فهما متقاربتان أو تتحدان في النظر إلى الدين والأخلاق. فهربرت سبنسر يرى أن الأديان تخضع لقانون التطور، كما تخضع جميع الظواهر الأخرى، ويأتي بتفسير خاص لنشأة الدين يتحدث عنه (بوترو) قائلاً:

إن نقطة البداية في الأديان تبعاً للترتيب التاريخي هي الواقعة الأولية التي تدور فينتج عنها صور مختلفة لا نهاية لها ليست شيئاً آخر سوى ما يسميه سبنسر (بالقرين Dovbie). ومن هنا نشأ الاعتقاد في الأرواح والكائنات الفائقة على الطبيعة وفي قوتها وتأثيرها في حياة الإنسان وهذا هو الأصل التاريخي للأديان في نظر هربرت سبنسر وحتى يلتقي فيه مع الأبيقورية ثم تفرع عن هذا الاعتقاد الاعتقادات والطقوس والنظم الكهنوتية، ولكل كائن واقعي قرينه الذي يمكن أن يعتبر روحاً وقد احتشدت الأرواح الدنيا على مر الزمن تحت سلطان الأرواح العليا التي سميت بالآلهة، ثم انتهت هذه الآلهة ذاتها إلى الخضوع لإله واحد، وقد سعى الإنسان إلى تمثيل هذه القوى الفائقة على الطبيعة، وإلى جعلها قريبة ومحبوبة منه فنشأت من هذه الرغبة الخرافات الدينية.. وأصبحت الأديان من الآن فصاعداً تمثل استمرار الجماعات ولذلك كان للأفراد مصلحة عظمى في احترامها[1].

---

(١) أميل بوترو، العلم والدين في الفلسفة، ص٧٨-٧٩.

المبحث الثالث

خصائص الفكر الغربي

أولاً: الإلحاد[(١)]

"الإلحاد في التعبير الغربي (Atheisme) وهو نفي الخالق المبدع للكائنات، وهو تعبير عن نفي وجود الله. والإلحاد ضد الإيمان، وهو سمة من سمات الفكر الغربي في أغلب مراحله. وقد بدأ الإلحاد في القرن السابع قبل الميلاد على يد الفيلسوف أرسطوطاليس وتتلمذ له كثيرون، وكان مرماهم ومقصدهم جميعاً التدليل على قيام الوجود بنفسه مستعيناً بقواه الذاتية عن مدبر حكيم فوق عالم المادة"[(٢)]. فلم يكن للدين تأثير في أخلاق الأمة وسياستها ومجتمعها. ويستشهد أبو الحسن الندوي برأي (سيسرو) الذي يصف مظاهر الوثنية في المجتمع الإغريقي فيقول: (لما كان الممثلون ينشدون في دور التمثيل أبياتاً معناها إن الآلهة لا دخل لهم في أمور الدنيا يصغي إليها الناس ويسمعونها بكل رغبة"[(٣)].

إن الإيمان والتوحيد من طبائع الفطرة الإنسانية التي لا مفر منها ولا مرد عنها، والإلحاد عارض في الحياة البشرية، وهو ظاهرة لا تتوقف ولا تنتهي، وقد جاء العلم الحديث فأعطى ظاهرة الإلحاد مفاهيم جديدة نتجت عن قدرة الإنسان على استكشاف المجهول والسيطرة على الطبيعة مما دفعه إلى الإمعان في إنكار وجود الله، وهناك عوامل أخرى دافعة إلى إذاعة مفاهيم الإلحاد والتأكيد عليها وترديدها تتصل بأصحاب الحركات الهدامة الرامية إلى القضاء على التوحيد والأديان من

---

(١) الجوهري، الصحاح، ص١٠٤١، كلمة (الحاد) وتعني الزندقة (Atheism)، ألحد في دين الله، أي حاد عنه وعدل، وألحد الرجل، أي ظلم في الحرم وأصله من قوله تعالى: ﴿وَمَنْ يُرِدْ فِيهِ بِإِلْحَادٍ﴾ . والإلحاد: رفض جميع الحجج التي يستند إليها المفكرون في التدليل على وجود الله.

(٢) أنور الجندي، الشبهات والأخطاء الشائعة، ص٨٥.

(٣) أبو الحسن الندوي، ماذا خسر العالم بانحطاط المسلمين، ص١٨٢.

أجل سيطرة نفوذ معين على العالم.

وتكاد تجمع الأدلة على أن تفشي ظاهرة الإلحاد في الفكر الغربي إنما ارتبطت إلى حد كبير بعوامل تتصل بالدعوة إلى القضاء على الأديان، أو على نفوذ الكنيسة والمسيحية في أوربا.

"ولقد استهدفت اليهودية العالمية، الأديان الأخرى، الإسلام والمسيحية ودعت إلى نشر الإلحاد باعتباره الوسيلة التي تؤدي للقضاء على الأديان، والمناداة باستخدام حرية العقيدة في سبيل القضاء على العقائد غير اليهودية والعمل على الانتقاص من الدين وعلمائه والحط من قدرهم في نظر الشعوب، وقد حملت مخططات التلمود الصهيونية لواء دعوات، وحدة الوجود وأساطير الأولين والثيوصوفية والبهائية والروحية الحديثة"(١).

مات نيتشه و الـلـه حي لا يموت

قامت في أوربا خصومة ضخمة بين العلم والدين، وغلبت نزعة العلم وسيطرت وحملت لواء الهدم العنيف للدين ومفاهيمه وقيمه ومن بينها القيمة العليا وهي وجود الإله الخالق الأعظم. ومن هنا فإن الحملة على الدين استتبعت في أوربا ظهور ظاهرة الإلحاد والحملة على الـلـه -جل في علاه- بمفهوم الفكر الغربي، والمعروف أن أول من اجترأ في هذا السبيل هو نيتشه، حين قال (لقد مات الـلـه) فمات هو وبقي الحي القيوم وقد ارتبط هذا الاتجاه في الفكر الغربي بخيطه الأول والقديم في الفكر اليوناني حين قال الفلاسفة "إن الآلهة المقيمة في المكان المقدس قد ماتت"(٢).

(١) أنور الجندي، المخططات التلمودية الصهيونية اليهودية، ص١٢٧.
(٢) أنور الجندي، الشبهات والأخطاء الشائعة، ص٨٦.

"لقد ورث الفكر الغربي الوثنية الإغريقية بالرغم من التغييرات التي أحدثها المنهج التجريبي الإسلامي – وذلك للانحراف المتمثل في تحكيم العقل فيما لا مجال له فيه، واتخاذه حكماً فيما لا يصلح ان يكون حكما فيه، لقد حكم الفكر الغربي العقل في قضية الألوهية فادى ذلك إلى نفي وجود الله"(١).

إن الله تعالى لا تدركه الأبصار وهو يدرك الأبصار، أما أن نتخذ، العلم التجريبي لغاية معكوسة، فإن قضية الألوهية لا تخضع للتجربة المعملية، على طريقة الكون المادي. خسرت أوربا وخسرت البشرية من وراء هذا الانحراف الذي تمادى فيه الفكر الغربي بابتعاده عن الفطرة وتنكبه طريق العقلانية التي أوهمته بأن (الطبيعة خالقة).

واندفع الفكر الغربي بشطريه في هذا الاتجاه العلماني الإلحادي فالفكر الشيوعي الإلحادي أنكر الخالق وألغى الأديان واستهجن الأخلاق واعتبر كل هذه أوهاماً (بورجوازية) ويستشهد الميداني: بفقرة من البيان الشيوعي الأول لبدلل على صحته انحراف هذا المبدأ وابتلاء الفكر الغربي بهذه الصبغة الإلحادية من جراء ذلك. يقول (مردخاي كارل ماركس) ورفيقه أنجلز "إن القوانين والقواعد الأخلاقية والأديان أوهام بورجوازية"(٢).

"ولكي تضفي الماركسية على (العلم) هالة من القداسة وتجعل له كيان (المعبود) دعت إلى الاعتقاد وبتثليث آخر (العلم، المجتمع والدولة) وأصبحت الفلسفة الماركسية ديناً وعقيدة.. وهنا يلاحظ أنها بتأكيدها مبدأ الواقع لتقويض الدين والإيمان، انتهت من جديد، عن طريق الواقع نفسه، إلى الدين والإيمان. ولكن ليس إلى دين الله، بل إلى دين الطبيعة، وليس إلى الإيمان بالله، بل الإيمان بمصنوع الإنسان"(٣).

---

(١) محمد قطب، رؤية إسلامية، ص٣٤.
(٢) عبد الرحمن الميداني، أجنحة المكر الثلاثة، ص٣٨٢.
(٣) د. محمد البهي، الإسلام في الواقع الأيدلوجي المعاصر، ص١٢٠-١٢١.

"أما الفكر الأوربي الغربي فقد تركزت حملته على مفهوم معين للدين أساسه المسيحية الغربية وطقوسها ومفاهيمها، والدعوة إلى علمانية متطرفة ووجودية منحرفة وعدمية مقيتة، فقد تنوعت فلسفات الإلحاد في أوربا فمنها ما يدعو إلى ألوهية المادة أو ألوهية الإنسان ومنها ما يجعل الغريزة محور تفسير الوجود.. والملحد يرى أن الكون مادي يدار من داخل نفسه.. وإذا كانت نزعة الإلحاد يمكن أن يتسع نطاقها في الغرب حيث تمتزج المسيحية المثلثة بالوثنية الإغريقية فإن في الشرق لا توجد هذه النزعة التي تتعلق بمفاهيم الإلحاد الغربي الأصل الوثني الجذور"[1].

والمعروف أن الإلحاد كسائر أنواع الشر طارئ على النفس البشرية أي إنه ليس من طبيعتها. ولقد كشف درس الطبيعة الإنسانية على أن في أعماق النفس حاجة إلى التدين بدين ما، وقد اكتشف الرواد الذين زاروا مجاهيل الأرض أنه لا توجد قبيلة من البشر بغير دين، فالذين لم يعرفوا الـلـه مثلوه حسب تصوراتهم في الآلهة التي اتخذوها لأنفسهم. وقد ظهر في كل جيل ملاحدة وهراطقة، وبالمقابل يوجد الكثير منهم على الحق ولله عابدون.

ولكن الفكر الغربي تجاهل الفطرة وبقي على صراع مع الإله ووضع نفسه في موقف المتحدي لله – جل في علاه- ثم إن الحضارة الغربية قائمة على أساس النظرة المادية، منكرة الجانبين الروحي والغيبي إنكاراً تاماً. ومن الفكر الغربي المادي الأساس انبعثت الماركسية لتكشر عن أنيابها وتعلن إلحادها بكل جرأة أن (لا إله والكون مادة)[2] -تعالى الـلـه عما يلحدون علواً كبيراً-.

---

(١) أنور الجندي، الشبهات والأخطاء الشائعة، ص٨٦.
(٢) أنور الجندي، الثقافة العربية، ص٣٨٥.

ويصف غارودي محنة بلاده أوربا وهي تعيش حالة الضياع وعدم الاستقرار النفسي ويتذوقون مرارة ردود الفعل مما أفرزته تصرفات الكنيسة ورجالها حيال القيم والعلم وما آلت إليه حياتهم بلادين ومن غير آله. فيقول: "إن القس ديتريتش بوفهوفر ينطلق من (أن الله فُصل أكثر فأكثر عن العالم، عن مجال حياة كل منا ومعارفه ولم يحتفظ منذ "كانت" إلا على مكان يتجاوز عالم "التجربة". وأضاف: إن مهاجمة مبدأ إثبات عقائد المسيحية لهذا العالم الذي أصبح أكبر هي أولاً محالة، وثانياً دنيئة النوعية وثالثاً غير مسيحية"[١].

وبلغت الجرأة بأحدهم (روبونسون) بقوله: "إننا لسنا بحاجة لإله يكون تكملة عدد لجهلنا: لسنا بحاجة لإله تعزيه وهمية نظنّ أنه سيأتي ليحل مشاكلنا الشخصية: لسنا بحاجة لإله تدليل وسوط وجهنم.. لن نبكي في جنازة هذا الإله. الإلحاد كما للعالم أو للكاهن يقوم بدور فريد من نوعه. فليس من إيمان حقيقي من دون تجربة النار هذه. فالإلحاد هو قبل كل شيء رفض كل تجسيم (خلع الصفات البشرية على الله وتشبيهه بالإنسان، فالإلحاد يمنع تحويل الأيقونة إلى عبادة والخلط بين دليل حقيقة أخرى والحقيقة نفسها سواء تعلق الأمر بتعويذة، بصليب أو بمفهوم، الإلحاد على حق عندما يرفض علم الأخلاق"[٢].

"ومن جهة أخرى حفلت الديانة اليهودية والتوراة المحرفة والتلمود المنحرف بالتصورات الوثنية، وهبطوا في تصوراتهم إلى مستوى الوثنيات الملحدة وفي (العهد القديم) أساطير وتصورات عن الله -جل في علاه- لا ترتفع عن أحط التصورات الوثنية للإغريق وغيرهم من الوثنيين، الذين لم يتلقوا رسالة سماوية ولا كان لهم من عند الله كتاب"[٣].

---

(١) روجيه غارودي، حفارو القبور (نداء جديد إلى الأحياء)، ص٩٠.
(٢) غارودي، حفارو القبور، ص٩١.
(٣) سيد قطب، خصائص التصور الإسلامي، ص٢٧.

ولقد جند اليهود كل وسائل الإعلام التي أحكموا سيطرتهم عليها فأصبحت في أيديهم كل وسائل التأثير العقلي والإقناع النفسي عن طريق الكلمة المكتوبة والكلمة المسموعة وغيرها من وسائل الإعلام للدعوة إلى الإلحاد وهدم الدين والحضارة ونشر المجون والفسق والقصص المثيرة عن الأسرار والفضائح والجرائم تحت ستار التحقيق الجنائي.. ومن أجل هذا فإن اليهود حملوا كل الفلسفات الهدامة القديمة إلى العصر الوسيط والعصر الحديث وابتعثوها وفق منهج محدد لهدم المقومات الدينية والأخلاقية، وقد حملوا هذه النظريات ونقيضها وعمل بعضهم مع الأصل والآخر مع النقيض لتوسيع المباراة ودفع الأقطار إلى الصراع حتى يحمي الوطيس، وهم يلتقطون كل شيء. ويتمشون مع كل الاتجاهات لترويج كل النزعات المادية والروحية ثم احتوائها بعد ذلك وتكليف بعض أعلامهم لتبني الأفكار الإلحادية الهدامة ووزعوا عليهم الأدوار لتأتي كل نظرية بلون خاص وبأهداف قريبة وربطها كلها بهدف مركزي واحد يصب في (سلة) يهود بقصد تحقيق الغايات التلمودية[١].

من هذا الخليط ومن هذه الأغاليط اكتسب الفكر الغربي بعض الخصائص التي لم يفخر بها عقلاء الغرب ومفكروه الذي يعتمل في ضمائرهم الغيظ والحسرة، وهم يرون أدوات التخريب تهدم في دينهم وفي قيمهم وفي حضارتهم وتحكم على الحياة العامة بالضياع والقلق ضنك الحياة وضمور الروح وقسوة الحياة المادية وامتهان إنسانية الإنسان واعتباره أله بشرية، تعمل وتدور كالدولاب من اجل حياة لا معنى لها تفتقر إلى الروح وتتقاطع مع الفطرة البشرية.

إن التلمود الصهيونية قد فجرت ثلاث قنابل:

الأولى:أطلقها كارل ماركس أبو الشيوعية حين أعلن للناس (أنهم حقراء،

(١) أنور الجندي، المخططات التلمودية، ص١٥٢.

جائعون، ضائعون، مأجورون، وكان ماركس يعتمد على الحقد، والحسد، والكسل في دعوته.

والثانية: أطلقها فرويد، الذي أعلن أن في أعماق الناس وحشاً كاسراً هو الغريزة الجنسية والذي قال إنه ليس في النفس إلا الجنس.

والقنبلة الثالثة: هي التي فجرها انيشتاين.

وبذلك انفجرت ثلاث قنابل: معركة الخبز، ومعركة الجنس، وقنبلة الخوف. وفضلاً عن ذلك فإن عيونهم على إنتاج غيرهم. وهنا يقول: محمد خليفة التونسي مترجم بروتوكولات حكماء صهيون (حيثما يظهر مبدأ أو دين أو مذهب علمي أو فلسفي هب اليهود ليكونوا من ورائه يتصرفون معه بما ينفعهم)[١].

ويجندون كل شيء لأغراضهم، ويوم أخذت أوربا المنهج التجريبي من المسلمين واستطاع الفكر الأوربي أن يستثمر هذا المنهج أفضل استثمار في الاختراعات، ولكن اليهود كعادتهم كل شيء يفسرونه حسب أهدافهم.

هذا ويظل بعض الحمقى الذين لا يدركون الفرق بين طبائع العلوم المختلفة يصرون – اعتداداً منهم بالمنهج التجريبي- على عدم الإيمان بالخالق جل جلاله ما لم يثبت بالمنهج التجريبي – وقد لا يكون توهما وإنما أمر مقصود بدفع اليهود إلى هذا المنحنى الخطر. هو ان أوربا لما سيرت بالعلوم الطبيعية القطار، واستغلت الكهرباء مستخدمة الدراسات التجريبية دل ذلك على أن الحقائق الكونية كلها ينبغي أن تنقلب علوماً طبيعية وأن تخضع للتجربة والمشاهدة، وإلا، فانه لا يقبل حكم قاضٍ في المحكمة، ولا قانون علم نفس.. لأن كل ذلك لا يعدو أن يكون ثمرة استقراء أو استدلال أو قياس، وما دام ذلك بعيداً عن التجربة والمشاهدة فهو لغو لا وجود له.. ولا ريب أن مثل هذا الفكر أحوج إلى العلاج لا النقاش[٢].

_____

(١) محمد خليفة التونسي، الخطر اليهودي، ص٧٥.
(٢) د. محمد سعيد رمضان البوطي، كبرى اليقينيات الكونية (وجود الخالق ووظيفة المخلوق)، طبع دمشق، ١٩٦٨م، ص٣٧.

ثانيا: الإباحية

إن الإباحية اقترنت بالمجتمع الأوربي منذ عهد الإغريق، وقد نادى أفلاطون في جمهوريته بشيوعية النساء والأولاد وإلغاء الأسرة وإلغاء الملكية الخاصة لدى الحكام[١]. ويوضح (جورج سباين) تحت موضوع الملكية والأسرة شيوعية أفلاطون ويقول: "تتخذ شيوعية أفلاطون شكلين أساسيين يلتقيان في إلغاء الأسرة، أما الشكل الأول فهو تحريم الملكية الخاصة على الحكام، سواء كانت منازل، أم أرضاً، أو مالاً، وجعلهم يعيشون في المعسكرات ويتناولون طعامهم على مائدة مشتركة، وأما الشكل الثاني فهو إلغاء الزواج الفردي الدائم، والاستعاضة عنه بالإنسان الموجه وفقاً لمشيئة الحاكمين"[٢]. ولهج الأدباء والمؤلفون بالحرية الشخصية التي لا تعرف قيداً ولا تقف عند حد تأثيراً سيئاً في أخلاق اليونان ومجتمعها، فانتشرت الفوضى في الأخلاق، وحدثت ثورة على كل نظام، وأصبح شعار الرجل الجمهوري (كناية عن الحر والمتنور) الجري وراء الشهوات العاجلة، وانتهاب المسرات، والتهام الحياة التهام الجائع النهم، يصف سقراط –كما ينقل عنه أفلاطون في كتابه (المملكة) الرجل الجمهوري فكأنما يصف ناقداً من نقاد هذا القرن فتى القرن العشرين في إحدى عواصم المدنية الغربية"[٣].

---

(١) أفلاطون، جمهورية أفلاطون، الكتاب الخامس، ص١٥٨،١٤٨،١٤٦.

(٢) جورج هـ سباين، تطور الفكر السياسي، ترجمة حسن جلال العروسي، تصدير الدكتور عبد الرزاق أحمد السنهوري، مراجعة وتقديم الدكتور عثمان خليل عثمان، ط٣، دار المعارف، القاهرة، ١٩٦٣م، الكتاب الأول، ص٦٩.

(٣) أبو الحسن الندوي، ماذا خسر العالم بانحطاط المسلمين، ص١٧٨-١٧٩.

ويقوم الفن اليوناني على تمجيد وتأليه الجمال الجسمي، كما درج الإغريق على تصوير الرجال عراة، وكانوا يرقصون رجالاً ونساء في مجتمعاتهم العامة، وقد تمثلت القصة الإغريقية هذه الملامح جميعاً، ملامح المثل الأعلى الإغريقي الذي امتصته الثقافات الأوربية والفكر الغربي، وعدّته أساساً لها حيث تقوم المسرحية الإغريقية على الشر المحض، والإباحية، وتحكي قصصهم وقائع حياتهم الواطئة (الألياذة والأوديسة) وما كان من (هيلانة) زوجة منيلاس وهو من سادة القوم، في عشقها (باريس) أمير طروادة. وقصة (الكترا) التي تعبث فيها (كلتنمرا) بقدسية الروابط العائلية، فإذا كانت هذه هي جذور شجرة الحياة في أوربا فإنه لا غرابة في إنتاجها لقصة (أوديب ملكا). وعرفت المجتمعات اليونانية والرومانية بالتهتك والخلاعة والفسق والانغماس في الترف والملاذ، وقد ورث الرومان الإغريق وأغرقوا في الإيمان بالمادة واللذائذ الجسدية.. وأبرز مظاهر التراث الإغريقي الروماني هو الحرية الشخصية التي لا تعرف قيداً، ولا تقف عند حد. وهي التي أثرت تأثيراً سيئاً في أخلاق اليونان ومجتمعها فانتشرت الفوضى في الأخلاق، والجري وراء الشهوات [١].

المدرسة الأبيقورية:

أسس أبيقور مدرسته في أثينا عام ٣٦٠ق.م وبقيت عدة قرون إحدى المدارس الأثينية الكبرى وقد اتصلت بسقراط عن طريق (أرستيبوس). استهدف المذهب الأبيقوي بعبارة عامة نفس ما استهدفته كل فلسفة تالية لعصر أرسطو، وهو أن تخلق في تلاميذها صفة الاستكفاء الفردي، وفي سبيل ذلك تلقن أن الحياة.. تقوم على التمتع باللذة.. وقد أدرج الأبيقوريون غوامض الديانة والقصاص السماوي ونزوات الآلهة والأرواح ضمن أكثر المسائل جدية والتي يتوارثها الناس، وربما من المؤكد أن الآلهة لا تحفل بالناس، وأنها لا تتدخل في مجرى حياتهم بخير أو شر،

---

(١) أنور الجندي، الثقافة العربية، ص١٤١،١٣٨،١٣٤.

وهذا في الواقع هو أكثر أجزاء المذهب الابيقوري جراه.. إن الابيقورية كانت في الجملة فلسفة هروب[١]. هذا هو حال المجتمعات الأوربية أيام اليونان والرومان وصار حالها اتعس في عصر (التنوير) عندما انفلت الناس وتحللوا من ضوابط الدين والقيم وأخرجت المرأة من خدرها وانحلت روابط الأسرة بحجة تحرير المرأة. ولعبت المذاهب الوضعية دوراً خطيراً في تحطيم مقومات المجتمع الأخلاقية، واستهدفت اليهودية الأخلاق وهي التي نشرت في الفكر الغربي فكرة الانتهازية ودعت إلى التنكر للأخلاق الفاضلة.. وعمدت إلى نشر الأفكار غير الأخلاقية.. ودعت في كل ما نسب إليها من مصادر (التوراة المحرفة والتلمود المنحرف والبروتوكولات) إلى إفساد أخلاق المجتمعات، بغية خلق أوضاع اجتماعية تدفع أعداءها للوقوع في براثنها. كما عمدت إلى نشر الإباحية بالقضاء على حكم الأسرة والقضاء على روابط الولاء بين أفراد الأسرة الواحدة. باعتبارها الوسيلة التي تؤدي إلى هدم ثبات الدين وثبات الأخلاق وثبات الأسرة. وقد اتخذوا من الصحافة أداتهم الأساسية وفق خطتهم التي أعلنوها والتي تقول (علينا أن نشجع الانحلال في المجتمعات غير اليهودية فيعم الفساد والكفر وتضعف الروابط المتينة التي تعدّ أهم مقومات الشعوب فيسهل علينا السيطرة عليها وتوجيهها كما نريد"[٢]. كما جندوا الفن والأدب الواقعي لاستدراج الناس واستمراء التحلل الخلقي وبالتالي إعطاء المشروعية للدعارة والإباحية.

فهذا (بلزاك ١٨٥١م) هو أحد رواد الواقعية يحكي في إحدى رواياته محاورة بين قسيس عجوز وامرأة لم توفق في حياتها الزوجية -ولا مجال لسرد كل المحاورة-

---

(١) جورج هـ سباين، تطور الفكر السياسي، الكتاب الأول، ص١٧٤،١٧٠.
(٢) أنور الجندي، المخططات التلمودية، ص١٢٧-١٢٨.

ونكتفي بخاتمة الحوار المعبر عن الواقع المر الذي ابتلى به المجتمع الأوربي آنذاك، وتقول المركيزة للقسيس "إنكم تفضحون المخلوقات المسكينة التي تبيع نفسها في مقابل بعض الدراهم لرجل عابر، فالجوع والحاجة تحللان هذه العشرة العابرة، في حين يغفر المجتمع ويشجع الزيجات المباشرة برغم بشاعتها بين فتاة ساذجة ورجل لم تره أكثر من ثلاثة أشهر فتباع طول حياتها وتقومون بتشريفها ولكن لا.. إذ أن المجتمع يفتري على أفضل الفاضلات من بيننا! ذلك مصيرنا في وضوح من كلا وجهيه: الدعارة العامة والخزي والفضيحة، أو الدعارة الخفية والشقاء"[١].

والآن نستطيع أن نحكم بما إذا كانت واقعية بلزاك تهدف إلى تصوير مأساة بعض النساء، أم تهدف إلى تصوير إفلاس القسيس وتهافت وفظاعة التقاليد أم أنه المخطط الذي يدفع المرأة إلى هذا المصير القاسي ويجرد الدين ورجاله من سلطتهم وتأثيرهم في المجتمع، يبدو أن الراجح هو المخطط الذي يريد الإباحية لتسود، بدليل إشاعة مدارس أدب الضياع زيادة على ما فعلته النظريات والفلسفات الوضيعة مثل الداروينية والفرويدية ونظرية دوركايم والماركسية، وجاء دور غيرها مثل الوجودية والرمزية وأدب التفسخ وأدب المستحيل والأدب العدمي وأدب الهروب، التي جميعها تستهدف تدمير الإنسان وقيمه وأخلاقه ووجوده، وكلها تسير في الاتجاه الإباحي، ففي كل مراحل التاريخ الأدبي الأوربي لم ينفك الفن عن الإباحية إلا أن صورها تختلف وتسير متطورة ولكن إلى أسفل ويعبر برينتن عن ذلك بشكل واضح وصريح: "إن الخشونة والفحش من الصفات الدائمة تقريباً في ثقافتنا الغربية، فالأغاني البذيئة والمسرحيات الرقيعة في عصر النهضة تعقبها عبادة اللذة والجمال في الرومانسية ثم تصبح الدعوة صريحة إلى الفجور والفاحشة في الأدب الواقعي وتظل صورتها تكبر وتسفل حتى تصل إلى الأدب المكشوف.. وبذلك بعدت الشقة جداً بين رهبانية الكنيسة والفن وصار بينهما هوة لا قرار لها. وإذا عرفنا أنه ما تزال

---

(١) بلزاك، امرأة في الثلاثين، ترجمة عبد الفتاح الديدي، القاهرة، ب.ت، ص١٥٤.

نسبة تمثال أفروديت (آلهة الحب) عند الإغريق هي المقياس لأجساد ممثلات هوليود"[١].

ولنبدأ بالطريق من أوله -متجاوزين عصر النهضة- لنجد تلك المجموعة من الأدباء.. الذي كرسوا فنهم وحياتهم للإباحية، فهناك (الفريددي موسيه) شاعر (الليالي) الذي كان (أبيقوريا) بأوسع معاني الكلمة، ومعاصروه أمثال (بروسبير) صاحب قصة (كولومبيا) و (الأكسندر دوماس) الكبير والصغير والأخير مشهور بقصة (غادة الكاميليا) و(فلوبير) صاحب (مدام بوفاري) ومعهم الكاتبة العربيدة (ساند) صاحبة (ليليتا) و(أنديانا) وينبغي ألا ننسى صاحب (الأسود والأحمر) و(أوسكار) و (أيلد) وأمثالهم كثير"[٢].

وفي هذا الاتجاه يقول (تولستوي ١٨٩٨م): "وأصبح القياس الوحيد للفن الجيد، هو اللذة الشخصية فالخير هو ما يبعث اللذة في نفوسهم وهذا هو الجميل، ولذا ارتدوا إلى تصور الإغريق البدائيين، .. وطبقاً لهذا الفهم في الحياة تكونت نظرية في الفن.. إننا نشبه الفن بامرأة تبيع جسدها لإرضاء الذين يبتغون اللذة بدلاً من ان تجعله مستودعاً للأمومة، فالفن المعاصر يشبه العاهر في أدق التفاصيل فهو مثلها ليس وقفاً على عصر معين، وهو مثلها مبهرج، وهو مثلها قابل للبيع دائماً، وهو مثلها كله إغراء وكله هدم"[٣].

"ثم جاء فرويد،.. واستشرت رذائله في الأوساط العامة،.. ووجدها الهدامون والمتكسبون فرصة لنفث سمومهم واستغلال مشاعر الناس واللعب بعواطفهم،

---

(١) جرين برينتن، أفكار ورجال، قصة الفكر الغربي، ص٨٥،٢٩٧.
(٢) أسبيهاج، سلسلة تراث الإنسانية، ٧/٢.
(٣) يوسف الشاروني، دراسات أدبية، مكتبة النهضة، ١٩٦٤م، ص٨٩،٩١.

وإثارة غرائزهم، ويبرز هنا اسم (ديفيد هربرت لورانس) الذي كتب عدة روايات منها (أبناء وعشاق) و (عشيق ليدي تشارلي) والأخيرة أثارت ضجة كبرى في بريطانيا بسبب جرأتها المتناهية في تصوير العلاقات الجنسية"[(١)]. وبعده طلع (ولسن) (بمذكرات مقاطعة هيكث) التي صادرتها محكمة القضايا الخاصة بعد أن بيع منها خمسون ألف نسخة وهي تصور بالتفصيل الدقيق كما قال هايمان: عشرين دوراً من أدوار العملية الجنسية يقوم بها أربع عاهرات"[(٢)]. وهناك عدد لا يحصى ممن تفننوا في تصوير أعمال الدعارة تحت غطاء الفن الرخيص وهم يقبضون أبهظ الأثمان والمجتمع يخسر أغلى القيم. وهذا كله في نطاق الأدب الهادف، الذي يعد جزءاً من التراث الحضاري الغربي، فكيف بما يسمى (أدب الجنس) أو (الأدب المكشوف) الذي لا يصح أن يسمى أدباً بحال، فهو في كل العالم الغربي ملء السمع والبصر. لينشأ (الفكر الغربي) ويترعرع في أحضان الرذيلة ومسخرة (الأدب المكشوف)!.

هذا ولم تستطع كل المذاهب الفكرية والفلسفات الاجتماعية ان يعطي الإنسان المعاصر في الغرب -أو القرد حسب تعبير كامو- أي نوع من أنواع الثقة والاطمئنان، بل على العكس كان دورها الفعال ينحصر في اجتناب موروثات الكنيسة الهشة التي كانت رغم هشاشتها تقدم شيئاً من الاستقرار والثقة في المصير.. وأمام العملاق الميكانيكي الرهيب وسيطرة الآلة الطاغية شعر الإنسان بأنه قد سحق.

وهنا تحققت نبوءة (شبنجلر) وتكهنات (أورويل) عن مستقبل الجنس -أو القطيع- البشري، وأصبحت مشكلة الإنسان العظمى في الحياة هي وجوده حياً، ويتساءل، هل لحياتنا معنى؟ ما هو؟ ما هو مكان الإنسان في العالم؟ هنا يظهر حالاً لماذا كانت الأغراض (البلزاكية) مطمئنة أنها تنتمي: إلى عالم يكون الإنسان فيه

---

(١) أسبيهاج، سلسلة تراث الإنسانية، ٢٦٣/٧.

(٢) ستانلي هايمان، النقد الأدبي، ترجمة إحسان عباس وزميله، بيروت، ١٩٥٨، ص٧٥.

سيداً وهذه الأغراض كانت أموالاً وأملاكاً لا هم إلا امتلاكها والاحتفاظ بها.. وكان ثمة هوية ثابتة بين هذه الأغراض ومالكها صورة بسيطة هي في الوقت نفسه ميزة ووضعية اجتماعية، كان الإنسان سبب كل شيء مفتاح الكون وسيده الطبيعي بالحق الإلهي، أما اليوم فلم يبق الكثير من كل هذا ومع ذلك فهو يتبجح: إننا لا نؤمن أبداً بالمعاني الجامدة الجاهزة التي يقدمها النظام الإلهي القديم للإنسان وعلى إثره نظام القرن التاسع عشر العقلاني ولكننا نضع كل أملنا في الإنسان: إن الأشكال التي خلقها هي التي تستطيع إعطاء العالم معنى"[1]. ان هذا الأدب الذي هو أدب الضياع الذي فيه البطل هو الصعلوك، أو المتشرد أو هو إجمالاً ذلك الإنسان الذي مصيره الخيبة والدمار.

---

(١) بياردي بواديفر، معجم الأدب المعاصر، ترجمة بهيج شعبان، ١٩٦٨م، ص٦٢،٦٣.

ثالثاً: المكيافيلية

لقد تم انتقال السلطان والقوة من الكنيسة إلى الدول خلال المائة عام التي انقضت في حروب أهلية ودولية بسبب المنازعات الدينية، وكانت الحروب كفاحاً وحشياً دامياً لا يلين، ولا يهدأ للظفر بالسلطان السياسي. وهكذا اختفى من أوربا الغربية مجتمعها المسيحي الموحد، وأصبحت سيادة هذه الدول واستقلالها حقيقة واقعة.. ولقد جاءت المبادئ النظرية بعد ذلك لتؤيد هذه الحقيقة، فقد عرف (ميكافيللي) في كتابه المشهور (الأمير) الذي نشره قرابة عام ١٥١٣م الدولة بأنها قوة سياسية بحتة كما أعلن فيه أن مهمة الأمراء والحكام أو وظيفتهم الوحيدة هي اكتساب السلطة واستخدامها وهم في استخدامهم لهذه السلطة لهم أن يحكموا وحدهم على الأغراض والغايات، والتي تتحقق عن طريقها وهم من أجل ذلك غير مقيدين بقواعد الدين والأخلاق.. وكما كان الناس على استعداد لأن يقاتلوا ويموتوا في سبيل الدين والكنيسة أصبح الرجل على أهبة القتال والموت في سبيل دولته وشعبه[١].

إذن يعد (ميكافيللي) أول من تبنى دعوة علمانية ذاتية ودعا بصراحة إلى استبعاد الدين وعزله عن جانب مهم من جوانب الحياة. والميكافيلليه باعتبارها منهجاً للحكم تقوم كما رسمها واضعها في (الأمير) على ثلاث أسس متلازمة مستمدة من تصور لا ديني صرف هي:

١. إن الغاية تبرر الوسيلة: وهذه القاعدة العملية التي وضعها مكيافيللي بديلاً عن القواعد الدينية والأخلاقية. ولذلك فإن عنده تفسيراً خاصاً.

٢. الاعتقاد بأن الإنسان شرير بطبعه وأن رغبته في الخير مصطنعة يفتعلها لتحقيق غرض نفعي بحت، ومادامت تلك طبيعته المتأصلة فلا حرج عليه ولا لوم إذا

(١) كارل بيكر، السبيل إلى عالم أفضل، ترجمة عبد العزيز إسماعيل، القاهرة، ١٩٤٨، ص٧٢.

انساق وراءها[١].

٣. الفصل التام بين السياسة وبين الدين والأخلاق، فقد رسم ميكافيللي للسياسة دائرة خاصة مستقلة بمعاييرها وأحكامها وسلوكها عن دائرة الدين والأخلاق و (فرق ميكافيللي) تمام التفريق بين دراسة السياسة ودراسة الشؤون الأخلاقية وأكد عدم وجود أي رابط بينهما[٢].

وفي رأي ميكافيللي ذا النزعة العلمية أن الدولة غاية بذاتها والقبض على زمام الحكم هدف برأسه.. وفي سبيل تحقيق هذه الغاية لا مانع من سلوك أي سبيل يوصل إليها واستخدام أية وسيلة من شأنها تسهيل ذلك مهما وصفت تلك السبل والوسائل بأنها غير أخلاقية ومهما تنافت مع الدين ومنهجه في السلوك، وبسبب نزعتها اللاأخلاقية الظاهرة عورضت بشدة في الأوساط الدينية والفكرية فحرمت الكنيسة قراءة (الأمير) ونقده المؤلفون بعنف وظلت كلمة (ميكافيللي) أشنع وصف يطلق على إنسان منحل من الدين والخلق. فالميكافيللية تعد منطلقاً لجميع النظريات الديكتاتورية والفاشية والنازية والتسلط التي سادت الفكر الأوربي والمجتمع الغربي. لا بل أصبحت الميكافيللية من خصائص الفكر الغربي ومطابقة له في أسسه اليونانية والرومانية وهو إضافة حقيقة إليه، وليس غريباً عنها. يقول الجندي: "إن ميكافيلي يمثل أول انكسار في الخط الذي أشاعته تعاليم المسيحية ولكنه مطابق لذلك التحول الخطير الذي اتجه إليه الفكر الغربي حين حرر نفسه من قيم الأديان وانطلق إلى نزعته الوثنية القديمة: نزعة (الغاية تبرر الواسطة")[٣].

---

(١) فاروق سعد، الفكر السياسي قبل الأمير وبعده، مطبوع مع كتاب الأمير، بيروت، ١٩٧٥، ص١٤٤ من الأمير.

(٢) كرستيان غاوس، مقدمة الأمير، ص٣٥.

(٣) أنور الجندي، الشبهات والأخطاء الشائعة، ص٣٢٦.

ويقول أيضاً (لا ميكافيللية) في سلوكنا المستمد من مقومات فكرنا فنحن لانخدع ولا نقول بالغاية تبرر الواسطة. إنها نظرية (لا أخلاقية السياسة) نظرية وافدة وفكرنا لا يقبلها"[١].

لئن كان أحد أولى بالمؤاخذة على ما سطر فهو (ميكافيللي) صاحب كتاب (الأمير The Prince) الذي فصل بين السياسة والأخلاق، وسوغ فيه مبادئ الحكم المنافية للآداب الإنسانية، ومن أفظعها مبدأ (الغاية تبرر الوسيلة)، حتى استحقت كل سياسة غاشمة خادعة دنيئة أن تنسب إليه فيقال إنها (سياسة ميكافيلية). لقد نسب إلى كتاب هذا الفيلسوف، انه أغرى كثيراً من الحكام بالطغيان.. والصهيونيون يغترفون منه معظم أسسهم وتفسيراتهم السياسية، والفرق بين ميكافيلي وبينهم أن نظرته الاجتماعية جزئية ونظرتهم شاملة، والنطاق الذي يستبيح هو مبادئه غير الأخلاقية لا يتعدى دولة محدودة في بقعة لفترة معينة تنتهي بانتهاء الفتنة فيها وكبح أصحابها الذين مزقوا الأمة وعاثوا فيها فساداً، والنطاق الذي يستبيحون فيه مبادئهم غير الأوقات سواء كانوا في الطريق إلى السلطة أو كانوا على قمتها[٢].

إن اليهود يحسنون استغلال كل خطوة لصالحهم حتى ولو كان الغير هو صاحب تلك الخطوة، واستفادوا من نفوذهم المسيطر على شؤون المال والاقتصاد في أوربا ثم في أمريكا بعد ذلك، بتسخير هذا النفوذ في موجة الاستعمار وقطف أولى ثمارها بتأسيس وطن قومي لهم في فلسطين في ظل الغزو الاستعماري البريطاني لفلسطين ومن خلال الفيلق اليهودي الذي كان أحد تشكيلات الجيش البريطاني الغازي، حين كان اليهودي هربرت صموئيل (وزيراً للمستعمرات البريطانية) ومن ثم المندوب السامي البريطاني في فلسطين. وكانت بداية بذور الشر في فلسطين.

---

(١) أنور الجندي، الثقافة العربية، ص٣٩٦.

(٢) محمد خليفة التونسي، الخطر اليهودي، ص٨٦-٨٧.

"لقد ارتبط الاستعمار بأيدلوجية الفكر الغربي القائم على نظرية (الأمير) التي نادى بها رئيس وزراء بريطانيا الأسبق (ميكافيللي) والتي سيطرت على السياسة الغربية والحضارة الغربية، وذلك باصطناع كل وسائل الخديعة والتآمر في سبيل تحقيق الغايات، وإنكار الأساليب الأخلاقية في مجال السياسة أو الاقتصاد"[١].

"لقد تميز الفكر الغربي بميزتين أساسيتين في بناء قاعدته السياسية (الميكافيليه) و (العنصرية)، فقد أعلن نابليون أن كتاب الأمير لميكافيللي هو الكتاب السياسي الوحيد الذي يستحق القراءة، أما العنصرية فهي قديمة قدم الرومان وشعارهم (روما سادة وما حولها عبيد")[٢].

وإذا كان الفكر الغربي قد أعلن مخالفته للفكر الروماني في شرعية الرق فإن ما حدث حين استرق الغرب هنود أمريكا أو ثم نقل الأفارقة إلى أمريكا في مؤامرة خطيرة، محيت منها شخصية الإنسان، فذلك التناقض غير مبرر ولا يخفي الحقيقة وهي أن الفكر الغربي لا يستطيع أن يتخلى عن خصائصه ومقوماته التي يرتكز عليها والميكافيلية في شعارها الكريه (الغاية تبرر الوسيلة) إحدى هذه الخصائص التي تعني الكذب والغش والمكر والخديعة، والفصل بين الأخلاق والسياسة، يفسح المجال أمام (الأمير) لأن يسوغ الكذب ومن أجل المصلحة العليا! والغش من أجل المصلحة الوطنية!! والمكر والخديعة من أجل بقاء الكرسي بأربع أرجل!!! هذه هي مسوغات الفكر الغربي في كل ما تفعله حكومات أوربا في غزو بلاد الغير وفي القضاء على سكان أمريكا الأصليين وفي اصطياد الأفارقة ووضعهم في أقفاص جماعية لتشغيلهم في مناجم الفحم وتنظيف مجاري المياه القذرة في حي اليهود

_____

(١) أنور الجندي، الثقافة العربية، ص٢٦٥.
(٢) أنور الجندي، الفكر الغربي، دراسة نقدية، ص١٣٩.

مانهاتن في نيويورك وإخضاع أطفالهم للتجارب على فايروسات الأيدز ومعاملتهم بموجب تعاليم التلمود الشيطانية. التي أصبحت من مقومات الفكر الغربي والحضارة الغربية. التي لم تضيع حقوق الضعفاء بل أجهزت عليهم لأنها تتوسل بشعار الميكافيلية (الغاية تبرر الوسيلة) و (إن الحق هو القوة).

وبواسطة قانون الانتخاب الطبيعي وتنازع البقاء المفضي إلى الأنسب بعثت الداروينية النزعة الميكافيلية، فلقد كان صراع الدول القومية في العصر الحديث الذي يشبه في مظهره صراع أنواع الكائنات الحية مدعاة لتبرير المكيافيللية بل لتبنيها وتطبيقها. ويؤكد ذلك (كريستيان غاوس) في مقدمته لكتاب الأمير إذ يقول عن الكتاب: "اختاره موسوليني في أيام تلمذته موضوعاً لأطروحته التي قدمها للدكتوراه، وكان هتلر يضع هذا الكتاب على مقربة من سريره فيقرأ منه في كل ليلة قبل أن ينام ولا يدهشنا قول (ماكس ليرز) في مقدمته لكتاب (أحاديث) أن لينين وستالين أيضاً تتلمذوا على ميكافيللي"[١].

وتتجلى الروح الميكافيللية بوضوح في قول أنجلز: "إن الأخلاق التي نؤمن بها هي كل عمل يؤدي إلى انتصار مبادئنا مهما كان هذا العمل منافياً للأخلاق المعمول بها".

وقول لينين: "يجب على المناضل الشيوعي الحق أن يتمرس بشتى ضروب الخداع والغش والتضليل، فالكفاح من أجل الشيوعية يبارك كل وسيلة تحقق الشيوعية"[٢].

"أما الرأسمالية، فلا تخفي أبداً حقيقتها الميكافيللية بل إن مايلز كوبلاند صاحب كتاب (لعبة الأمم) ليقرر أنها منهج السياسة الأمريكية"[٣].

---

(١) كريستيان غاوس، مقدمة كتاب الأمير، ص١٨-١٩.

(٢) بشير العوف، اشتراكيتهم وإسلامنا، بيروت، ١٩٦٦، ص٣٦-٣٧.

(٣) محمد صادق، الدبلوماسية والميكافيلية، بيروت، ١٩٧١، ص٣٤١.

ويبدو من ذلك كله أن هناك جامعاً مشتركاً لأنظمة الحكم اللادينية، فضلاً عن اتفاقها على طرح الدين ونبذ الأخلاق من دائرة العمل السياسي وتبرير أعمالها المنافية للقيم والأخلاق بالمصلحة العليا للدولة وهذا هو التردي والسقوط لأية دولة تتوسل بالكذب لتدوم.

وإذا كان الفكر الغربي يتبجح بكتاب (الأمير) الذي يدله على الكذب والخداع ويتوجه بالبطش والقوة الغاشمة، فإن الفكر الإسلامي يفخر بكتاب (سراج الملوك)[1]. لأبي بكر محمد الطرطوشي الذي كتبه قبل خمسة قرون من كتابة (الأمير) وقد كان (السراج) منهجاً للأمراء في التقيد بضوابط الخلق والدين والتوسل بالعدل في الحكم لا بالمكر والخديعة كما يأمر (الأمير)!!.

---

(١) أنور الجندي، الثقافة العربية، ص١٩٤.

رابعاً: النزعة العدوانية

ورثت أوربا النزعة الاستعمارية، واستعباد الآخرين، من أجل شهوة السيطرة، وفرض الهيمنة على الغير، من الإمبراطورية الرومانية وجذورها الإغريقية.

فكان الرومان يمتهنون الغزو والتحرش بمن حولهم، وأن مسلسل الحروب الدامية مع عدوهم التاريخي الفرس تحكي قصة الطواغيت وأقطاب العدوان، إلى أن جاء الإسلام وطهر الأرض من هذين الخصمين العدوانيين فقد بدأ تحرش الروم بالمسلمين في حياة الرسول الأكرم محمد صلى الله عليه وسلم ، ويروى أنه في سنة ٦٢٧م (السادسة للهجرة).. أن الرومان ألقوا القبض على (فروة بن عمر الجذامي) وهو من المسلمين وسجنوه ثم صلبوه على ماء يقال له (عفري) بفلسطين، وفي سنة ٦٢٩م (٨هـ) أوفد النبي صلى الله عليه وسلم جماعة قوامها خمسة عشر رجلاً إلى حدود شرق الأردن ليدعو الناس إلى الإسلام.. فخرج عليهم جمع غفير من الروم في مكان يقال له (طلة) بين الكرك والطفيلة وقتلوهم إلا واحداً لاذ بالفرار [1].

وكانت تجمعات الروم تهدد المسلمين حتى كان المسلمون يتوقعون هجوم الروم عليهم كل لحظة، ومما يدل على ذلك أن صحابياً في أثناء حياة الرسول الأكرم محمد صلى الله عليه وسلم ، دق باب عمر بن الخطاب في ليلة وعمر نائم، فهب عمر من نومه وهو يقول: ما هو؟ أجاءت غسان؟ وهذا يدل على مدى شعور المسلمين وهم في أول عهدهم بخطر الروم وعدوانيتهم. والتحسس الدائم والحذر من وقوع عدوانهم، وحتى بعد تحرير أرض العرب من رجسهم في عهد الخلفاء الراشدين (١١-٤٠هـ) رضوان الله عليهم لم تنته تحرشاتهم على ثغور المسلمين، لأن عدوانيتهم تدفعهم إلى ذلك وتوجوا هذه النزعة بشن حرب مسلحة نشطة ضد المسلمين في أسبانيا ابتداءً من عام ٩٧٠م، واستمرت حتى سقوط الدولة الأموية

---

(١) د. أحمد شلبي، الجهاد والنظم العسكرية في التفكير الإسلامي، ط٣، مكتبة النهضة، القاهرة، ١٩٨٢، ص٤٧.، نقلاً عن كولونيل فردريك: تاريخ شرق الأردن وقبائلها، ص٨٥.

في الأندلس في السنين الأولى من القرن الحادي عشر الميلادي، وشجع هذا السقوط الكنيسة والامراء الأوربيين بتحريض مباشر من البابا (بينيدكت الثامن) على غزو صقلية وسردينيا. ثم بعدها استعدت أوربا لشن عدوانها الأكبر والبدء بالحملة الصليبية الأولى في (تموز ١٠٩٦م) بـ (٦٠٠) ألف مقاتل لاحتلال القدس[١].

وتتابعت الحملات الصليبية على مدار ما يقارب القرنين، حيث كان الحملة التاسعة متعددة الأهداف.. فكان الملك الفرنسي (سانت لوسي) يطمح إلى احتلال تونس وحمل (الباب) على التنصير.. ولكنه مات ولم يحقق هدفه، وقاد ملك بريطانيا (إدوارد) حملة أخرى عام ١٢٧١م[٢]. احتل بها عكا ولكنه لم يستطع احتلال فلسطين وهي هدفه، وكانت هذه الحملة نهاية الحملات الصليبية الرسمية.. التي حملت الحقد والتعصب والخراب ضد بلاد المسلمين، مدفوعين بنزعتهم العدوانية وروح الاستعلاء الغاشمة التي ابتلوا بها.

"إن الحروب الصليبية لم تضع أوزارها إلا في نفوس المسلمين وفي عالم المسلمين، فأما في العالم الغربي فهي مشبوبة الأوار وهي تشغل من أذهان القوم وسياستهم مكاناً بارزاً، يبدو في شتى مناحي الحياة، ونحن بغفلة منقطعة النظير نقدم لهم العون والمساعدة في هذه الحرب المشبوبة الأوار"[٣].

فعلى مر التاريخ وقف المسلمون موقفاً حاسماً، من الصليبيين ومن تواطأ معهم "ففي ١٢٤٠م تواطأ إسماعيل صاحب دمشق مع الصليبيين على غزو مصر"

---

(١) مصطفى الطحان، فلسطين والمؤامرة الكبرى، تقديم مصطفى مشهور، ط١، المركز العالمي للكتاب الإسلامي، ١٩٩٤، ص٢١، وينظر: أدوارد فون زامباور، معجم الأنساب الأسرات الحاكمة في التاريخ الإسلامي، دار الرائد العربي، (بيروت، ١٩٥١م)، ص٢.

(٢) مصطفى الطحان، فلسطين والمؤامرة الكبرى، ص٢٨.

(٣) سيد قطب، معركة الإسلام والرأسمالية، ط٣، القاهرة، ١٩٦٦، ص٩٤.

ولكن أصالة هذه الأمة ونقاء عقيدتها حالت دون أغراض الصليبيين ودون من خان الأمة وتواطأ معهم "فقد انحازت عساكر الشام واستداروا في لحظة سريعة وانضموا إلى الجيش المصري ومالوا جميعاً على الجيش الصليبي فهزموه شر هزيمة"[١]. ويذكر ابن خلكان عن بعض عدوان الروم على أرض العرب المسلمين فيقول "ولما ملك الفرنج دمياط، في برها، وكان المسلمون قبالتهم في القرية المعروفة بالمنصورة، والبحر حائل بينهم، وهو بحر أشموم، نصر الله تعالى بمنه وجميل لطفه المسلمين عليهم.. ورحل الفرنج عن منزلهم ليلة الجمعة سابع شهر رجب سنة ثمان عشر وستمائة"[٢].

نعم لم تتوقف الحروب الصليبية ضد الإسلام وأهله، واستهدفوا كل بلدان المسلمين على الساحل الجنوبي للبحر المتوسط بعد أن قضوا على صروح الحضارة الإسلامية في السواحل الشمالية له أي في الأندلس وصقلية وجنوب إيطاليا وسردينيا، وظلت دول أوربا تكيد لهذه الأمة وتتوسل بكل وسائل الغزو والنهب والقرصنة، ومن الجهة الشرقية فإن روسيا تفعل نفس الشيء في البلقان ودول آسيا الوسطى والدول التي تطل على البحر الأسود وبحر قزوين وفعلت هذه الكماشة فعلها مع ازدياد التدهور والانحطاط في الدولة العثمانية وانحسارها إلى أن سقطت ضحية المخطط اليهودي الصليبي، بعد أن أرعبت أوربا زمناً طويلاً وزجرتها عن احتلال العالم الإسلامي لمدة أربعة قرون ودوخت أوربا الصليبية في مناوراتها معها عدة قرون[٣].

وأخيراً جاء (اللينبي) ليحتل مدينة القدس في ١١ كانون الأول ١٩١٧م. وقد اخترق آخر حصن للإسلام، ووقف خطيباً ليعلن بأن اليوم هو نهاية الحروب الصليبية[٤].

(١) المقريزي، تقي الدين أحمد بن عبد القادر، (ت٨٤٥هـ) السلوك لمعرفة دول الملوك، تحقيق محمد مصطفى زيادة، مطبعة دار الكتب المصرية، القاهرة، ١٩٣٤م، ٣٠٥/١.
(٢) ابن خلكان، أبو العباس شمس الدين أحمد بن محمد بن أبي بكر (ت٦٨١هـ)؛ وفيات الأعيان وأنباء أبناء الزمان، تحقيق د. إحسان عباس، دار صابر، بيروت، ١٩٧٧م، ٨٠/٥.
(٣) محمد قطب، كيف نكتب التاريخ الإسلامي، ص١٨٠.
(٤) مصطفى الطحان، فلسطين والمؤامرة الكبرى، ص٩٧.

"ويستشهد الدكتور الخالدي برأي كل من (غاردنر) و (ليفونيان) حول حقيقة الحروب الصليبية التي شنتها أوربا على العالم الإسلامي فقال: يقول غاردنر "لقد خاب الصليبيون في انتزاع القدس من أيدي المسلمين ليقيموا دولة أوربية – في قلب العالم الإسلامي.. والحروب الصليبية لم تكن لإنقاذ هذه المدينة، بقدر ما كانت لتدمير الإسلام". أما ليفونيان فيرى -وهو على حق-، أن الحروب الصليبية كانت أعظم مأساة نزلت بالصلات بين المسلمين والنصارى في الشرق الأدنى.. وتركوا بعدهم العداوة والبغضاء"[١].

ولقد كانت الحملة الصليبية الفرنسية إلى مصر بقيادة نابليون عام ١٧٩٨م مغلفة بحجج ومبررات واهية وكاذبة، أوهمت الشعب المصري بأنه جاء مسلماً وأنه جاء ليقطع الطريق الإمبراطوري إلى الهند عن بريطانيا وأنه محب ومخلص لحضرة السلطان العثماني، ومما جاء بمنشور بونابارت إلى المصريين بعد احتلاله الإسكندرية "أيها المشايخ والقضاة والأئمة والجريجبية وأعيان البلد قولوا لأمتكم أن الفرنساوية هم أيضاً مسلمون مخلصون واثبات ذلك انهم قد نزلوا في رومية الكبرى وخربوا فيها كرسي البابا الذي هو دائماً يحث النصارى على محاربة الإسلام"[٢].

لقد صدق وهو الكذوب، أنه صدق في أن البابا يحث الأوربيين وعموم النصارى على حرب الإسلام، وأهله، وكذب في ادعائه الإسلام، لأنه فضح نفسه عندما ألقى بعمامته ونزع بردته ليبقى ببزته الحربية وليصدر منشوراً آخر بالفرنسية وليس بالعربية موجهاً إلى جيش فرنسا الغازية المعتدية يأمره بضرب الأزهر وبيوت

(١) الدكتور مصطفى الخالدي، د. عمر فروخ، التبشير والاستعمار في البلاد العربية، ط٣، المكتبة العصرية، بيروت، ١٩٥٦م، ص١١٥.

(٢) عبد الرحمن الجبرتي، عجائب الآثار في التراجم والآثار، دار الجيل، بيروت، ب.ت، ص١٨٢-١٨٣.

الـلـه بالمدافع عندما بان غرضه الحقيقي، إنه جاء للاحتلال والإذلال وتدمير الإسلام وإحياء الفرعونية ومنافسة بريطانيا في مناطق النفوذ. فخاب وخسر المعركة لأنه كذب على الـلـه وعلى عباده، ولم يفلح في أية معركة بعدها حتى مع غير المسلمين وبقي يتساقط كيانه ومجده إلى أن نبذ من قبل أهله وذويه وأمته الفرنساوية! هذا هو مصير من يحارب الـلـه ودين الـلـه وعباد الـلـه، ولم يخلص له بعدها إلا أهل التغريب من بعض أبناء مصر المغفلين الذي بقوا يروجون بين أبناء الأمة أن الحملة الفرنسية كانت فتحاً، ويدرسون في مناهج التعليم (فوائد الحملة الفرنسية، وببلاهة وغفلة -أو بخبث وسوء نية- يتجاهلون الأهداف الحقيقة للحملة، وأهداف المطبعة، والبعثة "العلمية"[1] التي تهدف إلى إحياء تراث الفراعنة وإلى طمس معالم الحضارة العربية الإسلامية في مصر.

وجاء الإنكليز بحملة صليبية من لون آخر واحتلوا مصر بعد اندحار العدوان الفرنسي، وكان الإنجليز أكثر مكراً وخبثاً ودهاءً من الفرنسيين واستطاعوا أن يستبعدوا أخطاء نابليون، وأن يصلوا إلى غاياتهم بأسلوب (بطيء لكنه أكيد المفعول) عندما جاء كرومر[2]. بالمستشرق الذكي (دانلوب) ليضع خطة تعليمية أشد فتكاً من مدافع نابليون، هدفها إبعاد الشباب المسلم عن دينه وعن تراثه وعن أمجاده وقيمه ويوقعه في آفة (التبعية الفكرية للغرب) والتنكر لعقيدته وفكره الإسلامي الأصيل، والاستخفاف بدور العرب في الحضارة الإنسانية وإلغاء دور اللغة الفصحى وإبدالها بالعامية واللاتينية والدس والتشويه الصريح والمبطن للتاريخ والحضارة الإسلامية، يعرضها مستشار وزارة المعارف المصرية (دانلوب) وكأنها صفحة سوداء في حين يعرض التاريخ الأوربي وكأنه صفحة مشرقة بيضاء[3].

---

(١) محمد قطب، واقعنا المعاصر، ١٩٩/١.

(٢) أنور الجندي، اليقظة الإسلامية في مواجهة التغريب، دار الاعتصام، القاهرة، ب.ت، ص١٢١.

(٣) محمد قطب، كيف نكتب التاريخ الإسلامي، ص٨٧.

الفصل الثالث

أوجه الصراع وتاريخه

وأثر المواجهة بين الفكرين

المبحث الأول

مواجهة بعض الحركات الهدامة التي يدعمها الفكر الغربي

أولا: الغلو والحركات الباطنية

ثانيا: البابية والبهائية

ثالثاً: القاديانية

المبحث الثاني

مقاومة وسائل الغزو الغربي

أولا: أساليب الاستعمار والغزو المسلح

ثانياً: مكائد حملات التنصير

ثالثاً: دسائس نماذج من المستشرقين

المبحث الثالث

التصدي للتضليل الفكري الغربي

أولا: النزعة اللادينية والتغريب

ثانياً: الحركة الصهيونية

ثالثاً: العولمة

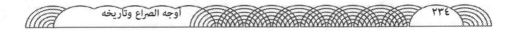

المبحث الأول

مواجهة بعض الحركات الهدامة التي يدعمها الفكر الغربي

أولاً: الغلو والحركات الباطنية

الغلو: في اللغة: هو مجاوزة الحد[(١)].

والغلو اصطلاحاً: هو موقف مبالغ فيه يقفه إنسان من قضية عامة أو خاصة بشكل متطرف يتجاوز حدود المألوف والمعقول والمقبول، فقد عرف ابن خلدون (ت٨٠٨هـ) الغلاة بقوله:

"تجاوز حد العقل والإيمان في القول بألوهية الأئمة إما على أنهم بشر اتصفوا بصفات الألوهية أو أن الإله حل في ذاتهم البشرية"[(٢)].

ويبدو أن بداية حركات الغلو في التاريخ العربي الإسلامي كانت من حيث بعدها السياسي، ظهرت مع ما يسمى بالسبئية، نسبة إلى عبد الله بن سبأ اليهودي (ت٤٠هـ) الذي تستر بالإسلام وهو يحمل الإرث المجوسي والحقد اليهودي على الإسلام، فبدأ ينفث سموم أفكاره المغالية التي خرجت عن الإسلام الصحيح في عهد الراشدين (رضوان الله عليهم). فقد آثار الفتنة على الخليفة عثمان بن عفان

---

(١) ابن منظور، لسان العرب، ١٢٤/١٥-١٢٢، وينظر الجوهري، معجم الصحاح في اللغة، ص٨٢٦.

(٢) ابن خلدون، عبد الرحمن بن محمد، (ت٨٠٨هـ)، المقدمة، مطابع دار الطباعة العربية، بيروت، ١٩٥٦، ص٨٣٢.

(٢٣-٣٥هـ)[١] رضي الـلـه عنه يقول ابن حزم (ت٤٥٦هـ) في عبد الـلـه بن سبأ هذا "أنه لعنه الـلـه أظهر الإسلام لكيد أهله، فهو كان أصل إثارة الناس على عثمان رضي الـلـه عنه "[٢].

"فالخليفة لا يقتل في (الغلس) كما كان الأمر مع الخليفة عمر بن الخطاب (١١-٢٣هـ) رضي الـلـه عنه وإنما يقتل الخليفة في وضح النهار، وهذا ما حصل مع ذي النورين رضي الـلـه عنه . ثم تعصف الفتنة بالمسلمين مرة أخرى بتدبير هذا اليهودي الخبيث، وتبلغ الفتنة غايتها في معركة (الجمل")[٣]. وفي رواية للطبري (ت٣١٠هـ) عن دور السبئية الواضح في إفساد الاتفاق على الصلح مع سيدنا علي (٣٥-٤٠هـ) رضي الـلـه عنه فقد أثاروا الحرب بعد أن كان الاتفاق على حسمها قد تم. تقول الرواية: "وأقبل القوم وأمامهم السبئية يخافون أن يجري الصلح"[٤]. لقد تطرفت السبئية حتى قالت إن علياً كرم الـلـه وجهه لم يقتل وإنما الذي قتل هو الشيطان تصور بصورته، وتطرفت أكثر فقالت إن علياً رضي الـلـه عنه نبي ثم غلت فيه أكثر وزعمت أنه إله[٥] -تعالى الـلـه عما يشركون علواً كبيراً- هذا مثل على تطرف الغلاة ويبدو أنه (مثلاً) يكفي لبيان حقيقة السبئية وعبد الـلـه بن سبأ في فكره الهدام وجذوره اليهودية، وهذا يعطي صورة واضحة عن الفرق الغالبة وإن اختلفت أصولها ومشاربها وزمانها ومكانها. ولكن المهم أن نحصر أهداف الغلاة الرئيسية والتي تعد قواسم مشتركة بينهم أهمها:

١. هدم الدين، من خلال فكرة الحلول والتناسخ والتأليه والتشبيه والبدء.

---

(١) الطبري، أبو جعفر محمد بن جرير، (ت٣١٠هـ) تاريخ الأمم والملوك، تحقيق محمد أبو الفضل إبراهيم، دار المعارف، القاهرة ب.ت، ٣١/٤.

(٢) ابن حزم، علي بن محمد بن سعيد، (ت٤٥٦هـ)، الفصل في الملل والأهواء والنحل، المطبعة الأدبية، القاهرة، ١٩٠٢م، ١١٥/٢.

(٣) د. فاروق عمر فوزي، الخمينية وصلتها بحركات الغلو الفارسية وبالإرث الباطني، من منشورات منظمة المؤتمر الإسلامي الشعبي، بغداد، ١٩٨٨، ص٢٨.

(٤) الطبري، تاريخ الرسل والملوك، ١٢٦/٤.

(٥) البغدادي، الفرق بين الفرق، ص٢٢٤.

٢. إثارة الفتنة بين المسلمين، وإسقاط حكم الله في الأرض. فلم يكن اغتيال سيدنا علي بن أبي طالب رضي الله عنه إلا نتيجة للتصدع والاضطراب الذي أصاب دولة الخلافة الراشدة بعد مقتل عثمان بن عفان (رضي الله عنه) وتسرب الغوغاء، والغلاة في جسم المجتمع الإسلامي وصعوبة سيطرة الدولة عليهم، وإثارتهم للفتن والشغب وإشعال نار الحروب في عهد سيدنا علي رضي الله عنه ، ومن ثم خروجهم عليه بعد التحكيم في صفين، وانتشار أفكار الغلو والتطرف والتحزب التي تبناها السبئيون الذين انشقوا إلى تيارين متطرفين في عهد سيدنا علي رضي الله عنه وما بعده هما: الغلاة الباطنيون والخوارج"[١]. ونشأ من هذه وتلك العديد من الفرق الغالية، تختلف في أئمتهم ورؤسائهم ويلتقون في أهدافهم ومعتقداتهم، تلك المعتقدات والأفكار التي دسها اليهودي عبد الله بن سبأ في عقول ونفوس بعض من توهم أنه مخلص لآل البيت عليهم السلام فمضت سموم أفكاره تسري في جسم الأمة الغض بمكره ودهائه وبذلك نقل (الفكر اليهودي) وإرث قومه إلى هذه الأمة بقصد تحقيق كل أو بعض أهدافه في هدم الدين الإسلامي والأخذ بثأر خيبر، وضياع حلمهم بأن يكون آخر نبي من يهود. لقد أجمع أعلام الأمة من الأئمة والعلماء والمؤرخين على الدور الخطير الذي قام به هذا اليهودي الخبيث منذ دخوله بالإسلام (تقية) وتستراً على حقيقته اليهودية تيمناً بدخول (شاؤل) في النصرانية بقصد تحطيمها وقد فعل هذا الدور الذي لعبه من خلال الرسائل والزيارات والأسفار التي قام بها بشكل محموم خلال فترة قصيرة فبدأ رحلته بزرع الفتنة في مدينة الرسول صلى الله عليه وسلم ثم في مصر وهناك قام بتدبير المؤامرة لقتل الخليفة عثمان رضي الله عنه وقد ذكر ابن كثير جانباً من هذه الحادثة عندما أورد

---

(١) علاء الدين المدرس، المؤامرة الكبرى في صدر الإسلام، دار الأنبار، بغداد، ١٩٩٩م، ص٣٧.

أحداث سنة (٣٥هـ) مع الأحزاب الذين قدموا من مصر لقتال عثمان رضي الله عنه بتحريض من ابن سبأ وتصوير هذه الفتنة جهاداً[١].

ويروي ابن عساكر انه ظهر في (دمشق)[٢] ويرد ابن السوداء الشام ويلتقي بأبي ذر رضي الله عنه ويهيجه على معاوية (٤٠-٦٠هـ)[٣]. ويصل البصرة لينزل على رجل موتور من بني عبد القيس هو اللص (حكيم بن جبله العبدي) كان سجيناً في البصرة، حتى نزل عليه ابن السوداء. وبعد معرفة والي البصرة (عبد الله بن عامر)[٤]. بلقاء اللص مع الخائن طرد الأخير من البصرة فتوجه إلى الكوفة وهكذا كان ابن سبأ أينما حل كان يؤلب الغوغاء على إمام المسلمين بقصد إثارة الفتن[٥].

هذا هو فعل الغلاة المتسترين بالإسلام، لقد استطاعوا في مدة قصيرة أن يفجعوا المسلمين بمقتل العديد من الخلفاء والأئمة وأن يتسببوا بإثارة الفتن الكبرى في صدر الإسلام وبعده.

فقد قتل أمير المؤمنين عمر بن الخطاب رضي الله عنه بمؤامرة ثلاثية أشخاصها يمثلون الغلاة من اليهود والفرس والروم.

١. كعب الأحبار اليهودي المتخفي في الإسلام، والمشهور بإسرائيلياته.

٢. الهرمزان، القائد الفارسي المجوسي المهزوم الذي أنعم عليه عمر بن الخطاب رضي الله عنه بالأمان في المدينة المنورة.

---

(١) ابن كثير، أبو الفداء إسماعيل بن عمر، (ت٧٧٤هـ)، البداية والنهاية، تحقيق محمد عبد العزيز النجار، مؤسسة دار العربي للنشر والتوزيع، طبع مطبعة السعادة، الرياض، ب.ت، ١٩٠/٧.

(٢) ابن عساكر، علي بن الحسن بن هبة الله، (ت٥٧١هـ) تاريخ مدينة دمشق، مخطوطة، المكتبة الأزهرية في القاهرة، برمز (٧١٤) ١٠٦٧٠، ورقة ١٢٣.

(٣) ابن الأثير، الكامل في التاريخ، ١١٤/٣.

(٤) الطبري، تاريخ الرسل والملوك، ٣٢٦/٤.

(٥) سليمان بن حمد العودة، عبد الله بن سبأ وأثره في أحداث الفتنة في صدر الإسلام، ط٣، طبع دار طيبة، الرياض، ١٩٩٢، ص٤٩.

٣. جفينة العبادي من نصارى الحيرة.

وكان أداة التنفيذ هو (أبو لؤلؤة) فيروز المجوسي وهو (عبد) عند المغيرة بن شعبة. قتله بخنجر له راسان[١].

وباستشهاد سيدنا عمر رضي الله عنه ثلم حصن الإسلام، كما قال الصحابي الجليل عبد الله ابن مسعود (ت٣٢هـ) رضي الله عنه وهو يبكي "إن عمر كان حصناً للإسلام يدخلون فيه ولا يخرجون منه، فلما مات عمر انثلم الحصن فالناس يخرجون من الإسلام"[٢]. وهذا سعيد بن زيد بن عمرو بن نفيل (ت٥١هـ) يبكي لمقتل عمر رضي الله عنه ويقول "ان موت عمر ثلم الإسلام ثلمة لا يرتق إلى يوم القيامة"[٣].

واستشهد الخليفة عثمان بن عفان رضي الله عنه بمؤامرة دبرها الغلاة وعلى رأسهم عبد الله بن سبأ اليهودي، ومن بعده استشهد الخليفة الراشد الرابع علي بن أبي طالب رضي الله عنه بمؤامرة من الغلاة الخوارج وإن قادة الخوارج الأول هم الذين قادوا الغوغاء الذين قتلوا عثمان رضي الله عنه وكان دور عبد الله بن سبأ في الحالتين واضحاً في الوصول إلى الأهداف المرسومة لتمزيق الأمة وانتشار التخريب والطائفية وأفكار الغلو والرفض والخروج والباطنية وغيرها من الأفكار الهدامة، التي سعى اليهود إلى نشرها بين المسلمين ومن بينها التشكيك في نوايا جيل الصحابة، وافتعال العداء والطعن والتجريح، وإثارة الفتن المتوالية التي شهدها التاريخ الإسلامي بتعاون اليهود مع الروم وبالتنسيق مع الجهلة والغلاة وأصحاب المصالح والأهواء الفاسدة والشعوبيين.

(١) الطبري، تاريخ الرسل والملوك، ١٩/٤.
(٢) ابن سعد، أبو عبد الله محمد بن سعد الزهري، (ت٢٣٠هـ)، الطبقات الكبرى، طبعة دار صادر، بيروت، ب.ت، ٣٧١/٣.
(٣) ابن سعد، الطبقات الكبرى، ٣٧٢/٣.

اجنحة الغلاة:

١. الشعوبية:

الذين يعرفهم الجاحظ (ت٢٥٥هـ) بقوله "إن الشعوبية هم المبغضون لآل النبي صلى الله عليه وسلم وأصحابه ممن فتح الفتوح وقتل المجوس وجاء الإسلام.. واعلم أنك لم تر قوماً أشقي من هؤلاء الشعوبية ولا أعدى على دينه ولا أشد استهلاكاً لعرضه ولا أطول نصباً ولا أقل غنماً من أهل هذه النحلة"[١]. ويرى البغدادي (ت٤٢٩هـ) في الشعوبية بأنها "تفضيل العجم على العرب ويتمنون عودة الملك إلى العجم"[٢]. ويعرفها الدوري بأنها "الحركات السرية التي تتظاهر بالإسلام وتعمل على هدم السلطان العربي الإسلامي أو على هدم الإسلام أو الاتجاهات التي تحاول نسف الإسلام والعرب من الداخل"[٣]. ويعدّها السامرائي "مظاهر معادية للإسلام عقيدة ونظاماً"[٤].

وهكذا تلتقي الشعوبية مع الباطنية تحت مضلة الغلاة أعداء الله ورسوله وأعداء العروبة والإسلام وان عقائد الشعوبية لها صلة وثيقة بالعقائد الباطنية.

٢. الباطنية:

يقول الإمام الغزالي (ت٥٠٥هـ) "إنهم لقبوا بالباطنية لدعواهم أن لظواهر

---

(١) الجاحظ، أبو عثمان بن بحر، (ت٢٥٥هـ) البيان والتبيين، تحقيق عبد السلام محمد هارون، ط١، مطبعة لجنة التأليف والترجمة والنشر، (القاهرة، ١٩٤٩م، ٣/٢٩-٣٠.

(٢) البغدادي، الفرق بين الفرق، ص٢٨٥.

(٣) عبد العزيز الدوري، الجذور التاريخية للشعوبية، ط١، دار الطليعة، بيروت، ١٩٦٢م، ص١٢.

(٤) عبد الله سلوم السامرائي، الشعوبية حركة مضادة للإسلام والأمة العربية، المؤسسة العراقية للدعاية والطباعة، ص٤٧.

القرآن والأخبار بواطن تجري في الظواهر مجرى اللب من القشر"[١]. ويعرفهم الشهرستاني: "أولئك الذين يجعلون لكل ظاهر باطناً ولكل تنزيل تأويل"[٢].

"وقد أطلق اسم (الباطنية) على فرق عديدة متباينة وحركات خطيرة هدامة، يدعى بعضها الإسلام كالإسماعيلية والبهائية، كما أطلق على فرق ليست إسلامية كالمزدكية"[٣] بمصطلح الباطنية مشترك بين عدة مذاهب يجمعها وصف عام هو:

أ. التأويل الباطني لظواهر النصوص الشرعية.

ب. وتمييز كل منها بطبيعة خاصة، ومنهج خاص، وأساس فكري وفلسفي مميز تستند إليه في تأويلاتها. لهذا فالفكر الباطني الرمزي يعني: "الاتجاه الذي يعمل على تجسيد الفكرة في هيئة شكل أو صورة، أو يفسر الصورة الحسية والأشكال تفسير تأويل[٤].

وقد أطلق الإمام الغزالي لقب الباطنية على ثمان فرق، هي (التعليمية) و (الباطنية) و (البابكية) و (المحمرة) و (الحزمة) و (الإسماعيلية) و (القرمطية) و (السبعية)[٥]. ويقول في هذا الدكتور محسن عبد الحميد: "ولهذا يكاد ينعقد إجماع الباحثين والعلماء المحققين، مسلمين وغيرهم، ان الباطنية هي كبرى حركات

---

(١) الغزالي، أبو حامد، (ت٥٠٥هـ) فضائح الباطنية، تحقيق د. عبد الرحمن بدوي، الدار القومية للطباعة والنشر، القاهرة، ١٩٦٤، ص١١.

(٢) الشهرستاني، ابو الفتح محمد عبد الكريم أحمد، (ت٥٤٨هـ)، الملل والنحل بهامش كتاب الفصل في الملل والأهواء والنحل، المطبعة الأدبية، القاهرة، ١٩٠٢م، ٢٩/٢.

(٣) دائرة المعارف الإسلامية، الترجمة العربية، طبعة دار الشعب، ٨٦/٦.

(٤) د. خليل رجب الكبيسي، التأويل الباطني للقرآن الكريم، ص٩٠.

(٥) الإمام الغزالي، فضائح الباطنية، ص١١-١٧.

التحريف في تاريخ الإسلام. أرادت أن تظهر عقائدها وأهدافها الحقيقية متسربلة بمبدأ التأويل الباطني للقرآن الكريم، متجاهلة الضوابط النقلية والعقلية والأصولية التي أجمع عليها المفسرون والأصوليون الثقات في تفسير الآيات القرآنية، وكانوا دائماً يحذرون من أن إسباغ المعاني الباطنية على النص القرآني معناه إلغاؤه والقضاء عليه وعلى كل ما ورد فيه من عقائد وأحكام وأخلاق"[(١)].

كما يرجح الكثير من الباحثين والمؤرخين أن هذه الحركة مبعثها يهودي، حيث تقدم أن عبد الله بن سبأ كان رأس الفتنة والغلو والتأويل الباطني[(٢)].

يقول الإمام الغزالي، واصفاً الباطنية "أما الجملة فهو مذهب ظاهره الرفض وباطنه الكفر المحض"[(٣)].

تحديات الحركات الباطنية:

تشكل الحركات الباطنية تحديات خطيرة ضد العقيدة والفكر الإسلامي وحضارته ووجوده ويمكن بيان هذه التحديات من خلال العقائد والأهداف والوسائل التي تعتمدها هذه الحركات وهي بإيجاز:

---

(١) د. محسن عبد الحميد، تطور تفسير القرآن، قراءة جديدة، دار الكتب للطباعة والنشر، جامعة الموصل، ١٩٨٩م، ص١٧١.

(٢) د. حسن حميد عبيد الغرباوي، الشعوبية ودورها التخريبي في مجال العقيدة الإسلامية، طبع دار الشؤون الثقافية العامة، بغداد، ١٩٩١م، ص٧٢.

(٣) الإمام الغزالي، فضائح الباطنية، ص٣٧.

العقائد الرئيسية للباطنية

١. الحلول:

يقول الشهرستاني: "وهو أن يحل الله سبحانه وتعالى عما يصفون علواً كبيراً بذاته أو بروحه في البشر، الحلول قد يكون بجزء كإشراق الشمس في كوة وقد يكون الحلول بكل كظهور الملك بشخص"[١]. "وإنما نشأت شبهاتهم من مذاهب الحلولية ومذاهب التناسخية ومذاهب اليهود والنصارى، إذ اليهود شبهت الخالق بالخلق، والنصارى شبهت الخلق بالخالق فسرت هذه الشبهات في أذهان الغلاة"[٢]. وكذلك قال الإمام الغزالي وابن خلدون و (الحلول يوافق مذهب النصارى)[٣]. "ومن القائلين بالحلول عبد الله بن سبأ اليهودي الذي زعم أن علياً نبي، ثم غلا فيه، حتى زعم أنه إله بحلول روح الإله فيه، وتبعه قوم في الكوفة فلما سمع بهما الإمام علي رضي الله عنه أمر بإحراق قوم منهم وخشي الفتنة فنفى ابن سبأ إلى المدائن.. إن مبدأ الحلول هذا يؤدي إلى هدم ركن التوحيد وإلى هدم النبوة"[٤].

٢. التناسخ:

وهو رد الروح إلى بدن غير البدن الأول وهو فرع من القول بالحلول. ومن الفرق القائلة بالتناسخ على سبيل المثال (البيانية) أتباع (بيان بن سمعان القائل "ان روح الإله تناسخت في الأنبياء والأئمة، حتى صارت إلى أبي هاشم عبد الله بن

---

(١) الشهرستاني، الملل والنحل، ١٧٥/١.

(٢) الشهرستاني، الملل والنحل، ١٠/٢.

(٣) الإمام الغزالي، فضائح الباطنية، ص١١٠، وينظر ابن خلدون، المقدمة، ص١٩٨.

(٤) د. قحطان عبد الرحمن الدوري، الحركات الهدامة في الإسلام، ضمن بحوث الندوة الفكرية الأولى لكلية الشريعة في بغداد مع آخرين، مطبعة الارشاد، بغداد، ١٩٨٦م، ص١٥.

محمد بن الحنفية، ثم انتقلت إليه منه -يعني نفسه- فادعى لنفسه الربوبية على مذاهب الحلولية"[١]. والقائلون بالتناسخ ينكرون يوم الحساب لقولهم "ليس قيامة ولا آخرة، وإنما هي أرواح تتناسخ في الصور، فمن كان محسناً جوزي بأن تنقل روحه إلى جسد لا يلحقه فيه ضررٌ ولا ألم ومن كان مسيئاً جوزي بأن تنقل روحه إلى أجساد يلحق الروح في كونه فيها الضرر والألم، وليس شيء غير ذلك، وان الدنيا لا تزال أبداً هكذا"[٢].

يقول الدكتور محمد رمضان: "إن فكرة التناسخ تلغي الإيمان باليوم الآخر من أساسه، وأنها تتنافى مع عقيدة المسلمين باليوم الآخر الذي علم من الدين بالضرورة.. ويظهر أن فكرة التناسخ قد تسربت إلى عقيدة الغلاة، بعد حركة الفتوحات الإسلامية... وكانت فكرة التناسخ.. عند بعض طوائف اليهود، والبراهمة، والمزدكية من المجوس وبعض فلاسفة الإغريق"[٣].

٣. التأويل الباطني:

التأويل: هو صرف الكلام عن ظاهره إلى وجه يحتمله، أوجبه برهان قطعي في القطعيات وظني في الظنيات. وبعبارة أخرى، هو صرف اللفظ عن معناه الظاهر إلى معنى آخر غير ظاهر، أو صرف اللفظ من المعنى الراجح إلى المعنى المحتمل المرجوح لدليل يقترن به. والتأويل -كما يقول ابن تيمية رحمه الله- "يحتاج إلى دليل، والمتأول عليه وظيفتان: بيان احتمال اللفظ للمعنى الذي يدعيه، وبيان الدليل الموجب للصرف إليه عن المعنى الظاهر"[٤].

---

(١) البغدادي، الفرق بين الفرق، ص٢٣٧.
(٢) الأشعري، أبو الحسن علي بن إسماعيل، (ت٣٢٤هـ)، مقالات الإسلاميين واختلاف المصلين، تحقيق محمد محي الدين عبد الحميد، مطبعة السعادة، القاهرة، ١٩٥٤م، ١/ ١١٤.
(٣) الدكتور محمد رمضان عبد الله، عقيدة النصيرية، ضمن بحوث الندوة الفكرية الأولى، كلية الشريعة، ص٦٩.
(٤) ابن تيمية، الإكليل في المتشابه والتأويل، ص٢٣.

"أما التفسير فهو بيان معنى اللفظة القريبة أو الخفية"[(١)].

"وطريقة التأويل بشرطها هي الأقرب إلى الحق، كما رأى العز بن عبد السلام (ت٦٦٠هـ) ويعني بشرطها أن يكون على مقتضى لسان العرب"[(٢)].

أما التأويل الذي ذهبت إليه كثير من فرق الباطنية، تأييداً لدعواها مع اصطدامها بالأصول التي وردت في ظاهر القرآن الكريم والسنة فهو التأويل المرفوض. ومنه، تأويل الخطابية قوله تعالى (فَإِذَا سَوَّيْتُهُ وَنَفَخْتُ فِيهِ مِنْ رُوحِي فَقَعُوا لَهُ سَاجِدِينَ)[(٣)]. قالوا: "فهو آدم ونحن ولده، وعبدوا أبا الخطاب وزعموا أنه إله وزعموا أن (الصادق) إلههم أيضاً إلا أن أبا الخطاب أعظم منه وأعظم من علي"[(٤)].

وكذلك قول الأزارقة من الخوارج في تأويل قوله تعالى (وَمِنَ النَّاسِ مَنْ يُعْجِبُكَ قَوْلُهُ فِي الْحَيَاةِ الدُّنْيَا وَيُشْهِدُ اللَّهَ عَلَى مَا فِي قَلْبِهِ وَهُوَ أَلَدُّ الْخِصَامِ)[(٥)].

انهم يقولون "إن هذه الآية نزلت في شأن الأمام علي بن أبي طالب رضي الله عنه "[(٦)]. والمنصورية أصحاب أبي منصور العجلي الذي قال: إن الميتة والدم ولحم الخنزير والخمر والميسر وغير ذلك من المحارم حلال، وقال: لم يحرم الله ذلك علينا، ولا حرم شيئاً تقوى به انفسنا، وانما هذه الأشياء أسماء رجال حرم الله سبحانه

(١) النووي، ابن زكريا يحيى بن شرف، تهذيب الأسماء واللغات، المطبعة المنيرية، القاهرة، ب.ت، ١٥/٢.
(٢) القدسي، ابن أبي شريف، المسامرة بشرح المسايرة، مطبعة السعادة، القاهرة، ب.ت، ص٣٧.
(٣) سورة ص، الآية: ٧٢.
(٤) الأشعري، مقالات الاسلاميين، ٧٧/١.
(٥) سورة البقرة، الآية: ٢٠٤.
(٦) الشهرستاني، الملل والنحل، ١٢٠/١.

ولايتهم، وتأول في ذلك قوله تعالى: (لَيْسَ عَلَى الَّذِينَ آمَنُوا وَعَمِلُوا الصَّالِحَاتِ جُنَاحٌ فِيمَا طَعِمُوا)[١]. "واسقط الفرائض، وقال هي اسماء رجال اوجب الـلـه ولايتهم"[٢].

٤. التشبيه:

وهو: تشبيه ذات الـلـه جل في علاه بذات المخلوقين وتشبيه صفاته تعالى بصفات غيره. ومن هذه الفرق (البيانية) أتباع بيان بن سمعان الذي "زعم أن معبوده إنسان من نور على صورة الإنسان في أعضائه، وأنه يفنى كله إلا وجهه"[٣].

ومنهم المنصورية: أتباع أبي منصور العجلي الذي شبه نفسه بربه، وهو الكسف الساقط من السماء[٤]. المذكور في قوله تعالى: (وَإِنْ يَرَوْا كِسْفًا مِنَ السَّمَاءِ سَاقِطًا يَقُولُوا سَحَابٌ مَرْكُومٌ)[٥].

ومن التشبيه أيضاً تشبيه الأئمة بالأنبياء أو بالإله -تعالى الـلـه عما يصفون علواً كبيراً- "فقد زعم أبو الخطاب محمد بن أبي زينب مولى بني أسد: بأن الأئمة أنبياء، ثم زعم أنهم آلهة، وأن أولاد الحسن والحسين كانوا أبناء الـلـه وأحباءه"[٦]. أما الذَمَية منهم فقوم زعموا أن علياً هو الـلـه، وشتموا محمداً صلى الـلـه عليه وسلم وزعموا ان علياً بعثه لينبئ عنه فادعى لنفسه أن هذه الأوصاف التي تقدمت هي محاولة العودة بالناس إلى الوثنية لأن الوثنية تصور الإله مجسماً بتمثال أو إنسان ونحوه على الأرض وبهذه الأفكار والمعتقدات تهدم معاني الإيمان بالله ووحدانيته. كما أن هذه الفرق خارجة

---

(١) سورة المائدة، الآية: ٩٣.
(٢) الأشعري، مقالات الإسلاميين، ٧٤/١-٧٥.
(٣) البغدادي، الفرق بين الفرق، ص٢٢٦.
(٤) الشهرستاني، الملل والنحل، ١٧٩/١.
(٥) سورة الطور، الآية: ٤٤.
(٦) البغدادي، الفرق بين الفرق، ص٢٤٧.

عن الإسلام لكفرها بنبوة محمد صلى الله عليه وسلم [١]. "وتشبيه الأئمة بالأنبياء أو بالإله هو وضعهم في غير محلهم، وإخراج لهم من رتبة الإمامة"[٢].

أهداف الباطنية:

ويمكن تحديد الأهداف المركزية للحركات الباطنية بما يأتي:

١. هدم عقيدة التوحيد.

٢. إنكار البعث والآخرة.

٣. هدم مبدأ ختم النبوة.

٤. إسقاط التكاليف والفرائض الشرعية (هدم أركان الإسلام) وهي: (الصلاة، الصوم، الزكاة والحج).

٥. تحريف القرآن الكريم والطعن فيه.

٦. تعمد الكذب على رسول الله صلى الله عليه وسلم ووضع الأحاديث الكاذبة.

٧. الدس في تاريخ الأمة وتشويه الحضارة الإسلامية والطعن في الصحابة رضي الله عنهم .

٨. تقويض الحكم العربي الإسلامي.

وسائل الباطنية:

تعتمد الباطنية أساليب ووسائل شتى للوصول إلى غاياتهم ولتحقيق أهدافهم

---

(١) البغدادي، الفرق بين الفرق، ص٢٥١.

(٢) عبد الله سلوم السامرائي، الغلو والفرق الغالية، طبعة وزارة الإعلام العراقية، بغداد، ١٩٧٢م، ص١٤٠.

وأهم هذه الوسائل هي:

١. التستر بالإسلام.

٢. التظاهر بحب آل البيت الأطهار عليهم السلام.

٣. اعتماد السرية والتكتم على خططهم ومآربهم.

٤. الغلو في الدين.

٥. التطرف واستخدام العنف والإرهاب والغدر.

٦. اعتماد أسلوب الاستدراج والتدرج في الدعوة إلى معتقداتهم.

٧. التواطؤ مع الجهات المعادية للعروبة والإسلام.

مواجهة الغلاة والحركات الباطنية:

إن عقائد جميع الغلاة ومنهم الفرق الباطنية التي ظهرت منذ العهد الراشدي تكاد تلتقي في بعض المعتقدات الرئيسية لهذه الفرق، والتي تعد قواسم مشتركة بينها رغم اختلاف أئمتهم ورؤسائهم وأوقات ظهورهم، كما أنها تعود إلى أصول مشتركة وتعتمد وسائل وأساليب تكاد تكون متشابهة وتهدف إلى غايات ومرامي واحدة، هذه بالنسبة للفرق الباطنية التي ظهرت في القرون الأولى من التاريخ الإسلامي وأما الحركات الهدامة التي هي ذيول لتلك الحركات والنحل مثل البابية والبهائية والقاديانية وغيرها، فسنعرض لها لاحقاً.

إن الرد على الغلاة جاء قوياً بكتاب الله العزيز، فكان النذير موجهاً لأهل الكتاب من اليهود والنصارى وتحذيراً لهذه الأمة بأن يعتبروا بمن قبلهم: قال تعالى: ﴿يَا أَهْلَ الْكِتَابِ لَا تَغْلُوا فِي دِينِكُمْ وَلَا تَقُولُوا عَلَى اللَّهِ إِلَّا الْحَقَّ﴾[1]. لكن الحبر اليهودي عبد الله بن سبأ قام بنقل إرث قومه البغيض ليصير كالوباء

(١) سورة النساء، الآية: ١٧١.

الوبيل الذي ابْتُلِيت به الأمة. فقد نشر سموم أفكاره بين الناس بمكر ودهاء للنيل من الإسلام وأهله وهدم الدين ودولته، متحدياً بذلك رب العزة وعقيدة التوحيد، وقال بتأليه الإمام علي رضي الله عنه [١]. بقوله: (أنت أنت!!). فكان الرد سريعاً والمواجهة قوية من سيدنا علي رضي الله عنه ومن آل البيت عليهم السلام من بعده ومن أئمة المذاهب والخلفاء والعلماء والأدباء تجاه الغلاة والنحل الباطنية كل من موقعه وقدرته على مواجهة هذا الخطر الذي يهدد الإسلام في عقيدته ودولته وحضارته[٢]. ونذكر هنا بعض ردود الفعل والاستجابة لهذه التحديات في مواجهة هذا الخطر.

١. قام سيدنا علي بن أبي طالب رضي الله عنه بمواجهة أوائل الغلاة والباطنية وعلى رأسهم عبد الله ابن سبأ، الذي قال بألوهية سيدنا علي والشرك بالله وهدم النبوة، غير مبالٍ بتحذير الله جل في علاه (يَا أَهْلَ الْكِتَابِ لَا تَغْلُوا فِي دِينِكُمْ وَلَا تَقُولُوا عَلَى اللَّهِ إِلَّا الْحَقَّ)[٣] وتمادى في غيه بعدما حرق بعض اتباعه ولم يأبه بقوله تعالى: (وَقَدْ قَدَّمْتُ إِلَيْكُمْ بِالْوَعِيدِ)[٤]. كما لم يبال بقول الرسول الأمين محمد صلى الله عليه وسلم "من كذب علي متعمداً فليتبوأ مقعده من النار"[٥]. وما كان من سيدنا علي رضي الله عنه بعد هذا العناد والإصرار على الباطل إلا أن نفى ابن سبأ إلى

(١) د. محمد أحمد الخطيب، الحركات الباطنية في العالم الإسلامي، ط١، مكتبة الأقصى، عمان، ١٩٨٤، ص٢٠.

(٢) ابن النديم، أبو الفرج محمد بن إسحاق، (ت٣٨٣هـ) الفهرست، دار المعرفة للطباعة والنشر، بيروت، ١٩٧٨م، ص٢٦٧.

(٣) سورة النساء، الآية: ١٧١.

(٤) سورة ق، الآية: ٢٨.

(٥) السيوطي، جلال الدين عبد الرحمن بن أبي بكر، (ت٩١١هـ)، اللالئ المصنوعة من الأحاديث الموضوعة، ١٨٠/٢.

المدائن. فلما قُتل عليه السلام زعم ابن سبأ أن المقتول لم يكن علياً وإنما كان الشيطان تصور للناس في صورة عليّ، وأن علياً صعد إلى السماء. وزعم بعض السبئية أن علياً في السحاب وأن الرعد صوته والبرق سوطه ومن سمع من هؤلاء صوت الرعد قال: عليك السلام يا أمير المؤمنين[١].

٢. وهكذا سار أئمة أهل البيت عليهم السلام على هذا النهج في التصدي لهذا الغزو المنظم للأفكار والمعتقدات الهدامة، ولقد وقف، سيدنا محمد الباقر (ت١١٤هـ) وقفة جريئة وحاسمة حين طرد المغيرة بن سعيد ونهره[٢].

٣. وطرده كذلك سيدنا جعفر الصادق (ت١٤٨هـ) أي المغيرة وكذلك تبرأ سيدنا الصادق • من أبي الخطاب الأسدي[٣]. وعنه أنه قال: حذروا على شبابكم الغلاة لا يفسدوهم فإن الغلاة شر خلق الله. يصغرون عظمة الله ويدعون الربوبية لعباد الله. وكان كتابه (توحيد المفضل) حرب على المانوية[٤].

٤. وأنكر سيدنا علي بن محمد العسكري من قال بتأويل الصلاة والزكاة برجال ولعن من قال بنبوة محمد بن نصير النميري (ت٢٧٠هـ)[٥].

٥. وكان دور الفقهاء كبيراً في الرد على خصوم الإسلام وتوضيح أسس الشريعة ومنهم:

أ. ورد الإمام أبو حنيفة النعمان (ت١٥٠هـ) بقوة على الغلاة وألف رسائل عدة وكان كتابه الفقه الأكبر حرباً على الجهمية والدهرية.

---

(١) البغدادي، الفرق بين الفرق، ص٢٢٥، ٢٣٣.
(٢) الكشي، أبو عمرو محمد بن عمر بن عبد العزيز، (ت٣٤٠هـ)، أخبار الرجال، بومباي، ١٩٠٠م، ١٤٦/٣.
(٣) الشهرستاني، الملل والنحل، ١٦/٣.
(٤) الصادق، جعفر بن محمد، (ت١٤٨هـ)، توحيد المفضل، طبع النجف، ١٩٥٠م، ص٢٥.
(٥) الكشي، أخبار الرجال، ٤٣٨/٣.

ب. وكذلك فعل الإمام مالك بن أنس (ت١٧٩هـ) عندما رد على أهل الخلاف بكتابه الموطأ.

جـ وقام الإمام الشافعي (٢٠٤هـ) بجهود كبيرة في هذا المضمار من خلال مؤلفاته واشهرها (الأم).

د. وكان دور الإمام أحمد بن حنبل (ت٢٤١هـ) في محاربة الغلاة بمسنده ورد على الجهمية والزنادقة بكتابه (الرد على الزنادقة والجهمية فيما شكت فيه من القرآن) الذي فند فيه أقوال الغلاة وثبت مبادئ الإسلام[١].

٦. كما كان للمحدثين جهوداً كبيرة ومتصلة في سبيل جمع الأحاديث واثبات صحتها وكشف الأحاديث الموضوعة من قبل الغلاة للطعن في الدين وهدم أركانه ومن أبرز هؤلاء المحدثين الأمام مالك وأصحاب الصحاح الستة وقد أدت هذه الجهود والدراسة المحكمة للحديث النبوي الشريف إلى ظهور علم خاص (نقد الرواة وتمحيصهم يعدّ من أروع منتجات الفكر الإسلامي)[٢]. (وصنفوا الأحاديث إلى صحيح وحسن ومقبول وضعيف وموضوع وصنفوها إلى درجات من حيث سلاسل الرواية)[٣]. وقد أثمرت هذه الجهود وأدت دورها.

٧. فهذا الخليفة هارون الرشيد يرد على أحد الزنادقة حين تحداه بقوله (فأين أنت

(١) كارل بروكلمان، تاريخ الأدب العربي، الترجمة العربية، ٢٧٣/٣، ٢٧٥، ٢٩٣.
(٢) الدكتور صالح أحمد العلي، التنظيمات الاجتماعية والاقتصادية في البصرة، ط١، مطبعة المعارف، بغداد، ١٩٥٣م، ص١٤.
(٣) الدكتور عبد العزيز الدوري، مقدمة في تاريخ صدر الإسلام، ط١، مطبعة المعارف، بغداد، ١٩٤٩م، ص١١.

عن ألف حديث وضعتها عن رسول الله صلى الله عليه وسلم ما فيها حرف واحد نطق به..فكان جواب الرشيد لهذا الزنديق: فأين أنت يا عدو الله من أبي إسحق الفزاري، وعبد الله بن المبارك (١٨١هـ) ينخلانها نخلاً[١].

٨. ورد الجاحظ (ت٢٥٥هـ) على الزندقة في كتاب الحيوان[٢]... وأخيراً أزهق الله الباطل.

٩. وكان لكتاب الأمة دورهم البارز في مواجهة الغلاة والباطنية والزنادقة والشعوبيين فقد ألفوا وصنفوا الكثير من الكتب لهذا الغرض ويمكن ذكر بعضهم وهم:

أ. فقد ألف أبو سعيد عثمان بن سعيد الدارمي (ت٢٨٠هـ) كتاباً في (الرد على الجهمية).

ب. وألف عبد الرحيم بن محمد بن عثمان الخياط (ت٣٠٠هـ) كتاب (الانتصار والرد على ابن الراوندي الملحد).

جـ. وألف أبو الحسن علي بن إسماعيل الأشعري (ت،٣٢٤هـ) كتاب (مقالات الإسلاميين).

د. وألف أبو عبد الملك محمد بن أحمد الخوارزمي (ت٣٨٧هـ) كتاب (مفاتيح العلوم).

هـ. وألف أبو منصور عبد القاهر البغدادي (ت٤٢٩هـ) كتاب (الفرق بين الفرق).

---

(١) ياقوت، شهاب الدين أبو عبد الله الحموي، (ت٦٢٦هـ)، معجم الأدباء، دار إحياء التراث، بيروت، ب.ت، ٢١٣/١.
(٢) الجاحظ، أبو عثمان عمرو بن بحر، كتاب الحيوان، تحقيق عبد السلام هارون، مطبعة الحلبي، القاهرة، ١٩٤٧، ٥٧/١.

و. وابن حزم (ت٤٥٦هـ) الف كتاب (الفصل في الملل والأهواء والنحل).

ز. وأبو المظفر الإسفاريني (ت٤٧١هـ) ألف كتاب (التبصير في الدين وتمييز الفرق الناجية).

ح. أما الإمام الغزالي (ت٥٠٥هـ) فقد ألف كتاب (فضائح الباطنية) وكتاب (فيصل التفرقة بين الإسلام والزندقة).

ط. وألف أبو الفتح الشهرستاني (ت٥٤٨هـ) كتابه (الملل والنحل).

ي. رد بعض كتاب المعتزلة على الفرق الغالية القائلة بالتشبيه وناصروا مبدأ التوحيد. وان هؤلاء الأعلام جندوا أقلامهم ومؤلفاتهم لحرب الباطل وأهله ونصرة الإسلام وعقيدته الصافية وفكره الأصيل وفضح عقائد الغلاة وأباطيل الباطنية.

وساهم المؤرخون والشعراء واللغويون في الدفاع عن الحضارة الإسلامية واللغة العربية. وواجهوا الحركات الهدامة وأفكارهم الباطلة بكل قوة.

ك. وكان لشيخ الإسلام ابن تيمية (ت٧٢٨هـ) دورٌ كبيرٌ في الرد على الباطنية والقرامطة ونقض كلام القدرية وقد ساهمت مؤلفاته في هذا المجال ومنها:

كتاب بغية المرتاد في الرد على المتفلسفة والقرامطة والباطنية (مطبوع ضمن مجموعة الفتاوى) وكتاب منهاج السنة النبوية في نقض كلام الشيعة القدرية وكان في علمه وجهاده ومنطقه وكلامه أمة في كيانه وقارع معاول الهدم وغلاة الدين وأظهره الله عليهم.

ثانياً: البابية والبهائية

البابية والبهائية كلتاهما حركة دينية -سياسية ذات طبيعة باطنية مغالية هدفها هدم الإسلام وشريعته نشأت بتدبير من أعداء الأمة، بحجة الإصلاح الديني والاجتماعي المزيف، وباسم التآخي بين الناس على اختلاف أديناهم ومذاهبهم وقومياتهم متوسلين بكل ما يشين إنسانية الإنسان لتشجيعهم الإباحية والعمل على التحلل من القيم والأخلاق ومحاربة الفكر الإسلامي وإلغاء الجهاد وتمزيق وحدة الأمة، وتحقيق أغراض العدو في بسط هيمنته على بلاد المسلمين، وقد مرت هذه الفرقة بمراحل:

١. البابية:

تعريفها: الباب، جمع أبواب، وسمي مؤسسها (الميرزا علي محمد رضا الشيرازي)[١]. بأنه هو الباب إلى المهدي المنتظر.

تاريخ إعلان الدعوة البابية: عندما بلغ الميرزا علي محمد الباب الـ (٢٥) سنة من عمره أعلن مبادئه في مدينة شيراز سنة (١٢٦٠هـ/١٨٤٤م)، وكان أول من آمن به هو (حسين المشروئي) فأعطاه الميرزا لقب (باب الباب).

(١) ولد الميرزا علي محمد رضا الشيرازي في شيراز من مدن إيران، عام ١٢٣٥هـ الموافق لعام ١٨١٩م، توفي والده وهو صغير فكلفه خاله (الميرزا علي الشيرازي). وعهد به الشيخ عايد، احد تلامذة (كاظم الرشتي).. ولم يدر أنه أوقع ابن أخته في فخ الرشتية -الذين يكفرهم علماء الإثنى عشرية- ولم يظهر الغلام في هذه الفترة الميل للدرس، فاضطر خاله أن يشركه معه في التجارة، ولما كبر استقل بالتجارة وفي أشغاله، فاشتغل بتسخير روحانيات الكواكب وهو من الخرافات، فأرسله خاله إلى كربلاء والنجف عند بلوغه العشرين من العمر، فتتلمذ على يد الرشتي ولازمه فعينه خلفاً له من بعد موته وأوصى له بأنه هو الذي سيدعي المهدية، وسافر الميرزا إلى مكة لغرض إعلان نفسه مهدياً -على أن المهدي يظهر بين المركز والمقام- ينظر في هذا، الدكتور محمد مهدي خان، مفتاح باب الأبواب، ص١٢٨-١٣٠، وعبد الرزاق الحسني، البابيون والبهائيون، ص١٤ نقلا عن الدكتور محسن عبد الحميد، حقيقة البابية والبهائية، مطبعة الوطن العربي، ط٤، بغداد، ١٩٨٠م، ص٣٩.

لقد جاءت البابية امتداداً للرشتية حيث استلم الميرزا الزعامة بعد وفاة شيخه كاظم الرشتي. وكان لليهود أثر في هذه الفرقة. يقول الشيخ محمد حسين آل كاشف الغطاء النجفي بأن البابية (حركة يهودية ظهرت في إيران في القرن التاسع عشر وتعدّ من أشهر الفرق التي هاجمت الدين الإسلامي...وارتكب البابيون من الفظائع وحرق القرى وذبح النساء والأطفال وقتل النفوس البريئة ما تقشعر له الجلود وتذوب من ذكره الأكباد..وحكمت (قرة العين) على عمها...فقطعوه بسيوفهم وقتلت المسلمين الرجال و الأطفال والنساء"[1].

وقرة العين هذه (فاطمة أم سلمى) وهي التي أطلقت على الميرزا بأنه الباب وكانت فارعة الجمال منحلة السلوك ومنحطة الأخلاق. والتقت هذه المرأة الفاجرة مع خرافات الميرزا -تسخير روحانيات الكواكب- فتوافقت إباحية قرة العين مع الجانب الخرافي (للباب) فجاءت معتقدات هذه الفرقة قريبة فكرياً من مفاهيم الغلاة الإباحيين والحلوليين ممزوجة بشيء من الشذوذ العقلي للميرزا،"حيث كان وهو في بوشهر يصعد إلى سطح الدار مكشوف الرأس، ويبقى ساعات طويلة من وقت الظهيرة إلى المغرب مستقبلاً قرص الشمس، متحملاً حرارتها الشديدة، ويكرر ذلك يومياً..مما أدى بخاله إلى أن ينظر إلى تصرفاته وسلوكه بعين الريبة"[2]. فإذا كانت هذه عقلية زعيم هذه الفرقة فكيف يمكن أن تكون عقيدته أنه يقول ما يشاء ويصنع ما يشاء ويبيح لاتباعه فعل ما يشاؤون. إن هذه الصلاحيات المطلقة جعلته ينتقل "من دور الباب للإمام المستور إلى الادعاء بأنه هو المهدي المنتظر لأن

(١) الشيخ محمد حسين آل كاشف الغطاء النجفي، كتاب الآيات البينات في قمع البدع والضلالات، جمع ونشر محمد عبد الحسين آل كاشف الغطاء، بغداد، ١٩٢٦م، ص٢٩-٣٠.

(٢) عبد الرزاق الحسني، البابيون والبهائيون، ص٧،٨، وينظر د. محسن عبد الحميد، حقيقة البابية، ص٤١ وما بعدها.

روح المهدي الغائب قد حلت فيه"[١]. وتجاوز ذلك إلى حد قوله بأنه نبي وقال:"ولقد بعثني الله بمثل ما قد بعث محمد رسول الله من قبل). وقال"لا تتبعن إلا ما نزل في (البيان) فان ذلك ما ينفعكم"[٢]. ثم ادعى الألوهية وسمى نفسه الأعلى[٣].

الميرزا يتجرأ على الله:

لقد تدرج هذا (المخبول) في عقيدته الباطلة من الباب واحد الأبواب إلى الإمام المنتظر ومنه إلى النبوة والرسالة، ولم يكتف بتقليد نفسه الألقاب حسب هواه، بل استهواه الشيطان إلى أن يدعي أنه إله -تعالى الله عما يصفون علواً كبيراً- وأخذ يشرع لأتباعه ما يشاء.

يقول الإمام الدهلوي في التحفة الأثنى عشرية "وقد ظهرت..طائفة يقال لها البابية، أصحاب سيرزا على الملقب بالباب، والباب واحد الأبواب... وقد أظهر هذا الباب شنائع كثيرة، منها زعمه ارتفاع فرضية الصلوات الخمس، وأنه سترفع فرضية الحج، وأنه يوحى إليه. وألف كتاباً زعم انه تفسير سورة يوسف مع أنه ليس فيه تفسير شيء من آياتها، وقد حشاه هذيانات، وحرف فيه آيات وزعم التحدي به، وذكر فيه أنه تحرم كتابته بالحبر الأسود المعروف، وأنه يحرم مسه لغير متطهر، إلى أمور أخرى شنيعة.."[٤] ويقول الدكتور ميرزا محمد مهدي خان عن الميرزا علي "ادعى أنه أفضل من الرسول الأعظم صلى الله عليه وسلم وأن كتابه (البيان) المفعم بالأخطاء، أفضل من القرآن الكريم، أنه يقول (إني أفضل من محمد كما أن قرآني

---

(١) عبد الرحمن الوكيل، البهائية تاريخها وعقيدتها، ص٣٦.
(٢) الميرزا علي الشيرازي، البيان، ص٨٥-٨٧، ملحق كتاب الحسني، البابيون والبهائيون، المذكور أعلاه.
(٣) الشيخ عبد الله النوري، البهائية سراب، دار العربية للطباعة والنشر والتوزيع، الكويت، ١٩٧٤م، ص٢٥.
(٤) الدهلوي، شاه عبد العزيز غلام حكيم، كتاب التحفة الإثنى عشرية، ترجمة غلام محمد بن محي الدين بن عمر الأسلمي، واختصره وهذبه العلامة محمود شكري الألوسي، تحقيق محب الدين الخطيب، ط٢، المطبعة السلفية، القاهرة، ١٩٦٧م، ص٢٢-٢٣.

أفضل من قرآن محمد"[(١)].

وبعد أن ادعى بأن (البيان) نسخ كتاب الله تعالى (القرآن)، تمادى أكثر وتجرأ ليعلن أنه الإله الحق، لأن روح الإله قد حلت فيه وهو يقول في البيان -كتابه المزعوم- "إنه حروف سبع.ع.ل.ي.م.ح.م.د أي (علي محمد) ويقول ما ترجمته من الفارسية (أنا قيوم الأسماء، مضى من ظهوري ما مضى، وصبرت حتى يمحص الكل ولا يبقى إلا وجهي واعلم بأنه لست أنا بل أنا مرآة فانه لا يرى فيّ إلا الله"[(٢)]. ويقول بروكلمان "البابية كانت في العقائد التي قال بها الشيعة دائماً وبخاصة الشيخية منهم ولكن علي محمد ذهب أبعد منها وسمى نفسه فيما بعد "نقطة أعلى" (النقطة العليا" أو (نقطة بيان) أي الوحي ثم دعا نفسه (القائم) (أي الرجل الذي سيقوم من آل الرسول في آخر الزمان. وكان آخر ما ذهب إليه أنه تجسد للوحي الإلهي ذاته الذي ظهر على الأرض لآخر مرة، قبل ظهوره هو لـ ١٢٧٠سنة، في شخص محمد الرسول. ومع الأيام ازداد تباعده، شيئاً بعد شيء، عن العقائد الإسلامية التي لزمها بادئ الأمر، ليخطو خطوات أخرى في سبيل تكوين عقيدته الخاصة..فإننا نجده يدعو نفسه بعد ذلك (المرآة) التي يستطيع المؤمنون أن يشاهدوا بها الله نفسه..وكان العدد (١٩) ذا قدسية خاصة عنده..ومن هنا قسم السنة إلى ١٩ شهراً والشهر إلى ١٩يوماً"[(٣)].

---

(١) الدكتور ميرزا احمد مهدي خان، مفتاح باب الأبواب، ص٢٠.

(٢) المرجع نفسه، ص١٠٠؛ وينظر كتاب الشرق الأوسط، مجموعة من الكتاب والمفكرين المسلمين، البهائية رأس الأفعى (أول محاكمة شرعية للبهائيين)، ط١، شركة المدينة للطباعة والنشر، ١٩٨٦/٥م، ص٧.

(٣) كارل بروكلمان، تاريخ الشعوب الإسلامية، ترجمة نبيه امين فارس ومنير البعلبكي، ط١، دار العلم للملايين، بيروت، ١٩٤٨م، ٦٦٥/٤-٦٦٦.

من خلال هذا العرض السريع للباب والبابية يبدو بأن الأدعاءات التي قال بها الميرزا على محمد الباب ذات جذور باطنية وهي كباقي الفرق الهدامة تنتهل ذلك المستنقع وهذا ما يرسخ الاعتقاد بأن الدوافع لهذه الفرق تكاد تتشابه وأن مبادئها تلتقي في قواسم مشتركة وكأن يداً واحدة هي التي رسمتها في الماضي، هي نفسها رسمتها بوجهها الكالح الجديد. لقد رسمت يد ابن سبأ (اليهودي) طريق الغلاة أولاً ووضعت بذور الفتنة وأنشأت مذاهب وعقائد وأفكاراً بعيدة عن العقيدة الإسلامية الصحيحة "ومن ابن سبأ هذا تشعبت أصناف الغلاة من الرافضة وعنه أخذوا القول بأن الجزء الإلهي يحل في الأئمة"[١].

يقول الدكتور محسن عبد الحميد: "إن الباطنية هي الأصل الذي تفرعت منه جميع الفرق الهدامة فهي تأخذ منها مبادئها على اختلاف أحوالها وظروفها الزمانية والمكانية، لأن الغاية واحدة هي، القول بأن الإسلام قد مضى عهده واستنفذت أغراضه وانتهى زمن رسول الله صلى الله عليه وسلم "[٢]. ويتضح لمن تتبع تاريخ الفرق الباطنية الهدامة أن كل ما ادعاه الميرزا علي زوراً ليس فيه شيء جديد، فقد سبقه متنبئون كثيرون وغيرهم ممن ادعوا الربوبية. فالوسائل التي لجأ إليها سلخها من رسائلهم"[٣].

أحبار اليهود ينتمون إلى البابية:

لقد تجاوز الحبران (الياهو) و (لازار) جدار (الجيتو) اليهودي وخالفا المألوف

---

(١) البغدادي، الفرق بين الفرق، ص١٨.

(٢) الدكتور محسن عبد الحميد، حقيقة البابية والبهائية، ص٤٤.

(٣) أجناس جولد زيهر، العقيدة والشريعة في الإسلام، ترجمة محمد يوسف موسى وآخرين، ط١، دار الكتاب المصري، القاهرة، ١٩٤٦م، ص٢٤٢؛ وينظر د. فاروق عمر فوزي، الخمينية وصلتها بحركات الغلو الفارسي وبالإرث الباطني، ١٢٢.

واسقطا شعار الحي المغلق عندما دخلا إلى الحركة البابية في همدان[١]. وانضم الكثير من يهود إيران تحت لواء هذه الحركة بصورة جماعية بإيعاز من دوائر اليهودية العالمية باعتبار أن هذه الحركة تستهدف القضاء على ملة الإسلام التي يشتد اليهود في معاداتها. ففي طهران مثلاً دخل (١٥٠) يهودياً وفي همدان (١٠٠) يهودي وفي كاشان (٥٠) يهودياً وفي كلباكيان٨٥ يهودياً[٢].

إن دخول هذا العدد الضخم من اليهود في مدة قصيرة جداً، في هذه الحركة، هو بدع من تاريخ اليهود، إذ لم يحدثنا التاريخ أن اليهود دخلوا إلى دين أو حركة بهذا العدد، لأنهم مغلقون على أنفسهم، ويعتقدون أنهم شعب الله المختار وأن بقية الناس من العامة على حد تعبيرهم.

إن دخول اليهود في هذه الحركة تحت شعار (وحدة الأديان والإنسانية) كان بتدبير الماسونية العالمية التي كان لها ركائز قوية في إيران، والتي يسيرها اليهود، قد سيطرت على الحركة البابية حتى توجهها لأغراضها الخاصة وهي تمكينها لتنفيذ مؤامراتها وإنشاء وطن قومي لليهود على ارض فلسطين وبالتالي القضاء على الروح الإسلامية وزحزحة المجتمع الإسلامي عن قيمه وتراثه وتعاليمه"[٣]. "ان اليهودية العالمية كانت وراء الحركة البابية، وأنهم دفعوا الميرزا على محمد لإعلان نفسه مهدياً جاء لنسخ شريعة الإسلام، وإلغاء الجهاد للقضاء على روح الكفاح في المجتمع الإسلامي"[٤].

---

(١) د. علي الوردي، لمحات اجتماعية من تاريخ العراق الحديث، مطبعة الشعب، بغداد، ١٩٧٢م، ١٧٥/٢.
(٢) محمد رزندي، مطالع الأنوار، ترجمة شوقي أفندي رباني، القاهرة، ١٩٤٠م، ص٥٣٤.
(٣) الدكتور فاروق عمر فوزي، الخمينية وصلتها بحركات الغلو الفارسية والإررث الباطني، ص١٢٢.
(٤) الدكتور محسن عبد الحميد، المرجع نفسه، ص١٧١.

٢- البهائية:

بعد أن هلك الميرزا علي محمد الباب[١]. توقفت البابية، لتبدأ مرحلة جديدة مع مفسر آخر وميرزا آخر هو الميرزا حسين علي[٢]. الذي لقب (بهاء الـلـه)، وإلى هذا تنسب البهائية، ولم يلبث هذا الرجل بعد تسلمه رئاسة الدعوة لهذه النحلة حتى اتهم بالاشتراك، في مؤامرة لاغتيال ناصر الدين شاه (ملك إيران)-آنذاك- انتقاماً لإعدام الباب، فاعتقل وأبعد إلى بغداد، وأقام بها اثنتي عشرة سنة يبث أفكاره المسمومة ويدعو الناس إلى ضلالته، وضج منه علماء العراق، فخرج مخذولاً وتوجه إلى إسلامبول وقاومه علماؤها، ونفي إلى أدرنة وبقي فيها خمس سنوات، ثم أرسلته حكومة الدولة العثمانية إلى سجن عكا في فلسطين عام ١٨٦٨م، وبعد أن أفرج عنه بقي في عكا يدعو إلى نحلته الضالة وقام بتأليف عدة كتب منها:

أ. الكتاب الأقدس، كتب بالعربية.

ب. وكتاب الأيقان، بالفارسية وقد ترجم إلى العربية واللغات الأجنبية.

جـ. وكتاب الهيكل، أكثره بالعربية.

د. والألواح، مجموعة رسائل بالعربية والفارسية[٣].

---

(١) أعدم الميرزا علي محمد في تبريز، أذربيجان، في ١٨٥٠/٧/٩ حسب المصادر البهائية اما المصادر الإيرانية فتقول انه أعدم في تموز من عام ١٨٤٩.

(٢) هو الميرزا حسين علي بن الميرزا عباس بزرك المازندراني، ولد سنة ١٢٣٣هـ الموافق سنة ١٨١٧م، بدأ حياته في طهران مع الصوفية، إلا انه صار من اتباع الميرزا علي محمد الباب بعد ادعاء الأخير المهدي، حضر مؤتمر برشت مع غانية البابيين (قرة العين) وبعد مقتل الباب عام ١٢٦٦هـ الموافق ١٨٥٠م، صار البهاء رأس البهائية ومؤسسها وهو إيراني مستعرب، اصله من بلدة نور (بمازندان)، وإليها نسبته، فيها ولد, وفي عكا هلاكه سنة ١٣٠٩هـ الموافق ١٨٩٢م.

(٣) هيوار CI. Huari، دائرة المعارف الإسلامية، ٢٢٧/٣-٢٣١؛ وينظر خير الدين الزركلي، الأعلام، ٢٤٩/٢.

ويدّعي الميرزا حسين علي أنه الموعود والذي ظهر إلى الوجود.. ويقول في زعمه أنه الألواح (قل يا ملأ القرآن قد أتى الموعود الذي وعدتم به) وقال أيضاً (قل يا قوم قد جاء الروح مرة أخرى ليتم ما قال من، كذلك وعدتم به في الألواح إن كنتم من العارفين)[١].

يحاول البهائيون بسذاجة أن يثبتوا للميرزا أنه المسيح المنتظر.

وكيف يكون البهاء مسيحاً وهو الذي آمن بمزاعم الميرزا علي محمد الباب الباطلة في ادعائه المهدية والنبوة. ثم اغتصب النيابة من أخيه (الميرزا يحيى نور) الذي انشق عن البهائية ودخل معه في صراع وأطلق على أتباع يحيى نور بالأزلية أو البيانية). وبذلك خان البهاء وصية أستاذه الباب الذي استخلف (يحيى نور) ولقبه (صبح أزل) فأخذها لنفسه وأصبح هو (بهاء الله) ثم تجرأ فادعى أنه الله بكل صفاته وذلك بتشجيع من الحكومتين الروسية والإنكليزية، واليهودية العالمية وقد جاء في أحد كتبه (إنه هو مالك الأسماء إنه لا إله إلا أنا المقتدر المتكبر المتعال على العالمين)[٢]. –تعالى الله عما يصفون علواً كبيراً– وبعد أن مات (بهاء الله) خلفه ولده (عباس ليسير على الطريق. وأسند الألوهية إليه من بعده بقوله "كتاب من الله العزيز الحكيم إلى الله اللطيف الخبير"[٣]. والبهائيون منطلقون من هذه العقيدة الباطلة شعارهم (بهاء الله الهي الأبهى)[٤] إنها نفس المبادئ التي سار عليها الباب ثم تبعه البهاء الأب ومن بعده الابن، لا غرابة في ذلك فاليد التي رسمت للباب هي التي رسمت للبهاء ومن بعده الابن والأتباع فالطريق واحد والغايات والدوافع

---

(١) الدكتور محمد مهدي خان، مفتاح باب الأبواب، ص٣٨٢.

(٢) موفق العمري، الماسونية والبهائية، ط١، مطبعة الحوادث، بغداد، ١٩٧٦م، ص٧٨–٧٩.

(٣) محب الدين الخطيب، البهائية، ص٢٧.

(٤) د. محسن عبد الحميد، حقيقة البابية والبهائية، ص١١٥.

واحدة نسجتها أيد يهودية لتشكل من الحركة البابية والبهائية تحديات جدية وخطيرة ضد الإسلام وعقيدته ضد المسلمين ومصيرهم وقد التقت مع اليهودية في هذا النسيج الجاسوسية الروسية ومصالح القيصرية الروسية وطموحاتها في الاستيلاء على ساحل المحيط الهندي[١].

"كما التقت مصلحة الروس مع مصلحة الدول الاستعمارية الغربية وعلى رأسها بريطانيا آنذاك ومؤسساتها الاستشراقية والتنصيرية، والجميع يلتقون على هدف واحد، هو هدم الإسلام، وتجزئة المسلمين وتوهين قواهم"[٢].

الأهداف الحقيقية للبابية والبهائية

١. هدم عقيدة التوحيد بادعاء كل من الباب رأس البابية والبهاء رأس البهائية وعبد البهاء، وريث البهاء وزعيم البهائية، وذلك لقولهم بحلول روح الله فيهم وادعى كل منهم بأنه إله من دون الله[٣].

"ويصرح البهائيون في كتبهم -الإيقان والأقدس والإشراقات- بأن الميرزا حسين البهاء هو ربهم)[٤].

ويقول السيد محمد رشيد رضا "ثم كأني من مناظرتي لميرزا فضل (الجرقادقاني) ما ألجأه إلى بيان اصل عقيدتهم، وأنهم يعتقدون بألوهية البهاء"[٥].

ويستشهد الدكتور محسن عبد الحميد بعبارة المستشرق نيكلسون الذي يقول فيها: "إن الإسلام يفقد معناه ويصبح اسماً غير مسمى لو أن عقيدة التوحيد المعبر

(١) بروكلمان، تاريخ الشعوب الإسلامية، ١٥٤/٣-١٦٧؛ وينظر د. فاروق عمر فوزي، الخمينية وصلتها بحركات الغلو الفارسية وبالإرث الباطني، ص١٢٠.
(٢) عبد الرحمن الميداني، أجنحة المكر الثلاثة، ص٢١٢.
(٣) جولد زيهر، العقيدة والشريعة، ص٢٤٢.
(٤) محب الدين الخطيب، البهائية، ص٣٧.
(٥) محمد رشيد رضا، تاريخ الإمام محمد عبدة، ٩٣٦/١.

عنها "لا إله إلا الله" أصبح المراد منها لا وجود على الحقيقة إلا الله، وواضح أن الاعتراف بوحدة الوجود في صورتها المحررة قضاء تام على كل معالم الدين المنزل ومحو لهذه المعالم محواً كاملاً"[١].

ويقول الجرقادقاني في (الحجج البهية) "ان البهائية عقيدتهم أسمى من جميع العقائد.. والأديان التي سبقتها لأن ظهور مظاهر الله في البهاء أسمى وأعظم.. وتعني به ظهور سيدنا (البهاء) جل اسمه وعز ذكره"[٢]. "وقد استعمل البهاء التأويل الباطني للقرآن"[٣].

٢. نسج الشريعة الإسلامية ونبوة الرسول الأكرم محمد صلى الله عليه وسلم . ففي مؤتمر (بدشت) الذي عقد سنة ١٨٤٨م والذي حضره كبار زعماء الحركة البابية، قرر البابيّون نسخ الشريعة الإسلامية بعقيدتهم الباطلة وتفضيل الباب على سيد المرسلين محمد صلى الله عليه وسلم وتفضيل البيان على كتاب الله القرآن الكريم والانسلاخ نهائياً من الإسلام. فقد أعلنت (قرة العين) إمامهم، أن الشريعة الإسلامية مسخت، وحملت الكثيرين على عقيدتها الباطلة مستعملة جمالها الساحر وأنوثتها العارمة

---

(١) عبد الرحمن الوكيل، هذه هي الصوفية، نقلاً عن نكلسون، الصوفية، في الإسلام، ص٥١، وينظر: د. محسن عبد الحميد، حقيقة البابية والبهائية، ص١١٦-١١٧.

(٢) أبو الفضل الجرقادقاني، الحجج النهية، مطبعة السعادة، القاهرة، ١٩٢٥م، ص٩٨؛ وينظر أحمد شلبي، مقارنة الأديان، اليهودية، ص٣٥٥.

(٣) الدكتور فاروق عمر فوزي، الخمينية وصلتها بحركات الغلو الفارسية وبالإرث الباطني، ص١٢٥ (فمثلاً أول تفسير الآية الكريمة { والسماوات مطويات بيمينه } بأن الأديان السبعة، البرهمية واليوذية والكونفوشوسية والزرادشتيه واليهودية والنصرانية والإسلام جميعاً مطويات بيمين ميرزا حسين وأنه أنهى شريعتها بشريعة جديدة.

ودعت إلى مكافحة نظام الأسرة في الإسلام ودعت إلى التبرج والسفور [١].

"ودعت إلى تمزيق الحجاب.. وإلى الإباحية في خطبة وضيعة ألقتها وهي في وضع فاضح أمام المؤتمرين.. وكان من فجورها أنها بعد المؤتمر (بدشت) رحلت مع الملا محمد علي تلميذ الباب الذي سماه (بالقدوس) في هودج واحد ودخلت معه الحمام للاستحمام.. بعد أن رأته غير راضٍ على ظهورها متبرجة أمام البابين لذا صاحبته وأغرته لكونه يأتي بالدرجة الثانية بعد الباب نفسه. فهذه المرأة الفاجرة هي التي "دعت صراحة إلى نسخ الشريعة الإسلامية في كرمان شاه حتى ثار عليها العلماء وطلبوا إخراجها منها"[٢]. ومثلاً على نسخ الشريعة هو إيجاد نظام آخر للإرث.

"إن مسألة ختم النبوة والرسالة برسول اللـه صلى اللـه عليه وسلم معلومة بالضرورة عند الأمة الإسلامية، فهي عقيدة من العقائد الجوهرية في الإسلام ثابتة بكتاب اللـه وسنة رسوله المتواترة وبإجماع الصحابة والعلماء والأمة منذ مبعث الرسول اللـه صلى اللـه عليه وسلم إلى يومنا هذا، فالشك فيها هو شك في القرآن الكريم وارتداد عن الدين، وميل صريح إلى الكفر، وخسران مبين في الدنيا والآخرة"[٣]. واستشهد بالآية الكريمة (الْيَوْمَ أَكْمَلْتُ لَكُمْ دِينَكُمْ وَأَتْمَمْتُ عَلَيْكُمْ نِعْمَتِي وَرَضِيتُ لَكُمُ الْإِسْلَامَ دِينًا)[٤].

٣- هدم الدين ونظام الأخلاق بالإباحية: فقد لعبت "رزين التاج" أي ذات الشعر الذهبي، دور بارز في نشر البابية والإباحية كما يعترف بذلك المؤرخون البابيون أنفسهم كصاحب (مطالع الأنوار) و(مقالة سائح) وأنها اتخذت من جمالها ومفاتنها سلاحاً رهيباً لنشر مفاسدها في كل مكان حتى سمع عنها المفتي (أبو الثناء

---

(١) محمد رزندي، مطالع الأنوار، الحاشية ٢١٤.
(٢) د. علي الوردي، لمحات اجتماعية من تاريخ العراق، ١٤٧/٢.
(٣) د. محسن عبد الحميد، حقيقة البابية والبهائية، ص٦٩.
(٤) سورة المائدة، الآية: ٣.

الآلوسي) (ت١٢٧٠هـ) وقال فيها راوياً عن بعضهم بأنها كانت تقول: "بحل الفروج ورفع التكاليف بالكلية"[١].

٤- مناصرة أعداء الأمة من الروس والإنكليز والمستعمرين: فقد كان أقطاب الحركة البابية والبهائية عملاء للروس ويقبضون رواتب من السفارة الروسية في طهران سراً حسب اعتراف الجاسوس (كنياز دالكوركي) المترجم في السفارة المذكورة والذي رقي لكثرة خدماته في هذا المجال إلى وزير مفوض ثم سفير كما بين في مذكراته التي نشرت بعد انقراض الدولة القيصرية[٢]. "فقد لعب هذا الجاسوس الروسي الذي أظهر إسلامه ودرس العربية والعلوم الإسلامية دوراً كبيراً في دعم البابية ثم البهائية..والدولة الروسية كانت تقويهم وتدافع عنهم..وكان قسم من أعمال السفارة الروسية في طهران منحصراً في تهيئة الألواح وتنظيم أعمال البابية، وقد زودتهم الحكومة الروسية بالأسلحة، وقاتلوا بها المسلمين، ولم تكتف الحكومة الروسية بإعداد تلك المؤامرات السرية الخطرة على الأمة الإسلامية بل دفعت الأرمني الروسي (متوجهر خان) فأعلن إسلامه..وكان له دور خطير جداً في توسيع نار الحركة البابية"[٣].

أما أجهزة الدعاية الاستعمارية الغربية وعلى رأسها بريطانيا التي أمدتها بأسباب القوة "لهدم العقيدة الإسلامية كالبابية والبهائية والقاديانية التي تتضح

---

(١) الدهلوي، التحفة الأثني عشرية، ص٢٢.

(٢) مجلة الشرق السوفيتية لسنة ١٩٢٤ و ١٩٢٥.

(٣) محمد باقر الجلالي، الحقائق الدينية في الرد على العقيدة البهائية، بغداد، ١٩٤٩م، في عدة صفحات ٣٦، ٥٥، ٨٢-٨٤؛ وينظر حمد حسين آل كاشف الغطاء، مطالع الأنوار، ص١٥٦-١٦٩؛ وينظر د. محسن عبد الحميد، حقيقة البابية والبهائية، ص٨٤-٩٢؛ وينظر د. محمد مهدي خان، البهائية تاريخها وعقيدتها، ص١٢٥.

عمالتها بمرور الأيام"[١].

ويقول الأستاذ أنور الجندي:"وقد أولت بريطانيا داعية البهائية اهتمامها ومنحته الحكومة البريطانية لقب (سير) واحتفل به (هربرت صموئيل) المندوب السامي البريطاني اليهودي الأصل في القدس، ثم كشفت الأيام من بعد الرابطة الأكيدة بين البهائية والصهيونية عند عقد المؤتمر العالمي للبهائية في إسرائيل عام ١٩٦٨م بعد هلاك زعيمها (عباس البهاء) بخمسين عاماً، وتكشف تلك العلاقة.. في أن دعوة البهائية.. لم تكن تهدف في الحق إلا إلى إزالة الإسلام"[٢].

٥. تحقيق أغراض اليهودية العالمية:

يعد البابيون والبهائيون أشد يهودية من اليهود فهم يهود هذه الأمة فقد "أكد المؤرخون الذين تابعوا نشأة وأهداف هذه الحركة الضالة بأن مؤسسها الميرزا علي محمد الباب كان يقرأ التوراة بدلاً من القرآن، ولهذا توثقوا من أن الحركة البابية هي حركة يهودية ظهرت في إيران في القرن التاسع عشر..فمتى تم ترويض الضعفاء على مذهب الإنسانية بعيداً عن الدين والوطنية فقد بلغت اليهودية العالمية غايتها"[٣]. يقول الدكتور محسن عبد الحميد "إن اليهودية العالمية كانت وراء الحركة البابية التي ظهرت في إيران..فسخرت كل ما لديها من وسائل مادية هائلة في سبيل نجاح تلك الحركة، وإطفاء نور الإسلام..فمن المعلوم عند أهل التاريخ أن اليهود نشطوا لتأسيس وطن قومي لهم منذ القرن التاسع عشر، فعملوا لذلك في مجالات عدة ولجؤوا إلى التخطيط لتحقيق الفكرة"[٤].

(١) سفر عبد الرحمن الحوالي، العلمانية، ص٥٤١.
(٢) أنور الجندي، الشبهات والأخطاء الشائعة، ص١٧٢.
(٣) الشيخ محمد حسين آل كاشف الغطاء النجفي، كتاب الآيات البينات في قمع البدع والضلالات، ص٤٨؛ وينظر محمد علي علوية، كتاب فلسطين والضمير الإنساني هامش ٨ من كتاب موفق العمري، الماسونية والبهائية، ص٧٣.
(٤) د. محسن عبد الحميد، حقيقة البابية والبهائية، ص١٧١.

"لقد نسجت اليد اليهودية خيوط هذه الخطة بدقة وهيؤوا الظروف لنقل نشاط الحركة إلى عكا حيث أعدوا المؤامرة الكبرى"[١].

"كانت المؤامرة تنص على أن يعلن الميرزا حسين نفسه (رباً لليهود) أو (مسيحاً) جاء لهداية العالم، مستنداً على ذلك بما جاء في التوراة من آيات تشيد بمجد يهودا، ومستخرجاً مما يحتويه من سفر دانيال من الرؤى التي تنبئ بقيام مثل هذه الحركة، أو بعبارة أخرى أراد الميرزا -حسب مخطط اليهود- أن يثبت أحقية اليهود في فلسطين"[٢].

ويستشهد السيد عبد الرحمن الميداني بما نشرته وثائق الحركة فيقول: "نشرت مجلة (الأخبار الأمرية) التابعة للمحفل الروحاني الوطني للبهائيين، بالعدد الخامس، الصادر في أيلول لعام ١٩٥١ حديثاً لرئيس القسم المالي للبهائيين مع وزير أمور الأديان الإسرائيلي، يقول فيه:"إن أراضي (الدولة الإسرائيلية) في نظر البهائيين واليهود والمسيحيين والمسلمين أرض مقدسة، وقد كتب حضرة عبد البهاء قبل أكثر من خمسين عاماً أنه في النهاية ستكون فلسطين موطناً لليهود"[٣].

وجاء في كتاب (التوقيعات) المجلد الثاني لمؤلفه (شوقي أفندي) وهو الزعيم الثالث للفرقة البهائية في الصفحة (٢٩٠) ما يلي "لقد تحقق الوعد الإلهي لأبناء الخليل ووارث الكليم، وقد استقرت الدولة الإسرائيلية في الأراضي المقدسة، وأصبحت العلاقات بينها وبين المركز العالمي للجامعة البهائية وطيدة وقد أقرت واعترفت بهذه العقيدة الإلهية"[٤]. ولقد قضى الميرزا حسين البهاء حياته في الدعوة

---

(١) د. محمد مهدي خان، البهائية تاريخها وعقيدتها، ص١٣٢.
(٢) د. محسن عبد الحميد، حقيقة البابية والبهائية، ص١٧٢.
(٣) عبد الرحمن حسن الميداني، أجنحة المكر الثلاثة، ص٢١٢.
(٤) عبد الرحمن حسن الميداني، أجنحة المكر الثلاثة، ص٢١٣.

إلى التجمع الصهيوني على أرض فلسطين ويقول: "هذا يوم فيه فاز الكليم[١]، بأنوار القديم..تالله الحق أن الطور يطوف حول مطلع الظهور.. وصاح الصهيون قد أتى الوعد"[٢].

٦. تواطؤ الحركة البهائية مع الاستعمار البريطاني في التخطيط على تقويض الدولة العثمانية وبتأييد من اليهودية العالمية، وأول هدف لهم هو غزو فلسطين لتمكين اليهود من تنفيذ مخططاتهم المرسومة لها وقد كان لهم ما أرادوا في احتلال فلسطين بدأ بحيفا في ١٩١٨/٩/٢٣ والتقى الجنرال اللنبي مع عباس أفندي وتقليد الأخير الوسام الإمبراطوري تثميناً لموقفه مع البهائيين في خيانة الدولة العثمانية والعمل مع اليهود على تسهيل احتلال فلسطين والقضاء على الدولة الإسلامية"[٣]. لذلك عملوا في خدمة الحلفاء في الحرب الأولى.

٧. لم تتوقف مخططاتهم في السيطرة على فلسطين فقط وإنما محاولة السيطرة بتأييد من اليهودية العالمية على العراق وإيران لإنشاء الدولة البهائية فمدينة بغداد تعد المدينة الثالثة المقدسة لديهم[٤].

٨. إن أجهزة الدعاية الاستعمارية ودوائر (التنصير) العالمي احتضنت الحركة البابية والبهائية، وعدّتها حركة تحررية جاءت لإنقاذ المسلمين من الإسلام المتعصب في نظرهم، إنهم عدوا الباب المنقذ الذي جاء لتحطيم القيد، ومحو الشريعة ونسخ الأخلاق الإسلامية، والقضاء على روح الجهاد عند المسلمين ومهادنة المستعمرين الأوربيين، وتحدثوا كثيراً عن نبوة الباب واتصاله بالله، وارتقائه على البشرية، إنهم ذرفوا دموع التماسيح على أولئك الخونة المرتدين الذين حاولوا عبثاً هدم أسمى شريعة عرفها الوجود عندما نفذ فيهم حكم اللـه العادل، إن أجهزة (التنصير)

---

(١) الكليم، يقصد به موسى •.
(٢) الميرزا حسين البهاء، الأقدس، ص١١٨.
(٣) موفق العمري،الماسونية والبهائية، ص٨٥-٨٦.
(٤) المرجع نفسه، ص٨٤.

العالمي قد صبت حقدها التاريخي كله على الإسلام في هذه الحركة التخريبية المخططة[١]. وأخيراً أسفرت البهائية عن وجهها الصهيوني إذ بعد موت الميرزا شوقي أفندي طاغوتهم الثالث بعد البهاء وابنه، اجتمع المجلس الأعلى للطائفة في فلسطين المحتلة وانتخبوا صهيونياً أمريكياً اسمه (ميسون) ليكون رئيساً لجميع أفراد الطائفة البهائية في العالم[٢].

مواجهة الحركة البابية والبهائية الهدامة

١. إن قوة الإسلام وثبات العقيدة الإسلامية وأصالة الفكر الإسلامي، جعلت المعركة والصراع مع الحركات الهدامة محسومة مسبقاً، فالعقائد والأفكار الهزيلة التي تروج لها مثل الحركة البابية والبهائية وما سبقها من الحركات الباطنية والشعوبية لا تقوى على مواجهة العقيدة الإسلامية الراسخة والشريعة الإسلامية القوية بمصدريها القرآن الكريم والسنة النبوية الشريفة. فقد تستغرق هذه الحرب وتلك المواجهة بعض الوقت، قد يطول وقد يقصر، ولكن النتيجة معروفة دائماً وهو أن الحق يبقى والباطل يزول ﴿كَذَٰلِكَ يَضْرِبُ اللَّهُ الْحَقَّ وَالْبَاطِلَ فَأَمَّا الزَّبَدُ فَيَذْهَبُ جُفَاءً وَأَمَّا مَا يَنفَعُ النَّاسَ فَيَمْكُثُ فِي الْأَرْضِ كَذَٰلِكَ يَضْرِبُ اللَّهُ الْأَمْثَالَ﴾[٣]. يقول المبشر الإنجليزي (كاردنر) "إن القوة التي تكمن في الإسلام هي التي تخيف أوربا"[٤]. ويقول المبشر الأمريكي (لورانس براون): "ولكن الخطر الحقيقي كامن

---

(١) د. محسن عبد الحميد، حقيقة البابية والبهائية، ص٩١.

(٢) د. أحمد شلبي، مقارنة الأديان، اليهودية، ص٣٥٣؛ وينظر الدكتور محمد حسن الأعظمي، حقيقة البهائية والقاديانية، بيروت، ١٩٧٣م، ص٦٢؛ وينظر الدكتور محسن عبد الحميد، حقيقة البابية والبهائية، ص١٧٤.

(٣) سورة الرعد، الآية: ١٧.

(٤) الدكتور عمر فروخ والدكتور مصطفى الخالدي، التبشير والاستعمار في البلاد العربية، ص٣١.

في نظام الإسلام وفي قوته"[١].

إن المسلمين، وجدوا أنفسهم وجهاً لوجه أمام التآمر اليهودي والكيد المجوسي والحقد الصليبي، وضلالات الفرق الباطنية، ولأن البابية والبهائية إن هما إلا حلقتان من سلسلة حلقاتها الهدامة التي أرادت تحريف الإسلام وتشويه مبادئه والقضاء على أصوله وأحكامه[٢].

أ. إن القرآن الكريم يرد على ادعاء الباب والبهاء بالألوهية والتعالي على البشر ويندد بعقيدتهم الباطلة (قُلْ إِنَّمَا أَنَا مُنْذِرٌ وَمَا مِنْ إِلَهٍ إِلَّا اللَّهُ الْوَاحِدُ الْقَهَّارُ) [٣].

وقوله تعالى: (وَمَا أَرْسَلْنَا مِنْ قَبْلِكَ مِنْ رَسُولٍ إِلَّا نُوحِي إِلَيْهِ أَنَّهُ لَا إِلَهَ إِلَّا أَنَا فَاعْبُدُونِ)[٤].

ب. وإن الرد على عقيدة استمرار النبوة ونزول الوحي التي تقول بها هذه الحركة المشبوهة. "فإن مسألة ختم النبوة والرسالة برسول الله الأكرم محمد صلى الله عليه وسلم معلومة بالضرورة عند الأمة، فهي عقيدة من العقائد الجوهرية في الإسلام، ثابتة بكتاب الله وسنة رسوله المتواترة، وبإجماع الصحابة والعلماء والأمة منذ مبعث الرسول صلى الله عليه وسلم إلى يومنا هذا. فالشك فيها هو شك في القرآن الكريم وارتداد عن الدين وميل صريح إلى الكفر وخسران مبين في الدنيا والآخرة"[٥].

ولقد أخبرنا الله تعالى بصريح لفظه في محكم بيانه، أنه لا نبي بعد محمد صلى الله عليه وسلم إذ هو

---

(١) الدكتور محسن عبد الحميد، حقيقة البابية والبهائية، ص١٢.
(٢) الأنسكلوبيدية التركية، ١٨/٥، بالإشارة إلى هامش للدكتور محسن عبد الحميد، حقيقة البابية والبهائية، ص٢١.
(٣) سورة ص، الآية: ٦٥.
(٤) سورة الأنبياء، الآية: ٢٥.
(٥) د. محسن عبد الحميد، حقيقة البابية والبهائية، ٦٥.

خاتمهم، به أكمل بنيان الدين، قال تعالى: (الْيَوْمَ أَكْمَلْتُ لَكُمْ دِينَكُمْ وَأَتْمَمْتُ عَلَيْكُمْ نِعْمَتِي وَرَضِيتُ لَكُمُ الْإِسْلَامَ دِينًا)[1].

يقول صاحب الظلال في تفسير هذه الآية الكريمة (فما عادت فيه زيادة لمستزيد، ففي مبادئه وكلياته وتوجيهاته كفاية لبناء الضمائر وبناء المجتمعات، أما الحاجات الجزئية المتجددة التي لم يرو فيها نص. ففي العقل الذي يبنيه الإسلام ويحرسه من الزلل، كفاية لمواجهتها بالحلول المتجددة في ظل المبادئ الكبرى والكليات، ولقد انقضى نيف وثلاثة وعشر قرناً على هذا البيان، وما تزال شريعة الإسلام سابقة لكل ما تمخضت عنه تجارب البشرية، تتطلع إلى الأفق الوضيء الذي رسمه الإسلام، وتحاول أن تبلغه على الأيام"[2]. ثم التأكيد باختتام النبوة وانقطاع الرسالة لأنها تمت بقوله تعالى: (مَا كَانَ مُحَمَّدٌ أَبَا أَحَدٍ مِنْ رِجَالِكُمْ وَلَكِنْ رَسُولَ اللَّهِ وَخَاتَمَ النَّبِيِّينَ)[3].

جـ- إن العبودية لله وحده هو شطر الركن الأول من العقيدة الإسلامية المتمثل في شهادة (أن لا إله إلا الـلـه والتلقي عن رسول الـلـه صلى الـلـه عليه وسلم في كيفية هذه العبودية- هو شطرها الثاني المتمثل شهادة أن محمداً رسول الـلـه..والمجتمع المسلم هو الذي تتمثل فيه تلك القاعدة ومقتضياتها جميعاً لأنه بغير تمثل تلك القاعدة ومقتضياتها لا يكون مسلماً، ومن ثم تصبح شهادة أن لا إله إلا الـلـه، وأن محمداً رسول الـلـه قاعدة لمنهج كامل تقوم عليه حياة الأمة المسلمة بحذافيرها، فلا تقوم هذه الحياة قبل أن تقوم هذه القاعدة، كما أنها لا تكون حياة إسلامية إذا

---

(١) سورة المائدة، الآية: ٣.

(٢) سيد قطب، تفسير في ظلال القرآن، ٣٠/٦.

(٣) سورة الأحزاب، الآية: ٤٠.

قامت على غير هذه القاعدة، وقامت على قاعدة أخرى معها أو عدة قواعد أجنبية عنها"[١]. يقول الله جل في علاه (إِنِ الْحُكْمُ إِلَّا لِلَّهِ أَمَرَ أَلَّا تَعْبُدُوا إِلَّا إِيَّاهُ ذَلِكَ الدِّينُ الْقَيِّمُ)[٢]. وقوله تعالى: (مَنْ يُطِعِ الرَّسُولَ فَقَدْ أَطَاعَ اللَّهَ)[٣]. وقوله تعالى: (وَقَالَ اللَّهُ لَا تَتَّخِذُوا إِلَهَيْنِ اثْنَيْنِ إِنَّمَا هُوَ إِلَهٌ وَاحِدٌ فَإِيَّايَ فَارْهَبُونِ)[٤]. فأين البابية والبهائية في معتقداتها الباطلة من هذا المنهج الرباني والعقيدة الإسلامية الراسخة والفكر الإسلامي القويم.

٢. بعد أن ثبت تعاون البابيّين والبهائيّين مع الجهات الأجنبية والعمل معهم على تقويض الحكم الإسلامي وتهديم الدين وتشويه تاريخ المسلمين وإشاعة الإلحاد والإباحية بين الناس والدعوة الصريحة لمناصرة اليهودية العالمية في التآمر على الأمة الإسلامية والعمل في السر والعلن لاغتصاب أرض المقدسات فلسطين. لإقامة الدولة اليهودية ظلماً وعدواناً.. لما ثبت كل ذلك فقد انبرت الحكومات الإسلامية وعلماء الإسلام وكتابهم وأدباؤهم ومؤرخوهم في محاربة هذه الفرقة المنحرفة في كل ميدان. "فقامت الدولة العثمانية بحبس ممثل الباب ونفيه إلى كربلاء العراق وبعد أن تمادى في بث سموم الحركة، قبض عليه ونفي وحبس في (نكرلي طاغ) حتى مات"[٥].

"وتحركت حكومة فارس لمجاهدة هذا الباطل، وقاد حسين بسروية جحافل البابيين يؤزاره الميرزا يحيى محمد علي يافروس وامرأة اسمها رزين تاج (قرة العين)، ودارت معارك قاسية..سقط في نهايتها قادة البابية في الميدان، أو قتلوا

(١) سيد قطب، معالم في الطريق، دار الكتاب الإسلامي، ط١٠، بيروت، ١٩٨٣، ص٩٢.

(٢) سورة يوسف، الآية: ٤٠.

(٣) سورة النساء، الآية: ٨٠.

(٤) سورة النحل، الآية: ٥١.

(٥) الدهلوي، التحفة الأثنى عشرية، ص٢٣، قلعة نكرلي طاغ تقع في الأناضول.

بأحكام إعدام أصدرتها الحكومة، وكان الميرزا علي (النقطة) قد أعدم في تموز ١٨٥٠م[١]. وسقط الباب وخفت صوت البابية، ولجأت إلى العمل السري. وفتحت البابية بذلك الباب على مصراعيه لليهود، فالحركات السرية يهواها اليهود. ويتخذوها وسيلة لدس أفكارهم وتنفيذ أغراضهم"[٢].

"وفي ١٥ آب حاول عدد من اتباع الباب أن يغتالوا الشاه بينما كان يغادر قصره الصيفي قاصداً الصيد، وفشلت المحاولة، فكان من نتائج ذلك أن شنت الدولة حملةً جديدة، على اتباع الباب، وكانت الحملة عنيفة..أعدمت خلالها، في آخر آب (قرة العين)[٣]. وطلبت الحكومة الفارسية من الدولة العثمانية اتخاذ إجراءات حازمة ضد البابية في بغداد، فبادرت بنقلهم إلى إسلامبول عام ١٨٦٤م ثم إلى أدرنة، ونشب الخلاف بين (صبح الأزل) وأخيه الصغير (بهاء الله) فنفي الأول إلى قبرص مع أتباعه واحتوته بريطانيا وخصصت له راتباً معيناً، ونفي الثاني وأتباعه إلى عكا وهم ٤ من أصحاب أخيه و٦٨ من اتباعه ووصلها ٣١/آب/١٨٦٨م، وما إن وصل حتى غدر بجماعة أخيه فاعتقلته السلطات العثمانية لمدة أربعة اشهر ثم أطلق سراحه تحت ضغط من الحكومتين الإنكليزية والروسية، فبدأ يدعي أنه المهدي المنتظر ثم (اعتبر نفسه هو الله بدعم من أتباعه واليهودية العالمية) وقصمه الله فهلك في ٢٨/آذار/١٨٩٢ في عكا"[٤].

---

(١) عبد الله النوري، البهائية سراب، ص٢٧، وفيه تقول الرواية: "نفذ حكم الإعدام في الباب، فقتل رمياً بالرصاص في مدينة تبريز هو وأحد اتباعه وطرحت جثتاهما على حافة الخندق.. قيل إن الكلاب آكلتهما.. وقيل إن الجثة المدفونة في جبل الكرمل هي جثة مزعومة و الله أعلم بالحقيقة".

(٢) د. أحمد شلبي، مقارنة الأديان - اليهودية، ص٣٥١-٣٥٢.

(٣) بروكلمان، تاريخ الشعوب الإسلامية، ص٦٦٧.

(٤) موفق العمري، الماسونية، والبهائية، ص٧٩.

وتولى ابنه عباس بوصيته منه بإدارة البهائية من بعده، وبدأ ينشر الفساد وجعل حيفا منطلقه وفي سنة ١٩٠١م قامت الدولة العثمانية باعتقاله وأسرته لمدة (٧) سنوات داخل حدود مدينة عكا. إلا أنه تنفس الصعداء بعد الانقلاب ضد السلطان المسلم عبد الحميد سنة ١٩٠٨م، فانتقل إلى حيفا ثم إلى الإسكندرية ومنها إلى لندن ثم إلى باريس ثم عاد إلى مصر في سنة ١٩١٢ ثم ذهب إلى أمريكا -نيويورك- ووصلها في نيسان ١٩١٢ واحتضنه اليهود وخطب في معابدهم ومدارسهم واعتنق قسم من اليهود البهائية لمساندته، ثم رجع إلى بريطانيا ثم إلى ألمانيا وفرنسا وبلغاريا وأخيراً أعادته اليهودية العالمية إلى القاهرة. ومنها إلى حيفا وصلها ١٩١٣م وعندما قامت الحرب العالمية الأولى آوى إلى القنصلية البريطانية لمؤزارة الإنكليز والحلفاء والاحتماء من المسلمين مخافة قتله، فجاءت نتائج الحرب على ما يريد فقد سقطت الدولة التي كانت تقف في طريق إفساده وزال هم اليهود واستبشروا بذلك وذلك لانفتاح الطريق إلى فلسطين الذي أغلقه السلطان عبد الحميد وفعلاً سقطت فلسطين أسيرة بيد الإنكليز أعداء الله وأنصار اليهود. ولما فتح الإنكليز حيفا في ٢٣ آيلول عام ١٩١٨م، طالب عبد البهاء الإنكليز في احتلال البلاد العربية واستعداده للقيام بإبداء المساعدات اللازمة في سبيل خدمة بريطانيا، ولهذا نال أعلى وسام بريطاني في عام ١٩٢٠م[١]. لقد امتهن بمهنة حقيرة، هي الجاسوسية للإنكليز في سبيل تمكينهم في الشرق واليهود في فلسطين وعندما أهلكه الله تولى أمر البهائية ابنه (شوقي أفندي رباني)[٢].

---

(١) د. محسن عبد الحميد، حقيقة البابية والبهائية، ص١٧٧، إشارة إلى كتاب الحقائق الدينية ص٤٨ نقلاً عن كتاب عبد البهاء والبهائيين وهو من كتبهم.

(٢) ولد المدعو شوقي في تشرين أول عام ١٨٩٧م وترعرع على سموم البهائية وتتلمذ على أيدي المستشرقين والمبشرين الأمريكان في الجامعة الأمريكية في بيروت، وعندما هلك أبوه عباس لقبه البهائية (ولي أمر الله) وكانت وفاة هذا المفسد سنة ١٩٥٧م في لندن، ينظر موفق العمري، الماسونية والبهائية، ص٨٢.

٣. ثبت لدى مكتب المقاطعة العربية لإسرائيل أن البهائية تتعامل مع الصهيونية وتتآزر معها، لذلك اصدر في شهر صفر عام (١٣٩٥) الموافق لآذار عام (١٩٧٥) قراراً باعتبار البهائية من الحركات الهدامة، ووضعها في القائمة السوداء، ومقاطعتها وحظر أي نشاط لها في البلاد العربية، لثبوت تعاملها مع العدو الإسرائيلي، وافتضاح اتصالاتها المشبوهة بالصهيونية وأجهزتها السرية والعلنية[١].

٤. حرم نشاط البهائية في العراق بموجب الفقرة (١٦) من المادة الرابعة من قانون السلامة الوطنية رقم (٤) لسنة ١٩٦٥م حسب كتاب أصدرته وزارة الداخلية برقم ٢٦٦٨ في ١٩٦٥/٤/١١ حيث تم بموجبه غلق جمع المحافل البهائية في العراق وضبط محتوياتها. علماً بأن العراق كان مركزاً إقليمياً مهماً بالنسبة للحركة البهائية وكان مجمع العراق هو أحد أهم ثلاث مراكز في البلاد العربية وهي:

أ. مجمع العراق: مركزه بغداد ويتبعه الأردن، والكويت، ولبنان، وقطر وسوريا وعمان والإمارات العربية واليمن الجنوبية وذلك فضلاً عن المراكز الفرعية داخل العراق وداخل كل قطر عربي. فالدار الواقعة في محلة الشيخ بشار. ودار أخرى في البتاوين (السعدون) اتخذوها مركزاً عاماً في حينه، ولقد استطاع أصحاب الغيرة من المسلمين من طرد البهائيين من الدارين[٢].

ب. مجمع مصر والسودان، ومركزه القاهرة ويتبعه الحبشة والجزائر وأرتيريا وليبيا

---

(١) عبد الرحمن الميداني، أجنحة المكر الثلاثة، ص٢١٤.

(٢) كان البهائيون يحجون إلى حسينية الشيخ بشار بالكرخ باعتبارها الدار الذي سكنها حسين المازنداني الملقب ببهاء الله أثناء مكوثه في العراق وكذلك يحجون إلى الدار التي سكنها المفسد الأول علي محمد (الباب) في مدينة شيراز في إيران، ينظر موفق العمري، الماسونية والبهائية، ص٩٤.

والمغرب.

جـ. أما السعودية واليمن والبحرين فهي تتبع محفل طهران[١].

٥. وأصدرت جبهة العلماء في الأزهر بياناً حول تواطيء البهائية مع اليهود جاء فيه "ولقد تزلف البهائيون إلى اليهود ومالؤوهم على العرب والمسلمين وبشروهم بأن فلسطين ستكون وطناً قومياً لهم"[٢].

٦. وأصدر مجلس قيادة الثورة في العراق، قانون تحريم النشاط البهائي المرقم (١٠٥) لسنة ١٩٧٠م الصادر في جريدة الوقائع العراقية (الجريدة الرسمية) بعددها المرقم ١٨٨٠ (السنة الثانية عشرة) في يوم (الاثنين ١٣ ربيع الأول سنة ١٣٩٠هـ الموافق ١٩٧٠/٥/١٨م)[٣].

---

(١) موفق العمري، الماسونية والبهائية، ص٩٤.

(٢) د. محسن عبد الحميد، حقيقة البابية والبهائية، ص١٧٤ نقلاً عن كتاب (البهائية) رد على جبهة فضيلة العلماء والبيان منشور في مقدمة الكتاب المذكور ص٧.

(٣) القانون المذكور منشور في الملحق، ينظر: موفق العمري، الماسونية والبهائية، ص٩٥-١٠٥.

ثالثاً: القاديانية

١. القاديانية

هي نحلة جديدة، عملت بما تستطيع من خدمة مأجورة من قبل المستعمرين الإنكليز، لهدم العقائد والشرائع الإسلامية والتي يخدم هدمها مصالح المستعمرين في بلاد المسلمين، وكان لتأسيس هذه النحلة تحت ستار ديني، لتفريق وحدة المسلمين، وتوهين قوتهم وهدم مبادئهم وعقائدهم، وتمكين الدولة البريطانية من بسط نفوذها على البلاد الإسلامية التي اغتصبتها، لاسيما الهند التي نشأت هذه الطائفة فيها"[١].

"وإن الميرزا غلام أحمد هو الرجل الذي وقع عليه اختيار الإنكليز، ليقود هذه الحركة في الهند بمثل ما قام به الميرزا حسين علي في إيران وفلسطين"[٢].

٢. نشأة الميرزا غلام أحمد وحياته:

ولد الميرزا غلام أحمد حوالي سنة ١٨٣٩م أو ١٨٤٠م في مدينة قاديان في بنجاب الهند حسبما كتبه الميرزا عن نفسه في كتابه (البرية)[٣]. في بيت من البيوتات التي اشتهرت بخدمة سياسة الإنكليز الاستعمارية وتحقيق مصالحهم البغيضة، فالميرزا غلام مرتضى: والد الميرزا غلام أحمد المتنبي كان من أخلص أصدقاء

---

(١) عبد الرحمن الميداني، أجنحة المكر الثلاثة، ص٢١٤.

(٢) د. محسن عبد الحميد، الفصل الحادي عشر من كتاب حقيقة البابية والبهائية، ص١٨٢.

(٣) يذكر أحد مؤرخيه أنه ولد سنة (١٩٣٥م) هو الصاحب زادة بشير أحمد القادياني بكتابه، سيرة المهدي، ٣٦/١.

الاحتلال الإنكليزي الذي فرض سيطرته تلك الأيام على شبه القارة الهندية(١).

٣. الميرزا غلام أحمد يفتخر بخدمات والده وأسرته للإنكليز:

وقد فضح الولد أباه فيقول:"إن والدي: الميرزا غلام مرتضى كان من الذين شرفهم حاكم المقاطعة بتخصيص مقعد لهم في قصره خلال المناسبات الرسمية، وكان والدي من الموالين المخلصين للحكومة الإنكليزية. وقد أمد الحكومة الإنكليزية خلال الثورة الكبرى(٢).

ويقول الميرزا: إن والده أمد الحكومة السامية-أي الإنكليز- خلال تلك الثورة، التي يعبر عنها بـ (الغدر الشامل) عام ١٨٥٧م بخمسين فرساً اشتراها من ماله الخاص وبخمسين فارساً. وكان هذا العون أكثر بكثير مما في طاقته"(٣).

ويقول الدكتور بشارت أحمد وهو أحد أتباع الميرزا غلام احمد بكتاب (المجد الأعظم) في سيرة الغلام:"إن الميرزا غلام مرتضى بقي وفياً مخلصاً للحكومة السامية ودافع عنها، عند نشوب ثورة ١٨٤٨م ضد الحكومة الإنكليزية"(٤).

ولهذه الأسرة خدمات كبيرة في استئصال شأفة (الغدر الشامل) الذي أثير عام ١٨٥٧م حيث أن الميرزا غلام مرتضى بذل جهوداً جبارة في مجال التجنيد العام. وكان ابنه غلام قادر (أخو الميرزا غلام أحمد) في فرقة صاحب السمو الجنرال

---

(١) أبو الأعلى المودودي، ما هي القاديانية، ومدى تأثيرها في المجتمع الإسلامي، ترجمة خليل أحمد الحامدي، دار القلم، الكويت، ١٩٦٧م، ص٩.

(٢) يقصد بالثورة الكبرى التي حدثت عام ١٨٥٧م وقام بها أهل الهند ضد الحكم الإنكليزي وتمكن الجيش الإنكليزي من قمع الثورة وارتكاب أبشع ألوان القتل والتشريد ومصادرة الأموال وانتهاك الحرمات والاعتداء على ربات الخدور، وسودوا وجه التاريخ البريطاني في هذه البلاد. والميرزا لا يطلق على هذه الانطلاقة الكبرى كلمة (الثورة) كما جاء في الترجمة العربية وإنما يطلق عليها كلمة (الغدر الشامل). (المترجم).

(٣) الميرزا غلام أحمد، التحفة القيصرية، ص١٦.

(٤) الدكتور بشارة أحمد، المجد الأعظم، ص١٥.

نكلسون وكان يحارب المسلمين مع العساكر الإنكليزية"[١].

ويقول:"لم تبخل عائلتي ولم تضن، ولن تبخل ولن تضن بدماء أبنائها في خدمة مصالح الحكومة الإنكليزية أبداً"[٢]. "لقد دفع المسلمون أبهظ الثمن وأغلاه لهذا الجهاد..لقد استمرت المجزرة سبعة أيام لا يحصى من قتل فيها"[٣].

ويقول عن نفسه ويعترف أنه أكثر أفراد أسرته تعاوناً وخدمة وعمالة للإنكليز :"لقد قضيت معظم عمري في تأييد الحكومة الإنكليزية ومؤازرتها، وقد ألفت في منع الجهاد، ووجوب طاعة أولي الأمر الإنجليز من الكتب والنشرات ما لو جمع بعضها إلى بعض لملأ خمسين خزانة. وقد نشرت جميع هذه الكتب في البلاد العربية ومصر والشام وكابل وتركيا، (كذا")[٤]. ويبدو أن عائلة ميرزا كلها تستقي من مصدر واحد وكلها تسعى لهدف واحد هو إرضاء الإنكليز –بسخط الله- فهذا بشير الدين محمود أحمد حفيد المرتضى عميد العائلة وابن الميرزا غلام أحمد القادياني وخليفته الثاني يؤلف كتاباً (تحفة شاهزاده ويلز) وهذا الكتاب هو هدية ورسالة قدمها (الحفيد) إلى الأمير (ويلز) نجل جورج الخامس ملك بريطانيا آنذاك، وذلك بمناسبة زيارته للهند أيام الاحتلال الإنكليزي سنة ١٩٣١م. فيقول مخاطباً

---

(١) الميرزا غلام أحمد، كتاب البرية، ص١٥.
(٢) أبو الأعلى المودودي، ماهي القاديانية، ص١٢ نقلاً عن الميرزا غلام أحمد، ترياق القلوب، ص١٥.
(٣) أبو الحسن الندوي، المسلمون في الهند، مكتبة دار الفتح، دمشق، ١٩٦١م، ص٩٠، ويستشهد الأستاذ الندوي رحمه الله بقول قائد الجيوش البريطانية في الهند: جاء في رسالته لأمه ١٨٥٧/٦/٢١م (إن أهول طريقة للإعدام أن يرمى الشخص بالمدفعية.. إن هدفنا أن نثبت للمسلمين الأشرار أن الإنجليز لا يزالون سادة الهند).. ولهذا أيقن الإنجليز أنهم لا يقر لهم قرار في الهند وأهلها يؤمنون بالجهاد المقدس لذلك قرروا إيجاد فرقة ضالة تدعي الإسلام زوراً وتعمل على هدم عقيدته وتعطيل أركانه وخاصة الجهاد، فوجدوا في الميرزا غلام أحمد القادياني ضالتهم.
(٤) الميرزا غلام أحمد، ملحق بكتاب شهادة القرآن، الطبعة السادسة، ص١٠.

الأمير الإنكليزي ولي العهد: "يا نجل ملكنا المعظم وولي عهد المملكة البريطانية: أنا إمام الجماعة الأحمدية، وخليفة مؤسسها المسيح الموعود عليه السلام ، أرحب بك بالنيابة عن أفراد الجماعة الأحمدية أجمعين عند زيارتك الهند وأؤكد لك بأن الجماعة الأحمدية هي وفية للحكومة البريطانية وستبقى وفية إن شاء اللـه تعالى.. يا سمو الأمير المحترم إن هذه (التحفة) -أي الرسالة- التي تقدم إليك من الجماعة التي تحملت مصائب شتى على مدى ثلاثين عاماً أو أكثر على أيدي أعدائها وذويها (يقصد المسلمين) بسبب طاعتهم وولائهم لجدتك المحترمة الملكة فكتوريا وبعدها جدك المعظم الإمبراطور السابق أدوارد السابع ثم والدك المحترم الملك المعظم الإمبراطور الحالي..فيا سمو الأمير إن هذه التحفة تقدم إليك من الجماعة التي أثبتت ولاءها وإخلاصها كالشمس في رابعة النهار وتحملت جميع أنواع الشدائد من اجل عرش آبائك. وان شهادة صدقها وإخلاصها وصفاء نيتها مكتوبة بأحرف من الدماء في أفق السماء"[١].

٤. المراحل التاريخية للعقيدة والحركة القاديانية:

بدأ الميرزا غلام أحمد بدعاويه الكاذبة عقب وفاة والده (١٨٧٦م) مدعياً أنه يتلقى الإلهامات من اللـه تعالى[٢]. ويمكن عرض مسيرة الميرزا في دعاويه وفق ترتيب تاريخي منذ سنة ١٨٨٠م حتى يوم هلاكه في ١٩٠٨/٥/٢٦ وبيان ما أعلن في هذه المراحل من مختلف العقائد والأفكار المتعددة والمتضاربة المختلفة بين مرحلة وأخرى.

المرحلة الأولى: من سنة ١٨٨٠م إلى سنة ١٨٨٨م (مرحلة التمسكن والاستدراج).

(١) أبو الأعلى المودودي، ما هي القاديانية، ص١٣-١٤، نقلاً عن الميرزا بشير الدين محمود أحمد، كتاب تحفة شاهزاده ويلز.

(٢) الميرزا غلام أحمد، كتاب البرية، ص١٣٦.

ويبدأ بالدعوة مستدرجاً ومستغلاً الناس فما كان في هذه المرحلة إلا مناظراً عادياً يدعو إلى الإسلام ويدافع عنه إزاء من يطعن فيه وكان حريصاً أشد الحرص على أن يوضح أن كل عقيدة من عقائده هي موافقة لعقائد جميع المسلمين، لقد اعتمد الميرزا ابتداءً أسلوب الاستدراج والتمسكن حتى يتمكن وكان المسلمون يتوجسون خلال كتاباته ضروباً من الأفكار المبطنة ويحسبون لها حساباً "لأن الميرزا كان يقول عن نفسه أنه أفضل أولياء الأمة"[١]. ولكنه كان يعود فيطمئنهم ويلطف من غضبهم في كل مرة ويحاول تأويل أقواله لإقناعهم بصحة عقائده.

المرحلة الثانية: من سنة ١٨٨٨م-١٨٩٠م (مرحلة البيعة):

بدأ في نهاية عام ١٨٨٨م، ففي شهر كانون الأول من السنة المذكورة نادى في المسلمين ودعاهم إلى مبايعته. وشرع بأخذ البيعة منهم منذ أوائل عام ١٨٨٩م. وكان يدعي حينذاك أنه (مجرد العصر) و (مأموراً من الله). ويظهر للناس مماثلته للمسيح زعماً منه انه لا يقوم بمهمة الدعوى والإرشاد إلا بمثل ما كان عليه المسيح من التواضع والدعة والمسكنة.

المرحلة الثالثة: من سنة ١٨٩١-١٨٩٩م (مرحلة المسيح الموعود) ففي سنة ١٨٩١م **أعلن** الميرزا بأن المسيح قد مات وادعى أنه هو المسيح الموعود والمهدي المعهود، مما أقلق عامة المسلمين وأقامهم وأقعدهم[٢]. وفي بدء هذه المرحلة يكتب الميرزا عن نفسه: "ثم بقيت إلى اثنتي عشرة سنة –وهي مدة مديدة- غافلاً كل الغفلة عن أن الله تعالى قد خاطبني بالمسيح الموعود بكل إصراره وشدة في البراهين (البراهين الأحمدية) ومازالت على عقيدة نزول عيسى العامة. ولكن لما انقضت

---

(١) الميرزا بشير الدين أحمد بن الميرزا غلام أحمد، كتاب سيرة المهدي، ١٤/١، ٣١، ٨٩.

(٢) الميرزا بشير الدين بن الميرزا غلام أحمد، كتاب سيرة المهدي، ٣١/١، ٨٩.

اثنتا عشرة سنة آن أن تنكشف عليّ العقيدة الثابتة، فتواتر عليّ الإلهام إنك أنت المسيح الموعود"[١].

المرحلة الرابعة: من سنة ١٩٠٠م- ١٩٠٣م (مرحلة النبوة):

ففي سنة ١٩٠٠ بدأ الخوض من أتباع الميرزا يلقبونه بالنبي صراحة وينزلونه المنزلة التي قد خصها القرآن بالأنبياء، والميرزا يصدقهم تارة ويحاول أخرى إقناع المترددين في الإيمان بنبوته، بتأويل نبوته بكلمات (النبي الناقص) أو (النبي الجزئي) أو (النبي المحدث) وكانت عقيدته في هذه المرحلة على حسب ما بينه ابنه الميرز ابشير الدين محمود أحمد أن له فضلاً جزئياً على المسيح وإذا قيل أنه نبي، فما هي نبوة جزئية أو نبوة غير كاملة.

"وفي سنة ١٩٠١م أعلن الميرز بوجه سافر أنه النبي والرسول ولم يعد في أكثر كتاباته يقيد نبوته ورسالته بكلمات النقص أو التجزئة أو المحدثية"[٢].

ويصرح جلال الدين شمس الدين -أحد القاديانيين عن هذا: "إن السيد الأقدس -أي الميرزا- قد أنكر في بعض كتاباته قبل ١٩٠١ نبوته وقال لست نبياً ولكني محدث ولكنه لم يقل في كتاباته بعد سنة ١٩٠١ أن نبوته هذه نبوة ناقصة أو نبوة محدث، بل مازال يصرح بكونه النبي بكلمات واضحة"[٣].

---

(١) الميرزا غلام أحمد، الإعجاز الأحمدي، ملحق نزول المسيح، ص٧، ونفس التصريح ورد في كتابه، حقيقة الوحي، ص١٤٩؛ وينظر د. أحمد شلبي: موسوعة النظم والحضارة الإسلامية (٦) -المجتمع الإسلامي- ص٢٩٢ حيث قسم مراحل ادعاءات القاداني إلى ثلاث مراحل فقط هي:

١. دعوة الإصلاح والتجديد في المدة (١٨٧٩-١٨٩١م).

٢. الادعاءات بأنه المسيح الموعود وأنه ليكسر الصليب ويقتل الخنزير في المدة ١٨٩١-١٩٠٠م.

٣. ادعاؤه بأنه نبي مرسل من الله والإيمان به واجب وقد بدأت من ١٩٠٠ حتى وفاته ١٩٠٨م.

(٢) الميرزا بشير الدين أحمد، سيرة المهدي، ٣١/١.

(٣) جلال الدين شمس، مآل منكري النبوة، ص١٩.

ويقول الميرزا بشير الدين: "إن الميرزا غير عقيدته في ١٩٠١ وكانت هذه السنة فترة انتقال من العقيدة الأولى إلى العقيدة الثانية.. فقد ثبت أن المصادر التي أنكر فيها نبوته قبل ١٩٠١م صارت منسوخة، فلا يصح أن يحتج بها أحد الآن"[١].

المرحلة الخامسة: وفي سنة ١٩٠٤م أضاف الميرزا دعوى جديدة إلى دعاويه السابقة وهي أنه (كرشن)[٢]. أي أنه ادعى بأنه الرب.

٥. الدوافع والأهداف للقاديانية:

من خلال البحث اتضح أن الاستعمار الإنجليزي كان يقف وراء نشوء هذه الحركة الهدامة وكيف أن الإنكليز عملوا بكل الوسائل على نشر وتقوية وإدامة هذه الحركة وتغذيتها مادياً ومعنوياً بقصد تحقيق عدة أهداف أهمها:

أ. القضاء على روح الجهاد وتضعيف قوة المسلمين وتفريق وحدتهم[٣].

ب. هدم عقيدة وشريعة المسلمين وذلك ببث أفكار غريبة عن الإسلام ومبادئه وذلك بتأليه البشر ونفي ختم النبوة والطعن بالقرآن الكريم ونبوة سيد المرسلين محمد والادعاءات الكاذبة بأن مدينة قاديان خير من مكة المكرمة والمدينة المنورة

---

(١) الميرزا بشير الدين أحمد، حقيقة النبوة، ص١٢١.
(٢) كرشن هذا معبود من معبودي الهنادك. وهم يعتقدون فيه ما يعتقده المسلمون في الله عزوجل. (ومن محاضرة للميرزا في سيالكوت بالاردو في ١٩٠٤/١١/٢؛ ينظر في هذا المجال، أبو الأعلى المودودي ما هي القاديانية، ص٣٤.
(٣) أبو الحسن الندوي، القادياني والقاديانية، الدار السعودية للنشر والتوزيع، ط٦، ١٩٩٠/٥م، ص٩٠؛ وينظر الدكتور محسن عبد الحميد، حقيقة البابية والبهائية، ص١٨٣؛ وينظر عبد الرحمن الميداني، أجنحة المكر الثلاثة، ٢١٤.

وأن المسجد في قاديان خير من المساجد الثلاثة[١].

جـ. تمكين الإنجليز من بسط نفوذهم على البلاد الإسلامية التي اغتصبتها بريطانيا لا سيما الهند التي نشأت هذه الحركة فيها. وذلك لادعائهم بأن الإنجليز ملائكة وانهم مفضلون على حكم البلاد والسيطرة عليها[٢].

٦. مواجهة القاديانية

بالرغم من قوة الدفع لهذه الحركة وقوة التأييد لها من قبل بعض المغفلين من المحسوبين على الإسلام وشدة الترحيب بها من قبل زعماء الهندوس لأن هذه الحركة هي حرب على الإسلام والمسلمين وأنها تصب في صالح الهندوس أولاً وأخيراً وتصرف وجه المسلمين عن دين محمد العربي صلى الله عليه وسلم وعن مكة المكرمة والمدينة المنورة إلى (المتنبي) المحلي والى مركز (القاديان) الذي أضفى عليه المدعو غلام أحمد وأتباعه ثوب القداسة[٣].

أ. فقد فزع لهذه الفتنة القاديانية علماء الإسلام وقادة الفكر في الهند في حينها فحاربوها بأقلامهم وألسنتهم وعلمهم وعدّوا المعتنقين لهذه النحلة خارجين عن دائرة الإسلام. وذلك أقصى ما كان يمكن في عهد التسلط والاضطهاد للحكم الاستعماري الإنجليزي في الهند، سيما وأن الإنجليز هم وراء هذه الحركة. وبرغم أن المسلمين ظلوا يعلنون بأن القاديانيين غير مسلمين مارقين من الإسلام فان الإنجليز لم يكترثوا لهذا وأصروا على دعم موقف القاديانية وجعلها من طرائق المسلمين بقصد إيجاد فرقة بين صفوف الأمة الإسلامية. وضمان استمرارية بثها لأفكارها ودعوتها الباطلة وفي الجانب الآخر لبقائها على تأييد الحكم الإنجليزي

---

(١) الدكتور حسين حميد الغرباوي، محاضرة غير منشورة ألقيت على طلبة الدراسات العليا - الماجستير في معهد التاريخ العربي والتراث العلمي بتاريخ ٢٠٠٠/٤/٨.

(٢) عبد الرحمن الميداني أجنحة الكر الثلاثة ص٢١٤.

(٣) أبو الأعلى المودودي، ما هي القاديانية، ص٥١.

وتؤدي دورها في خدمة المصالح الإنجليزية وبقاء هذا الاستعمار البغيض جاثم على أرض المسلمين[١].

ب. الرد الحاسم على ادعاء القاديانية بنقض عقيدة ختم النبوة وقد كان في طليعة من جند نفسه لحرب هذه الحركة الهدامة وهذه العقيدة الفاسدة المفكر الاسلامي الدكتور محمد إقبال رحمه الله، فقد انبرى للدفاع عن الإسلام وعقيدته ورد كيد القاديانية في نحرها وتطهير الدين المتين من أرجاسها وأدناسها فنشر تصريحات ومقالات عديدة في الصحف ووسائل الإعلام يبين فيها موقف الإسلام من هذه النحلة المارقة وكشف عن عورات القاديانيين، وأماط اللثام عن خدماتهم للاستعمار البريطاني وتمسكهم بأذياله ويرد على ادعاء نبوة الغلام ويبين مخاطرها على وحدة المجتمع الإسلامي، فيقول رحمه الله وأن كل طائفة دينية في الأمة الإسلامية يقوم كيانها على ادعاء نبوة جديدة وتعلن بكفر جميع المسلمين الذين لم يصدقوا بهذه النبوة المزعومة، يجب أن ينظر إليها المسلمون كخطر جدي على وحدة المجتمع الإسلامي لأن وحدته وتماسكه وتضامنه لا تقوم إلا على دعامة عقيدة ختم النبوة"[٢].

جـ "كما أن القاديانية لم تخرج عن حركات الغلو من حيث المبادئ والتعاليم التي تبثها والتي تستند على مبادئ الحلول والتناسخ والتأويل الباطني واستمرار النبوة والعمل تحت ستار المهدوية ورفع شعارات إسلامية زائفة الهدف منها ضرب الإسلام من الداخل"[٣]. فقد أولوا عبارة "تضع الحرب" بمعنى إلغاء الجهاد الإسلامي وقد ساعد الإنكليز واليهود الميرزا غلام أحمد لبث فكرته هذه بإلغاء الجهاد، (الذي

---

(١) أبو الأعلى المودودي، م. ن، ص٥٣.
(٢) د. محمد إقبال، الإسلام والأحمدية، ص٩٦.
(٣) د. فاروق عمر فوزي، الخمينية وصلتها بحركات الغلو الفارسية وبالإرث الباطني، ص١٢٨.

هو فرض عين على كل مسلم ومسلمة) لأن إلغاء الجهاد يعزز نفوذ الإنكليز في الهند ونفوذ الصهاينة في فلسطين"[(١)]. ولعل هذا هو أخطر هدف سياسي للحركة القاديانية ولا يقل أهمية عن الأهداف الدينية والاجتماعية التي سبق ذكرها. لقد أوقفوا العمل بمدلول هذه الآيات الكريمة: (يَا أَيُّهَا الَّذِينَ آمَنُوا لَا تَتَّخِذُوا الْيَهُودَ وَالنَّصَارَى أَوْلِيَاءَ بَعْضُهُمْ أَوْلِيَاءُ بَعْضٍ وَمَنْ يَتَوَلَّهُمْ مِنْكُمْ فَإِنَّهُ مِنْهُمْ إِنَّ اللَّهَ لَا يَهْدِي الْقَوْمَ الظَّالِمِينَ)[(٢)]. وقال تعالى: (يَا أَيُّهَا الَّذِينَ آمَنُوا لَا تَتَّخِذُوا الَّذِينَ اتَّخَذُوا دِينَكُمْ هُزُوًا وَلَعِبًا مِنَ الَّذِينَ أُوتُوا الْكِتَابَ مِنْ قَبْلِكُمْ وَالْكُفَّارَ أَوْلِيَاءَ وَاتَّقُوا اللَّهَ إِنْ كُنْتُمْ مُؤْمِنِينَ)[(٣)]. إن القرآن الكريم كتاب الله الذي ينطق بالحق يحذر ويرد على كل من ينزلق في مسالك هذه النحلة الضالة المضلة، التي يصفها علامة الهند الراحل أبو الحسن الندوي رحمه الله (القاديانية ثورة على النبوة المحمدية والإسلام) وألف كتاباً بهذا العنوان ويستشهد الدكتور محمد البهي ببعض ما جاء فيه "..قد تحقق علمياً وتاريخياً أن القاديانية وليدة السياسة الإنجليزية. فقد أهم بريطانيا وأقلقها حركة المجاهد الشهير الإمام (احمد بن عرفان الشهيد) (١٨٤٢م) وكيف ألهب شعلة الجهاد والفداء وبث روح النخوة الإسلامية والحماسة الدينية في صدور المسلمين في الربع الأول من القرن التاسع عشر وكيف التف حوله وحول دعاته آلاف المسلمين عانت منهم الحكومة الإنجليزية في الهند مصاعب عظيمة وكانوا موضع اهتمامها"[(٤)].

د. لما بالغ القاديانيون بإيعاز من الاستعمار الإنجليزي وتأييد من بعض القادة الهندوس في المساس بكرامة النبوة المحمدية على صاحبها أفضل الصلاة والسلام،

---

(١) د. فاروق عمر فوزي، المرجع نفسه، ص١٢٩.

(٢) سورة المائدة، الآية: ٥١.

(٣) سورة المائدة، الآية: ٥٧.

(٤) الدكتور محمد البهي، الفكر الإسلامي الحديث وصلته بالاستعمار الغربي، ص٤٥، نقلاً عن أبي الحسن علي الحسيني الندوي، القادياني والقاديانية، ص٥٧؛ وينظر د. محسن عبد الحميد، حقيقة البابية والبهائية، ص١٨٣.

ثارت حفيظة عامة المسلمين وغيرتهم على الإسلام ونبيه العظيم محمد صلى الله عليه وسلم ضد هؤلاء المارقين من الإسلام وحصلت اشتباكات ومنازعات في جميع المجالات، ورد العلماء قبل العامة على كيدهم. ويستشهد الأستاذ أبو الأعلى المودودي برد الدكتور إقبال رحمه الله على الزعيم الهندوسي (نهرو) الذي عارض التعرض للقاديانيين أو فصلهم عن الإسلام. فقال الدكتور: "القاديانية تريد أن تنحت من أمة النبي العربي صلى الله عليه وسلم أمة جديدة تؤمن بالنبي الهندي.. إنها أشد خطراً على الحياة الاجتماعية الإسلامية في الهند من عقائد اسبينوزا الفيلسوف اليهودي الثائر على نظام اليهود"[١].

ويشيد بجهود الدكتور إقبال التي بذلها لقمع هذه الفتنة، وحثه المسلمين أن لا يُقبل أحد من القاديانيين عضواً في جمعية من الجمعيات الإسلامية. وبدأ بجمعية حماية الإسلام) في لاهور التي كان هو رئيساً لها، فاستقال من رئاستها احتجاجاً على انضمام بعض القاديانيين لها، وبقي متمسكاً بموقفه ثلاثةُ أشهر، حتى تطهرت الجمعية وفروعها وكلياتها ومدارسها من كل من كان ينتمي إلى القاديانية.

وقامت المحاكم المدنية في التفريق بين المسلمات المتزوجات من قاديانيين باعتبارهم مرتدين عن الإسلام. وكان لقادة الفكر الإسلامي دورهم في مواجهة هذه الحركة الهدامة[٢].

هـ ولما قامت دولة باكستان الإسلامية في عام ١٩٤٧، وبخطة مدبرة انتقل مركز القاديانيين من (قاديان) في الهند إلى باكستان، ليتابعوا مكيدتهم في الدولة المسلمة الناشئة، وفرض على هذه الدولة الحديثة تولية الزعيم القادياني (ظفر الله خان) وزيراً للخارجية، واحتج المسلمون على هذا الإجراء وأجابهم رئيس الوزراء

---

(١) أبو الأعلى المودودي، ما هي القاديانية، ص٥٧.

(٢) أبو الأعلى المودودي، ما هي القاديانية، ص٥٩.

يومئذ (الخواجا ناظم الدين) بأنه لا يستطيع إبعاده، لأن ذلك يحرم باكستان من المساعدات الأجنبية، لاسيما المواد الغذائية التي كانت باكستان بأمس الحاجة إليها. فدل ذلك على مدى متابعة دعم القاديانيين من الدول المعادية للإسلام لاستكمال تنفيذ مخططات المكيدة. وانتهز القاديانيون الفرصة وقاموا بتنفيذ الخطة المرسومة لهم:

١. إنشاء مدينة (ربوة)[١] خاصة بهم لها نظامها البوليسي ومحاكمها الخاصة ومدارس وكليات ومستشفيات خاصة حكر عليهم ولا يستطيع أحد من المسلمين أن يشتري فيها أرضاً أو يستأجر فيها داراً والوظائف لا يشغلها إلا القاديانيون وأقاموا فيها أجهزة إعلامية بأحدث الآلات ومنها ينشرون أفكارهم الضالة.

٢. شحن المناصب الهامة في الجيش وفي الإدارة المدنية وفي السفارات الباكستانية بالقاديانيين بتأثير من ظفر اللـه خان.

٣. إنشاء المدارس والكليات والمستشفيات على مستوى عال واستدراج المسلمين عن طريقها إلى القاديانية على مثل ما تقوم به البعثات التنصيرية.

٤. تقديم المنح الدراسية والمساعدات المالية المشروطة باعتناق القاديانية.

٥. استغلال الوظائف والمناصب الحكومية استغلالاً غير مشروع وذلك بربط التعيين والترقيات بأن يعتنق طالب ذلك نحلتهم.

٦. عمل القاديانيون المتغلغلون في أجهزة الحكم على منح المنتسبين إلى نحلتهم مساعدات غير عادية، ليتقدموا تقدماً كبيراً في مجالات الصناعة والتجارة والزراعة.

---

(١) سموها الربوة ليطبقوا عليها قوله تعالى: } وَآوَيْنَاهُمَا إِلَى رَبْوَةٍ ذَاتِ قَرَارٍ وَمَعِينٍ { وهذا هو المنطق القادياني المعروف، ينظر أبو الحسن الندوي، القاديانية ثورة على النبوة المحمدية والإسلام، دار عكاظ للطباعة والمنشر، ١٩٨٤/٥م، ص٣١ الهامش.

٧. وقاموا بنشاط كبير في مجال طبع الكتب والنشرات القاديانية التي تثير الشبهات حول العقيدة الإسلامية، وتضلل أبناء المسلمين، وتحاول إبعادهم عن الإسلام الحق[١].

رأى المسلمون في باكستان كل هذا، وآمنوا بأنه لا يمكن أن تكون دولتهم حرة في سياستها وتصرفاتها وفي تنفيذ ما تقتضيه مصالحها السياسية وطبيعتها الإسلامية إلا إذا تحررت -في سياستها وداخليتها- من النفوذ الأجنبي ووكلائه -القاديانيين- وهذا حمل الجماعات الإسلامية والأحزاب المختلفة والشخصيات الدينية وكبار علماء باكستان وطلبوا من الحكومة أن تجعل القاديانيين أقلية غير مسلمة. فتجاهلتها الحكومة، مما أدى قيام حركة عارمة سمتها الحكومة (ثورة) وحركت الجيوش لقمع هذه الثورة وزجت بزعماء الحركة في السجن وحكمت على الأستاذ المودودي[٢]. بالإعدام لأنه ألف كتاب القاديانية قال فيه انه يجب جعل القاديانية أقلية غير مسلمة وعدّوا ذلك مؤامرة منظمة ضد النظام القائم.. وصبر المسلمون على هذا ولكن استمروا بمطلبهم المشروع وزاد ضغطهم على الحكومة إلى أن أصدر البرلمان المركزي الباكستاني قراراً إجماعياً يقضي باعتبار جميع الفئات القاديانية غير إسلامية[٣].

و. لقد كانت حياة الميزرا وخليفته حياة بذخ وشهوات. حتى قال الخواجة

---

(١) عبد الرحمن ميداني، أجنحة المكر الثلاثة، ص٢١٨.

(٢) أبو الأعلى المودودي، هو أمير الجماعة الإسلامية في باكستان، تصدر آلاف العلماء لنصرة الإسلام والوقوف بوجه الحركة القاديانية الهدامة وأن تجعلهم الحكومة أقلية غير مسلمة لا تضايق المسلمين في دولتهم التي أسسوها بدمائهم واشلائهم، ينظر: كتاب الحركات الهدامة (القاديانية) الندوي، المودودي، محمد الخضر حسين، ص٣٢ وما بعدها.

(٣) البروفسور عبد الغفور، مقال منشور في مجلة المجتمع العدد ١٥/٣٣٤ محرم ١٣٩٥هـ الموافق ١٩٧٤م.

كمال الدين مرة لمحمد علي "إن من الظلم المبين أن هذا المال الذي يكسبه الفقراء بكد اليمين وعرق الجبين ويشحون به على نفوسهم وبطونهم لينفق في المصلحة الاجتماعية يضيع في الشهوات والأعراض"[١].

وإذا كان هذا في حياة مؤسس الدعوة، فما ظنك بعدها؟ لقد أصبحت (قاديان) وخليفتها (الربوة) إمارة.. يجتمع فيها الاستبداد والاستهتار، والقساوة والدعارة يعيش فيها (الخليفة) وخاصته عيش الملوك والأباطرة في العهد القديم والباباوات في القرون الوسطى. وتصبح هذه الإمارة تتحكم فيها الدكتاتورية الدينية -المزيفة- والشهوانية العاتية، وتشبه قلعة (الموت) في عهد الحسن الصباح الإسماعيلي... ولقد فضح إباحيتهم الأستاذ عبد الرحمن المصري مدير كلية (تعليم الإسلام في قاديان) والذي كان في زمن سابق من كبار علمائهم[٢].

ز. ويتصدى المفكر الإسلامي الكبير أبو الحسن علي الحسني الندوي لأباطيل القاديانيين فيقول: وترشح القاديانية نفسها لتكون ديناً عالمياً له نبيه وأصحابه وخلفاؤه ومقدساته وتاريخه، وتقطع صلة أتباعها ومعتنقيها عن التراث الإسلامي الخالد وعن التاريخ الإسلامي المجيد وعن الشخصيات الإسلامية وعن منابع الإسلام الأولى ومصادره، وعن المقدسات الإسلامية وعن مركز الإسلام الروحي. وتعوض عن كل ذلك -ومعاذ الله أن يعوض شيء من ذلك- بما انتحلته أو ادعته هي الأخرى، وهكذا ينصرف الإنسان عن التضلع من حب النبي العربي صلى الله عليه وسلم والتفاني في طاعته، واللهج بذكره، ودراسة سيرته، واقتفاء آثاره -ينصرف عن كل ذلك إلى التشجيع بحب (النبي القادياني) المزعوم، ودراسة تاريخه الأغبر وتتبع آثاره السيئة. وينصرف عن التاريخ الإسلامي الرائع -الذي هو تاريخ الإيمان والبطولة والإنسانية السامية- إلى تاريخ كله حديث عن الاستكانة والتزلف لدى الحكام الجائرين.. والتملق والجاسوسية، وينصرف عن الشخصيات الإسلامية التي هي

---

(١) أبو الحسن الندوي، القادياني والقاديانية، ص٩٢.

(٢) المرجع نفسه، ص٩٤، وينظر الدكتور محسن عبد الحميد، حقيقة البابية والبهائية، ١٨٥.

رأس مال الإنسانية، عن رجال هم أطواد الفضيلة وعماليق التاريخ إلى رجال أقزام فقاقيع لا يحسنون غير لغة العبيد، ولا يعرفون غير صناعة الغدر والمكر وبيع الذمم والضمائر.. وعن الأدب الإسلامي الزاخر الذي يتدفق قوة وحيوية، إلى أدب سخيف وكلام بذيء والسب القبيح والكذب السافر وما يدّعوه بالنبوءات التي لم تتحقق ولن تتحقق أبداً...

إن القاديانية منبع الفساد والعلة في جسم العالم الإسلامي تنفث في شرايينه سموم الخنوع والخضوع للمستعمرين الأوربيين والركون إلى الظالمين الذين أفسدوا في البلاد واستعبدوا المسلمين. إن القاديانية تنشر في العالم الإسلامي الفوضى الفكرية.. وقد هبطت بمستوى الإنسانية إلى الحضيض[1].

ح. ويضحي الأستاذ أبو الأعلى المودودي بحياته من أجل إحقاق الحق وإبطال الباطل ونصرة دين الله الإسلام الذي ارتضاه الله سبحانه لعباده، وهكذا قارع الاستعمار والحكام الظالمين وأباطيل القاديانية وضلالاتها.

وقاد الكثير من الاحتجاجات والمطالبات في هذا الشأن من خلال زعامته للجماعة الإسلامية في الباكستان، ورد على القاديانية في معتقداتها الزائفة مثل (عدم ختم النبوة) و (المسيح الموعود) و (تعطيل الجهاد) والتحذير من خطورة عقيدتها على المسلمين وتحذيرهم من الشدائد التي ستنزل بهم إن هم اتبعوا الباطل وذكرهم بما حل بالفرقة البابية[2].

ط. ويقول الأستاذ محمد الخضر حسين تحت عنوان (وجوب مقاومتهم

---

(١) أبو الحسن الندوي، القاديانية ثورة على النبوة المحمدية والإسلام، ص٣٨-٤١.
(٢) أبو الأعلى المودودي، المسألة القاديانية، دار عكاظ للطباعة والنشر، جدة، ١٩٨٤م، ص٥٠ وما بعدها.!

والتحذير من دعايتهم): "للقاديانية حركة نشيطة في الدعوة إلى نحلتهم، ولما كانوا يقيمون هذه النحلة على شيء من تعاليم الإسلام، أمكنهم أن يدَّعوا أنهم دعاة للإسلام، ولاسيما شعبة (لاهور)[١] التي تعلن أن غلام أحمد مصلح ومجدد لا نبي، وقد أصبح الناس الذين لا يعرفون هذه النحلة يعتقدون أنهم دعاة للإسلام بحق، وربما أثنوا على سعيهم وعاتبوا من يكتب في تحذير المسلمين من أباطيلهم، ولو اقتصرت هذه الطائفة على نشر دعوتها بين قوم غير مسلمين لخف علينا خطرها، وآثرنا الاشتغال بمجاهدة غيرها من المضللين والملحدين، ولكنهم طمعوا في أخذ الشعوب التي تدرس القرآن والسنة وتستضيء بهدايتهما. وراموا صرفها إلى الاعتقاد برسالة غلام أحمد وما يتبعها من ضلالات، فبعثوا بدعايتهم إلى سوريا وفلسطين ومصر وجدة والعراق وغيرها من البلاد الإسلامية،... وقد رأيتم علماء الهند كيف قاوموا هذه الفئة ومازالوا يقاومونها، وممن وصلتنا آثارهم في مقاومتها علماء سوريا فقد كتبوا الرسائل في الرد عليها وإيقاظ المسلمين لما يبثونه من آراء تقوض بناء العقيدة وآراء تربي نفوس النشيء على الرضى بالاستكانة والانقياد لكل يد تقبض على زمامهم انقياد الأعمى. وها نحن أولاء قد كتبنا هذا المقال ليحذر مسلمو مصر وغيرها من الأقطار الإسلامية فتنة هذه الطائفة حذرهم من فتنة الطائفة البهائية، ولنا الأمل في علمائنا ووعاظنا أن يقعدوا لدعوة هاتين الطائفتين كل مرصد ويعالجوا كل قلب اعتل بشيء من وساوسهما[٢]. (وَالَّذِينَ

---

(١) يقول صاحب المقال إن القاديانية فرقتان، فقد كانت القاديانية في أيام غلام أحمد وأيام خليفته نور الدين مـذهبـاً واحداً، غير أنهم في آخر حياة نور الدين ابتدأ الاختلاف يدب فيما بينهم وعندما مات نور الدين انقسموا إلى شعبتين، شعبة (قاديان) ورئيس هذه الشعبة محمود بن غلام أحمد، وشعبة لاهور وزعيمها محمد علي مترجم القرآن الكريم إلى اللغة الإنكليزية، والأولى أساس عقيدتها أن غلام أحمد نبي مرسل والثاني لا يثبتون النبوة لغلام أحمد ولهؤلاء ضلالات كثيرة أيضاً منها أن عيسى هو ابن يوسف النجار وغيرها من الأباطيل.

(٢) محمد الخضر حسين، طائفة القاديانية، دار عكاظ للطباعة والنشر، جدة، ١٩٨٤م، ص١٢٤-١٢٥.

جَاهَدُوا فِينَا لَنَهْدِيَنَّهُمْ سُبُلَنَا)[1].

وأخيراً فلقد أدرك هؤلاء جميعاً أن الخطر الذي ولدته الحركات الهدامة من غلاة وباطنية وشعوبية وما نشرته من آراء ومعتقدات لا يكمن فقط في هدم العقيدة الإسلامية والفكر الإسلامي وحسب بل في تفتيت البنية الاجتماعية للإسلام لما تولده هذه الحركات من شك وعبث بالقيم الإسلامية.

(١) سورة العنكبوت، الآية: ٦٩.

المبحث الثاني

مقاومة وسائل الغزو الغربي

أولاً: أساليب الاستعمار والغزو المسلح:

١. تعريف الاستعمار: لفظ لمصطلح بالإنجليزية (Imperialism (E وبالفرنسية (Iadisne (F).

ويعني استعمال دولة حق السيادة على إقليم خارج حدود أراضيها وتأتي كلمة (استعمارية) مرادفة لمصطلح بالإنجليزية (Colonialism (E وبالفرنسية (Colomialisme (F)[(1)].

٢. الغزو الأوربي الصليبي: تعرضنا في الفصول السابقة إلى الحروب الصليبية التي كانت أبشع أنواع الغزو الاستعماري المسلح ومن أثقل المحن على الأمة حيث تعرضت لغزو همجي بربري حاقد ولفترات طويلة لما يقرب من قرنين (من ١٠٩٧ إلى ١٢٩٢م) تدفق فيها ملايين المتعصبين الحاقدين على العالم الإسلامي وخاصة بلاد العرب، الشام وشمال إفريقيا، بعثت أوربا الصليبية بملوكها وشبابها ونسائها في تسع حملات انتهت باندحار أوربا وفشل غزواتها وانكسار شوكتها وأعز الله أمة الإسلام ورد عنها كيد الغازين.

٣. التحرك الاستعماري عقب سقوط الأندلس: بقيت أوربا مدحورة عدة قرون بعد فشل الحروب الصليبية، ولكن أحقادها وتوعدها بالثأر بقيت تغلي في عروقها وقد زادت الأمور تعقيداً واضطربت أوربا أكثر عندما قام البطل محمد الفاتح باقتحام أسوار القسطنطينية وفتح المدينة التي بشر بها النبي الأكرم

---

(١) الجوهري، الصحاح معجم وسيط، ص٧٧٨، وينظر: منير البعلبكي، المورد، دار العلم للملايين، ط١٧، (بيروت، ١٩٨٣)، ص١٩٣.

محمد صلى الله عليه وسلم . ودخلها بنفسه ظافراً (عام ٨٥٧هـ/١٤٥٣م)[١] وظلت أوربا تتحين الفرص للثأر من المسلمين حتى جاءت الفرصة، فقام الملك فرديناند وزوجته إيزابيلا بالانقضاض على المسلمين في الأندلس والاحتيال على أمير آخر قلعة عربية إسلامية وبسقوطها سقطت غرناطة عام ١٤٩٢م[٢].

وبعد سقوط الأندلس بدأت أساطيل الإسبان والبرتغال تجوب البحار بحجة الاستكشافات إلا أن الغرض الحقيقي هو التمهيد لغزو البلدان الإسلامية وفعلاً بدأت تستهدف الموانئ والمرافئ البحرية ومنها تتوغل في أرض المسلمين بدأ بشمال إفريقيا (بلدان المغرب العربي..). وكانت مقدمة للاستعمار الهولندي والبريطاني. فكان ذلك تحدياً خارجياً جدياً تمثل في الغزو الأوربي الاستعماري والذي اتخذ طابعاً عسكرياً وفكرياً "فقد نزل الفرنسيون بقيادة نابليون، في الإسكندرية سنة ١٧٩٨م ثم احتلوا الجزائر عام ١٨٣٠م وتونس ١٨٨١م ومراكش ١٩١٢م واحتلت إيطاليا طرابلس الغرب ١٩١١م واحتلت بريطانيا عدن ١٨٢٩م ثم مصر- ١٨٨٢م والسودان ١٨٩٨، وفي سنة ١٩١٨ تبعثرت الدولة العثمانية بعد أن هزمت واندحرت ، وقامت سلسلة جديدة من الكيانات السياسية غير المعهودة في المنطقة جمعت من أشلاء هذه الدولة"[٣].

(١) كارل بروكلمان، تاريخ الشعوب الإسلامية، ٤٣١/٣.
(٢) بروكلمان، المرجع نفسه، ٣٤٣/٢؛ وينظر د. أحمد شلبي، التاريخ الإسلامي والحضارة والإسلامية، ١١٢/٤ (إن آخر أمير هو أبو عبد الله الذي قالت له أمه أضعت ملكاً بناه الرجال وتبكي عليه كالنساء).
(٣) برنارد لويس، الغرب والشرق الأوسط، ص٤٧.

"وفي الشرق تحرك الاستعمار الروسي القيصري أيضاً، لاجتياح آسيا الوسطى المسلمة. ففي عام ١٨٥٧ احتلت مرو وفي سنة ١٨٦٨م احتلت بخارى وفي سنة ١٨٧٣م ضمت خوارزم إلى إمبراطورية القيصر، وفي ١٨٧٦م ضمت خدا قند، وفي سنة ١٨٨١م أخضعت تركمان التكة في سهوب قره قوم وفي سنة ١٨٨٤ استوى مركز روسيا في آسيا الوسطى وتوطدت دعائمه باستسلام مرو إليها"(١).

"لذا فان دول ودوائر الاستعمار في القرن التاسع عشر- التي استولت على العالم الإسلامي تقريباً، من المحيط الهادي إلى المحيط الأطلسي، ومن أواسط آسيا إلى تخوم جنوب إفريقيا، لم تكن غافلة عن هذه الحقيقة الكبرى، وهي أن الشريعة الإسلامية، هي التي صاغت هذه الأمم والشعوب التي تسكن في هذه الأرض الشاسعة الهائلة (العالم الإسلامي) وأعطتها ميزتها وشخصيتها وهي السد المنيع الذي يصد محاولات الذوبان كلها. وهي الشريعة التي تدعو المسلسين في الليل والنهار إلى جهاد المستعمر وعدم القبول بحكم الأجنبي"(٢).

٤. الأهداف الرئيسية للاستعمار:

أ. إن تلك الدوائر الاستعمارية قد خططت -أول ما خططت- للقضاء على العقيدة والشريعة الإسلامية وإبعادها عن حياة المسلمين. وإحلال قوانين أوربا محلها، ولم تكتف بذلك، بل شنت عليها غزواً فكرياً مركزاً. وعلى سبيل المثال، فإن أول قطر إسلامي بدأ المستعمرون الإنجليز فيه بإلغاء الشريعة الإسلامية هو الهند سنة ١٧٩١م، حيث بدأت بالتدرج في إلغائها حتى انتهت بالقضاء عليها. عدا قانون الأحوال الشخصية الذي بقي إلى أن ألغوه في القرن التاسع عشر.

---

(١) بروكلمان، تاريخ الشعوب الإسلامية، ٦٧٠/٤.

(٢) د. محسن عبد الحميد، منهج التغيير الاجتماعي في الإسلام، ص٩٣-٩٤.

ب. وذهبت دوائر الغرب الاستعمارية إلى أبعد من ذلك في أهدافها، فقد فرض اللـورد (كـورزن) وزير خارجية بريطانيا على (عصمت إينونو) ممثل الأتراك في المعاهـدات التـي أبرمـت بـين الإنجليز والحكومة التركية بعد الحرب العالمية الأولى فرض أربعة شروط في المفاوضـات التـي تمت في مؤتمر لوزان في ٤ شباط سنة ١٩٢٣م[١].

الأول: أن تقطع تركيا صلتها بالإسلام.

الثاني: أن تلغي الخلافة.

الثالث: أن تتعهد بمحاربة الحركات الإسلامية وإخماد كل حركة يقوم بها أنصار الخلافة.

الرابع: أن تختار لنفسها دستوراً علمانياً لا دينياً بدلاً مـن الدسـتور العـثماني المسـتمد مـن أحكـام الشريعة الإسلامية والقائم على قواعدها فالقضاء على الدولة العثمانية وتمزيقهـا وهـدم الإسلام والسيطرة على الأقطار العربية والإسلامية هو الهدف الأساسي[٢].

جـ إقامة حصار اقتصادي كامل حول العالم الإسلامي وذلك بنقل طريق التجارة من قلبه في مصر- إلى رأس الرجاء الصالح. وبذلك انتزعت السيادة البحرية

---

(١) عبد القديم زلوم، كيف هدمت الخلافة، ١٩٦٢م، ص١٧٨؛ وتنظر مذكرات مفتي فلسطين (أمين الحسيني) –الحلقـة الحادية عشرة- التي نشرت لمجلة (آخر ساعة)، المصريـة، عـدد ١٩٩٢ والمؤرخـة في ٢ مـن ذي القعـدة، ١٣٩٢هــ (١٩٧٢/١٢/٢٧)؛ وينظر كتاب (الرجل الصنم) ص١٥٥ لضابط تركي متقاعد وقد اثبت فيه تواطؤ أتاتورك مع الإنجليز فقد كان في سوريا حيث كان موضع اعتمادهم، يراجع ص٦٧ وما بعدها.
(٢) أنور الجندي، اليقظة الإسلامية في مواجهة الاستعمار، ص٢٣.

العربية الإسلامية على المحيط الهندي من قبل البرتغاليين في الفترة من عام ١٥٤٢م، عندما استطاع فاسكودي غاما عن طريق بعض الملاحين العرب ومنهم (أحمد بن ماجد) أن يصل إلى الهند طوافاً حول رأس الرجاء الصالح، وبذلك حدث هذا التحول الخطير في التاريخ عام ١٤٩٨م.

وفي أواخر القرن السابع عشر الميلادي (الحادي عشر هجري) تمكن الغرب من تطويق العالم الإسلامي.

وقد قاوم العرب والدولة العثمانية هذا الزحف مقاومة فعالة ولكن كانت حركة الزحف الأوربي كاسحة لاعتمادهم على الوسائط الحديثة والبخار والأسلحة البعيدة المدى.. بحيث جاءت مختلف الهزائم منذ معركة (ليبانتو) عام ١٥٧١م نتيجة لهذا التفوق الحربي الأوربي.

٥. اليقظة الإسلامية ومقاومة الاستعمار:

بدأت، اليقظة في منتصف القرن الثاني عشر الهجري (الثامن عشر الميلادي) هذه الحركة التي امتدت ولا تزال ممتدة إلى اليوم، كانت الدولة العثمانية قد ضعفت كقوة سياسية وعسكرية قائدة للإسلام. فكان لابد من قوة جديدة. ولابد من صوت جديد ينبعث ويلتمس مفهوم الإسلام الأصيل مستمداً من جوهره (القرآن الكريم).. ولقد كانت القوة الجديدة التي تحمل لواء اليقظة هي أمة التوحيد التي تحمل دعوة التوحيد. من هنا بدأت (مرحلة اليقظة) وواجهت تحديات كثيرة وخطيرة ومنها تحدي الغزو الاستعماري الواسع المدى الذي أصاب العالم الإسلامي منذ حملة نابليون عام ١٧٩٨م والذي دفع حركة اليقظة الإسلامية إلى أن تحمل لواء حركة المقاومة السياسية والوطنية وبدأت اليقظة في الفكر الإسلامي والثقافة العربية في مجالاتها المختلفة[١].

---

(١) أنور الجندي، اليقظة في مقاومة الاستعمار، ص٣١.

وقد كان الاستعمار حريصاً على أن يظل الفكر الإسلامي والثقافة العربية غـارقين في مفـاهيم جامدة.. فقد شملت اليقظة المجالات الآتية:

١. الفكر الإسلامي.

٢. الفقه الإسلامي.

٣. العقائد والتشريع.

٤. الاجتماع والسياسة.

٥. اللغة والأدب.

ومن الحق أن يقال إن يقظة الفكر الإسلامي قد تكاملت وشملت ميادين عدة:

١. تحرير العقل من قيد التقليد (الشوكاني) و (الألوسي).

٢. الفكر السياسي وهو ما دعا إليه (خير الدين التونسي).

٣. ميدان التربية والتعليم وإصلاح اللغة والأزهر (محمد عبده).

٤. الميدان السياسي (مصطفى كامل).

٥. العلم والحضارة (فريد وجدي).

٦. الوحدة الإسلامية (جمال الدين الأفغاني).

لقد بدأت اليقظة الإسلامية من مفهوم الفكر الإسلامي المتجدد على مـدى العصـور. ومـن خلال الدعوة المستمرة الدائمة إلى التماس منهج القرآن ومفهومه. هذه الدعوة المتجددة التي حمـل لواءها الأشعري وابن حزم والغزالي وابن تيمية وابن خلدون وكان ابن تيمية

وابن خلدون أبرز الأسماء التي ظهرت في القرن السابع والثامن الهجري غير أن مجموعة كبيرة من الأسماء ظلت تتواتر على مدى العصور. في مقدمتها ابن القيم الجوزية والشاطبي وابن الوزير اليمني (القرن التاسع الهجري) والكدراني والمقبلي اليمني (الحادي عشر الهجري) وظهر مرتضى- الحسيني الزبيدي وعلي الصعيدي وابن عبد الوهاب والدهلوي في (القرن الثاني عشر الهجري). غير أن القرن الثالث عشر الهجري كان أشد احتفالاً بهؤلاء المجددين من أمثال الألوسي وخير الدين التونسي ومحمد بن علي السنوسي والشوكاني اليمني. ثم عرف القرن الرابع عشر الهجري مجموعة أكبر قوة وأبعد أثراً منهم جمال الدين الأفغاني ومحمد عبده ورشيد رضا وسعيد النورسي والبنا والمودودي والندوي وأمجد الزهاوي وغيرهم كثير.

لقد واجه المسلمون والفكر الإسلامي هذه الحملة الغربية الاستعمارية مواجهة شاملة في مختلف الميادين: وأهمها ميادين الحرب والسياسة والفكر. كانت المقاومة العسكرية هي سلاح المقاومة الأولى. وقد توقف هذا السلاح بعد ان قدم الضحايا والشهداء لأن الأسلحة الحديثة الغربية كانت أكثر قدرة على الغلبة فضلاً عن سلاح المؤامرة والغدر الذي مارسه الاستعمار مع المجاهدين، عبد القادر الجزائري في الجزائر وعرابي في مصر ويوسف العظمة في الشام وعبد الكريم الخطابي في المغرب، مما دفع العرب والمسلمين إلى الجهاد في ميدان السياسة والفكر بهدف بناء وحدة أو جامعة أو رابطة تقف في وجه النفوذ الغربي الزاحف[١].

---

(١) أنور الجندي، اليقظة الإسلامية في مواجهة التغريب، ص٢٩١؛ وينظر اليقظة في مواجهة الاستعمار، ص٣٩.

ثانياً: مكائد حملات التنصير:

١. معنى التنصير: يوحي اصطلاح التنصير بأنه عمليه نشر الدين النصراني بين غير النصارى مـن الأديان الأخرى، والوثنيين [١].

٢. حقيقة التنصير: الحقيقة أن التنصير موضوع البحث، ما هو إلا رافدٌ مـن الروافـد الرئيسية للغزو الفكري الذي ساعد حكومات الغرب على اقتحام بلاد المسلمين، ومهد بشكل مباشر وغير مباشر للغزو الاستعماري للعالم العربي والإسلامي. فهو يشكل الجناح الأول للاستعمار، فالبواعث الحقيقـة للعمليـات التنصيرية هـي تمكين حكوماتهـا مـن الاستيلاء عـلى الـبلاد الإسلامية بالغزو العسكري. أما عمليـة نشر ـ الـدين والعـادات الغربيـة فهـي مـن الأغـراض الثانوية التي هي عوامل مساعدة في المنظور القريب والبعيد لهذه الحملات [٢].

وهذا ما تحقق بشكل واضح وجلي في عمليات التنصير التي قامت بها فرق التنصير البرتغالي في بعض الجزر الأندنوسية مثل تيمور الشرقية وما قامت به الجاليات التنصيرية الهولندية في جاوه الشرقية وبعض الجزر النائية في الأرخبيل الأنـدنوسي فزرعـوا فيهـا الفتنـة التـي بقيـت تأثيراتها السلبية إلى اليوم، والآن فإن دوائر الاستعمار الغربي يقطفون ثمرة هذه الفتنـة التـي بدأتها فرق التنصير، لقد كان مخططاً خطيراً يهدف إلى تمزيق هذه الدولة المسلمة التي هـي أكبر دولة إسلامية في العالم [٣]. وهذا مثل حي على مخاطر التنصير الذي نحن بصدد بحثه.

---

(١) د. علي جريشة، الاتجاهات الفكرية المعاصرة، ص٢٣.

(٢) د. عمر فروخ والخالدي، التبشير والاستعمار، ص٣٤.

(٣) الدكتور محمد ناصر (رئيس وزراء أندنوسيا الأسبق مقال نشر في جريدة أخبار العالم الإسلامي، عدد ٣٥٣ في ١٩٧٣.

وإن ما يجري في جنوب السودان وفي بعض ولايات نايجريا وفي أذربيجان (إقليم نورقر باغ) وفي بعض أقاليم الهند المسلمة وفي مصر ولبنان وفي البلقان وشمال المغرب وكثير من البلدان العربية والإسلامية الغنية بأهلها وثرواتها استهدفتها الحملات التبشيرية المدمرة للعقيدة والنفوس. إن الغرب في أوربا وأمريكا لا شأن لهم بالدين فالعالم الغربي عالم مادي علماني وفي الغالب يكون ملحداً لا يؤمن بدين، فأمريكا اللادينية غطت حملاتها التنصيرية أغلب بقاع العالم وكذلك دول أوربا العلمانية.

وبالرغم من عدم تجانس الفرق التنصيرية في معتقداتها تبعاً للمذهب الذي تدين به دولتهم الممولة والمخططة لأهداف هذه الفرق، إلا أن جميع الفرق والحملات التنصيرية تجتمع على قاسم مشترك واحد هو العداوة الشديدة للإسلام والمسلمين.

٣. نشأة التنصير: جاء في كتاب (ملخص تاريخ التبشير) لمؤلفه (أدوين بلس) البروتستانتي أن (ريمون لول) الإسباني هو أول من تولى التنصير بعد أن فشلت الحروب الصليبية في مهمتها، فتعلم (لول) اللغة العربية بكل مشقة، وجال في بلاد الإسلام، وتحدث المؤلف عن إرساليات التنصير في القرون الوسطى إلى الهند وجزائر السند وجاوه وعن اختلاط المنصرين بالمسلمين منذ ذلك الحين، وفي سنة (١٦٦٤م) حظي البارون (دويتز) على تأسيس مدرسة كلية تكون قاعدة لتخريج المنصرين بعد تعليمهم أصول التنصير ووسائله[١].

٤. أغراض التنصير:

إن اليسوعيين لا يريدون أن يتنازلوا عن روحهم الصليبية انهم لا يزالون

---

(١) شاتليه، الغارة على العالم الإسلامي، ترجمة محب الدين الخطب ومساعد اليافي، المطبعة السلفية، القاهرة، ١٩٦٣، ص١٢؛ وينظر عبد الرحمن الميداني، أجنحة المكر الثلاثة، التبشير والاستشراق، والاستعمار، ص٢٨.

يذكرون (المبشر) بلغة فخمة ملونة مملوءة بالحقد والضغينة والاستفزاز، انهم يقولون: "ويأتي المبشر تحت علم الصليب يحلم بالماضي وينظر إلى المستقبل وهو يصغي إلى الريح تصفر من بعيد من شواطئ رومية ومن شواطئ فرنسا وليس من أحد يستطيع أن يمنع تلك الريح من أن تعيد على آذاننا قولها بالأمس وصرخة أسلافنا (الصليبيين) من قبل"؟ إنه قول الأب (شانتور) رئيس الكلية اليسوعية في بيروت أيام الانتداب الفرنسي والذي أردف قائلاً "يجب أن تكون الإدارة الفرنسية في سوريا تتمة للاحتلال الصليبي. وهذا (المبشر) (جسب) يود لو يمحى الإسلام من العالم ويمسحه من الوجود ولما لم يستطع انتقل مع أمثاله من المبشرين إلى محاولات أخرى تحقق أهدافهم دون ذلك ومنها:

١. الفصل بين الإسلام ومعظم المسلمين فصلاً فكرياً تطبيقاً للفصل الفكري العام لأنه متى طال العهدين بين فكرة ما وبين تطبيقها غدا انتزاعها من أساسها أيسر وأقرب منالاً.

٢. الفصل الجزئي بين الإسلام وبين المسلمين فصلاً فكرياً وتطبيقاً فقط والفصل التطبيقي على طول الخط مرحلة تمهيدية للفصل الفكري، ويحتار أعداء الإسلام في أمور العبادات حتى لا يخرج من المسجد إلى أي مجال من مجالات الحياة ويشددوا عليه الحصار حتى داخل المسجد.

٣. تشويه صورة الإسلام في نفوس المسلمين بإثارة الشبهات حول أحكام الإسلام وتشريعاته وأنظمته المختلفة وإثارة الشبهات حول القرآن الكريم والسنة المطهرة ودس الأحكام الفاسدة وإغراء بعض ضعفاء النفوس والعقول من المسلمين باعتناقها على أنها تعاليم الإسلام ومفاهيمه ثم محاربة الإسلام بها واختلاق الأكاذيب والافتراءات على الإسلام وتاريخ المسلمين، وتشويه

غايات الفتح الإسلامي ومقابلة بعض أحكام الإسلام وأركانه وتشريعاته بالاستهزاء والسخرية ووصف المتمسكين بها بالرجعية والتطرف والتعصب والجمود، وتجنيد كل وسائل الإعلام الخبيثة لتحقيق هذه الأغراض[١].

٥. التنصير في خدمة الاستعمار:

لقد أفصح القس زويمر عن الخطة السرية التي اعتمدتها الدول الاستعمارية لغزو العالم الإسلامي بكل الوسائل. فقال في خطابه في مؤتمر القدس التنصيري الذي انعقد في نيسان من عام ١٩٣٥ إبان سيطرة الاستعمار البريطاني على فلسطين: "أيها الأبطال والزملاء الذين كتب الله لهم الجهاد في سبيل المسيحية واستعمارها لبلاد الإسلام.. لقد أديتم الرسالة التي أنيطت بكم أحسن أداء.. ولكن مهمة التبشير التي ندبتكم دول المسيحية للقيام بها في البلاد المحمدية ليست إدخال المسلمين في المسيحية.. وإنما مهمتكم أن تخرجوا المسلم من الإسلام ليصبح مخلوقاً لا صلة له بالله وبالتالي لا صله له بالأخلاق وبذلك تكونون أنتم بعملكم هذا طليعة الفتح الاستعماري في الممالك الإسلامية. لقد قمتم خلال الأعوام المائة السالفة خير قيام وهذا ما أهنئكم عليه. لقد قبضنا أيها الإخوان في هذه الحقبة من الدهر من ثلث القرن التاسع عشر إلى يومنا هذا على جميع برامج التعليم في الممالك الإسلامية ونشرنا في تلك الربوع مكامن التبشير والكنائس والجمعيات والمدارس التي تهيمن عليها الدول الأوربية والأمريكية والفضل إليكم وحدكم أيها الزملاء أنكم أعددتم له بوسائلكم جميع العقول في الممالك الإسلامية إلى قبول السير في الطريق الذي مهدتم له كل التمهيد، إنكم أعددتم شباباً في ديار الإسلام لا يعرف الصلة بالله وأخرجتم المسلم من الإسلام"[٢].

(١) عبد الرحمن الميداني، أجنحة المكر الثلاثة، ص١٢٦.
(٢) عبد الرحمن الميداني، أجنحة المكر الثلاثة، ص٦٠.

ثالثاً: نماذج من دسائس المستشرقين:

١. معنى الاستشراق: اصطلاحاً (معرفة دراسة اللغات والآداب الشرقية Orientalism)[١] وهو منظومة فكرية متخصصة في دراسة الشرق ويمكن أن تكون هذه المنظومة قد قامت على إعداد الموظفين والدبلوماسيين والضباط والاستخبارات وممثلي المؤسسات التجارية والاستثمارات وأحياناً الجمعيات العلمية الصرفة[٢].

٢. تاريخ بدء الاستشراق:

تقول الدراسات التاريخية أن بوادر الاستشراق بدأت منذ ألف عام عندما قصد بعض الرهبان الفرنسيين الأندلس العربية إبان ازدهار الحضارة الإسلامية فيها وتثقفوا في مدارسها بأشبيلية وقرطبة وترجموا القرآن والكتب العربية إلى لغاتهم وتتلمذوا على علماء المسلمين في مختلف العلوم وبخاصة في الفلسفة والطب والرياضيات ومن أوائل هؤلاء الرهبان الراهب الفرنسي ـ (جيربرت Jerbert) الذي قصد الأندلس فيمن قصدها للعلم فاخذ العلم عن علمائها ثم ارتحل إلى روما وتفوق على أقرانه وانتخب بابا للكنيسة في روما عام ٩٩٩م باسم سلفستر الثاني. وبعد انتخابه أمر بإنشاء مدرستين عربيتين الأولى في إيطاليا والثانية في ويمس بفرنسا وهي وطنه. تعدّ هذه هي

---

(١) منير البعلبكي، المورد، ص٦٣٨.
(٢) من محاضرة الدكتور احمد الشحاذ ألقاها على طلبة الماجستير في قسم التراث لمعهد التاريخ بتاريخ ١٩٩٩/١١/٢٠.

بداية تاريخ الاستشراق[1].

٣. أغراض الاستشراق ودوافعه:

أ. الدافع الديني: حيث بدأ بالرهبان ورجال الكهنوت الذين أرادوا ان يوهموا جماهيرهم الخاضعين لزعامتهم الدينية أن الإسلام دين لا يستحق الانتشار وأن المسلمين لصوص.

ب. الدافع الاستعماري هو احتلال بلاد المسلمين والاستيلاء على مقدراتهم وهذا امتداد للحروب الصليبية والتوجه العدواني ضد الإسلام.

جـ. الدافع الاقتصادي: يتمثل بأطماع الغرب بثروات المسلمين والاستيلاء على الأسواق التجارية وإبقاء المسلمين متخلفين مستهلكين لا منتجين.

د. الدافع السياسي لتحقيق الهيمنة السياسية وبث الاتجاهات والأفكار التي تريدها الدول الاستعمارية لتبعد المسلمين عن دينهم وتضعف صلتهم ببعضهم وتشكك بأمجادهم وتضعفهم لضمان بقاء بلادهم خاضعة لمناطق النفوذ.

أما الأهداف الحقيقة للاستشراق فهي:

١. التشكيك بصحة رسالة النبي محمد صلى الله عليه وسلم.

٢. إنكارهم للقرآن بأنه كلام الله وأن الإسلام ليس دينا منزلاً وأن المستشرقين اليهود أمثال جولد تزيهر وشاخن ادعوا إن الإسلام استمداد من اليهودية، وانجرار بعض المستشرقين المسيحيين وراءهم في هذه الدعوى.

٣. التشكيك في صحة الحديث النبوي الشريف ويتذرع هؤلاء المستشرقون بما دخل على الحديث النبوي من وضع ودس متجاهلين تلك الجهود الكبيرة

---

(١) نجيب العقيقي، المستشرقون، ص١٩.

التي بذلها علماء المسلمين لتنقية الحديث الصحيح مستندين إلى قواعد بالغة الدقة في التثبت والتحري مما لم يعهد عندهم في دياناتهم عشر معشاره في التأكد من صحة الكتب المقدسة عندهم.

٤. التشكيك بقيمة الفقه الإسلامي الذاتية ذلك التشريع العظيم الذي لم يجتمع مثله لجميع الأمم في جميع العصور والأديان.

٥. التشكيك في قدرة اللغة العربية على مسايرة التطور العلمي والتشكيك في غنى الأدب العربي وبذلك تشعر هذه الأمة بفضل الغربيين وسلطانهم المادي.

٦. تشكيك المسلمين في تاريخهم وتراثهم الحضاري وإضعاف ثقة المسلمين بقيمهم ومثلهم العليا.

٧. إضعاف روح الإخاء الإسلامي بين المسلمين في مختلف أقطارهم عن طريق إحياء العرقيات والنعرات بين شعوبهم وإقامة الحواجز بين بلدانهم وتجزئتهم إلى دويلات متناحرة[١]. وتجدر الإشارة إلى وجود مستشرقين معتدلين ومتجردين.

نماذج من المستشرقين ومواجهتهم

لنأخذ أمثلة من المستشرقين الأوربيين ودورهم في التشكيك واثارة الشبهات والطعن في الإسلام.

---

(١) د. محمد البهي، المبشرون والمستشرقون، ص١٥ نقلاً عن مجلة الإسلام، ص١٣٨ الصادرة في ١٥ نيسان، ١٩٥٨.

١. أجناس جولد زيهر Coldizher (١٨٥٠-١٩٢١)[١]

آثار عدة شبهات وشكوك حول السنة والفقه والتشريع الإسلامي فقد حاول التشكيك في قيمة الأحاديث النبوية وذلك بالقول بأن السنة بدأ تدوينها بعد وفاة النبي صلى الله عليه وسلم بستين عاماً، وقوله في كتاب العقيدة والشريعة، ان التوحيد الإسلامي ينطوي على غموض في حين أن التثليث واضح في فهم الألوهية ومن ذلك قوله من أن الشريعة الإسلامية تأثرت بالقانون الروماني في بداية عهد تكوينها. وحاول في مجمل رأيه أن يصور الفقه الإسلامي بأنه من صنع الصحابة والتابعين[٢]. وخطورة هذا النوع تكمن في ضرورة إعادة قراءة جادة ومتأنية لكي تتضح الهوية الحقيقة لدعاوي اليهودية[٣].

مواجهة جولد زيهر: واجهت كتاباته المتعصبة كثيراً من المجاراة من كتاب وأساتذة الجامعات المدنية والأزهرية كما وجدت تفنيداً من كثير من الكتاب اليقظين في مقدمتهم مصطفى السباعي بكتابه الاستشراق والمستشرقون ومناظرتهم

---

(١) جولد زيهر يهودي ولد عام ١٨٥٠م في هنكاريا عاصر هرتزل (١٨٦٠-١٩٠٤م) وهو يهودي من هنكاريا، مؤسس الصهيونية السياسية الحديثة وعملاً معاً في منظمة الشبيبة اليهودية. يراجع الدكتور أمين عبد الله محمد، مشاريع الاستيطان اليهودي منذ قيام الثورة الفرنسية حتى نهاية الحرب العالمية الأولى، سلسلة عالم المعرفة رقم (٧٤) إصدارات المجلس الوطني للثقافة والفنون والأدب، (الكويت، ١٩٨٤م) ص٥٩، درس في مدارس اللغات الشرقية ببرلين وليبزج وفيناو رحل إلى سوريا ١٨٧٣ وتتلمذ على الشيخ طاهر الجزائري، اشتهر بكتابة العقيدة والشريعة في الإسلام الذي ترجمة له دار الكتاب المصري التي اشرف عليها طه حسين ولم يرد على الشبهات التي أثارها هذا المستشرق. وله كتاب (مذهب المسلمين في تفسير القرآن) وله من الكتب (اليهود) (لبيزيخ، ١٨٧٠) نجيب العقيقي، المستشرقون، ص١٩٦ وينظر د. محمد البهي، المبشرون والمستشرقون، ٢٤.

(٢) أنور الجندي، الفكر الإسلامي والثقافة العربية المعاصرة في مواجهة تحديات الاستشراق والتبشير والغزو الفكري، ص١٥٤.

(٣) الدكتور منذر المطلك، الدراسات العربية والإسلامية في أوربا، ص٥٢.

مباشرة وجهاً لوجه في ديارهم ومحمد الغزالي بكتابه دفاع عن العقيدة والشريعة في الإسلام، والدكتور محمد البهي الذي رد عليهم بكتابه المبشرون والمستشرقون في موقفهم من الإسلام، وكذلك الدكتور عرفان عبد الحميد بكتابه المستشرقون والإسلام وأنور الجندي بكتابه الفكر الإسلامي والثقافة العربية في مواجهة تحديات الاستشراق والتبشير والغزو الثقافي.

٢. د.س مارجليوث D.S. Margoluouth: (١٨٥٨-١٩٤٠م)

مستشرق إنجليزي متعصب ضد الإسلام، اصطحبه جيش الاحتلال البريطاني في غزوة للعراق ليعمل مستشاراً ومترجماً له. كان من أشهر أساتذة العربية في جامعة أكسفود وكان (عضو) بالمجمع اللغوي المصري والمجمع العلمي في دمشق ومن كتبه ومؤلفاته[1]:

أ. نشر معجم الأدباء لياقوت الحموي.

ب. نشر الأنساب للسمعاني ١٩١٢.

جـ. نشر وتشوار المحاضرة للتنومي.

د. ورسائل المعري بترجمة إنجليزية.

هـ. وأحاديث التنومي.

و. وديوان ابن التعاويدي.

ز. وديوان وحماسة البحتري.

---

(١) نجيب العقيقي، المستشرقون، ٩٣-٩٤.

ح. كما نشر المناظرة بين متي بن يونس القنائي وأبي سعيد السيرافي بترجمة إنجليزية.

ط. ترجم فصولاً من التمدن الإسلامي لجرجي زيدان سنة ١٩٠٧.

ي. ومن كتبه (التطورات المبكرة في الإسلام) صدر في سنة ١٩١٣.

ك. محمد ومطلع الإسلام صدر ١٩٠٥م.

ل. الجامعة الإسلامية صدر ١٩١٢[١].

وإن خطورة هذا المستشرق متأتية من كثرة مؤلفاته التي دس فيها على النبي محمد صلى الله عليه وسلم وعلى سيرته:

١. وصفه سليمان الندوي بأنه لم يؤلف بالإنجليزية كتاباً أشد تحاملاً على النبي من مارجليوث فقد شوه كل ما يتعلق بالسيرة، وأن يشكك في أسانيدها، ولم يأل جهداً في نقض ما أبرمه التاريخ ومعارضة ما حققه المنصفون.

٢. وقال إن مارجليوث حارب التاريخ كما حارب الأنصاف وحمل على الرسول صلى الله عليه وسلم حملات منكرة وأشار إلى قول مارجليوث (إن المسلم معناه في الأصل الخائن.. لأن الكلمة مشتقة من اسم مسلمة".

٣. وقد أشار رشيد رضا إلى أن المسبب في أكثر غلط مرجليوث وخطأه في السيرة هو التحكم في الاستنباط والقياس الجزئي وبيان أسباب الحوادث كما هو شأنهم في أخذ تاريخ الأقدمين من الآثار المكتشفة واللغات المنسية وأقله عدم فهم توحيد الله تبارك وتعالى[٢].

(١) د. محمد البهي، المبشرون والمستشرقون في موقفهم من الإسلام، ص٢٧.
(٢) أنور الجندي، الفكر الإسلامي والثقافة العربية في مواجهة تحديات الاستشراق، ص١٣٠.

٣. هنري لامانس اليسوعي (١٨٦٢-١٩٣٧م) (H. Lammens):

بلجيكي المولد فرنسي الجنسية[1]، يعد من أشد المستشرقين تعصباً على الفكر العربي الإسلامي

وقد بالغ في التعصب على الإسلام حتى أعلن المنصفون شكهم في أمانته العلمية وقالوا انه لا ينسى ـ

عواطفه فيما يكتب عن النبي صلى الله عليه وسلم وعن الإسلام. وقد عرف بتهكمه على

النصوص العربية وله عدة مؤلفات منها:

أ. كتاب عن حياة محمد فيه الكثير من التهجم والطعن.

ب. وكتاب فاطمة وبنات محمد ١٩١٢.

جـ الحكام الثلاثة أبو بكر وعمر وأبو عبيدة.

د. كتاب البادية والحيرة.

هـ إخلاص محمد في إعلانه الدعوة.

و. مهد الإسلام سنة ١٩١٤م.

ز. الطائف المدينة العربية قبل الهجرة.

ح. مكة قبيل الهجرة سنة ١٩١٦م.

---

(١) ولد في بلجيكا واتخذ لبنان موطنا، درس في الكلية اليسوعية ببيروت واشتغل بالتدريس فيها من عام ١٨٨٦ وتخصص
في تاريخ الشرق الأدنى وحضارة أهله، وأتقن اللغة العربية وعين ١٩٠٧ أستاذا في معهد الدراسات الشرقية في الكلية
اليسوعية ببيروت، وصف بالراهب المؤرخ وأخذ عن جولد زيهر ونولدكه وكيناني وولهوزن، درس اللاهوت في إنجلترا،
وتولى إدارة التبشير في بيروت ودرس في فينا إلى أن استقر في بيروت عام ١٨٩٧م، ينظر: نجيب العقيقي، المستشرقون،
ص٦٧، والدكتور البهي، المبشرون والمستشرقون، ص٢٧.

ط. المعابد في غربي الجزيرة قبل الهجرة.

ي. الثأر وسمته الدينية في عرف الجاهلية.

ك. السيرة سنة ١٩١١.

ل. معاوية الثاني ١٩١٥[١].

أمـا عـن مؤلفـات لامـانـس عـن بـلاد العـرب وجغرافيتهـا قبـل الإسـلام.. فمراجـع ثمينـة في موضوعاتها[٢].

خطورة هنري لامانس على الإسلام:

أ. وينقل الجندي، رد الدكتور زكي محمد حسن وهو:

١. أنه كان خصماً عنيداً للمسلمين عامة وللعلويين والعباسيين خاصة.

٢. ينكر على العرب صفاتهم وفضائلهم الخلقية الجميلة.

٣. اعتمد في خصومته على السفسطة والمغالطة.

٤. أكثر من الطعن والتهجم في كتابة حياة محمد حتى أن الفاتيكان لم توافق عـلى نشره مخافة ردود الفعل واحتجاج الأمم الإسلامية.

٥. يتهم رواة السيرة بالكذب وأنهم مخترعون وينتقي بعض الروايات التي يسخرها لإثارة الفتنة.

٦. وكان للأب المستشرق لامانس طرق غريبة في التهكم على النصوص العربية ويغض الطرف عنهـا إن كانت تثبت خطأ آرائه.

(١) نجيب العقيقي، المستشرقون، ص٦٧.
(٢) أنور الجندي، الفكر الإسلامي والثقافة العربية المعاصرة في مواجهة تحديات الاستشراق، ص١٣٧.

لقد كان لامانس من أشد المتعصبين على الإسلام حتى إن بعض المستشرقين أنفسهم كانوا يعرفون فيه هذا العيب الكبير أمثال (بيكر ودسو وجوزفروا وبمومبين وماسيه) وقال (فييت) في نعي لامانس بجلسة ١٠ مايس ١٩٧٣م انه من الصعب أن تقبل كتاب (فاطمة وبنات محمد) في ثقة ودون تحفظ فإن التعصب والاتجاه العدواني يسودانه إلى حد كبير وللأب المستشرق لاماس نظرية غريبة تتعلق بشكل الحكومة الإسلامية التي قامت عقب يوم السقيفة واستمرت طوال عهد أبا بكر وعمر رضي الله عنهما. أنها حكومة ثلاثية من طراز النظام الثلاثي (Trinn viro) المعروف في التاريخ الروماني.

ب. ويرد الأستاذ عبد الحميد العبادي على هذه الشبهة على النحو التالي: "إن نظرية الأب لامانس لا تقوم على أساس تاريخي":

١. لأن المصادر القديمة الموثوق بها لا تذكر شيئاً من هذا القبيل، فالطبري، والبلاذري اللذان استوعبا كل ما أمكنهما استيعابه من الأخبار المتعلقة بقيام الخلافة العربية لا يأتيان بخبر واحد يؤيد من قريب أو بعيد نظرية الأب لامانس.

٢. إن الأحاديث التي يستشهد بها لامانس أغلبها من الأحاديث المروية في مناقب الصحابة وخصائصهم، يجب أن تؤخذ بتحفظ، وربما كان من واجب الباحث ألا يستشهد بها في مقام البحث العلمي الصريح ذلك لأن معظمها ولا شك موضوع. وأن السبب في وضعه يرجع إلى حاجة الأحزاب السياسية آنذاك.

٣. أخذ لامانس وجهة نظر الغلاة وبنى عليها بحثه الخاص بشكل الحكومة الإسلامية الأولى وهي وجهة نظر ليست لها قيمة علمية على الإطلاق[١].

---

(١) أنور الجندي، الفكر الإسلامي والثقافة العربية، ص١٣٩.

جـ ويستشهد الجندي برد كرد على فانه عارض آراء الأب لامانس في اكثر من موضع. فهو ينتقد كتابه (مختصر تاريخ سوريا) ويقول:

١. إن المؤلف (لامانس) يأتي بجملة ينتزعها من عبارات الخلفاء والسلاطين والفاتحين وغيرهم، فيأت بجملة من المقول بالعربية وبترجمتها بالفرنسية ويستخرج منها أنها كانت دستوراً جرى العمل به.

٢. إنه ينسب كل شيء إلى سكان البلاد الأصليين.

٣. إنه كرر غير مرة أن عالم قريش (خالد بن الوليد) تلميذ راهب ولم يقل كلمة واحدة فما هي أفضال خالد على الآداب العربية، وما هي منزلته عند الخلفاء.

٤. إنه يصف (صلاح الدين الأيوبي) بالطماع ولكنه يصف الحروب الصليبية بوقائع البسالة، ويصف ملوك الصليبين بالأوصاف بالنجدة والعقل!!. ولو أنصف لسمى تلك الحروب بحروب الجنون والطيش كما سماها المنصفون من مؤرخي الصليبيين. ولنذكر لبعض أولئك الملوك بعض صفاتهم في نقض العهود والعبث بالمهادنات وقتل الأسرى وغير المحاربين من الشيوخ والعجزة والنساء والأطفال ونسي الأب المستشرق مناقب صلاح الدين ونذكر منقبة واحد تكفي وهي (إبقاؤه على الصليبيين المعتدين يوم فتح القدس). لا بل نسي الأب لامانس أن الصليبيين قتلوا سبعين ألفا من المسلمين يوم استباحتهم المدينة المقدسة.

٥. ادعى لامانس إن دار العلم بطرابلس لم تكن مدرسة جامعة بل مدرسة صغيرة لتلقين العلم الديني. بيد أن المؤرخين مجمعون على أن طرابلس كان فيها (دار حكمة) على مثال دار الحكمة في بغداد.

يقول الأثري (فان يرشم) في مفكراته: "لقد ازدهرت طرابلس زمن القاضي ابن عمر وقد أنشأ فيها بيت حكمة جهزه بمائة ألف مجلد من الكتب وكان

فيها على عهده مدرسة جامعة ومدارس دينية وخزائن كتب وربما كانت طرابلس قبيل استيلاء الصليبيين عليها أول بلدة علمية في الشام.

٦. إن لامانس عاهد تاريخ الإسلام على مناقضته وتمخض للحط من قدر العرب ونشر ـ أخطائه وأكاذيبه في دائرة المعارف الإسلامية، ومن عمله تحريف آيات القرآن الكريم وحذف ما لا يروق من كتب المسلمين وخلط الآيات القرآنية بأبيات من الشعر ويجعل الأحاديث النبوية من كلام بعضهم ودس الخرافات المنقولة من كتب الوضاعين على أنها من كتب الثقات.

٧. ألف لامانس تاريخا مختصراً للشام لم يذكر فيه للإسلام ولا للعرب محمدة من ثلاثة عشر ـ قرناً ونصف [١].

الالتقاء على محاربة الإسلام:

ويلتقي الغزاة المستعمرون والمنصرون ومعظم المستشرقين على محاربة العرب والإسلام ومقاومة دعوته وهدم أبنيته.

وسبب التقائهم على محاربته واضح لا يحتاج إلى تأمل كثير، فالإسلام بعقائده الحقة، وتعاليمه المشرقة، ودعوته الإنسانية العامة، وحيويته الكبرى، وفاعليته في نفوس المستمسكين به، هو الجدار الوحيد الذي يقف دون تحقيق المطامع المختلفة التي يهدف إليها كل جناح من أجنحة الغدر والمكر الثلاثة التي تحيق بالعرب والإسلام.

يقول المنصر (المبشر) لورنس براون "لقد كنا نخوف بشعوب مختلفة، ولكننا بعد اختبار لم نجد مبرراً لمثل هذه المخاوف، لقد كنا نخوف من قبل بالخطر اليهودي،

---

(١) أنور الجندي، الفكر الإسلامي والثقافة العربية المعاصرة، في مواجهة الاستشراق، ص١٤٠-١٤٣.

وبالخطر الأصفر، وبالخطر البلشفي، إلا أن هذا التخوف كله لم يتفق كما تخيلناه.. ولكن الخطر الحقيقي كامن في نظام الإسلام، وفي قوته على التوسع والإخضاع، وفي حيويته، إنه الجدار الوحيد في وجه الاستعمار الأوربي"(١).

ويقرع هذا المبشر الإنساني!! أجراس التحذير لدوائر الاستعمار والعدوان ويستعديهم على بلاد العرب والمسلمين لتمزيقها وجعلها دويلات لا تلتقي وان يزرعوا بينهم بذور الفرقة والضعف والتشتت ليقول: "إذا اتحد المسلمون في إمبراطورية عربية أمكن أن يصبحوا لعنة على العالم وخطر أما إذا بقوا متفرقين فانهم يظلون حينئذ بلا قوة ولا تأثير"(٢).

ويقول (كالهون سيمون) وهو أحد زعماء المنصرين "ان الوحدة الإسلامية تجمع آمال الشعوب وتساعدهم على التملص من السيطرة الأوربية ولذلك كان التبشير عاملاً مهماً في كسر شوكة هذه الحركات ذلك لأن التبشير يعمل على إظهار الأوربيين في نور جديد جذاب وعلى سلب الحركات الإسلامية من عنصر القوة والتمركز فيها"(٣).

ويقول أيوجين روستو رئيس قسم التخطيط في وزارة الخارجية ومستشار الرئيس الأمريكي الأسبق جونسون لشؤون الشرق الأوسط: "إن الظروف التاريخية تؤكد أن أمريكا إنما هي جزء مكمل للعالم الغربي، فلسفته، وعقيدته، ونظامه وذلك يجعلها معادية للعالم الشرقي الإسلامي بفلسفته وعقيدته المتمثلة بالدين الإسلامي ولا تستطيع أمريكا إلا أن تقف هذا الموقف في الصف المعادي للإسلام وإلى جانب العالم الغربي. والدولة الصهيونية.. ان هدف الاستعمار في الشرق الأوسط هو تدمير الحضارة الإسلامية، وإن قيام إسرائيل، هو جزء من المخطط، وإن ذلك ليس

---

(١) لورانس براون، الإسلام والإرساليات، ص٩.
(٢) لورانس براون، المرجع نفسه، ص١٠؛ وينظر د. عمر فروخ، التبشير والاستعمار، ص١٨٤ وكذلك ينظر، جلال العالم، قادة الغرب يقولون دمروا الإسلام أبيدوا أهله، ص٤٠.
(٣) الميداني، أجنحة المكر الثلاثة، ص٦٧.

إلا استمرار للحروب الصليبية"[١]. وقبله قال غلادستون رئيس وزراء بريطانيا الأسبق: "مادام هذا القرآن موجوداً في أيدي المسلمين فلن تستطيع أوربا السيطرة على الشرق"[٢].

ويقول المستشرق شاتليه: "وإذا أردتم أن تغزوا الإسلام وتخضدوا شوكته وتقضوا على هذه العقيدة التي.. كانت السبب الأول والرئيسي لاعتزاز المسلمين وشموخهم وسبب سيادتهم وغزوهم للعالم عليكم أن توجهوا جهود هدمكم إلى نفوس الشباب المسلم والأمة الإسلامية بإماتة روح الاعتزاز بماضيهم وتاريخهم وكتابهم القرآن الكريم وتحويلهم عن ذلك بواسطة نشر ثقافتكم وتاريخكم، ونشر روح الإباحية وتوفير عوامل الهدم المعنوي، وحتى لو لم نجد إلا المغفلين منهم والسذج والبسطاء لكفانا تلك لأن الشجرة يجب أن يتسبب لها في القطع أحد أغصانها"[٣].

ويقول أدوارد سعيد: "فالاستشراق.. هو معرفة بالشرق تصنع الشرقي.. في محكمة، في سجن، أو في دليل موجز لأغراض التحليل المدقق والدراسة والمحاكم والتأديب، أو الحكم"[٤].

---

(١) سعد جمعة، المؤامرة ومعركة المصير، ص٨٧-٩٤، (هو رئيس وزراء الأردن الأسبق والذي اغتيل بعد إصداره الكتاب).

(٢) محمد أسد،الإسلام على مفترق الطرق، ص٣٩.

(٣) شاتليه، غزو العالم الإسلامي من الوصية الأولى، ص٢٦٤.

(٤) أدوارد سعيد، الاستشراق، المعرفة، السلطة، الإنشاء، ترجمة كمال أبو ديب، مؤسسة الأبحاث العربية، ط٢، بيروت، ١٩٨٤م، ص٧٢.

المبحث الثالث

التصدي للتضليل الفكري الغربي

أولاً: النزعة اللادينية والتغريب:

١. اللادينية

وهي ترجمة لكلمة (Scularism) في الإنجليزية و (secularite) [١] بالفرنسية. وتأتي بمعنى (Non Religious) أي العلمانية المعتدلة كالمجتمعات الديمقراطية الليبرالية أي غير معادية للدين. وتأتي بمعنى (Anti Religious) أي العلمانية المتطرفة كالمجتمعات الشيوعية وما شاكلها.

أ. مفهومها

وتأتي كلمة اللادينية مرادفة لكلمة العلمانية وهي كلمة لا صلة لها بلفظ (العلم) ومشتقاته، فالعلم في الإنجليزية والفرنسية معناه (science) [٢]. والمذهب العلمي تطلق عليه كلمة (Scientism) [٣]. والنسبة إلى العلم هي (scientific) بالإنجليزية أو (Scientifique) بالفرنسية وعلماني بالإنجليزية (secular) [٤].

وتتضح الترجمة الصحيحة من التعريف الذي تورده المعاجم ودوائر المعارف الأجنبية للكلمة:

تقول دائرة المعارف البريطانية، مادة (secularim) "هي حركة اجتماعية تهدف إلى صرف الناس وتوجيههم من الاهتمام بالآخرة إلى الاهتمام بهذه الدنيا

---

(١) جروان السابق، الكنز معجم فرنسي - عربي، بيروت ب.ت، ص١٠٣٠.
(٢) الجوهري، معجم عرب - إنكليزي فرنسي، ص٧٧٣.
(٣) جروان، الكنز، ص١٠٢٤.
(٤) الجوهري، ٧٧٤.

وحدها...وظل الاتجاه إلى (Secularism) يتطور باستمرار خلال التاريخ الحديث كله، باعتبارها حركة مضادة للدين"[١]. ويقول قاموس (العالم الجديد) لوبستر شرحاً للمادة نفسها:

١. الروح الدنيوية أو الاتجاهات الدنيوية، ونحو ذلك وعلى الخصوص: نظام من المبادئ والتطبيقات (practices) يرفض أي شكل من أشكال الإيمان والعبادة.

٢. الاعتقاد بأن الدين والشؤون الكنسية لا دخل لها في شؤون الدولة وخاصة التربية العامة[٢].

ويقول معجم أكسفورد شرحاً لكلمة (secular):

دنيوي، أو مادي، ليس دينياً ولا روحياً: مثل التربية اللادينية..السلطة اللادينية، الحكومة المناقضة للكنيسة.

الرأي الذي يقول إنه ينبغي أن يكون الدين أساساً للأخلاق والتربية[٣]. ويقول المعجم الدولي الثالث الجديد مادة (secularizm):

"اتجاه في الحياة أو في أي شأن خاص يقوم على مبدأ، أن الدين أو الاعتبارات الدينية يجب أن لا تتدخل في الحكومة، أو استبعاد هذه الاعتبارات استبعاداً مقصوداً، فهي تعني مثلاً "السياسة اللادينية البحتة في الحكومة"..

فاللادينية أو العلمانية: نظام اجتماعي في الأخلاق مؤسس على فكرة وجوب

---

(1) Emcyclapacdia Britan nica, (London, 1972), Vol. 1X P. 19.
(2) Webster's New World, Diction of the American Language 128, B.
(3) Oxford Advanced learmet's Diction of Current English, 1977, P.785.

قيام القيم السلوكية والخلقية على اعتبارات الحياة المعاصرة، والتضامن الاجتماعي دون النظر إلى الدين"[١].

ويقول المستشرق (أريري) في كتابه (الدين والشرق الأوسط) عن الكلمة نفسها :"إن المادية العلمية والإنسانية والمذهب الطبيعي والوضعية كلها من أشكال اللادينية، واللادينية صفة مميزة لأوربا وأميركا، ومع أن مظاهر موجودة في الشرق الأوسط فإنها لم تتخذ أي صيغة فلسفية أو أدبية محددة والنموذج الرئيس لها هو فصل الدين عن الدولة في الجمهورية التركية"[٢].

وفي هذا يقول سفر الحوالي "إن التعبير الشائع في الكتب الإسلامية المعاصرة هو (فصل الدين عن الدولة)، وهو في الحقيقة لا يعطيه المدلول الكامل للعلمانية الذي ينطبق على الأفراد وعلى السلوك الذي قد لا يكون له صلة بالدولة، ولو قيل أنها (فصل الدين عن الحياة) لكان أصوب ولذلك فإن المدلول الأصوب لها (إقامة الحياة على غير الدين)[٣].

ب. تاريخ ظهور العلمانية في أوربا وأسبابها:

ظلت مصادر الدين النصراني المحرف قابعة في خبايا الكنائس وزوايا الأديرة تؤخذ تعاليمها مشافهة من أولئك الذين يزعمون القداسة والعصمة..وقد اطمأنت الكنيسة إلى ان أحداً لن ينبس ببنت شفة فيما يمس قداستها وصواب آرائها، فقد اشتطت وغلت في فرض سلطانها وتعميق هيمنتها ووجدت الباب مفتوحاً إلى طغيان لا يلين ولا يرحم. ولقد كانت الغالبية العظمى من الروم في أوربا وسكان مستعمراتهم من الأميين السذج الذين ألفوا العبودية والخضوع للقوى المسيطرة

(1) Webster's Third New International Diction, 1976, P. 2053.
(2) Religion in the Middle East. A. J. ARBERY, London, 1968, Vol., 2: 606-607.
(٣) سفر عبد الرحمن الحوالي، العلمانية، ص٢٤.

وكانوا من الضحالة الفكرية على درجة ليست قليلة. وكان سكان أوربا قبائل همجية تعيش أسوأ مراحل التاريخ الأوربي كله، لا سيما العصور الأولى من القرون الوسطى التي تسمى (العصور المظلمة) واعتنق هؤلاء الديانة الرسمية للإمبراطورية وأحلوا عبادة المسيح محل عبادة الإمبراطور، لكنهم لم يتعرضوا ليقظة إيمان حقيقي، كتلك التي هز بها الإسلام نفوس معتنقيه ورفع مستواهم الروحي والعقلي إلى آفاق عظيمة، بل ظلوا على تلك الحال من الهمجية والانحطاط حتى مطلع العصر الحديث.

لقد كان طغيان الكنيسة كبيراً وتأثيرها على السلطة الزمنية أشد وأكبر في محاولة لتفتيت سلطة الدولة، لكن الأمراء شدوا أزر بعضهم البعض، فأصبحت المواجهة بين السلطتين الروحية والزمنية أمراً محتوماً، وكانت في بعض الأحيان عنيفة للغاية"[1].

لقد كان صراع بين البابوية وبين الإمبراطورية، والدين الحق هو الضحية والعلم النافع هو المدان فقد وقع العلماء تحت رحمة الطغيان الكنسي ومحاكم التفتيش، واجتمعت هذه الأسباب والمسببات لتولد ردود فعل عنيفة خسرت فيها كل الأطراف لا بل خسرت أوربا دينها وقيمها وانهارت في تيارات لا دينية الحادية إباحية لقد اجتمعت عدة أسباب وتمخضت عن مولود مارد مشوه يمشي على رجل واحدة وينظر بعين واحدة وشقه الثاني معطل. مادة بلا روح وعلم جاف بدون إيمان. ويمكن حصر أسباب ظهور العلمانية في أوربا بما يلي:

---

(١) ل. دونوروا البيريابة، من الفكر الحر إلى العلمنة، ترجمة الدكتور عاطف علي، دار الطليعة، بيروت، ١٩٨٦م، ص٢١-٢٢.

١. الطغيان الكنسي، في مختلف مجالات الحياة ومنها[١]:

أ. الطغيان الديني.

ب. الطغيان السياسي.

جـ الطغيان المالي.

٢. محاربة الكنيسة للعلم والعلماء[٢]:

أ. محاربة الاختراعات والمنهج التجريبي.

ب. محاربة الاكتشافات الجديدة.

جـ محاربة الأفكار والنظريات العلمية.

٣. قيام الثورة الفرنسية ١٧٨٩م[٣]:

أ. الفكر اللاديني وإنهاء دور الكنيسة.

ب. فصل الدين عن الدولة.

جـ تمكين اليهود والقوى الخفية في ظل شعار (الحرية والإخاء والمساواة).

٤. ظهور الداروينية عام ١٨٥٩م[٤]:

أ. نظرية التطور وكتاب اصل الأنواع - تشارلز دارون.

ب. إنهاء العقيدة الدينية وتأليه الطبيعة.

---

(١) ويلز، معالم تاريخ الإنسانية، ٩٠٢/٣.
(٢) برنتن، أفكار ورجال، ص٢٣١.
(٣) ديورانت، قصة الحضارة، ٤٠٦/١٤.
(٤) ليكونت دي نوي، مصير الإنسان، ترجمة خليل الجر، المنشورات العربية، ص٢٧٧.

جـ انتفاء فكرة الغاية والقصد.

د. مادية الإنسان وحيوانيته. وإباحيته.

هـ التطور المطلق.

وانتقلت أوربا بشكل مذهل من طغيان الكنيسة وتسلط رجالها إلى اكتساح العلمانية لكل جوانب الحياة وتطرف دعاتها. فتحولت أوربا من دينية بلا علم إلى علمانية بلا دين.

جـ العلمانية وفصل الدين عن الدولة

ويرد هنا السؤال الكبير: من هو المستفيد من العلمانية إذن؟ ويأتي الجواب: اليهود هم المستفيدون فقد نالوا بغيتهم وحققوا أغراضهم فقد صار لهم حساب بعد ان كانوا منبوذين في (الجيتو) وبعد أن كانوا مسخرين وممتهنين. لقد جاء الوقت الذي تثأر به اليهودية من النصرانية في أوربا التي اضطهدتهم طويلاً. وبالأخص من فرنسا الكاثوليكية فالعلمانية: صناعة يهودية، أوجدها اليهود لتقضي على نفوذ الكنيسة في أوربا.. وأول ثورة نجح اليهود بتسخيرها لأغراضهم هي الثورة الفرنسية ثم جاءت -بعد ذلك- ثورات وثورات في أقطار أوربية كثيرة، تمكنت أن تقوم القوى الشيطانية الخفية بها[(١)]. تقول البروتوكولات "تذكروا ان الثورة الفرنسية التي تسميها (الكبرى) إن أسرار تنظميها التمهيدي معروفة لنا جيداً لأنها من صنع أيدينا" وكذلك تقول "كنا قديماً أول من صاح في الناس (الحرية والمساواة والإخاء) كلمات ما انفكت ترددها منذ ذلك الحين ببغاوات جاهلة

(١) س. ناجي، المفسدون في الأرض، ص١٤٦ فما بعدها.

متجمهرة من كل مكان حول هذه الشعائر"[١]. وصدق ذلك بعض الكتاب من أمثال وليم كار في كتابه (أحجار على رقعة الشطرنج، وسبريدو فيتش في حكومة العالم الخفية[٢].

لقد استطاعوا أن يبعدوا الكنيسة من ساحة التأثير وتمكنوا من (فصل الدين عن الدولة)[٣]. فصلاً تاماً وبدأوا بالتعليم فقد فرضوا التعليم العلماني في أوربا وبدأ اليهود يتمكنون بعد أن حطمت الكثير من الحواجز والقيود، وتدرجوا في ذلك بتخطيط محكم فمن حق اليهود بالتمتع بحق المواطنة في المجتمعات الغربية، بعد أن حرموا من ذلك طويلاً فجاء القرار لأول حكومة علمانية في أوربا -هي الجمعية الوطنية الفرنسية- وفيه يعدّ اليهود المقيمين في فرنسا مواطنين لهم حقوق المواطن كلها وعليهم واجباتهم وصدر هذا القرار في ١٧٧١/٩/١٧م[٤].

لقد كان مخطط (اليد الخفية) في هذا دقيقاً فقد استغلت نواحي التشويه الديني في أوربا فوجهت سهامها إلى الدين نفسه، وحملت شعار (دع ما لقيصر لقيصر وما لله لله) وقد ضيقت الخناق في هذا على الكنيسة وجعلت نفوذها في نطاق ضيق جداً لا يتجاوز جدران الكنائس، فاكتفت بالصلوات والطقوس والركوع في الهيكل، بينما سيطرت السلطة الحاكمة على مرافق الحياة كلها، بقوانينها الوضعية ونظامها المدني وعبرت الثورة الفرنسية عن موقفها من الكنائس حين وقعت شعار (اشنقوا آخر ملك بأمعاء آخر قسيس)[٥]. هكذا عرف الفصل بين الدين والدولة في أوربا لقد حدث هذا بعد أن عجز رجال الدين عن تقديم الحلول الصحيحة السليمة للمشكلات التي كان يعاني منها المجتمع آنذاك، ووقفوا موقفاً مزرياً حين

(١) التونس، البروتوكولات، ص١٠٣، ١١١.
(٢) سيبريروفتيش، حكومة العالم الخفية، ترجمة مأمون سعيد، بيروت، ١٩٧٤م، ص٧٩.
(٣) د. عبد الحميد البطريق و د. عبد العزيز قوار، التاريخ الأوربي الحديث، ص٩٩.
(٤) أنور الجندي، سقوط العلمانية، ص٢٢.
(٥) د. عبد الحميد البطريق ود. عبد العزيز قوار، التاريخ الأوربي، ص٩٨.

آزروا الإقطاع والأمراء وحاربوا بعناد وغباء العلماء، وتجاربهم التي افادوا فيها من المنهج العلمي التجريبي الإسلامي في الأندلس وصقلية فأسخط ذلك رجال الكنيسة وعدّوا ذلك الاقتداء بخطوات وعلوم الكفار!! فحرموا أنفسهم وحرموا شعوب أوربا من علوم الإسلام وحضارته فوقعوا في ظلام العلمانية وشباك اليهود وغدرهم وكبريائهم الكاذب وأثرتهم البغيضة، فالتلمود كتابهم الخطير يوحي لهم بأنهم شعب الله المختار وأن أرواحهم تتميز عن أرواح غيرهم بأنها جزء من الله وأن الخارج عن دين اليهود حيوان مسخه الله كلباً أو حماراً أو خنزيراً أو قرداً فالنطفة التي هو منها هي نطفة حيوان[١]. وقد عززوا ذلك بالداروينية. لقد جلب اليهود البلاء على أوربا وتوالت مكائدهم وثوراتهم كالبراكين في أنحاء القارة الأوربية المنكودة، فالطريقة التي أشبعت بها نظرية دارون وطرحت كبديل للمسيحية لقد كان وراءها قوة مدبرة[٢].

د. العلمانية والإسلام:

فإذا كانت المسيحية تقتصر على تعاليم المسيح -عليه السلام - الأخلاقية ومبادئ دين التوحيد وهداية الناس للإيمان بالله ونشر الفضيلة وجاء بولس -شاؤول اليهودي- وانحرف بها إلى عقيدة التثليث والخطيئة وطغيان الكنيسة ومناصبة العلم العداء.. مما ولد ردود الفعل وتحين الفرص للانقضاض على الكنيسة والتحلل من الدين واعتناق العلمانية اللادينية بدلاً من طقوس الكنيسة وخرافات الكهان وتهاويل الرهبان مما دفع المجتمع الغربي -كما وصف المطران غريغور حداد- أن يفر من

(١) د. روهلينح وزميله، الكنز المرصود في قواعد التلمود، ترجمة يوسف حنا نصر الله، بيروت، ١٩٦٨م، ص٦٠-٦٨.
(٢) قيس القرطاس، نظرية دارون بين مؤيديها ومعارضيها، بيروت، ١٩٧١م، ص٤٤.

الدين، كما يفر السجين إلى الفضاء المطلق، والحقيقة أنه لم يفر من (الله) تعالى وإنما فر من (الكاهن) ولم يهرب من الدين وإنما هرب من الكنيسة[١].

وإذا كانت المسيحية قد أصابها ما أصابها وتحولت الكنيسة إلى مؤسسة لا تطاق مما جعل الناس يفرون منها، فهل في الإسلام أو عند المسلمين ما يدعوهم لأن يقوموا بما قام به غيرهم؟.

إن الإسلام لا يعرف في تاريخه كما عرفته المسيحية في تاريخها، الإسلام لا يعرف شيئاً من هذا الفصل بين الدين والدولة، والقرآن الكريم يدعو الناس إلى الإيمان بأحكامه الدينية والدنيوية.

انه يعدّ الإيمان ببعض القرآن والكفر ببعضه الآخر كفراً.

وإن القرآن الذي أنزله الله تعالى، أنزله ليحكم به الناس، لا يتبركوا به. لقوله تعالى (وَأَنِ احْكُمْ بَيْنَهُمْ بِمَا أَنْزَلَ اللَّهُ وَلَا تَتَّبِعْ أَهْوَاءَهُمْ وَاحْذَرْهُمْ أَنْ يَفْتِنُوكَ عَنْ بَعْضِ مَا أَنْزَلَ اللَّهُ إِلَيْكَ فَإِنْ تَوَلَّوْا فَاعْلَمْ أَنَّمَا يُرِيدُ اللَّهُ أَنْ يُصِيبَهُمْ بِبَعْضِ ذُنُوبِهِمْ وَإِنَّ كَثِيرًا مِنَ النَّاسِ لَفَاسِقُونَ)[٢].

والإسلام ينظم شؤون الفرد والأسرة والدولة بل ينظم شؤون المجتمعات كلها لقوله تعالى (وَمَا أَرْسَلْنَاكَ إِلَّا رَحْمَةً لِلْعَالَمِينَ)[٣].

ولقد كان رسول الله صلى الله عليه وسلم -رسولاً نبياً وكان -في الوقت نفسه- رئيس الدولة، وذلك أن الإسلام يمثل عناصر ثلاثة هي:

١. العقيدة.

---

(١) الدكتور يوسف القرضاوي، حتمية الحل الإسلامي، ١١٩/١.

(٢) سورة المائدة، الآية: ٤٩.

(٣) سورة الأنبياء، الآية ١٠٧.

٢. الشريعة.

٣. الأخلاق.

على أن الدولة في نظر الإسلام جزء من الإسلام نفسه، إذ لا يقوم إلا بها. ولقد قامت قيامة الكنيسة حين تفتحت عقلية قسم من الأوربيين فقاموا باكتشافات علمية، متأثرين بعلماء العرب في الأندلس، وتاركين تقليد آبائهم وأجدادهم جانباً، لكن هذه الاكتشافات صارت وبالاً عليهم إذ كلفتهم حياتهم، فقد كفرتهم الكنيسة واستحلت دماءهم وأموالهم بينما كان خليفة المسلمين يكافئ العلماء والمؤلفين والمبدعين فمن ألف كتاباً يعطيه وزنه ذهباً ولقد كانت الجلود والرقاع هي الورق فتأمل كم يكون وزن الكتاب وكيف يكون وزنه إذا يقع في عدة مجلدات أليست في هذا تعدل الكثير من الذهب فالإسلام يكرم العلم والعلماء ومحاكم التفتيش تعدم العلم والعلماء.

فلقد أعدمت محاكم التفتيش اكثر من ثلاثين ألفاً، أحرقتهم أحياء ومنهم العالم المعروف (برونو) وحكمت على عشرة أضعاف هذا العدد بالعذاب المهين منهم العالم الفلكي غاليلو حكمت عليه بالقتل لأنه يعتقد بدوران الأرض حول الشمس[1]. فالإسلام جعل طلب العلم فريضة على كل مسلم ومسلمة:

يقول العلامة (مسمر)

"إن الغربي لا يصير عالماً إلا إذا ترك دينه، بخلاف المسلم فانه لا يترك دينه إلا إذا صار جاهلاً"[2]. ويقول زويمر "لابد أن تنشأ للمسلمين المدارس العلمانية ونسهل

---

(١) أبو الحسن الندوي، ماذا خسر العالم بانحطاط المسلمين، ص١٩٢.

(٢) الجندي، شبهات التغريب من غزو الفكر الإسلامي، ص٣٠.

التحاقهم بها، هذه المدارس التي تساعدنا على القضاء على الروح الإسلامية عند الطلاب"[1].

وهكذا فان التاريخ الإسلامي لا يعرف الفصل بين الدين والدولة والذي تبنى دعوة العلمانية في بلاد المسلمين هو (حزب الاتحاد والترقي) الذي قسم من قياداته كانت يهودية كبيرهم أتاتورك[2]. صاحب القرارات المهلكة بحق الإسلام وأهله فقد ألغى الخلافة وأبعد الدين عن الحياة في التوجيه والتربية والتشريع وفي نظام الحكم في نيسان ١٩٢٤م وأخضع المسلمين لقانون مدني وضعي وسن القوانين الجديدة فأخذ القانون المدني من سويسرا والجنائي من إيطاليا والتجاري من ألمانيا وقانون المرافعات من سويسرا وألمانيا وألغى وزارة الأوقاف ومنع الحج والآذان باللغة العربية ومنع لبس العمامة والزي العربي الإسلامي واستبدلها بقبعة أبناء جنسه يهود الدونمة وأضفى الطابع الإلحادي في إنكار قيمة الدين في توجيه الإنسان[3].

ولقد لعبت جمعية الاتحاد والترقي التي -تعد اللجنة التنفيذية لجمعية تركيا الفتاة- دوراً كبيراً في تمكين اليهود في بلاد المسلمين وخصوصاً فلسطين من خلال التعاون مع الماسونية والبكتاشية والدول الاستعمارية (بريطانيا- فرنسا- وروسيا) من أجل الإطاحة بالسلطان عبد الحميد الثاني وهدم الدين الإسلامي وإلغاء الخلافة وإبعاد الشريعة عن حكم الحياة وذلك باعتماد العلمانية المتطرفة. والتنسيق التام مع زعيم المشروع الصهيوني (هرتزل) ويعزز هذا القول هرتزل نفسه عندما يقول "إني افقد الأمل في تحقيق أماني اليهود في فلسطين. وإن اليهود لن يستطيعوا

---

(١) شاتليه، الغارة على العالم الإسلامي، ص٨٢.

(٢) محمد علي قطب، مرجع سابق، ص٣٦، مستشهداً بقول المؤرخ الفرنسي (جان براون) "إن الدونمة هم من أصحاب المصيدة.. انتسب معظمهم إلى جمعية الاتحاد والترقي".

(٣) د. محمد البهي، الفكر الإسلامي والمجتمع المعاصر، مشكلات الأسرة والتكافل، المكتبة العصرية، بيروت، ١٩٦٧، ص٩-١٢؛ وينظر الأمير شكيب أرسلان، حاضر العالم الإسلامي، ٣٤٥/٣.

دخول الأرض الموعودة، ما دام السلطان عبد الحميد قائماً في الحكم، مستمراً فيه"[١].

هذا هو النموذج المشوه للعلمانية في ديار الإسلام تبناه رجل يهودي تستر باسمه هو مصطفى كمال. لقد كان أتاتورك يكره كل ما هو عربي وإسلامي ولذا قرر إلغاء الحرف العربي واستبداله بالحرف اللاتيني، وأراد بعض غلاة العلمانيين أن يقلدوه في مصر- مثل سلامة موسى في دعوته لاستخدام اللاتينية"[٢].

هـ- رائد العلمانية يهدي تركيا لبريطانيا:

يبدو من المفيد ونحن نبحث في ثنايا العلمانية في تركيا أن نشير إلى وثيقة تاريخية مذهلة تظهر حقيقة رائد العلمانية في الشرق (أتاتورك) في أغرب صفحات أسرار التاريخ الدبلوماسي فقد نشرت جريدة الأهرام النص الحرفي للوثيقة في يوم الخميس ١٦ذي العقدة ١٣٨٧هـ المصادف ١٥ شباط ١٩٦٨م نقلاً عن صحيفة الصنداي تايمز اللندنية التي نشرتها بعددها الصادر في ١٤ شباط ١٩٦٨ أي قبل يوم من نشرها في الأهرام قالت الصحيفة تحت عنوان (كيف رفض رجلنا أن يحكم تركيا)؟!.

"انه في نوفمبر ١٩٣٨ كان كمال أتاتورك رئيس تركيا يرقد على فراش الموت وعلى امتداد ١٥ سنة حاول أتاتورك بدكتاتورية صارمة أن يجرجر تركيا رغم أنفها..ومنع لبس الطربوش والحجاب وحطم سلطان الدين وأدخل نظام اللغة

(١) د. أحمد نوري النعيمي، اليهود والدولة العثمانية، ص١٦٨؛ وينظر مذكرات السلطان عبد الحميد السياسية، ص١٢.
(٢) د. نفوسة زكريا سعد، تاريخ الدعوة إلى العامية وآثارها في مصر، ص١٧، ١٠٠، ١٠٩.

التركية بالحروف اللاتينية[(١)]. وعندما رقد أتاتورك على فراش الموت.. استدعى السفير (بيرسي لورين) السفير البريطاني إلى قصر الرياسة في أسطنبول. أما ما دار بينهما فقد ظل سراً اكثر من ثلاثين عاماً، وهاهو اليوم يكشف النقاب عنه -لأول مرة- على يد "بيرز ديكسون" عن حياة والده "السير بيرسي ديكسون" فقد كان بين أوراق ديكسون (برقية) بعث بها بيرسي لورين إلى اللورد هاليناكس وزير الخارجية، وربما كانت هذه البرقية أغرب وثيقة تاريخية في التاريخ البريطاني المعاصر على الإطلاق، ففيها يروي لورين تفاصيل مقابلته غير المألوفة مع الدكتاتور المحتضر-"ما إن دخلت حتى صرف الرئيس الطبيبين والممرضتين.. وبدأ يتحدث ببطء ولكن بعناية شديدة..وقال لي انه أرسل في طلبي لأنه يريد أن يطلب مني طلباً عاجلاً وأن أعطيه جوابي عليه بطريقة قاطعة...وهو أن أخلفه في منصب الرئيس..وبعد بضع دقائق من التفكير قلت لفخامته..إنني..أعتذر آسفاً" وعندما انتهيت من حديثي ظهر على الرئيس التأثر الشديد ومال بظهره إلى الوسائد ودق الجرس للممرضات اللواتي أعطينه الدواء..وتساند ورفع جسمه وشد على يدي وشكرني..ثم غطس بين وسائده مغشياً عليه وعندئذ أحسست بأن الأفضل هو أن انسحب"[(٢)].

---

(١) ألغى أعياد الفطر وعيد الأضحى لعدة سنوات ولكن حكومة إينونو تراجعت فيما بعد وأرجعتها.

(٢) الرجل الصنم (أتاتورك) تأليف ضابط تركي سابق، ترجمة عبد الله عبد الرحمن، ط٢، ١٩٧٨م، ص١٢-١٤؛ وينظر فهمي هويدي، تزييف الوعي، دار الشروق، ط٢، القاهرة، ١٩٩٢م، ص١٣٥، ليس غريباً على أتاتورك هذا الموقف. فقد أهدى جميع البلاد العربية الإسلامية التابعة للدولة العثمانية إلى سيادة الإنكليز والفرنسيين وحتى الروس وذلك عندما زج بالدولة في الحرب العالمية الأولى وهي في أسوأ حال بتواطؤ مع الحلفاء لتمزيقها وتوزيعها فيما بينهم مناطق نفوذ، فلم الاستغراب عندما أراد أن يهدي تركيا إلى السفير البريطاني إنها إعادة عُهده لا أكثر لأنه ليس تركياً ولا مسلماً حتى يحرص على البلاد والدين.

و. الفكر الإسلامي والعلمانية في أوربا:

لقد أخفقت العلمانية إخفاقاً ذريعاً في دول الغرب وفيها نبتت وترعرعت فكيف يكتب لها النجاح في ديار يعدّ الدين جزءاً مهماً في تكوينها، وهي لا تستطيع النجاح إذا كان الدين في أي بلد كان يقظا!

إن الفكر الغربي العلماني خال من ميزان يزن به الإنسان القيم الخلقية، لذلك نجد الأفراد في الأمة الواحدة قد اتخذ كل منهم ميزاناً خاصاً يتباين عن ميزان غيره، وإذا علمنا أن مطالب الناس في تغيير حسب الزمان والمكان، أدركنا أن هذه الموازين تظل متغيرة، لأنها موازين من صنع البشر:

لقد سلك الاستعمار الأوربي وغيره أساليب كثيرة في محاربة الإسلام ومن ذلك ما كان يلاقيه التعليم (اللاديني) من تشجيع كبير، وإغداق المرتبات الكبيرة على المتخرج من مدارسهم، في الوقت الذي كان التعليم الديني قد ضيق عليه الخناق فيتخرج الطالب من مدارسه، ولا يكاد يجد من المرتب ما يسد به رمقه وفوق ذلك كان مدرس الشريعة وطالبها محل سخرية وتهكم، والنتيجة الطبيعية أن ينفر الطلاب من الدروس والعلوم الإسلامية ويتجهوا إلى مدارس لا تعني بأمر الإسلام ومن ثم يبدأ البعد عن الإسلام[1].

وبالرغم من كل وسائل الهدم الذي اتبعها الغرب في محاربة الفكر الإسلامي وإبعاد المسلمين عن دينهم فإن أصالة الإسلام وثبات أبنائه فوت الكثير من الفرص على العدو لا بل ضاعت جهوده ومخططاته سدىً. فقد كان الصراع عنيفاً بين الفكر الغربي وفلسفاته المادية الإلحادية وبين العقيدة والفكر الإسلامي والشريعة

---

(١) عبد الرحمن الميداني، أجنحة المكر الثلاثة، ص١٩١.

الإسلامية، فقد ثبت الفكر الإسلامي وظل وثيق الصلة والاتصال بأصوله العريقة. لقد انبرى العلماء والدعاة والمصلحون والحركات الإسلامية تدعو إلى التمسك بالاسلام، بعقيدته وشريعته ونظامه ومثله ونبذ ما عداه من مخلفات العلمانية والغزو الفكري نبذ النواة، ولقد أصيب العلمانيون بخيبة أمل مريرة حين رأوا ردود الفعل تلك.

وفي هذا يقول (عصمت أنونو) وهو في مرض موته "إنني لا أكاد أصدق ما أرى لقد بذلنا كل ما نستطيع لانتزاع الإسلام من نفوس الأتراك، وغرس المبادئ الغريبة مكانه، فإذا بنا نفاجأ بما لم يكن نتوقعه، فقد غرسنا العلمانية فأثمرت الإسلام"[1].

ز. دور الإسلام والفكر الإسلامي المستمر:

لقد كان الإسلام -ولا يزال كذلك- دين الحياة بحق عني بشؤون الدنيا كما عني بشؤون الدين، وهذه الحقيقة أقر بها غير المسلمين، بل أقر بها -أيضاً- كثير من الحاقدين من المبشرين والمستشرقين. يقول الفيلسوف (جيبون)

"القرآن مسلم به من حدود الأقيانوس إلى نهر الفانك بأنه الدستور الأساس ليس لأصول الدين فحسب -يعني بذلك التعبد في مفهوم الغرب بل للأحكام الجنائية والمدنية والشرائع التي عليها مدار حياة نظام المجتمع الإنساني وترتيب شؤونه"[2].

ويقول الفيلسوف الفرنسي (روسو) في كتابه "العقد الاجتماعي" "إن محمداً قد أقام نظاماً سياسياً بارعاً لحكم دولته، وقد كان ذلك سر قوة خلفائه الذين اتبعوه في

---

(١) د. محمد علي جريشة، أساليب الغزو الفكري، ط١، القاهرة، ١٩٧٧م، ص٩٦.

(٢) الأستاذ يوسف العظم، المنهزمون، ط٢، دار القلم، دمشق، ١٩٧٧م، ص١٠٥-١٠٦.

حكم المسلمين ما داموا ملتزمين لنظامه"[١].

ويقول (هاملتون جب) "ليس الإسلام ديناً بالمعنى المجرد الخالص، بل هو مجتمع بالغ تمام الكمال يقوم على أساس ديني، ويشمل كل مظاهر الحياة الإنسانية، لأن ظروفه في أول الأمر أدت إلى ربط السياسة بالدين، وقد أكدت هذه النزعة الأصيلة، ماثلاً ذلك من صوغ القانون الإسلامي والنظام الاجتماعي. والحق أن الإسلام ليس مجرد نظام من العقائد والعبادات: إنه أعظم من ذلك بكثير، فهو مدنية كاملة"[٢].

ويقول (جورج روبير) "وإن الإسلام ليس ديناً فحسب، إنه آخر الأديان التي ظهرت في التاريخ وأنه -أيضاً- مجتمع روحي واجتماعي، ونظام سياسي، وأسلوب للعيش، أعطى للدنيا حقها وللآخرة حقها"[٣].

ويقول (ريتشارد هارتمان) :"قلما نجد بين الأديان الكثيرة ديناً ينفذ إلى حياة معتنقيه كلها فردية كانت أم جماعية مثل الإسلام، وذلك أنه جمع السلطة الدينية في شكل الدولة السياسي ووقى خطر التفرقة بين أمور الدين وأمور الدولة"[٤].

ويقول (اميل درمنجم) :"إن الإسلام عقيدة ترتكز على المادة والروح، والدنيا والآخرة، جسم وروح ودولة ودين، وحياة وغيب والإسلام عقيدة تقدمية...يدفع الإنسان دوماً إلى الأمام"[٥].

---

(١) الأستاذ يوسف العظم، المرجع نفسه، ص١٠٦.
(٢) أنور الجندي، الإسلام والدعوات الهدامة، ص٢٩٠-٢٩١.
(٣) أنور الجندي، سقوط العلمانية، ص١٩٥.
(٤) أنور الجندي، المرجع نفسه، ص١٩٧.
(٥) أنور الجندي، المرجع نفسه، ص١٩٦.

٢. التغريب:

أ. مفهوم التغريب

حركة التغريب (westernizm) هو حركة موجهة لصبغ الثقافة الإسلامية بصبغة غربية، وإخراجها عن طابعها الإسلامي، واحتوائها، على النحو الذي يجعلها تفقد ذاتيتها وكيانها وتذوب فيما يسمى بـ (الثقافة العالمية) أو الفكر الأممي.

وقد تأتي بلفظة الاغتراب وترجمتها بالإنجليزية (Exogamy E) وبالفرنسية فترجمتها (f Exagamic) جاء ذلك في معجم الصحاح[1]. "ولا شك أن هذا المخطط من أقسى ما تواجهه العقيدة والفكر الإسلامي في العصور المختلفة لأنه مؤامرة الصهيونية مع الصليبية ضد الإسلام والمسلمين[2]".

ب. المهمة الأساسية للتغريب

وكان لهذا المخطط هدفان يلتقيان بمصلحة واحدة ويصبان في سلة واحدة: لقد كانوا يريدون القضاء على الإسلام بصفه عامة، ولكنهم وضعوا في مخططهم أهدافاً مرحلية معينة تمكنهم -في تصورهم- من القضاء الأخير على الإسلام. من هذه الأهداف: القضاء على الدولة العثمانية، والقيام "بتغريب" العالم الإسلامي مع العناية الخاصة بتغريب مصر -بلد الأزهر- وتصدير التغريب منها إلى بقية العالم الإسلامي، فأما القضاء على الدولة العثمانية فالأمر فيه واضح. وأما عملية التغريب عن طريق الغزو الفكري -فمهمتها[3]: الأساسية قتل روح الجهاد الإسلامية ضد الصليبيين للقضاء على المقاومة المستمرة التي يلقاها الغزو الصليبي المسلح، وذلك لأنه الحاجز العقيدي الذي يذكر المسلم دائماً بأنه مسلم وأعداؤه

---

(١) الجوهري، الصحاح، معجم وسيط بالعربي والإنجليزي والفرنسي، ص٨١٠.
(٢) الأستاذ أنور الجندي، شبهات التغريب في غزو الفكر الإسلامي، ص٥.
(٣) محمد قطب، واقعنا المعاصر، ٢٠٦/١.

كفار يجب أن يجاهدهم، ولا يسمح لهم باحتلال أرضه. فإذا (تغرب) المسلم لم يعد هذا الحاجز قائماً في نفسه، ولم يعد يثير عنده ما يثير الإسلام في نفس المسلم، كما أن التغريب هو الذي يضمن تبعية العالم الإسلامي للغرب -بعد أن يخضع عسكرياً له- لأنه حين يتغرب يحس ان انتماءه لم يعد للإسلام وإنما للغرب، فلا يشعر برغبة في الانفصال عنه، وحتى إن رغب في يوم من الأيام أن (يستقل) ففي الحدود التبعية العامة، فهي لا تخرجه من حوزة سادته، ومن النطاق الذي يضربه السادة حوله.

جـ- مجالات التغريب:

عندما غلب الاحتلال الصليبي الأمة على نفسها، فنحى شريعتها، وألجمها بالحديد والنار والعسف والتسلط، لم يأمن أن يحدث رد الفعل، وأن تحدث الثورة على هذا المحتل في يوم قريب أو بعيد... فلا بد من العمل للحيلولة دون وقوع رد الفعل المرهوب، وهنا تقدم عملاؤه -المستغربون- لمعاونته في زحزحة الأمة عن عقيدتها في عالم السياسية، كما عاونه آخرون في مجال الفكر والأدب ومجال المرأة، ومجال الاخلاق، وكل مجال عمد فيه إلى محاربة الإسلام.

ونضرب مثلاً على ذلك: فقد جاء أستاذ الجيل لطفي السيد ليقول في (جريدته)[1]. كلاماً ما أنزل الله به من سلطان!:"إن الإنجليز أولياء أمورنا في الوقت الحاضر! ولا ينبغي أن نحاربهم أو نقاومهم! إنما واجبنا أن نتعلم منهم، ثم نتفاهم معهم بعد ذلك لتصفية ما بيننا وبينهم من خلافات". إن أولياء الأمور يجب أن يكونوا من المسلمين وليس من الإنجليز. أرأيتم كم جريمة يرتكبها -ويدعو إلى

---

(١) كان اسمها (الجريدة) وتصدر بالقاهرة بهذا الرسم.

ارتكابها- "أستاذ الجيل"! ورائد التغريب!! ويرد رب العزة من فوق عليائه (يا أيها الذين آمنوا أطيعوا الله وأطيعوا الرسول وأولي الأمر منكم)[١].

فالتغريب في أبسط مفهوم هو حمل المسلمين على قبول ذهنية الغرب وقبول التبعية الفكرية والثقافة والسلوكية وذلك بغرس مبادئ التربية الغربية في نفوس المسلمين حتى يشبوا مستغربين في حياتهم وتفكيرهم وحتى تجف في نفوسهم موازين القيم الإسلامية، وإيجاد الشعور بالنقص في نفوسهم بإثارة الشبهات وتحريف التاريخ[٢].

فقد عمد التغريب أو (مدرسة التغريب) إلى إثارة مختلف الشبهات[٣]:

١. تفريغ التعليم من القيم الإسلامية، وقد قاد هذه الحملة (دنلوب) و(لطفي السيد) و(سعد زغلول).

٢. الدعوة إلى العامية، قادها المستشرق الدبلوماسي ولكوكس ولطفي السيد.

٣. تحريف التاريخ الإسلامي وإثارة الشبهات حوله، قادها جورجي زيدان.

٤. إثارة الشبهات حول حرية الفكر في الإسلام، قادها فرح أنطون.

٥. مهاجمة الإسلام والدولة العثمانية: وقادها الجزار كرومر وفارس نمر وسليم سركيس واليهودي الحاقد (صروف) واقتفى آثارهم لطفي السيد.

٦. تمزيق الرابطة بين العروبة والإسلام والدعوة إلى الإقليمية الضيقة دعا إليها لطفي السيد وأعانه على وزرها قوم آخرون!!.

٧. الصحافة الغريبة وتولى كبرها أصحاب الأهرام والمقطم والهلال والمقتطف.

---

(١) سورة النساء، الآية: ٥٩.

(٢) أنور الجندي، الشبهات والأخطاء الشائعة في الأدب العربي والتراجم والفكر الإسلامي، ص٩٨.

(٣) أنور الجندي، اليقظة الإسلامية في مواجهة التغريب، دار الاعتصام، ص٧-٨.

ولقد طرح النفوذ الأجنبي عشرات المطاعن والدعوات المسمومة(١). من خلال قنواته ومعتمديه من مدرسة التغريب والتبعية! ومنها:

١. النظرية المادية بشقيها الماركسية والرأسمالية.

٢. الفلسفة الماسونية الصهيونية.

٣. نظرية الوالدية (الانفجار السكاني وتحديد النسل).

٤. النظم الربوية.

٥. هدم الأسرة.

٦. التفسير المادي للتاريخ لإلغاء دور الإسلام والتشكيك بدور العرب الحضاري.

٧. نظرية التطور وحيوانية الإنسان.

٨. نظرية فرويد الجنسية.

٩. الوجودية.

١٠. نظرية دور كايم في هدم القيم.

١١. ترويج الحركات الهدامة والغلو وإحياء تراث الإلحاد ووحدة الوجود والحلول والتناسخ.

١٢. الدعوة إلى التقليل من شأن الحضارة الإسلامية والشريعة ومصدريها القرآن والسنة واللغة العربية الفصحى.

---

(١) أنور الجندي، الفكر الغربي، دراسة نقدية، ص١٩.

ويعترف (برناردلويس) بالتخريب الحضاري الذي قام به الغربيون والمتغربون فيقول "وقد ساهمت عملية التغريب التي قام بها الغربيون والمتغربون من أبناء الشرق في إحداث الانحلال السياسي الذي أدى إلى تفتيت المنطقة وتجزئتها. وصاحب نسف وانهيار النظام السياسي القديم (في العالم الإسلامي) انحلال اجتماعي وثقافي مواز له"[١]. ويستشهد الدكتور محمد التكريتي بتجرؤ أحد أحد كبار المتغربين على رسول الله صلى الله عليه وسلم وعلى القرآن الكريم هو بورقيبة رئيس دولة تونس السابق وهو يعلن في خطابه في (الملتقى الدولي حول الثقافة الذاتية والوعي القومي) في شهر آذار ١٩٧٤ في تونس بحضور جمع من المدرسين والمربين فيقول:

١. إن في القرآن تناقضاً لم يعد يقبله العقل!! بين (قُلْ لَنْ يُصِيبَنَا إِلَّا مَا كَتَبَ اللَّهُ لَنَا)[٢] وبين (إِنَّ اللَّهَ لَا يُغَيِّرُ مَا بِقَوْمٍ حَتَّى يُغَيِّرُوا مَا بِأَنْفُسِهِمْ)[٣].

٢. الرسول محمد (هكذا) كان إنساناً بسيطاً يسافر كثيراً عبر الصحراء العربية ويستمع إلى الخرافات البسيطة السائدة في ذلك الوقت وقد نقل تلك الخرافات إلى القرآن. مثال ذلك عصا موسى، وهذا شيء لا يقبله العقل بعد اكتشاف باستور. وقصة أصحاب الكهف.

٣. إن المسلمين وصلوا إلى تأليه محمد، فهم دائماً يكررون (محمد صلى الله عليه وسلم) الله يصلي على محمد.. وهذا تأليه لمحمد!!!.

٤. الفطر في رمضان عمداً وبدون عذر شرعي مقبول، إذا كان في الفطر مصلحة الدولة!!.

---

(١) برنارد لويس، الغرب والشرق الأوسط، ترجمة نبيل صبحي، ١٩٦٥م، ص٤٧.

(٢) سورة التوبة: الآية ٥١.

(٣) سورة الرعد: الآية ١١.

٥. الرسول محمد أقرب العرب على الشرك!!..."(١).

هكذا يفعل الانسلاخ عن الدين وتقضي خطوات الغرب، ولو أن بعض الغربيين أكثر إنصافاً من ابن العرب الذي تجرأ على سيد الخلق وحبيب الحق محمد عليه أفضل الصلاة والسلام ويشكك في القرآن الكريم بأن فيه خرافات، وأن محمداً هو الذي نقل هذه الخرافات في القرآن. لا يا بطل بنزرت!! إن القرآن الكريم هو كتاب الله الذي لا يأتيه الباطل من بين يديه ولا من خلفه.

يقول العزيز الجبار عن كتابه الكريم (لَا يَأْتِيهِ الْبَاطِلُ مِنْ بَيْنِ يَدَيْهِ وَلَا مِنْ خَلْفِهِ تَنْزِيلٌ مِنْ حَكِيمٍ حَمِيدٍ)(٢).

ومن المغتربين من يعطل فريضة الجهاد ويفسر آيات الجهاد بأنه فريضة (مؤقتة) بوقت الرسالة أي بوقت الرسول صلى الله عليه وسلم ودعوته.

وإذ ساق بعض آخر من شراح الإسلام، تفسير "الجهاد" على أنه رياضة نفسية روحية، وليس رداً لاعتداء مادي خارجي، كان مؤدّى هذا التفسير هو نفس مؤدّى توقيت الجهاد على النحو السابق!.

وإذ صرح فريق ثالث من عملاء الغرب، بأن الإسلام "دين لا دولة" كان هذا التصريح واضحاً في قصر الإسلام على الأفراد دون الجماعة وبعبارة أخرى كان واضحاً في إلغاء شخصية الجماعة الإسلامية، وكان واضحاً أيضاً في محاولة إلغاء

(١) الدكتور محمد التكريتي، نقد العلمانية، دار المنطلق، ط١، دبي، ١٩٩٤م، ص٥٦، نقلاً عن صحيفة الشهاب اللبنانية في ١٩٧٤/٤/١٥، وجريدة الصباح التونسية، ١٩٧٤/١٢/١١.
(٢) سورة فصلت، الآية: ٤٢.

الجهاد أو إنكاره على الإسلام، كرسالة من رسالات السماء، مع أنه جزء لا يتجزأ منها!.

فقد حاول السير (أحمد خان) زعيم حركة تدعى الإصلاحية في الهند في النصف الثاني من القرن التاسع عشر - المحاولة الأولى.

وحاولت (القاديانية) -دعوة الولاء للتاج البريطاني- المحاولة الثانية وحاول مؤلف كتاب[١] (الإسلام وأصول الحكم) المحاولة الأخيرة وكلها محاولات تصطدم مع الآيات الصريحة مثل (كُتِبَ عَلَيْكُمُ الْقِتَالُ...)[٢] وقوله تعالى (يَا أَيُّهَا النَّبِيُّ جَاهِدِ الْكُفَّارَ وَالْمُنَافِقِينَ وَاغْلُظْ عَلَيْهِمْ..)[٣] وقوله تعالى (وَأَعِدُّوا لَهُمْ مَا اسْتَطَعْتُمْ مِنْ قُوَّةٍ..)[٤]. ما يشير إلى طلب الأعداء الدائم لمقاومة الضعف الداخلي والحظر الخارجي معاً[٥].

ويقول صاحب كتاب الثقافة العربية: "وعلينا أن لا نستسلم في ظل اقتناع بأننا قد تحررنا من الاحتلال والسلطان السياسي والعسكري للغرب، فإن استمرار الغزو الفكري على هذا النحو الذي يقوم به الآن، وفق مخطط (شعوبي تغريبي) إنما يرمي إلى أبعد من الاحتلال، انه يرمي إلى القضاء على مقومات هذه الأمة وفكرها وشخصيتها جميعاً وإسقاطها نهائياً.. لقد حلت الشعوبية الفكرية الحديثة مكان الاحتلال، فالغزو الثقافي الذي مارسه الاستعمار خلال إقامته في أوطاننا في مدى

---

(١) هو علي عبد الرازق، مؤلف كتاب الإسلام وأصول الحكم، ط٣، مطبعة مصر، القاهرة، ١٩٢٥، وهو أحد علماء الأزهر وأحد قضاة المحاكم الشرعية، استعار من الدراسات الإسلامية للمستشرقين القساوسة الصليبيين واليهود الحاقدين ما فهم من آراء من هذا الجانب.

(٢) سورة البقرة، الآية: ٢١٦.

(٣) سورة التوبة، الآية: ٧٣؛ وسورة التحريم، الآية: ٩.

(٤) سورة الأنفال، الآية ٦٠.

(٥) د. محمد البهي، الفكر الإسلامي الحديث وصلته بالاستعمار الغربي، ص٢٣٠.

قرن تقريباً، قد خلف قوى قائمة بعد جلائه العسكري والسياسي... إن هذه الشعوبية الحديثة إنما تحاول القضاء على[١]:

١. شخصيتنا العربية الإسلامية.

٢. قيمنا الفكرية والروحية.

٣. تراثنا الإسلامي العريق.

٤. لغتنا العربية الفصحى.

٥. تاريخنا الحضاري المجيد.

ويقول صاحب كتاب حصوننا مهددة من داخلنا "وقد أصبحت مطامع أمريكا في هذه المنطقة وعداوتها لحماتها الذي يتصدون لحراستها ويتزعمون نهضتها لا تخفى ولا تحتاج إلى تنبيه، فالاتصال بالقائمين على شؤون التربية والتعليم في هذه الأمة العربية بالمؤسسات الأمريكية، والتعاون معها في ترويج مبادئ وأساليب يقال إن المقصود بها هو رفع مستوى التعليم وإصلاح شؤون الجيل الجديد، أمر لا يصدقه العقل ولا يتفق مع ما يبذلون من محاولات ظاهرة وخفية لابتلاع هذه الأمة والكيد لها"[٢].

وفي حديث له عن خطورة المركز الدولي للتربية الأساسية في العالم العربي الذي لا عمل له إلا (سلخ) الريف العربي من دينه وخلقه وعروبته و (طبعه) بالطابع الأمريكي، وهو يتولى هذه المهمة إتماماً لما بذله الغرب من جهود في فرنجة

---

(١) أنور الجندي، الثقافة العربية، ص٣٤٨.

(٢) د. محمد محمد حسين، حصوننا مهددة من داخلنا، دار الإرشاد للطباعة والنشر والارشاد، ط٣، بيروت، ١٩٧١م، ص٢٢.

(تغريب) هذه المنطقة.. ان تأثير الفرنجة أو ما يسمونه (Westernization) لم يتجاوز المدن، لأن كل الوسائل والأساليب التي يستخدمها الغربيون في هذا الصدد من صحافة ودعاية ومؤسسات علمية واجتماعية وسينما وشراء للأقلام وللذمم وللرجال إلى آخر ما هنالك، كل ذلك لا يصل إلى الريف.. لقد اخترعت أمريكا تحت ستار (الدولية) شيئاً اسمه (التربية الأساسية).. يقول الدكتور حماد عمار (أحد العرابين لهذا المشروع التغريبي): "تسعى التربية الأساسية إلى محاولة تغيير الأفكار والنزعات والاتجاهات"[1].

د. أصناف دعاة التغريب:

يمكن تقسيم المحسوبين على حركة التغريب إلى ثلاثة أصناف:

١. نصارى العرب.

٢. الباطنيين.

٣. الشعوبيين.

الصنف الأول

فقد خرَّجت معاهد الإرساليات التنصيرية، عدداً من الشاميين المارونيين وأعدتهم لقيادة الحركة الفكرية في مصر قلب العالم العربي وللتصدير في مجال الصحافة بالذات، وفي مقدمتهم (فرح أنطوان) صاحب مجلة الجامعة الذي هاجم حرية الفكر في الإسلام وواجه أعنف رد عليه بقلم محمد عبده.

والدكتور (صروف) محرر المقتطف وداعية نظريات داروين وسبنسر وإعلاء الثقافة الإنجليزية.

---

(١) الدكتور محمد محمد حسين، م. ن، ص٢٤.

(وجورجي زيدان) الذي كتب تاريخ التمدن الإسلامي فشوهه وكتب قصص تاريخ الإسلام فملأها بالشبهات والاتهامات التي رددها المنصرون والمستشرقون.

ولطفي السيد محرر (الجريدة) داعية تعليم أولاد الأثرياء وحدهم وداعية العامية وخصم العروبة والفكر الإسلامي ونصير الفلسفة الليبرالية المستندة إلى النفوذ البريطاني[١].

الصنف الثاني

ويضم هذا الصنف العديد من الحركات الباطنة الهدامة والتي سبق البحث فيها مثل البابين والبهائيين والقاديانيين والأحمدية والنصيرية وغيرهم.

الصنف الثالث

وهي الحركة الشعوبية الفكرية الحديثة من أمثال محمود عزمي وسلامة موسى وعلي عبد الرازق وإسماعيل مظهر وطه حسين وعبد الله عنان وغيرهم[٢].

فقد كانت كلية الآداب وجريدة السياسة ومجلة المصور والمجلة الجديدة والمنتديات المختلفة هي منافذ هؤلاء الدعاة الذين بدؤوا أعمالهم من خلال المخطط الذي رسمته مدرسة (الجريدة) وحزب الأمة ولطفي السيد قبل الحرب العالمية الأولى وحملوا شعاراً جديداً هو (مصر للمصريين) الذي كان شعار ما قبل الحرب بل كان اسم الشعار (التجديد) لهم و(الرجعية) لخصومهم حتى لقد جرؤ سلامة موسى فوصف شكيب أرسلان ومحب الدين الخطيب ورشيد رضا بأنهم أوكار

(١) أنور الجندي، اليقظة الإسلامية في مواجهة التغريب، ص١٠٤.

(٢) أنور الجندي، الثقافة العربية، ص٣٤٦.

الرجعية في مصر لأنهم كانوا من المجاهدين ضد السموم التي كان ينفثها أصحاب تيار التغريب، والذي تجلى في عدة كتب مثيرة في مقدمتها كتاب علي عبد الرازق عن الإسلام وأصول الحكم.

وكتاب طه حسين (الشعر الجاهلي) ثم (الأدب الجاهلي) والحملة على اللغة العربية. وسلامة موسى والحملة على العرب، واتهام عصر الإسلام الأول بأنه عصر فسق ومجون. علماً بأن هذا الشعوبي هو الرائد في نشر القصص الفرنسي المكشوف، ومترجم العشرات من القصص الفاضح، والكتب التي تنقل الآراء المتعارضة التي أنكرها أصحابها في بلادهم "إن هؤلاء الشعوبيين هم الامتداد الحقيقي للشعوبية، إذ أظهروا بغضهم للعرب أمة وجنساً ولغة مع بغض سافر للإسلام"[1].

"وفي مجال التربية عمد طه حسين في مصر على تفريغ ثقافة الأمة من روح العروبة ومفهوم الإسلام، ودعا طه حسين وسلامة موسى إلى وجوب الانصراف عن الشرق إلى الغرب وقطع الأواصر الدينية والجنسية بالشعوب العربية للأخذ بمدنية الغرب كاملة غير منقوصة على أنها كل لا يتجزأ، وبذلك عملت كل القوى على تجريد الثقافة العربية عن روح الإسلام مع فصل العروبة عن الإسلام وإعلاء إحداها على الأخرى أو ضرب إحداهما بالأخرى"[2].

بينما العروبة والإسلام وجهان لعملة واحدة، وإذا ذل العرب ذل الإسلام.

هـ- التصدي لحركة التغريب:

قبل أن تقبل رياح الفكر الغربي مع الغزو الاستعماري كان الفكر الإسلامي

---

(١) عبد العزيز بن محمد المسلم، الانحراف العقدي في الأدب العربي المعاصر، مجلة البيان، ١٤٦، ك٢ شباط، ٢٠٠٠، في دراسة نقدية لأطروحة دكتوراه بهذا العنوان للباحث سعيد بن ناصر، ص٥٥.

(٢) أنور الجندي، اليقظة الإسلامية في مواجهة التعريب، ١٠٦.

الذي يستمد جذوره من القرآن والسنة، مع الثقافة العربية الإسلامية قد حدد منذ وقت بعيد خطوطه العامة وشكلت الثقافة العربية الإسلامية قيمها الكبرى التي أقامت عليها من بعد وجودها ومفاهيمها، ذلك أن الأمة كانت خلال أربعة عشر قرناً متصلة اتصالاً عقلياً وروحياً وتاريخياً وحضارياً لا ينقطع بالإسلام في قيمه القائمة على التوحيد.

لذا بدأ الصدام في اللحظة الأولى لوصول أولى رياح الفكر الغربي إلى الساحل الجنوبي للبحر المتوسط، فقد كانت هذه الرياح السوداء تحمل مفاهيم وقيماً مغايرة للقيم الإسلامية، فالفكر الغربي فكر هجين من الفكر اليوناني الهليني الأغريقي الوثني المتشكل في إطار النصرانية المحرفة الممزوجة بالفكر الروماني الاستعلائي والفكر اليهودي التلمودي الذي يحمل بين طياته بذور الشر والأحقاد التاريخية وقد جرى هذا الغزو في نفس الوقت الذي عمد فيه النفوذ الغربي عن طريق سيطرته على الثقافة والتعليم والتربية إلى اقصاء القيم الإسلامية، مع إبعاد كل ما يتصل بها من جوانب البطولة والقوة أو عظمة الأثر التاريخي والحضاري الممتد وذلك رغبة في تذويب الأجيال الجديدة في بحار واسعة من الفكر الغربي وتكوين قاعدة وركيزة له في بلاد العرب والمسلمين أساسها زمر من ذوي العاهات الفكرية والعقيدية التي تشربت بسموم الفكر الغربي ومظاهر الحضارة الغربية الزائفة. هم المتغربون فكان التحدي كبيراً للعقيدة والفكر الإسلامي من دعاة التغريب مع الغزو الثقافي الغربي وكانت الاستجابة والتصدي اكبر من حملة العقيدة الإسلامية والفكر الإسلامي الأصيل. وكانت مواجهة وصراعاً عنيفاً استطاع الإسلام أن يثبت في هذا الصراع وأن يتجاوز هذه المرحلة وفرض الفكر الإسلامي وجوده ومكانته. فكانت يقظته إسلامية استطاعت أن تكشف الزيوف التي فرضها الفكر الأوربي، واستطاع رجال اليقظة أن يدحضوا دعوى الاستعماريين والتغريبين. ويستشهد الأستاذ أنور

الجندي بما قاله (أشبنجلر)[1] في هذا المعنى في التفرقة بين الحضارة والثقافة فقال: "إن الثقافة تولد وهي تحمل معها صورة وجودها، وهي على صلة عميقة بالمكان الذي وجدت فيه ولا يمكن أن يقوم بنيانها إلا بالمبادئ التي قامت من أجلها، والأسس التي شيدت عليها صروحها، وإنما يضطرب مفهومها حين تنشأ ظروف تحد من حريتها، ولكن هذه النفس الأولية المحدودة الحرية تسعى حتى في مثل هذه الظروف إلى طبع الثقافة المتأثرة بها بطابعها كما هو الواقع وفي ضوء هذا كله علت الصيحة التي تقول:

١. يجب أن لا ننخدع ببريق الثقافات الغربية الحديثة، ونقبل عليها إقبالاً أعمى.

٢. يجب ألا نغفل عن أن الثقافات الغربية.. أن تنضح العقلية العربية الإسلامية التي تختلف في مقوماتها عن العقلية الغربية.

٣. يجب أن نستهدي بالفكر الغربي دون أن نترك له أن يسيطر على عقولنا، أو يتحكم في أهوائنا، أو يؤثر على أفكارنا ومعتقداتنا(٢).

ولهذا تصدى لكرومر وداروِن وشبلي شميل وفرح أنطوان وجورجي زيدان وعلي عبد الرازق وطه حسين وصروف وفارس نمر ولطفي السيد. العلماء والباحثون والمفكرون والدعاة الصحفيون من أهل الغيرة والنصرة لدينهم وأمتهم من أمثال الشيخ محمد عبدة وفريد وجدي ورشيد رضا وعلي يوسف في الطور الأول من المواجهة.

ثم عبد العزيز جاويش ومحمد أحمد الغمراوي وتوفيق البكري ورفيق العظم وغيرهم كثيرون، ففندوا ما أثاروا من الشبهات وردوا الأمور إلى مكانها الحق، وكشفوا عن وجه الزيف في هذه الحملات التي أريد بها تنحية الإسلام عن مكان

---

(١) أنور الجندي، الثقافة العربية، ص٣٠٠-٣٠١.

(٢) أنور الجندي، اليقظة الإسلامية، ص١١٩-١٢١.

الصدارة، وضرب حركة اليقظة العربية الإسلامية للإفساح لدائرة التغريب المغلقة، لكي تسيطر[١]، ولقد تبين أن حركة الماسونية إحدى القوى العاملة من أجل تمكين وتحقيق أهداف اليهودية العالمية، كانت تطرح هذه النظريات والأفكار وكان هؤلاء جميعاً من خريجي معاهد الإرساليات التنصيرية في لبنان هم أيضاً من أعضاء المحافل الماسونية، وكانوا الطلائع التي أرسلت إلى مصر- لتقود حركة الصحافة والفكر والثقافة تحت لواء الاحتلال البريطاني، والتي من ثمرتها بعد ذلك مدرسة لطفي السيد ونظرية علي عبد الرازق[٢].

و. تهافت وهزيمة دعاة التغريب:

لقد كان تأييد الله تعالى لجهود رجال اليقظة الإسلامية جلياً ونتيجة لصبرهم على مجاهدة الباطل والتصدي لأهل الأفكار والعقائد الهدامة ولمواجهة طموحات المتفرنجين الخائبة، الدور الكبير في نمو حركة اليقظة والمد الإسلامي والصحوة الإسلامية واتساع نطاقها والعمل الجاد في الكشف عن قدرة الفكر الإسلامي في التصدي للفكر الغربي وقدرة الإسلام ونظامه على تقديم حلول جذرية للمعضلات والقضايا والمشكلات العصرية، وكشف السحب عن وجه الإسلام الحضاري وأهليته لحكم الحياة في كل زمان ومكان. وفي المقابل تكشفت مجموعة ضخمة من الحقائق أهمها[٣]:

أولاً: هزيمة فكر التغريبيين والدعاة إلى التبعية للفكر والحضارة الغربية أمثال (طه حسين، حسين نوري، توفيق الحكيم، سلامة موسى وعلي عبد الرازق).

---

(١) أنور الجندي، الثقافة العربية، ص٣٠٤.

(٢) الدكتور محمد محمد حسين، حصوننا مهددة من الداخل، ص٣٩٥.

(٣) أنور الجندي، الفكر الغربي، دراسة نقدية، ص٨.

ثانياً: هزيمة محاولات احتواء مفهوم الإسلام بتحريف السيرة النبوية والتاريخ الإسلامي (هيكل، العقاد، طه حسين، الشرقاوي).

ثالثاً: تكشف فساد الدعوة إلى إحياء الفكر الباطني والوثني ودعوات القاديانية والبهائية والباطنية.

رابعاً: تكشف فساد الدعوة إلى النظريات، الماركسية والليبرالية والوجودية والداروينية والفرويدية ونظرية المدرسة الاجتماعية في النفس والأخلاق (دور كايم).

خامساً: سقوط دعاوي التغريب والغزو الثقافي حول مفهوم الدين اللاهوتي، وتفسير التاريخ الإسلامي الحضاري عن طريق المذهب المادي.

سادساً: هزيمة نظريات الفكر الغربي الوافدة في الأدب والثقافة والتربية.

سابعاً: سقوط مفهوم الحضارة الغربية ودعاتها بتقبلها بما فيها من شر وفكر وفساد.

ثامناً: الكشف عن ارتباط دعاة التغريب بمشاريع التخريب المرتبطة بالحركة الماسونية والصهيونية والخطط التي تهدف لتمكين اليهود في المنطقة العربية الإسلامية.

ثانياً: الحركة الصهيونية

١. الصهيونية Zionism (E) Sionisme (F):

عرفها الجوهري في الصحاح بأنها: "حركة تزعمها صحفي يهودي اسمه (هرتزل) Herzl[١] من فينا في أواخر القرن التاسع عشر وقصد بها إلى اقامة مجتمع يهودي مستقل في فلسطين، وصهيون اسم تل قريب من (القدس) ويطلق الاسم أحياناً على المدينة نفسها"[٢].

٢. اليهودية والصهيونية:

قبل أن ندخل في مضامين هذه الحركة الخطيرة، لا بد أن نبين العلاقة بين اليهودية وبين الصهيونية، فهذه العلاقة من النقاط المهمة التي تحتاج إلى شيء من التوضيح، فالصهيونية نسبة إلى جبل أو تل صهيون آنف الذكر، الذي اقتحمه النبي داود عليه السلام إبان ملكه، واستولى عليه من اليبوسيين الذين كانوا يقطنونه "وأخذوا

(١) ولد تيودور هرتزل (بنيامين زئيف) في ٢ مايس ١٨٦٠م في مدينة بودابست بهنكاريا (المجر) على نهر الدانوب لأبوين يهوديين، كان أبوه موظف بنك هنكاري. وأدخل في مدرسة ابتدائية هناك وكان عمره نحو ست سنوات ثم انتقل إلى مدرسة ثانوية علمية وعمره عشر سنوات، ومنها انتقل إلى الكلية الإنجيلية وعمره نحو الخامسة عشرة، حيث أنهى دراسته فيها في عام ١٨٧٨م.. هاجر مع عائلته إلى فينا حيث التحق في جامعتها وتخرج منها سنة ١٨٨٤م، حاصلاً على درجة الدكتوراه في القانون. وقد عمل مدة قصيرة في المحاكم، وكان معجبا بغوته وشيلر وموزارت وبتهوفن، ينظر: صبري جريس، تاريخ الصهيونية، ١٨٦٢-١٩١٧م، مركز الأبحاث منظمة التحرير الفلسطينية، بيروت، ١٩٧٧م، ١٤٣/١.

(٢) الجوهري، الصحاح في اللغة والعلوم، معجم وسيط، ص٦٢٥.

حصن صهيون، وأقام في الحصن وسماه "مدينة داود"[١] -بحسب المصادر اليهودية-. وأصبح (صهيون) مكاناً مقدساً لاعتقاد اليهود، بأن الرب يسكن فيه، فقد ورد في المزامير: "رنموا للرب الساكن في صهيون"[٢].

وعلى هذا "فالصهيونية في أبسط تعاريفها هي استقرار بني إسرائيل في فلسطين أي في جبل صهيون وما حوله، وهي كذلك، تأييد ذلك بالقول أو بالمساعدة المالية أو الأدبية فالصهيوني هو اليهودي الذي يؤثر أن يعيش في فلسطين وهو كذلك من يساعد اليهود لسيتوطنوا في فلسطين[٣] "ويرى اليهود أن موسى كان أول قائد للصهيونية، وأول من شيد صرحها ووطد دعائمها، فهو الذي قاد بني إسرائيل ليدخل بهم فلسطين عقب خروجهم من مصر"[٤]. "والحقيقة أن موسى • لم يدخل بيت المقدس، وقد دخلوها بعده وأخرجوا منها عدة مرات، وفي كل مرة كان فريق منهم يتطلع للعودة إلى فلسطين والحياة في صهيون، وهؤلاء هم الصهاينة، وبعد خروجهم سنة ١٣٥م اجتثاثاً لديارهم، وتدميراً لجذورهم، حتى إن الفتح الإسلامي عندما جاء بعد ذلك بخمسة قرون (٦٣٦م) لم يكن في بيت المقدس يهودي واحد، إذ كانت الأطماع في الاستقرار بفلسطين قد زالت، فارتضى اليهود الحياة في مواطن الهجرة، وبخاصة في البلاد الإسلامية حيث تمتعوا بما يكفله الإسلام لغير المسلمين في المجتمعات الإسلامية من حقوق"[٥]. وتوقفت بذلك الحركة الصهيونية.

---

(١) صموئيل الثاني، ٥:٧-٩.
(٢) مزامير، ٩: ١١.
(٣) د. أحمد شلبي، مقارنة الأديان، اليهودية، ص١٢٥-١٢٦.
(٤) إيلي ليفي أبو عسل، يقظة العالم اليهودي، ص١٦.
(٥) د. أحمد شلبي، موسوعة النظم والحضارة الإسلامية، المجتمع الإسلامي، ص١٦٢؛ وينظر هوزمر في كتابه، اليهود، ص١٣٨، في تسامح المسلمين مع اليهود.

إن اليهود في شتى أنحاء العالم لم يندمجوا في المجتمعات الأصلية،بل حاولوا خلال التاريخ البشري الطويل، التكتل فيما بينهم، وقد أدى هذا التكتل إلى انحصارهم في مناطق معينة من العالم وقد انطلقوا من نظريات معينة، حيث عدّوا أنفسهم (شعب الله المختار)، فخلقوا مشاكل ومعضلات كثيرة لأنفسهم وللبلدان المضيفة لهم. واجتاحت أوربا منذ بداية عام ١٨٨١م موجة من بغض اليهود وكراهيتهم بحيث أصبحت حياتهم مهددة بالخطر في أقطارها، بدأت هذه الكراهية تظهر في روسيا القيصرية، حيث تكررت هذه الكراهية بعد قتل الكسندر الثاني عام ١٨٨١م، إذ قامت مذابح ضد اليهود، وأدى هذا الأمر إلى هجرة قسم من هؤلاء اليهود إلى الولايات المتحدة وأوربا الغربية بعد حوادث النمسا وهنكاريا، وبعد أن رفضتهم حكومة بولندا[(١)].

٣. اليهود بين تسامح الإسلام وجور أوربا:

ففي الوقت كان اليهود يعانون من الاضطهاد في الدول النصرانية الغربية (الكاثوليكية) والشرقية (الارثوذكسية) كانوا ينعمون بالحياة الآمنة في الدولة الإسلامية العثمانية ولهم نشاطات تجارية كبيرة ومراكز إدارية ومواقع مهمة. فمنذ أن "أصدر السلطان العثماني (بايزيد الثاني) عام ١٤٩٣م مرسوماً يقضي بحسن معاملة اليهود في أنحاء المملكة العثمانية"[(٢)]. "وهذا المرسوم هو نموذج للمعاملة الكريمة التي عامل بها المسلمون اليهود في كل العصور وفي جميع الأمصار.. في الأندلس.. في العراق.. في مصر.. في الممالك العثمانية وغيرها"[(٣)]. "أما في أوربا فقد

(١) د. تايلر ألن، تاريخ الحركة الصهيونية، ترجمة بسام أبو غزالة، منشورات دار الطليعة، بيروت، ١٩٦٦م، ص١١.
(٢) عبد العزيز عوض، الإدارة العثمانية في ولاية سوريا، ص٣٠٧.
(٣) مصطفى الطحان، فلسطين والمؤامرة الكبرى، ص٣٩.

كانت تلاحقهم اللعنة، ففي إنكلترا: اصدر الملك (أدوارد الأول) مرسوماً عام ١٢٩٠م يقضي- بطرد اليهود من الأراضي البريطانية، وكان رجال الكنيسة.. يجوبون المناطق لاثارة الناس ضد (الكفار اليهود)[١].

"وفي فرنسا: قرر الملك (فيليب له بل) عام ١٣٠٦م طرد جميع اليهود من فرنسا وفي عام ١٤٩٨م أمر (لويس الثاني عشر) بنفي اليهود وخيرهم بين النفي وبين التنصر"[٢].

"وقد عومل اليهود بالطريقة المهينة الذليلة نفسها في ألمانيا وروسيا وبقية أقطار أوربا وفُرِضت عليهم قيودٌ اجتماعية وسياسية واقتصادية حتى بلغ الأمر أنهم عزلوا عزلاً كاملاً في أقاليم خاصة بهم. كما حددت إقامتهم في المدن في أحياء خاصة، أقيمت حولها أسوار لا يخرجون منها وقد عرفت هذه الأحياء باسم غيتو Ghetto"[٣].

ويعترف بعض المؤرخين اليهود أمثال (شالوبارون): بأن اليهود أنفسهم هم سبب وجود هذه الأوضاع الخاصة بهم، ومنها (الأحياء الخاصة)، بل أكثر من ذلك، فإن مثل هذه الأحياء تقررت في البرتغال بناء على طلب من اليهود، وقد أكد الحاخامون التلموديون دائماً على ضرورة الانفصال التام عن غير اليهود حفاظاً على التقاليد بصورة شاملة[٤].

٤. كيد اليهود وتآمرهم على المسلمين:

"كانت أوربا تعيش في القرن السادس عشر بظاهرة عدم الاستقرار السياسي حيث عاشت فترة محاكم التفتيش، إذ أصبحت الحريات الدينية مكبوتة في أوربا..

---

(١) أندري موروا، بريطانيا في عهد الملكة فكتوريا، ص١٠٢٩.
(٢) حبيب فارس، صراخ البري في بوق الحرية، ص٣٥٢.
(٣) قسطنطين خمار، الموجز في تاريخ اليقظة الفلسطينية، ص٢٠.
(٤) لوران غاسبار، تاريخ فلسطين، ترجمة إبراهيم خوري، ص٧٩.

إنها من فصول التطور الاجتماعي في إسبانيا"[١] ووقع اليهود في إسبانيا تحت نار التعصب الكاثوليكي وكان الملك فرديناند وزوجته إيزابيلا أشد الناس تعصباً واستنكاراً لتواجد اليهود على أرضهما بحجة غدرهم بالسيد المسيح •. فهاجر الكثير منهم ومنحتهم الدولة العثمانية الأمان والعيش بسلام في بلاد الإسلام كما تقدم في قرار السلطان بايزيد الثاني وقد مارس اليهود طقوسهم الدينية، ونتيجة لذلك فقد ظهر لهم أول كتاب باللغة العربية عام ١٥٧٨م، وكان دور جوزيف ناسي ودوي ناكوز واضحاً في هذا المجال. وقد أكد صفوت باشا وزير الخارجية العثماني على لسان (Horace Maynard) الوزير المفوض الأمريكي في الأستانة عندما قال: "إن الإسرائيليين تمتعوا بكافة الامتيازات والحصانات بموجب قوانين رعايا الدولة العثمانية"[٢].

"وتغلغل اليهود في كافة المواقف التجارية والصناعية بعد وصولهم إلى الدولة العثمانية، حيث أخذوا يمتلكون المحلات الكبيرة في أزمير وسلانيك وحتى إسلامبول نفسها وقد حاول اليهود استغلال كل كبيرة وصغيرة بغية الوصول إلى غاياتهم.. ونتيجة لذلك فقد أوعز المجلس الأعلى لليهود إلى بعض اتباعه أن يعتنقوا الإسلام ليسهل عليهم التغرير بالمسلمين وكسب ثقتهم كي يتسنى لهم التغلغل إلى مراكز الجاه والسلطان.. وتحقيق الأهداف العامة لهم، حيث قام بعض الأفراد البارزين من اليهود التظاهر باعتناق الإسلام، واتخذوا لهم أسماء إسلامية وسمى

---

(١) الدكتور أحمد نوري النعيمي، اليهود والدولة العثمانية، ص٢٣-٢٥؛ وينظر: أنيس القاسم، نحن والفاتيكان وإسرائيل، مركز الأبحاث، منظمة التحرير الفلسطينية، بيروت، ١٩٦٦، ١٤٥.

(٢) الدكتور النعيمي، اليهود والدولة العثمانية، ص٣٤ نقلاً عن Friedman, Isaiah op cit, p.22.

هؤلاء يهود الدونمة"[١]. "وقد اندمج هؤلاء في صفوف الشعب وعملوا في الخفاء لتحقيق أغراضهم"[٢].

"لقد بلغ عدد اليهود في إسلاميول في تلك المدة وحدها نحواً من عشرين ألفاً، ونتيجة لهذه النسبة في العدد، حاول اليهود الوصول إلى مقر السلطان بشتى الوسائل والطرق"[٣]. "وقد فرضوا أنفسهم على البلاط بالدرجة الأولى بوصفهم أطباء. وكان (مياستر جاكوب) الذي كان يخفي يهوديته تحت اسم (يعقوب باشا) أصبح طبيباً للسلطان محمد الفاتح، وقد أقنعت اليهودية العالمية الطبيب المذكور على تسميم السلطان مقابل (مائة ألف دوقا من الذهب)، فقام جاكوب بتنفيذ هذه الخطة، وقد ذكر الباحثون أن السم الذي أعطي للسلطان كان يسمى (بالعاكور) وهو في لون الماء، ويتصف بالمفعولية التامة"[٤].

اهكذا يرد الجميل أم هو (الطبع الذي يغلب التطبع) لقد عاش يهود الدونمة بوجهين ويتحدثون بلغتين ولكل منهم اسمان. وشر الناس ذو الوجهين.

"إنهم يتحدثون بلغتين إحداهما التركية، والأخرى الإسبانية، ولكل منهم اسمان، اسم يهودي واسم إسلامي، ويهود الدونمة في تركيا لهم مدارس خاصة

(١) الدكتور إبراهيم الداقوقي، فلسطين والصهيونية في وسائل الإعلام التركية، مطبعة المربد، بغداد، ١٩٨٧م، ص١٧.
(٢) س. ناجي، المفسدون في الأرض، أو جرائم اليهود السياسية والاجتماعية عبر التاريخ، مطبعة الإرشاد، دمشق، ١٩٦٥، ص٣١١-٣١٢. وفيها: أن اليهود حاولوا في الماضي اغتيال السلطان محمد الفاتح.
(٣) بروكلمان، تاريخ الشعوب الإسلامية، ص٤٨٩.
(٤) الدكتور أحمد نوري النعيمي، اليهود والدولة العثمانية، ص٣٥، وينظر:
Atilhan, Cevat Rifat, Islam: saran Tehilke siya\oniam ve protokllar, Gun Malbaasi, 1955, S.69.

بهم، كما أن لهم مقابرهم الخاصة"[١] "وكان على رأس هـؤلاء (الحاخـام اليهـودي سـاباتاي زيفـي) الذي ادعى بأنه المسيح المنتظر وذلك في القرن السـابع عشرـ حيـث راجـت في تلـك الأيـام شـائعة مفادها أن المسيح سيظهر وذلك في عام ١٦٤٨م. كي يقود اليهود في صورة المسيح وأنه سوف يحكـم العالم من فلسطين، ويجعل القدس عاصمة للدولة اليهودية المزعومة"[٢] كـان (سـاباتاي) هـذا يبلـغ من العمر -أثناء ذلك- الثانية والعشرين،.. وذهب إلى مصرـ والتقـى بـاليهودي (رافائيـل جوزيـف) ليكسبه إلى جانبه كي يفيد من دعمه المالي لحركتـه ثـم قـام بزيـارة القـدس وأخـيراً عـاد إلى أزمـير، وهناك أخذ يلتقي بالوفود اليهودية التي جاءت من أدرنة وصـوفيا واليونـان وألمانيـا، حيـث قلدتـه هذه الوفود تاج (ملك الملوك) ثم قام بتقسيم العالم إلى ثمانية وثلاثين جـزءاً وعـين لكـل منهـا ملكـاً اعتقاداً منه بأنه سيحكم العالم كله من فلسطين.. حيث كان يقول في هذا الصدد "أنا سليل سـليمان بن داود حاكم البشر، واعتبر القدس قصراً لي"[٣].

وبدلاً من رد الجميل "قام ساباتاي بشطب اسم السـلطان محمـد الرابـع مـن الخطـب التـي كانت تلقى في كنيس اليهود وجعل اسمه محل اسم السلطان"[٤] حيث وصل إلى إسلامبول في بدايـة سنة ١٦٦٦م.

---

(١) ضابط تركي، الرجل الصنم: كمال أتاتورك، ترجمة عبد اللـه عبد الرحمن، ط٢، بيروت، ١٩٧٨م، ص٤٢١.
(٢) علي الإمام عطية، الصهيونية العالمية وأرض الميعاد، دار مطابع الشعب، القاهرة، ١٩٦٣م، ص٢٤٨؛ وينظر محمد حرب عبد الحميد، يهود الدونمة، ص٤٤.
(٣) علي الإمام عطية، الصهيونية العالمية وأرض الميعاد، ص٢٤٨.
(٤) د. أحمد النعيمي، اليهود والدولة العثمانية، ص٤١، نقلاً عن Bucun op. Cit وينظر Tanyu op cit. S. 153.

٥. كوهين ينافس ساباتاني

"وفي هذه الحقبة من الزمن، ظهر شخص آخر ينافس ساباتاي وهو كوهين ادعى هو أيضاً بأنه المسيح، حيث تقدم بشكوى فيها إلى السلطان، أكد أن ساباتاي ينوي القيام بحركة تمردية في سبيل تأسيس دولة يهودية في فلسطين"[(١)].

ونتيجة لذلك أمر الصدر الأعظم بإلقاء القبض على ساباتاي، وجرم بالتهمة الموجه ضده لأن الوقائع كانت دامغة، فأرسل إلى سجن (زندان قابي) ثم نقل إلى سجن (جناق قلعة) وبأمر من السلطة نقل إلى قصر أدرنه، وأمر السلطان محمد الرابع أن يعرض الإسلام عليه ورأى أنه أصبح بين خطر الموت أو الإسلام، فاعتنق الإسلام وتسمى باسم "محمد عزيز أفندي" وتحايل على السلطات العثمانية، وطلب أن تسمح له بدعوة اليهود إلى الإسلام، فأذنت له وانتهزها فرصة فانطلق بين اليهود يواصل دعوته إلى الإيمان به ويحثهم على ضرورة تجمعهم معلنين في ظاهرهم الإسلام مبطنين الساباتانية. وبعد اعتناق ساباتاي الإسلام ظل هو وأنصاره يتبعون دينهم الموسوي، ويمارسون العمل للصهيونية في الخفاء.. وكان ساباتاي يقول لأتباعه أنه كالنبي موسى الذي اضطر أن يبقى مدة من الزمن في قصور الفراعنة[(٢)].

٦. ساباتاي زيفي الصهيوني الأول:

"كانت غالبية يهود المشرق قد عبدت هذا الدعي ساباتاي -من دون الله- وابتهلت إليه في صلاتها على أنه المسيح المنفذ، وبعد وفاته في تشرين الأول عام ١٦٧٦م[(٣)] أشاعت زوجته بين الناس أن أخاها يعقوب، إنما هو ابنها حملت به من

---

(١) عبد الحميد محمد حرب، يهود الدونمة، ص٤٥.

(٢) محمد علي قطب، يهود الدونمة، دار الأنصار، القاهرة، ١٩٧٨م، ص٩-١١.

(٣) إن المؤمنين بساباتاي، كانوا يعتقدون أنه لم يمت بل انسحب عن الدنيا فقط، فحسب التناسخ الذي اعتقد به (القباله) أي تغيير الروح عن الجسم، فان المسيح كان قد مر منذ آدم من أجساد كثيرة وسيستمر على هذا وكان السباتائيون يروجون أن روح المسيح قد تقمصت ثمانية عشر جسماً منذ آدم ولغاية القرن التاسع عشر، راجع: Tanyu op cit .S.160

المبعوث ساباتاي زيفي صبياً في العاشرة من عمره وقد يسر لها افتتان الناس بالتصوف والسنن الدينة اليهودية (القبالة) التي كانت عظيمة الشيوع في ذلك، ابنها المزعوم إنما هو تجسيد للمسيح وقدموا له.. من التقديس وأطلقوا عليه اسم يعقوب زيفي"(١).

ولابد من التأكيد في هذا المجال، أنه لا يمكن اعتبار ساباتاتي قد شذ في طريق الاعتزال فحسب، بل إنه يعدّ أول صهيوني أيضاً، لأنه كان يبشر بعودة بني إسرائيل المتشتتين إلى فلسطين.. وبعد وفاته وقد تمكنت زوجته (يهوبد) أن تجد أتباعاً كثيرين من المعتقدين بأن لابنه (أخيها يعقوب) في سلانيك شكل انتقال من عالم اللاهوت للمسيح إلى عالم الناسوت مرة أخرى، وكذلك الذين يعبودونه كأنه إله. وقد أطلق هؤلاء على (يعقوب زيفي) لقب (Querido) التي تعني في الإسبانية (المحب)(٢).

٧. موقف الصهيونية من الإسلام:

كان أتباع طائفة الدونمة يقرؤون التوراة والكتاب المسمى الزوهر عند ظهورهم ويتعلمون اللغة العبرية واليهودية الإسبانية ويعدّونها لغة مقدسة.. ويصف المؤرخ الفرنسي (جادن براون) في مقالة نشرتها صحيفة (المحراب) في ١٥ كانون الثاني ١٩٢٤، أشار إلى طائفة الدونمة جاء فيها "أصحاب المصيدة هم أذكى الأقوام والأجيال التي تعيش في مدينة سلاتيك، انتسب معظمهم إلى جمعية الاتحاد

---

(١) الدكتور أحمد نوري النعيمي، اليهود والدولة العثمانية، ص٤٥ نقلاً عن: دائرة المعارف الإسلامية، ترجمة محمد ثابت الفندي وآخرين، المجلد التاسع، القاهرة، ١٩٣٣م، ص٣٠.

(2) Tanyu op cit. S. 166.

والترقي.. وخلاصة القول أنهم قادوا الجانب الأكبر من ثورة تركيا الفتاة، هذه الثورة قام بها أساساً اليهود "الدونمة" هؤلاء الدونمة الذين لبسوا زي المسلمين زوراً وظلوا يهوداً في الحقيقة ومسلمين في الظاهر، كان لهم نصيب كبير في مقدرات الشعب التركي إلى الوضع الحالي"(١).

وفيما يتعلق بدور الصهيونية في الإساءة لسمعة الدولة العثمانية، يقول جواد رفعت أتلخان "حال وصول اليهود إلى تركيا العثمانية بادروا إلى ترويج الإشاعات وإطلاق الأضاليل والأكاذيب للتشنيع بالدولة العثمانية التي رحبت بقدومهم، فاستنبطوا القصص الخيالية لتشويه سمعة السلاطين وللحط من قدر الإسلام والمسلمين، وكانوا يرسلون تلك الأخبار الملفقة والقصص الخيالية إلى صحافتهم المهودة في أوربا لتنشرها على أوسع نطاق بغية الإساءة لمن احسنوا إليهم"(٢).

ويعلق الكاتب الغربي (بين هيس) على الدونمة قائلاً: "الدونمة كثيرون، منهم مدحت باشا حاكم ولاية الدانوب الذي كان أبوه حاخاماً هنكارياً وهو الذي أنشأ المدارس اليهودية في الشرق، وكان قادة حزب الاتحاد والترقي من الدونمة، كذلك أتاتورك.. ونعوم أفندي وغيرهم"(٣)..

وقد امتد سلطان الدونمة من بعد حتى حقق أهدافه: ويقول أسامة عيناي "إن الدونمة يعتزون كثيراً بأتاتورك ويعتقدون اعتقاداً راسخاً أنه منهم وحجتهم في ذلك أن أتاتورك أسفر عن نياته ضد الإسلام حين تولى الحكم"(٤).

---

(١) محمد علي قطب، يهود الدونمة، ص٣٧.
(٢) س. ناجي، المفسدون في الأرض أو جرائم اليهود السياسية والاجتماعية عبر التاريخ، ص٣١٢.
(٣) أنور الجندي، اليقظة الإسلامية في مواجهة الاستعمار، دار الاعتصام للطبع والنشر والتوزيع، القاهرة، ب.ت، ص١٢٥.
(٤) أنور الجندي، اليقظة الإسلامية في مواجهة الاستعمار، ص١٢٥.

وقد أشار كثير من المؤرخين إلى استفحال النفوذ الصهيوني في الدولة العثمانية بعد تنحية السلطان عبد الحميد الثاني الذي كان واقفاً يحزم بوجه أطماع اليهود في فلسطين[١]، وكان هذا النفوذ داخل جمعية تركيا الفتاة وهو نشاط وصف بأنه (صهيوني سري).. وأنه كان قوياً ولكنه كان خفياً أثناء حكم السلطان عبد الحميد.. وكان أبرز المفكرين والدعاة الاتحاديين من الذين يرجعون بأصولهم الدموية إلى اليهود وعرفوا باسم (الدونمة) ويقيمون في سالونيك هم: ضياء كوك ألب وتلميذه أحمد أغايف ويوسف أقجورة.. وبدأ اضطهاد العرب.. والتشهير بهم بالصحف، وكان اليهود والذكاء الاستعماري والنفوذ الأجنبي وراء كل هذه الخطوات فقد رفض الاتحاديون كل يد امتدت اليهم من العرب وواصلوا عملهم في تسليم البلاد العربية للاحتلال الأوربي وكان النفوذ الاستعماري قادراً على تأليب الترك على العرب والعرب على الترك[٢].

هذه هي الصهيونية أو قل اليهودية لا فرق، التي خشيت على حاضرها ومستقبلها من شهادة ماضيها المثقل بالآثام فتنكرت تحت اسم مستعار لتمضي في سيرها قدماً، لان ارض (الميعاد!) التي أعطاهم الرب إنما هي مصر وفلسطين

---

(١) السلطان عبد الحميد الثاني، الذي رفض مقابلة زعيم الصهيونية (هرتزل) وأبلغه رسالة بليغة قال فيها: "على الهر هرتزل أن لا يتقدم خطوة واحدة أخرى في هذا الشأن لا أستطيع أن أبيع بوصة من البلد لأنه ليس ملكي بل ملك أمتي. لقد أوجدت هذه الإمبراطورية وغذتها بدمها وسنغطيها مرة أخرى بدمنا قبل أن نسمح بتمزيقها، إن الشعب العثماني هو مالك هذه الإمبراطورية لا أنا. لا أستطيع التخلي عن أي جزء منها. يستطيع اليهود أن يوفروا ملايينهم حين تقسم الإمبراطورية قد يأخذون فلسطين مقابل لا شيء لكن لن تقسم إلا على جثتنا لأنني لن أسمح أبداً بتشريحنا ونحن أحياء" هكذا تصان الأمانة وتحمى الأوطان والعهود، راجع مصطفى الطحان، فلسطين والمؤامرة الكبرى، ص٦٣.

(٢) أنور الجندي، اليقظة الإسلامية ومواجهة الاستعمار، ص١٢٦.

وشرقي الأردن والعراق وسوريا ولبنان وتركيا، أما شعوب هـذه الأرض فيجب عـلى (شعب اللـه المختار!!) أن يفنيها بحد السيف بدون شفقة ولا رحمة وأن يمحو اسم ملوكها مـن تحت الشمس وأن لا يستبقي منها نسمة حية. ولكنه يفعل ذلك رويداً رويداً بحيث لا تكثر وحوش البرية عليـه. وهم إنما يفعلون ذلك بمقتضى الشريعة التي يؤمنون بها.. وتلمودهم الشيطاني! هذه هي أفكارهم وهذه مخططاتهم لا بل هذا هو المشروع الصهيوني، وهو يعملون عـلى تنفيذه مستخدمين كافة الوسائل متدرجين في أعمالهم وخططهم حسب مقتضيات الظروف[١].

لقد تم استعراض الخطوات التي اتخذتها الصهيونية لتنفيذ المشروع وكيف فعلت في الخطوة الأولى للإطاحة بالخلافة العثمانية التي هي المصدر والعدو الأكبر لتنفيذ خططها وتحقيق أغراضها في فلسطين، أما الخطوة الثانية فهي اعتماد الماسونية كقناة سرية للوصول إلى مراكز القوة واصطياد الشخصيات المؤثرة في العالم وتجنيدها لصالح المشروع الصهيوني الذي يهدف بالدرجة الأولى إقامـة الكيان الصغير في فلسطين وتعزيزه بالهيمنة الدولية من خلال الأقطاب، والقوى، والمؤسسات الدوليـة وتحقيق هدفها السياسي، أما الهدف الديني وهو الهدف المكمل بعد هـدم كافة الأديان وأنظمـة الأخلاق والروابط الأسرية وضوابط القيم ليبقى فقط الدين اليهودي الوحيد لشعب اللـه المختـار المتربع على عرش الدنيا في مملكة صهيون العالمية[٢].! هكذا توهمهم نبوءاتهم الكاذبة.

---

(١) مصطفى الطحان، المؤامرة الكبرى على فلسطين، ص٥٤-٥٥.

(٢) إن زعماء الصهيونيين عقدوا عشرات المؤامرات بعد مؤتمرهم الأول سنة ١٨٩٧م، في بـال بسويسرا ليبحث في الظاهر مسألة الهجرة إلى إسرائيل ومسألة حدودها، وكان الغرض من هذه المؤامرات جميعها دراسة الخطط التي تـؤدي إلى تأسيس مملكة صهيون العالمية، وكان مؤتمرهم الأول برئاسة زعيمهم هرتزل، وقد اجتمع فيه نحو ثلثمائة مـن أعتى خبثاء صهيون كانوا يمثلون خمسين جمعية يهودية، قرروا فيه خطتهم السرية لاستعباد العالم كله تحت تاج ملك مـن نسل داود؛ راجع محمد خليفة التونس، الخطر اليهودي ١٢-١٣.

ثالثاً: العولمة:

١. مفهوم العولمة:

العولمة مصطلح حادث مترجم عن الكلمة الإنجليزية (Global) ومعناها: عالمي أو دولي، وغالباً ما تذكر مرتبطة بمصطلح القرية (Global Village) بمعنى القرية الكونية أو العالمية، ويدور مفهوم العولمة حول الوجود العالمي أو الانتشار الكوني، وغالباً ما استخدم في السياسة والاقتصاد بمعنى النفوذ السياسي العالمي والمؤسسات الاقتصادية الدولية (الاخطبوطية) المتواجدة في أنحاء كثيرة من العالم ولها تأثير قوي ونافذ سواء في الشأن الاقتصادي والسياسي المحلي (أي في البلدان المتواجدة فيها)، ثم تطور في جانب جديد وهو العولمة الإعلامية عن طريق إنشاء مؤسسات إعلامية دولية ضخمة لها قاعدة أساسية في بلد وتنطلق منه إلى كثير من البلدان، ولها أثر فاعل في الإعلام المحلي لتلك البلدان.. وأخيراً نشأ مصطلح العولمة الثقافية (Global Culture) وتعني الانتشار الثقافي الفكري لجهات وطنيه ومؤسسات دولية (أغلبها أمريكية) وأصبح لها أثر ملموس في الجانب الثقافي في لدى الكثير من المجتمعات حول العالم من أقصى الشرق إلى أقصى الغرب[1].

أ. فالعولمة اصطلاحاً تعني جعل العالم عالماً واحداً، موجهاً توجهاً واحداً في إطار حضارة واحدة، ولذلك قد تسمى الكوننة أو الكوكبة"[2].

---

(١) د. مالك بن إبراهيم الأحمد، العولمة في الإعلام، مجلة البيان، العدد ١٤٨، آذار ٢٠٠٠م، ص١١٥، نقلاً عن مجلة (ناشبونال جوغرافيك الأمريكية) عدد تموز كان محور العدد الرئيس العولمة الثقافية.

(٢) ياسر عبد الجواد، مقارنتان عربيتان للعولمة، المستقبل العربي، ص٢ عدد ٢٥٢ شباط/ ٢٠٠٠م.

ب. ويعرفها المفكر الفرنسي جارودي، بقوله "نظام يمكن الأقوياء من فرض الدكتاتوريات اللاإنسانية التي تسمح بافتراس المستضعفين بذريعة التبادل الحر وحرية السوق"[(١)].

جـ. والدكتور الجابري يعدّها ثقافة الاختراق ويقول "إنها تستهدف، الأمة والوطن الدولة، إنها ثقافة الاختراق لمقدسات الأمم والشعوب في لغاتها ودولها وأوطانها وأديانها"[(٢)].

د. أما هانس بيتر مارتن وهارالد شومان صاحبا كتاب (فخ العولمة) فعبرا عنها بالقول "إن العولمة هي إيصال البشرية إلى نمط واحد في التغيير والأكل والملبس والعادات والتقاليد"[(٣)].

هـ. ويضفي جيمز روزانو -أحد علماء السياسة الأمريكيين- شمولية أكبر على العولمة فيقول: "إنها العلاقة بين مستويات متعددة لتحليل الاقتصاد والسياسة والثقافة والأيدلوجيا وتشمل إعادة الإنتاج وتداخل الصناعات عبر الحدود وانتشار أسواق التمويل وتماثل السلع المستهلكة لمختلف الدول نتيجة الصراع بين المجموعات المهاجرة والمجموعات المقيمة"[(٤)].

أما وجهة نظر المفكرين العرب حول العولمة فتكاد تلتقي في إطار واحد ومفهوم واحد.

---

(١) روجيه جارودي، العولمة المزعومة، تعريب د. محمد السبيطي، دار الشوكاني للمشر والتوزيع (صنعاء ١٩٩٨) ص١٧.
(٢) د. محمد عابد الجابري، قضايا الفكر العربي المعاصر، مركز دراسات الوحدة العربية، بيوت، ١٩٩٧، ص١٤٧.
(٣) هامش، بيترمارتين وهارلشومان، فخ العولمة، ترجمة د. عدنان عباس علي، الكويت، ١٩٩٨م، ص٥٥-٥٨.
(٤) نعيمة شومان، العولمة بين النظم التكنولوجية الحديثة، ط١، مؤسسة الرسالة، بيروت، ١٩٩٨، ص٤٠.

و. فالدكتور سيار الجميل يقول: "إنها عملية اختراق كبرى للإنسان، وتفكيره، وللذهنيات وتراكيبها، وللمجتمعات واتساقها، وللدول وكياناتها، وللجغرافية ومجالاتها، وللاقتصاديات وحركاتها، وللثقافات وهوياتها وللإعلاميات ومدياتها"(١).

ز. ويقول الدكتور مصطفى محمود "العولمة مصطلح بدا لينتهي بتفريغ الوطني من وطنيته وقوميته وانتمائه الديني والاجتماعي والسياسي، بحث لا يبقى منه إلا خادم للقوى الكبرى"(٢).

ح. ويثبت الدكتور محسن عبد الحميد "إن قضية العولمة ليست مسألة آراء فردية مناهضة وإنما اتفاق الرأي العام العلمي المنصف على حقيقة العولمة وآفاقها، لظهورها ووضوحها التي شملت الكرة الأرضية من دون أن يكون هنالك أدنى شك في المقولات المقررة حول حقيقة العولمة وطبيعتها المستغلة المهيمنة"(٣).

"مما تقدم يبدو أن آراء دعاة العولمة بعيدة عن الروح العلمية، أما آراء خصوم العولمة فيغلب عليها الطابع العلمي الموضوعي"(٤).

---

(١) د. سيار الجميل، العولمة والمستقبل، استراتيجية تفكير، ط١، الأهلية للنشر والتوزيع، عمان، ب.ت، ص٣٢.

(٢) احمد مصطفى عمر، إعلام العولمة وتأثيره في المستهلك، المستقبل العربي، ص٧٢، نقلاً عن مجلة، الإسلام وطن، عدد ١٣٨، حزيران ١٩٩٨م، ص١٢.

(٣) الدكتور محسن عبد الحميد، العولمة من المنظور الإسلامي، بغداد، ٢٠٠٠م، ص١٠.

(٤) د. نجيب غزاوي، العولمة، الخطر على الهوية والكيان، مجلة المعرفة سنة ٣٨، عدد ٤٣٢، تشرين الأول، ١٩٩٩م، ص٤٦.

٢. الجذور التاريخية للعولمة:

تباينت الآراء في موضوع العولمة هل هي ظاهرة قديمة أم أنها حديثة عهد؟. فيذهب البعض إلى أن العولمة ليست ظاهرة جديدة بل إن بداياتها الأولى ترجع إلى القرن التاسع عشر مع بدء الاستعمار الغربي لآسيا وإفريقيا... ثم اقترنت بتطور النظام التجاري الحديث في أوربا الأمر الذي أدى إلى ولادة نظام عالمي متشابك، ومعقد عرف بالعالمية ثم بالعولمة.

وآخرون يذهبون في هذا الاطار إلى أن مصطلح النظام العالمي كان مستخدماً منذ مؤتمر فينا عام ١٨١٥م الذي قاده (مترنيخ) رئيس وزراء النمسا وجدده (بسمارك) الألماني في سبعينيات القرن التاسع عشر، ثم تجدد في يالطة على يد الحلفاء في الحرب العالمية الثانية[(١)].

ويعلق الدكتور محسن عبد الحميد على هذا القول "إن الباحث الذي يدرس التاريخ منذ أقدم العصور التي ظهرت فيها الإمبراطوريات إلى اليوم، يلاحظ أن قوة عظمى تريد أن تنفرد دائماً بحكم العالم، وإخضاعه إلى مبادئها، فاليونان والرومان والفرس والتتر والإمبراطوريات الحديثة كلها كانت تتجه هذا الاتجاه في الهيمنة والسيطرة. ولأوربا الحديثة القدح المعلى في محاولة السيطرة والهيمنة، لأن الحضارة الحديثة تعد نفسها حضارة عالمية مركزية، عالمية في أفكارها ومنتوجاتها ومركزية، لأنها تدور حول نفسها في قيمها المبعثرة ولذلك فإنها حضارة لا تعترف بغيرها من الحضارات"[(٢)].

ويقول الأستاذ مالك بن بني "هذه الأقوال هي التي خلقت ثقافة الإمبراطورية

---

(١) أحمد مصطفى عمر، إعلام العولمة، ص٧٠-٧٢.

(٢) د. محسن عبد الحميد، العولمة من المنظور الإسلامي، ص١٢.

الغربية التي تقوم على أساس العنصرية"[١].

ويرجع صاحبا (فخ العولمة) البداية الحقيقية للعولمة إلى عام ١٩٩٥م وهو تاريخ انعقاد اجتماع الأقطاب في فندق (فيرمونت) في سان فرانسيسكو لكي يبينوا معالم الطريق إلى القرن الحادي والعشرين، وقد اشترك في هذا المؤتمر المغلق أقطاب العولمة في عالم (الكومبيوتر) الحاسوب والمال وكذلك كهنة الاقتصاد الكبار وأساتذة الاقتصاد في جامعات ستاتفورد وهارفرد وأكسفورد بحضور السياسيين الكبار بوش، شولتز، وتاتشر، مع بطل (البيروسترويكا) كورباتشوف ورئيس وزراء مقاطعة سكسونيا"[٢]. يقول السيار الجميل "والمشروع السياسي للنظام العالمي الجديد الذي انتهى إلى العولمة هو تفتيت الوحدات والتكوينات السياسية إلى كانتونات ودويلات صغرى ضعيفة ومهزوزة وقبلية بالكوارث والمجاعات والصراعات والازمات"[٣].

٣. أمريكا تحمل الوزر الأكبر:

إن انهيار الاتحاد السوفيتي وبقاء الولايات المتحدة الأمريكية على قمة العالم الغربي وصارت القطب الأوحد في العالم بدأ الغرور يعتري ساسة هذا البلد فبعد أن تحسست أمريكا قوتها كان العقد الأمريكي يتأجج بين فكرتين (الحلم الأمريكي والقرن الأمريكي). كان الحلم الأمريكي هو السعي وبشراهة للتخلص من النظام الدولي القديم وإسدال الستار على الحقبة الطويلة للاستعمار الأوربي القديم

---

(١) مالك بن بني، وجهة العالم الإسلامي، ص٢٧-٢٨.
(٢) هانس، بيتر مارتين وهارالد شومان، فخ العولمة، ص٢٢-٢٣.
(٣) سبار الجميل، العولمة الجديدة والمجال الحيوي للشرق الأوسط. مفاهيم عصر قادم، ط١، بيروت، ١٩٩٧م، ص٥٧.

وكان لبريطانيا الدور المنافق في إحلال بطلها الجديد بدلاً عن ذلك النظام الذي يهدف إلى استغلال واستعمار العالم كله لاستنزاف ثرواته استعماراً اقتصادياً وسياسياً وعسكرياً وفكرياً وثقافياً وإعلامياً وفي مؤازرة (الحلم الأمريكي) برزت فكرة (القرن الأمريكي) لأنه لم يبق في الساحة غيرها ولم تعد هناك حرب باردة لان القطب الثاني ذاب جليده وانتهت مجالدته، فمنذ عام ١٩٤١ نحت (هنري لويس) تعبير (القرن الأمريكي) في إشارة إلى أن (البراءة) التي أشاعها مؤسسو الولايات المتحدة هي في طريقها لعبور المحيطات والانتشار في جهات الكون الأربع على ظهر (العولمة) يقول هنري لويس في كتابه (القرن الأمريكي) مؤكداً عنصرية بلاده واستعماريتها "علينا أن نفعل بملء الرضا واجبنا من حيث نحن الأمة الأقوى في العالم وبالتالي أن نمارس على العالم زخم نفوذنا على الوجه الأكمل للأغراض التي نجدها مناسبة وبالوسائل التي نراها مناسبة.. انظروا إلى القرن العشرين إنه يخصنا لأنه قرن أمريكا من حيث أنها دولة سائدة بالعالم"[١].

ويعزز هذا التصور وزير الدفاع الأمريكي الاسبق (جمس سليزنبر) بقوله (إن استقرار العالم يهتزئ بسبب انعزال القوة الأمريكية والسياسة الأمريكية إنه يعكس عوامل ملموسة مثل تدهور التوازن العسكري وتبدل الموقف السيكولوجي للولايات المتحدة كافة تنسحب من أعبائها في القيادة والقوة"[٢].

إن هذه النزعة العدوانية والروح الاستعلائية قديمة قدم تأسيس أمريكا وصرح بها مؤسسها جورج واشنطن بخطابه عام ١٧٨٩م (إنه موكل بمهمة عهد الله إلى

(١) هنري بويس، كتاب القرن الأمريكي،الترجمة العربية، ص٤٧.
(٢) تحرير صبحي حديدي، حرب العالمين الأولى، حرب ضد بلد عربي مسلم من العالم الثالث، شركة الأرض للنشر- المحدودة، ط١، ١٩٩١م، ص١٢-١٣.

الشعب الأمريكي ويقول الرئيس الأمريكي روزفلت بعد قرن ونصف من خطاب المؤسس "الآن يجب أمركة العالم"[١].

ويهدد الكاتب اليهودي الأمريكي (ناحوم جوموسكي) ويغمز لم تحالف مع العدوان الأمريكي على العراق ويقول "نحن السادة وعليكم أن تمسحوا أحذيتنا"[٢]. وكان الخطاب موجهاً إلى العرب الذين شاركوا في الحرب إلى جانب الولايات المتحدة الأمريكية. وهنا يقول "إن الفرصة الضمنية هي أن النظام الأمريكي الخاص بالتنظيم الاجتماعي والسلطة والعقيدة التي تصاحبه يجب أن يكون عاماً إن أي شيء أقل من هذا لا يعد مقبولاً ولا يمكن التسامح مع أي تحد، إن كل عمل والحال هذه تتخذه الولايات المتحدة لنشر نظامها وعقيدتها هو عمل دفاعي"[٣].

ويقول (جوشيا ميرفك) أحد أبرز باحثي السياسة الخارجية الأمريكية "أن بإمكان الولايات المتحدة أن تلعب دوراً مهماً في نشر الفهم الغربي لحقوق الإنسان من خلال الديبلوماسية الهادئة والمساعدات، وحتى من خلال العمل العسكري إن لزم الأمر"[٤].

"إذن فالخضوع لنمط الديمقراطية الأمريكية ونظام السوق الأمريكي وعدم معاداة المصالح الأمريكية وإضفاء الطابع الأمريكي على الثقافات والهويات

---

(١) حسن قطاش، نهاية الجغرافية، سيادة الدولة أم سيادة العولمة، مجلة البيان، السنة ١٥، العدد ١٤٩، نيسان ٢٠٠٠م؛ وينظر: احمد مصطفى عمر، إعلام العولمة، ص٧٣.

(٢) ناحوم جومسكي، حرب العالمين الأولى، ص٢٧.

(٣) ناحوم جومسكي، إعاقة الديمقراطية، الولايات المتحدة والديمقراطية، المستقبل العربي، ص٢٨.

(٤) محمد فهيم يوسف، حقوق الإنسان في ضوء التجليات السياسية للعولمة، مجلة البيان، السنة الثالثة عشرة، العدد ١٣٢، كانون الأول ١٩٩٨م.

والإعلام، والاقتصاد، وأنماط التفكير والسلوك والذوق والاستهلاك ومحاربة الإرهاب من وجهة النظر الأمريكية والسيطرة على المعرفة والاتصالات والمعلومات والتحكم في الفضاء وبث الصور والأفلام الأمريكية عن طريق الأقمار الصناعية هي جوهر العولمة الحاضرة التي تقودها أمريكا اليوم"[١].

كل هذا يحصل باسم (العولمة) التي كانت آخر ورقة لعبتها اليهودية العالمية مسخرة في ذلك القوة الغاشمة للقطب الأعظم الولايات المتحدة الأمريكية. "لفرض سيطرتها وبث سمومها بين الشعوب وسائر الأمم، تارة بحجة حماية الشعوب المستضعفة كما فعلوا في كوسوفا!! الأمر الذي أدى إلى قتل وتشريد مئات الألوف من مسلمي الألبان، وتارة أخرى باسم القضاء على الجهل في العالم، أو مكافحة الإرهاب والإرهابيين!! كما حصل ويحصل في فلسطين والعراق والسودان. وهذا العراق يقصف يومياً وتدمر قوته العربية الإسلامية، والعالم ينظر نظرة المغشي عليه من الموت"[٢].

٤. العولمة والنظام العالمي الجديد:

يقول التويجري "رجعت إلى معجم (وبيسرز - Webster's) فوجدت فيه أن العولمة (cilobalization) هي إكساب الشيء طابع العالمية، وبخاصة جعل نطاق الشيء أو تطبيقه عالمياً...والعلاقة بين العولمة والنظام العالمي الجديد: هي علاقة تكامل واستمرار، حيث ارتبطت العولمة مع النظام العالمي الذي انتصر في أعقاب الحرب العالمية الثانية بإنشاء منظمة الأمم المتحدة والمنظمات والمؤسسات

(١) د. محسن عبد الحميد، العولمة من المنظور الإسلامي، ص١٥؛ وينظر أحمد ثابت، العولمة والخيارات المستقبلية، المستقبل العربي، عدد ٢٤ في ١٩٩٩/٢، ص٨.
(٢) يوسف بن محمد بن عبد الله أدهيم الساحوري، الدعوة الإسلامية وأساليبها في مواجهة الغزو الفكري، رسالة ماجستير في الفكر الإسلامي، جامعة صدام للعلوم الإسلامية بإشراف الدكتور شاكر محمود عبد المنعم، كانون الأول ١٩٩٩م، ص١٣٦ بتصرف.

والوكالات المتفرعة عنها والعاملة في إطارها"[١]. هذا النظام العالمي، كان ثنائي القطب أما النظام العالمي الجديد ذي القطب الأوحد، فإنه نشأ عقب الحرب الظالمة التي شنتها أمريكا على العراق مع حلفائها المسخرين قسراً في هذه الحرب القذرة، عام ١٩٩١م. وفي هذا يقول نورد دايفيس، إن النظام العالمي لروكلفر والصهيونية عقب الحرب العالمية الثانية يعيد نفسه فيد كيسنجر رسمت النظام العالمي الجديد الذي يحصل على تمويله من الصهاينة في نيويورك وتل أبيب"[٢].

ويقول نورد دايفيس أيضاً: "وسيظل كيسنجر وروكفيلر صامتين وراء الكواليس، أما جورباتشوف وجورج بوش فسوف يظلان يجوبان العالم تحت توجيهات مستشارية هذين الرجلين فمن هو الحديد ومن هو الفخار للرجلين الذين في القمة؟ إنني أتكهن أن الصهيونية هي الأفضل تنظيماً وهي ستكسب حتماً عندما تحدث بين جماعة النجمة السداسية الأطراف وجماعة النجمة الخماسية الأطراف...وهكذا فإن كيسنجر الذي ظل مستشاراً للرؤساء سنوات عديدة بغض النظر عن أحزابهم السياسية هو الذي يمثل الحديد، أما غورباتشوف أسفل منه فقد كان معروفاً دوماً بأنه الضرس الحديدي منذ أيامه في الكي جي بي وكل ما عليكم أن تفعلوه هو أن تراقبوا جورج بوش كي تعرفوا من هو الفخار"[٣].

---

(١) عبد العزيز بن عثمان التويجري، الهوية والعولمة من منظور حق التنوع الثقافي منشورات المنظمة الإسلامية للتربية والعلوم والثقافة، ايسيسكر، ١٩٩٧م، ص٧-٩.

(٢) نورد دايفيس، درع الصحراء وفضيحة النظام العالمي الجديد، ترجمة بشير شريف البرغوثي، دار الدليل الوطني للنشر والتوزيع والدراسات، عمان، ١٩٩١م، ص٨٧.

(٣) نورد دايفيس، درع الصحراء وفضيحة النظام العالمي الجديد، ص٦٧، "من موعظة وجهها الكاتب إلى مواطنيه الأمريكان لكي يطلعهم على حقيقة الدمى البشرية التي تتربع على عروش بلادها وهي مسخرة من قبل الصهيونية وليس لها من الأمر شيء غير التنفيذ". وهذا ما حصل فقد أدى جورباتشوف دوره في صورة (سنمار الجديد) الذي على يديه تم تشييع الاتحاد السوفيتي إلى مثواه

٥. أهداف العولمة وأخطارهم على العروبة والإسلام:

وبالرغم من كثرة الأهداف للنظام العالمي الجديد إلا أن الهدف الاستراتيجي هو عولمة واحتواء العالم العربي والإسلامي وتطويعه ومسخ هويته والسيطرة على خيراته وموارده واحتياطاته النفطية من خلال السوق الشرق أوسطية وحسب مفهوم الإستراتيجيين فان منطقة الشرق الأوسط تمتد مكونة القوس الذي يشمل (الباكستان وإيران مروراً بتركيا وسوريا وفلسطين ولبنان والأردن والعراق والخليج إلى مصر وليبيا في إفريقيا) إن النظام العالمي الجديد هو الذي أعلن عن سباق تشكيلات النظم الإقليمية عن النظام الشرق أوسطي على حساب النظام العربي والإسلامي. فالصهيونية هي التي روجت لمثل هذا المفهوم ضمن خططها الحالية والمستقبلية لاحتواء الشرق الأوسط في مرحلة ما بعد السلام:

إن فكرة أمريكا هذه تقوم على أساس إنشاء نظم إقليمية متخصصة أو ما يقال عنه (النظم الوضعية الإقليمية) التي تشكل كل منها وحدة مستقلة عن الأخرى في مجالات المياه والبيئة والتنمية الاقتصادية والأمن والحد من التسلح (وهذا البند أي التسلح لا يشمل إسرائيل).

فالهدف الأمريكي ومن ورائه اليد الخفية اليهودية هو إنشاء نظام للأمن في الشرق الأوسط وإلى جانب الأمن ينتصب العامل الاقتصادي، كأحد مرتكزات النظام الشرق أوسطي وبذلك يسقطون عامل الدين ووحدة الأمة والتضامن العربي والاستفراد بالدول العربية والإسلامية وجعلها لقماً سائغة وضعيفة

الأخير وبالمقابل فإن جورج بوش قد أدى دوره وجعل من أمريكا عصا غليظة بيد اليهودية العالمية تضرب بها أعداءها ولم ينج هو من هذه العصا فقد هوت لتكسر (الفخار) لكن كيسنجر، الذي يقول عن نفسه أنه آخر أنبياء بني إسرائيل لم يذكر اسمه في التوراة قد أجبر كسر بوش الأب بتوظيف ولدهُ دبليو بوش ليحل محل والده في التنفيذ للخطوة الجديدة. وهي العولمة بعد ان تعب منها كلينتون الذي سيموت في حسرته لأنه لم يستطيع رفع العلم الإسرائيلي على قبة الصخرة المشرفة.

وتغليب العامل الاقتصادي والدعوة إلى التطبيع الكامل مع إسرائيل.

ولقد كتب (غارودي) فصلاً وثائقياً مهماً في كتاب (العولمة) في تبيان هذه العلاقة التاريخية والصميمية والمصلحية بين اليهود والحكومات الأمريكية حيث يقول:

"العلاقات بين إسرائيل والولايات المتحدة ليست من ذات الطبيعة للتحالفات العادية بين الدول وحدة في الأصول، ووحدة في الأهداف، وتواصلت في ذات الوقت لاهوتياً وسياسياً في رؤيتهما وعلاقتهما في العالم"[1].

(إن عولمة الاقتصاد العالمي بقيادة أمريكا ودفع من اليهود الصيارفة، جعلت من صندوق النقد الدولي والبنك الدولي أداتين لتخريب اقتصاديات دول العالم الثالث وبالأخص العالم الإسلامي فلقد أخذ البنك الدولي بإجبار كثير من الدول الإسلامية على إعادة هيكلة اقتصادياتها وفقاً لنظام النقد الدولي ومخططات التجارة العالمية واتفاقية الجات التي أثقلت أجيال المستقبل بالديون الخارجية[2].

أ. **عولمة الاقتصاد:** إحدى الوسائل التي تخدم الأهداف الرئيسية لمخططات الدول التي تقود هذا المشروع الصهيوني بقصد السيطرة على مراكز القوة في العالم، ولقد تقررت هذه السياسة الاقتصادية الأخيرة نهائياً عندما اجتمع طائفة من المنظرين الأمريكيين وقدموا قضايا لتثبيت السيطرة الأمريكية على العالم:

١. استعمال السوق العالمية كأداة للإخلال بالتوازن في الدول القومية.

---

(١) غارودي، العولمة المزعومة، ص٢١٠-٢١٦.

(٢) سيف بن علي الجروان، العولمة، السوق العربية المشتركة، المستقبل العربي، السنة ٢٢، عدد ٣٤٩، تشرين الثاني ١٩٩٩م، ص١٤٢-١٤٣.

٢. فتح المجال لسيطرة الشركات المتعددة الجنسيات العملاقة لغرض فرض نمط اقتصادي معين على البلدان الأخرى، دون أي اعتبار لمصالح الكادحين[١].

وتلك الشركات العملاقة تكونت بالدرجة الأولى من الشركات الأمريكية -ذات الرساميل والإدارات اليهودية- ثم الأوربية ثم اليابانية متكاتفة متعاونة[٢].

ب. العولمة الإعلامية: "فهي بحق إمبراطورية الفضاء الكوني لأن مجالها الكرة الأرضية كلها، والتي حولها إلى قرية واحدة عن طريق مئات الأقمار الصناعية التي تجوب الفضاء الأرضي، ترسل البرامج المنوعة في كل يوم إلى كل عائلة من عوائل بلدان العالم، لتستقبلها أجهزة التلفاز والأنترنيت، تقودها شبكات اتصالية معلوماتية من خلال سياسة العولمة واقتصادها وثقافتها وأفكارها وأنظمتها الاجتماعية، كي تقيم عالماً جديداً يتسلل دون استئذان إلى عقول وقلوب ونفوس البشر- جميعاً دون استثناء من دون رقيب من دولة أو أمة أو دين أو وطن"[٣].

"فعولمة الفضاء الكوني بكل أبعاده من أخطر القضايا التي تمس العالم العربي والإسلامي معاً، سبب سيطرة اليهودية على أجهزة الإعلام والاتصالات وما يرافق ذلك من تشويه الحقائق وطمس معالم الحضارة العربية والإسلامية وصورة العربي المعاصر وتراثه لدى الرأي العام الجديد"[٤].

---

(١) لقد اخترقت إحدى الشركات الأمريكية العملاقة لصيد الأسماك المياه الإقليمية لباكستان وجاءت لتنافس زوارق صيد صغيرة لقرية بحرية تعيش على صيد الأسماك منذ عشرات السنين جاء هذا الغزو المخطط ليوقف مسيرة الحياة في هذا الميناء الإسلامي المتواضع بعد ان أبحرت سفن أمريكا آلاف الأميال للوصول إلى هذه البقعة، إمعاناً في اختراق سيادة هذه الدولة وإذلال أهلها لا بل قطع أرزاقهم، هذه هي العولمة الاقتصادية.

(٢) نجيب غزاوي، العولمة والخطر على الهوية والكيان، مجلة المعرفة، ص٤٣.

(٣) د. محسن عبد الحميد، العولمة من المنظور الإسلامي، ص٢٤.

(٤) د. نجيب غزاوي، العولمة والخطر على الهوية والكيان، مجلة المعرفة، ص٤٤.

جـ العولمة الاجتماعية: لما كان المبدأ الذي ينطبق منه عالم العولمة من جعل العالم قرية كونية واحدة تخضع للتوجيهات الأمريكية اليهودية، إذن فالوصول إلى مجتمع واحد، ذات ملامح واحدة، وأنظمة اجتماعية واحدة سيكون من أولويات العولمة، لأن صياغة المجتمع صياغة عولمية واحدة، مما يسهل مهمة الأجنحة الهدامة الأخرى للعولمة في إفساد المجتمع وتفريغه من القيم الأصيلة، والأخلاق الحميدة النابعة من الأديان السماوية، والفطرة الإنسانية السليمة، حتى لا تقوم له قائمة من الرجولة والشهامة والكرامة أمام مخطط العولمة الرأسمالية الأمريكية اليهودية الجشعة"[١].

أما مخطط العولمة الاجتماعي، فيتمثل بإفساد المرأة وتفتيت الأسرة ونشر الرذيلة بين الشباب والشابات وإعطاء الحرية الجنسية للمراهقين والمراهقات، من خلال مؤتمرات دولية تتبناها الأمم المتحدة، حيث عقدت مؤتمرها الأول عام ١٩٥٠ في القاهرة وعقدت مؤتمرها الثاني في عام ١٩٧٥ في المكسيك والثالث في ١٩٨٥ في نيروبي والرابع عام ١٩٩٤ في القاهرة والخامس في بكين عام ١٩٩٥م ثم عقد في إسلامبول عام ١٩٩٦م وأخيراً عقد في نيويورك عام ٢٠٠٠م وطلبت أمريكا فرض قراراته ومقررات المؤتمرات السابقة على العالم. والدول التي توقع على هذه المقررات تكون ملزمة بتغيير قوانينها بما ينطبق على تلك المقررات الإباحية التي تؤدي إلى هدم الأسرة. وقد أفصح غارودي عن نوايا مقررات مؤتمر القاهرة في الرسالة التي وجهها للمؤتمر ونشرتها صحيفة الشعب في القاهرة بعددها ١٩٩٤/٩/١٦م[٢] والغريب أن

---

(١) د. محسن عبد الحميد، العولمة من المنظور الإسلامي، ص٣٦.

(٢) عبد الحسين سلمان جاد، وثيقة مؤتمر السكان والتنمية، رؤية شرعية، كتاب الأمة ٥٣، ص٥٥-٧٠.

رئيسة جمعية الأمهات الصغيرات في أمريكا تحذر المسلمين في مؤتمر القاهرة فتقول "لقد دمروا المجتمع الأمريكي وجاؤوا الآن بأفكارهم للمجتمعات الإسلامية حتى يدمروها ويدمروا المرأة المسلمة ودورها فيها"[١].

٦. التصدي لأخطار ومخططات العولمة:

أ. إن استقراء التاريخ الإنساني يدل دلالة قاطعة على ان محاولة إخضاع البشرية لطريق واحد وحضارة واحدة، مستحيلة في حد ذاتها، لان تلك المحاولة ستفجر المجتمعات الإنسانية من الداخل، ويبدأ الصراع ثم الحرب في ظل القانون الإلهي (ۋ ۋ ۅ ۅ ۉ ۉ)[٢].

ب. ليست هناك حضارة أو ثقافة أو قيم أو دين على وجه الأرض ستتأثر بالعولمة، كما سيتأثر بها الفكر الإسلامي والعقيدة الإسلامية والحضارة الإسلامية والعالم الإسلامي.

"إن تدمير المسلمين جميعاً هو المقصود الأهم والشاغل الأكبر للعولمة الأمريكية الرأسمالية الصهيونية"[٣].

ولهذا سيتم التركيز على موقف العقيدة والفكر الإسلامي في موضوع التصدي لأخطار العولمة في مختلف صورها واتجاهاتها وأغراضها وكما يأتي:

١. "مواجهة الأفكار الجديدة بأسلوب جديد ومادة معرفية جديدة منطلقين من كتاب الله وسنة رسوله صلى الله عليه وسلم "[٤]. فالحديد بالحديد يقرع ومن أراد البحر استقل

---

(١) احمد منصور، سقوط الحضارة الغربية، رؤية من الداخل، دار القلم، ط١، دمشق، ١٩٩٨م، ص٦٥.
(٢) سورة آل عمران، الآية: ١٤٠.
(٣) سيارة الجميل، العولمة والمستقبل، استراتيجية التفكير، الأهلية للنشر، ط١، ص٢٢.
(٤) د. محسن عبد الحميد، العولمة من المنظور الإسلامي، ص٤٥.

السواقيا وإن الـلـه جل في علاه ﴿إِنَّ اللَّهَ لَا يُغَيِّرُ مَا بِقَوْمٍ حَتَّى يُغَيِّرُوا مَا بِأَنْفُسِهِمْ﴾[1].

٢. مواجهة الأساليب المختلفة والشاملة التي تعتمدها العولمة في التخريب الحضاري، وذلـك بتبنـي المنهج الشمولي في فهم الإسلام الذي يجمع بين العقيـدة والشريـعة والفكـر والسـلوك والحركـة والبناء الحضاري من خلال منهج عقلي اصولي سليم وتفكير علمـي سـديد يـؤمن بالتقـدم مـن خلال قانون السبب والغاية.

٣. دراسة الأنظمة العامة والمبادئ الكلية في الشريعة الإسلامية ومواجهة مشكلات العصر من خـلال مقاصد الشريعة وقاعدة الأيسر وليس الأحوط وبهذا يتم التصدي لما عند الغـرب واليهـود مـن مبادئ ونظريات كلية.

٤. دراسة السنن الكونية دراسة علمية موضوعية وتدبر ما فيها والاستفادة منها في الدخول إلى العصر الحضاري الإسلامي الجديد بعد ما لاحت مظاهر التصدع في الحضارة الغربية الآيلة للسقوط.

٥. التصدي لكل أنواع الغزو الفكري والثقافي لنظام العولمة الأمريكي الصهيوني والرد عليه من خلال المنهج السابق للعقيدة والفكر الإسلامي، بجميع الوسائل التي يعتمد عليها سواء من خلال الأنماط الفكرية أم الفنية أم الأدبية التي يعرضونها من خلال أفكارهم المناقضة للإسلام. يقول الأستاذ منير شفيق "فلابد أن نرد في عصرنا الراهن على الثقافة والشعر بالشعر والقصة بالقصة والعلوم بالعلوم والفنون بالفنون والمسرح بالمسرح والتلفزيون بالتلفزيون ولا ينبغي لهذا الجهد أن يكون لمجرد الرد والدحض، وإنما يكون مجالاً للإبداع

---

(١) سورة الرعد، الآية: ١١.

الحقيقي ووفقاً للشروط التي يقتضيها كل مجال حتى يكون ذلك جزءاً من المعركة الحضارية الأكبر"[١].

٦. تحصين الأسرة المسلمة من الاختراق وإعطاء المرأة المسلمة حقها ودورها بموجب الشريعة في نواحي الحياة والتركيز على دورها كمربية وتكريمها كأم وزوجة وأخت ومسؤولة ومؤثرة في بناء الأسرة والمجتمع التي هي نصفه وتوعيتها وتحذيرها من أخطار وأساليب العولمة التي تستهدف المرأة المسلمة وان تسد كل الثغرات التي تتسلل منها الإغراءات العولمية الماجنة.

٧. تجنيد وسائل الإعلام المرئية والمسموعة والمقروءة المتاحة وفي كل المجالات لتوجيه وتربية الشباب والشابات والناشئة والأطفال في البيوت والمساجد من خلال الدورات التربوية القرآنية المستمرة والمؤقتة والمواعظ والمحاضرات وخطب الجمعة.. ومن خلال المناهج الرصينة في التربية الدينية[٢]. للتحذير من أخطار العولمة، وقد عبر أحد دعاة العولمة في أمريكا وهو صاموئيل هنتجنون بقوله: "إن الإسلام يشكل عقبة وسداً منيعاً أمام العولمة والصدام واقع معه ومع أتباعه لا محالة"[٣].

فدعاة العولمة لا يخفون تخوفهم من انتشار الإسلام والصحوة الإسلامية واستغلال المسلمين لثورة الاتصالات في إيصال رسالتهم للعالم أجمع، حيث يعترفون بأن للمسلمين قيماً وتعاليم سامية تجد آذاناً صاغية وقبولاً ملاحظاً حتى في عقر دار العولمة.

---

(١) منير شفيق، النظام العالمي الجديد، الناشر للطباعة والنشر والتوزيع والاعلان، ط١، بيروت، ١٩٩٢، ص٧٨.
(٢) د. محسن عبد الحميد، العولمة من المنظور الإسلامي، ص٥٤.
(٣) عيسى قدومي، العولمة ليست نهاية المطاف، مقالة في مجلة الفرقان، العدد ١١٢، حزيران، ٢٠٠٠م.

الخاتمة

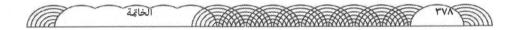

الخاتمة

يقول اللـه تبارك وتعالى وهو أصدق القائلين: (وَلَقَدْ كَتَبْنَا فِي الزَّبُورِ مِنْ بَعْدِ الذِّكْرِ أَنَّ الْأَرْضَ يَرِثُهَا عِبَادِيَ الصَّالِحُونَ)[١] وقوله تعالى (وَالْعَاقِبَةُ لِلْمُتَّقِينَ)[٢]...

لقد استعرضنا طبيعة الصراع بين الحق والباطل، وتبين من أحداث التاريخ ووقائعه أن الأيام والسنون دول وتعاقب بين دول الحق ودول الباطل، وكيف أن دول الباطل تزول، عندما تدين بالكفر وتتوسل بالظلم وتنزع إلى العدوان. وكذلك الحضارات التي تنشأ على هاتين الركيزتين الهشتين فإن مصيرها إلى الزوال، فسنة اللـه في الظلم والظالمين تقضي بأن الظلم وكثرة المفاسد والذنوب والكفر والإلحاد من الأسباب الرئيسية لانهيار الدول وزوال سلطانها وحضارتها وافتضاح زيف أفكارها ومبادئها، لقوله تعالى (أَلَمْ يَرَوْا كَمْ أَهْلَكْنَا مِنْ قَبْلِهِمْ مِنْ قَرْنٍ مَكَّنَّاهُمْ فِي الْأَرْضِ مَا لَمْ نُمَكِّنْ لَكُمْ وَأَرْسَلْنَا السَّمَاءَ عَلَيْهِمْ مِدْرَارًا وَجَعَلْنَا الْأَنْهَارَ تَجْرِي مِنْ تَحْتِهِمْ فَأَهْلَكْنَاهُمْ بِذُنُوبِهِمْ وَأَنْشَأْنَا مِنْ بَعْدِهِمْ قَرْنًا آخَرِينَ)[٣]، نعم هذا هو حكم اللـه العادل في الطاغين المعتدين وأن العاقبة والنصر لأهل الحق عباد اللـه المؤمنين الصابرين (وَلَقَدْ سَبَقَتْ كَلِمَتُنَا لِعِبَادِنَا الْمُرْسَلِينَ (171) إِنَّهُمْ لَهُمُ الْمَنْصُورُونَ (172) وَإِنَّ جُنْدَنَا لَهُمُ الْغَالِبُونَ)[٤] صدق اللـه العظيم.

فالغرب تنكب الطريق الوعر وانجرف عن جادة الصواب بابتعاده عن طريق (اللـه)، لقد خلق الفكر الغربي آلهة أندادا فمرة يؤله الإنسان ومرة يهبط به إلى درك الحيوان ومرة يؤله الطبيعة حجرها وشجرها فجاءت حضارته مشوهة مادية جافة تخلو من الروح

---

(١) سورة الأنبياء: الآية ١٠٥.

(٢) سورة الأعراف: الآية ١٢٨.

(٣) سورة الأنعام: الآية ٦.

(٤) سورة الصافات: الآيات ١٧١-١٧٣.

والقيم وعاش الإنسان في أجوائها قلقاً مضطرباً في عالم يشعر بالضياع ولا يجد طعماً لحياته لأنها تخلو من الأهداف والغايات النبيلة فإنه يعيش ليأكل لأن المبادئ الوضعية والأفكار البديلة عن الإيمان بالله جعلته يدور كما تدور دابة الرحى. فعاش الإنسان في ظل هذه المبادئ معقداً تعتريه الأمراض النفسية والعقلية وابتلي بأمراض لم تكن في زمان من قبلهم عقوبة من رب العباد لهم لأنهم ابتعدوا عن طريقه وخالفوا الفطرة وتنكبوا طريق الرذيلة.

إن هذا الفكر وهذه الحضارة حاول الغرب نقلها إلى العالم الإسلامي فواجه الرفض والمقاومة لقد سقطت كل المسلمات الباطلة التي جاهد النفوذ والفكر الغربي من خلال (الاستعمار والاستشراق والتنصير والتغريب ورجاله) على طرحها في أفق العروبة والإسلام فقد تكشف باطلهم وعرف العرب والمسلمون أنهم كانوا مضللين، وأن أولياء التغريب كانوا غاشين لأمتهم لا يقولون لها الحق ولا يدلونها على الخير.

لقد نقل الغرب، أصول الفكر الإسلامي وأنكروا المصدر، وسرقوا التراث وحبسوه عن أهله وشوهوا الفقه والفكر الإسلامي والشريعة الإسلامية وادعوا أنه لم يكن للمسلمين فكر سياسي إسلامي، في الوقت الذي كانت المؤتمرات العالمية تشيد بالإسلام وعقيدته وشريعته ونظامه وفكره،

لقد نقلوا عن المسلمين المنهج التجريبي وعادوا فقدموا لنا أرسطو وفكره الذي رفضه المسلمون منذ أربعة عشر قرناً. لقد كانت (مؤامرة الصمت) إزاء الدور الرائد الذي قام به العرب المسلمون في تقديم المنهج العلمي التجريبي للغرب الذي بنى للعالم قواعد الحضارة المادية المعاصرة، وكذلك عشرات الحقائق العلمية في مجال القانون والتاريخ والعلوم الإنسانية التي استنبطها الغربيون من التراث الإسلامي ونسبوها إلى أنفسهم، وسرقة نظريات الفكر الإسلامي وعدم الإشارة إلى المصادر.

أولاً- الاستنتاجات:

١. لقد كشفت الأبحاث والوقائع على أن الفكر البشري (الذي قدمه الغرب) عجز عن استيعاب العصور والبيئات وكان قاصراً على مرحلة ضيقة، وسرعان ما اجتاحته المتغيرات وظهر طابعه القائم على الظن والهوى والمطامع البشرية الخاصة.

٢. إن ظاهرة تصدع نظريات العصر هي حقيقة ماثلة، فقد تصدعت حين نقلت إلى الأمة الإسلامية، وتصدعت في بيئاتها الأصلية، ومن هنا كانت ظاهرة عودة الغربيين إلى الإسلام بوصفه منقذ البشرية في هذا العصر قد أصبح من المسلمات.

٣. إن للفكر الإسلامي الأصيل طابعه الخاص والمميز ومفهومه ومقاييسه الأصيلة في مختلف أمور الثقافة والبحث العلمي والتاريخ والاقتصاد والسياسة وهي تختلف اختلافاً واضحاً عن مفاهيم الفكر الغربي.

٤. لقد أعلن الفكر الإسلامي رفضه للنظرية المادية لأنها نظرة محدودة للأمور، فالإسلام يؤمن بالغيب الذي أمر اللـه به، ويؤمن بالقضاء والقدر ويؤمن بأن الكون قد سخره اللـه تبارك وتعالى لخدمة الإنسان ومخلوقاته. وإن سر انتصار الإسلام على كل العقائد أنه يتناسق مع النظرة الإسلامية ومع العقل البشري بعيداً عن الخرافة من ناحية وعن العلمية المادية الجافة من ناحية أخرى.

٥. لقد تبين للعرب والمسلمين أن معركتنا مع النفوذ الغربي (بشرائحه الاستعمار الأمريكي والماركسية والصهيونية) ليست معركة عنصرية كما يصورها خصوم العروبة والإسلام، ولما دعونا إليها ليضلونا عن الطريق الصحيح، ولكي يفقد المسلمون القوة المادية والمعنوية، ولكن معركتنا إسلامية مصيرية، أن يكون الإسلام أو لا يكون.

٦. إن فشل مناهج الغرب في القدرة على العطاء في عالم الإسلام قد أصبحت حقيقة واقعة، وتأكدت بعشرات الأدلة والشواهد، في مقدمتها شهادة مفكرو الغرب أنفسهم عن عجز مناهجهم وأيدلوجياتهم وعلى توجه عدد من كبار مفكريهم على التطلع إلى ضوء الإسلام كمخرج للبشرية من أزمتها الحالكة السوداء. لقد تركزت أزمة الغرب الحقيقية حول فقدان الأمن النفسي وتسلط القلق والتمزق والصراع على العقول والقلوب والنفوس.

٧. وكشفت التجارب فساد الأيدلوجيات الغربية المادية والعنصرية الاستعمارية

والثيوقراطية والاقتصاد الربوي والنزعة العرقية.. وقد عبر الغرب في ذلك عن كراهية عميقة للعروبة والإسلام ترقى الاحتواء والسيطرة، واحتوائهم عن طريق دعوات ماسونية واستشراقية وإلحادية، وتبين أن الأيدلوجيتين العلمانية الغربية والماركسية في الشرق إنما يكملان بعضهما في منهج واحد هو التفسير المادي للتاريخ.

٨. لقد جاءت كلمات: الاستعمار، والتبشير، والتغريب، بمفهوم مضاد لظاهرها قوامه: الهدم، والتنصر، والتخريب.

٩. جاء الفكر الإسلامي كاشفاً فساد الفكر الغربي والمنهج الغربي البشري فيما يتعلق بالعنصرية وإعلاء الدماء والألوان وإعلاء الطبيعة وإنكار البعد الإلهي للحضارات والبعد الأخلاقي في المجتمعات.

١٠. إن آفة حضارة الغرب هي نقطة تدميرها الحقيقة، وأن الإسلام مبرأ من هذا العيب، وإلا فإن الإسلام أكبر من أن تصطنعه أية قوة ليقبل محاولة مدمرة كمحاولة التطور أو التغير المنصل.

١١. لقد افتضحت أبعاد خطة المؤامرة على العروبة والإسلام، التي رسمتها الصهيونية والأيدلوجية الماسونية، التي نفذت في مخططات (بروتوكولات صهيون) وهي خطة تدمير النفس الإنسانية والأخلاق، وقد اكتشفت تلك الكراهية العميقة التي يكنها الغرب للإسلام ومن منطلق هذا الحقد الأسود يعمد إلى احتواء العرب والمسلمين، والسيطرة عليهم حتى لا يمكنهم من إقامة مجتمعهم.

١٢. فشلت محاولات إبراز طابع الانهزامية واليأس والتشاؤم ومحاولة طرحه في أفق الفكر الإسلامي في محاولة لحجب الإيجابية المتفائلة (برحمة اللـه) التي هي أبرز مظاهر الفكر الإسلامي.

١٣. كما أخفق الغرب في طرح مصطلحات الفكر الغربي في أفق الفكر الإسلامي، وهي مصطلحات لا يمكن فصلها عن ملابساتها الفكرية التي تومئ إليها ولا يمكن نقلها كما تنقل ألفاظ المخترعات والعلوم.

١٤. إن خداع العناوين فيما يسمونه بالفكر الحر والتقدم والحداثة وكلها مصطلحات زائفة رفضها الإسلام، ووقف منها الفكر الإسلامي موقفاً واضحاً.

١٥. إن رجال الفكر الإسلامي واليقظة الإسلامية تصدوا لمحاولة فرض مفاهيم مغلوطة، وذلك بإحياء تصوف الحلاج وأدب أبي نؤاس وفلسفة ابن سينا وكتابات إخوان الصفا ومحاولة فرض ألف ليلة وليلة كمرجع لدراسة المجتمع العربي الإسلامي.

١٦. التصدي لمحاولات إفساد العقيدة الإسلامية بإحياء تيار باطني قديم عن طريق إحياء الفكر الباطني والسبئية وفلسفات الفيض والأفلوطينية الجديدة فضلاً عن الحلول والاتحاد والإشراق والتناسخ، وإعادة كتابة تاريخ الزنج والقرامطة بوصفها دعوات تحول اجتماعي. وإن أخطر ما وصلت إليه الحضارة الغربية إنها وضعت الفساد الاجتماعي بأسلوب قانوني ووضعت الفنون الساقطة في أساليب علمية.

١٧. إن الفكر الإسلامي قد تشكل وتكامل قبل الاتصال بالفلسفة اليونانية وقد عارض الفكر الإسلامي (الجمود) الذي يزري بقيمة العقل ويحط من كرامة الإنسان و(التعصب) للمذاهب البشرية و(التقليد). ومن هنا بطلت دعاوى التغريب، بأن المسلمين حلقة في الحضارة اليونانية الرومانية التي تجددت في الحضارة الحديثة. لأن الإسلام جاء فاصلاً بين عهدين في تاريخ البشر فللإسلام حضارته الخاصة ومفهومه المستقل وطابعه المميز المتحرر من منطق اليونان ووثنية الفرس وتعدد الهنود.

١٨. لم يقبل الفكر الإسلامي ما طرحه الفكر اليوناني، وقدم ابن تيمية (الرد على المنطقيين) وفي مواجهة منطق اليونان قدم منطق القرآن الكريم.

١٩. قرر علماء الغرب أنفسهم أن نهضة الغرب لم تبدأ بالفكر اليوناني ولا من نهضة إيطاليا، ولكن من معاهد وجامعات الأندلس وأن روجر بيكون أعلن أنه تلميذ المسلمين وأنه بدأ من الترجمة من كتب العرب المسلمين وعلومهم وحضارتهم.

٢٠. توصل مفكرو الغرب أخيراً: أن الإسلام هو المنقذ الوحيد للبشرية من أزمات العصر، القادر على مواجهة كافة الأزمات في هذا العصر،... فقد أصبح الإسلام هو الدين والرسالة السماوية الواحدة التي تتجه إليها البشرية للخروج من الأزمة لأنه الدين الذي يصلح لكل زمان ومكان ويقول د. رشدي فكار ((اعترف بهذا علماء

الغرب في ظل ما يعرف بأزمات التاريخ وأعاد الإسلام صياغة الإنسان العربي على مر الدورات التي شهدها التاريخ الحديث.. فهو حامل لراية الإسلام وحضارته))، ويرى د. رشدي أن أزمة الفكر الوضعي ستصل إلى غايتها في العقد الأول من القرن الواحد والعشرين الميلادي.. وسوف يكون الإسلام هو مخرج البشرية منها.

٢١. ومن ناحية أخرى تكشف حدث خطير: هو تقرير كامبل بترمان رئيس وزراء بريطانيا (١٩٠٥-١٩٠٧م) الذي اشتركت فيه لجنة من كبار علماء التاريخ والاجتماع والاقتصاد ومثلت فيه كل الإمبراطوريات الاستعمارية. هذا التقرير الذي يعدّ الأساس الذي تقوم عليه مخططات الاستعمار تجاه الوطن العربي. وقد أورد التقرير التوصية المهمة بإقامة حاجز بشري قوي وغريب على الجسر الذي يربط أوربا بالعالم القديم ويربط معاً بالبحر المتوسط. وقد نفذت بريطانيا ذلك في وعد بلفور عام ١٩١٧م أي بعد عشر سنوات، بحيث يشكل في هذه المنطقة وعلى مقربة من قناة السويس قوة عدوة لشعب المنطقة وصديقة للدول الأوربية ومصالحها، هو -الكيان الصهيوني- وكان السؤال الموجه إلى هذه المجموعة من كبار المؤرخين العلماء من دولة بريطانيا التي كانت ترى أن الحضارة الغربية في طريق الانهيار، وجاء في نهاية التقرير ما يلي "هناك خطر مهم يكمن في منطقة البحر المتوسط بالذات باعتبارها همزة الوصل بين الشرق والغرب ويعيش على شواطئه الجنوبية والشرقية بصفة خاصة شعب واحد (هو الشعب العربي المسلم) تتوافر له وحدة التاريخ والدين واللغة وكل مقومات التجمع والترابط، ذلك فضلاً عن نزعاته الثورية وثرواته الطبيعية".

٢٢. إن من أخطاء الفكر الغربي والحضارة الغربية هي: دعوى الريادة والسيادة والاستعلاء، فهم يحاولون أن يكتبوا تاريخ العالم مبتدئاً بهم ومنتهياً بهم، وان يكتبوا الأحداث كلها من وجهة نظرهم، فالتاريخ يكتبه الأقوياء وستظل الحضارة الغربية تغطي أخطائها.

٢٣. وأخيراً وليس آخرا فإن علماء الغرب قرروا من خلال كتاباتهم:

- أن حضارتهم لا تلائم الإنسان، ومنه جاء رأي الدكتور (ألكسيس كاريل) في

كتابه (الإنسان ذلك المجهول) في التحذير مما يهدد الإنسان من أخطار هذه الحضارة المادية.

- وهذا (هيرالد هيرو) في كتابه (القيم الخلقية الثالثة) - أن الإنسان في الغرب غدا آلة للتحكيم والتحكم.ز لا هدف له ولا أخلاق له ولا قيم له، إن كل ما يملك الغرب هو القدرة على التصنيع والقدرة وحدها قد تدمر كل شيء.

- إننا نجد أنفسنا أثرياء في البضائع ولكن ممزقين في الروح، وإننا نصل بدقة إلى القمر بينما نسقط في متاعب كثيرة هنا على الأرض. وهذا ما أكده رئيس الولايات المتحدة الأمريكية الأسبق (نكسون) في كتابه الفرصة الأخيرة.

- أما (ألبير كامي) فيقرر أن الغرب يشرف على حضارة تنهار بعد أن طال زمن الازدهار.

ثانيا- التوصيات:

١. تجنيد كافة وسائل الإعلام وعقد المؤتمرات والندوات وتشجيع مبادرات بيت الحكمة في الوقوف بوجه الحملات الفكرية وكتابات المستشرقين الذين حاولوا من خلالها النيل من العروبة والإسلام في إطار ثوب يبدو علمياً وواقعياً يدعي الالتزام بقوانين البحث العلمي، والحقيقة أن كتاباتهم جميلة المظاهر سيئة المضامين، تفيض بالكراهية والافتراءات على العرب والمسلمين ومنها كتابات جولد زيهر، شاخت، سيدلو، دراير، برتلووسورسكي وغيرهم.

٢. زيادة برامج التوعية في أجهزة الإعلام المرئية والمسموعة والمقروءة لكشف أخطار الغزو الفكري والثقافي والفني الذي يستهدف الفرد وخاصة الشباب، والتركيز على إفساد المرأة حتى تفقد الأمة المربية والأم والركن الأساسي في الأسرة وحجر الزاوية في المجتمع.

٣. إعطاء الفكر الإسلامي حصة أكبر في الدراسات الجامعية والتوسع في الأقسام المعنية

بالدراسات الإسلامية بخطة شاملة تتسع لكافة مراحل الدراسة، وتتويج هذه الخطة وذلك المشروع بفتح أقسام تخصصية للدراسات العليا في الفكر الإسلامي.

٤. إنشاء مراكز استشارية مختصة بالمعلومات والدراسات والتأليف والتحقيق والترجمة لكل ما يتعلق بالفكر الإسلامي والحضارة الإسلامية، والكشف عن دسائس الكتاب الغربيين والمتغربين، وتصحيح ما ورد في دوائر المعارف العالمية وخاصة في المواد التالية: الله ﷻ، الرسول ﷺ، القرآن الكريم، الإسلام، الوحي، الشريعة، الغيب، الإنسان، التاريخ.. الخ.

٥. عدم إخضاع الإنسان إلى المنهج التجريبي وأن يدرس الإنسان من خلال منهج آخر متكامل.

٦. ضرورة اضطلاع كتابنا ومؤرخينا وعلمائنا بمهمة جليلة هي جزء من الوفاء لهذه الأمة، وذلك بوضع مقدمات للعلوم عامة تكشف دور العرب والمسلمين في بنائها. هذا من جهة ومن جهة أخرى ضرورة تقديم جميع الكتب المترجمة من الفكر الغربي إلى اللغة العربية بمقدمات تكشف وجهتها وغايتها وأهدافها ورفض المنهج الانتقائي في الخلط بين مفهوم العلوم الإنسانية الإسلامية ومفهوم العلوم الإنسانية الغربية.

٧. الكشف عن دور اليهود في إشعال الحروب وإثارة الفتن ضد المسلمين خلال العصور المختلفة والكشف عما قاموا به من مؤامرات في إسقاط الخلافة في بغداد والحملات الصليبية والتتار والغلاة، وتوسيع المجال لطلاب الدراسات العليا في المعاهد والجامعات في البحث في التأثيرات اليهودية على النحل الباطنية والحركات الهدامة التي تنشأ لغاية محددة هي هدم الإسلام.

٨. مواجهة الدعوة المسمومة إلى فصل حاضر الأمة عن ماضيها العريق وكسر حلقات التواصل الفكري والعقلي والروحي المستمر منذ فجر الإسلام إلى اليوم (وهي محاولة لم يفعلها الغرب مع ماضيه بالرغم من الفجوة التي تفصل بين حلقاته وخاصة بين الحضارة الرومانية والحضارة الأوربية الحديثة وهي فترة ألف عام) وإحباط محاولات الفصل بين العروبة والإسلام.

٩. إحباط محاولات الفكر الغربي وآليات الغزو الفكري التي تستهدف التراث والتاريخ

الإسلامي، فالتراث والتاريخ عدوان شديدا الخطر على الغزو الفكري فهو يحاربهما حرباً لا هوادة فيها لإيمانه بقدرتهما على العطاء في بناء النهضة، وبفضلهما في رفع الروح المعنوية وبناء الثقة بعقيدة الأمة في نفوس الشباب، ومن هنا تجري تلك المحاولات الخطيرة لعرض التراث والتاريخ من وجهة نظر التفسير المادي والنظرية المادية أو من وجهة نظر إحياء الفكر الوثني والباطني القديم وإحياء الفرق القديمة وإثارة وتجديد وانبعاث الخلافات الدموية المريرة التي كانت بين هذه الفرق والصراعات التي ماتت ودفنت منذ زمن طويل. وقد أفاض الدكتور أكرم ضياء العمري في بحثه عن التراث الإسلامي وكشف جوانب مهمة حين أشار إلى (التحريف المتعمد للقيم التراثية) الذي قامت به مؤسسات الغزو الثقافي بهدف إحلال قيم ثقافية دخيلة تتصل بالفكر الغربي والحضارة الغربية ولا ترتكز على جذورنا الثقافية.

١٠. وفي ضوء ما تقدم فإنه يراد تنقية المناهج التربوية والتعليمية والثقافية في جميع مراحل الدراسة من سموم أعداء الأمة من كتاب الغرب ومن جاراهم من الشعوبيين وكتاب التغريب الذين يدينون بالتبعية لأعداء الأمة، والتوصية بتشكيل لجان اختصاصية لهذا الغرض، وقراءة التاريخ بغيرة وليس للمتعة.

١١. الربط بين أهداف الغزو المسلح والغزو غير المسلح، وبث الوعي الإعلامي والتربوي بأن الغرب يهدف إلى تدمير هذه الأمة وتدمير عقيدتها بأساليب النوعين من الغزو. والتأكيد على أن الغزو الفكري والثقافي والإعلامي لا يقل خطورة عن العدوان العسكري المسلح الذي تشنه أمريكا وبريطانيا يومياً على شعبنا ووطننا، فالمصدر واحد والهدف واحد والعدو واحد ويجب مقاومة العدوان بنوعيه بنفس القوة، وإن محاولة التفريق بين الغزو المسلح الظالم وبين الغزو الثقافي الهدام هو مغالطة.

١٢. زيادة برامج الكشف عن مخاطر العولمة بوصفها أسلوب جديد ينتهجه الغرب وعلى

رأسهم أمريكا في اختراق الدول وسلبها هويتها واستقلالها السياسي والاقتصادي، والتحذير من خطط الصهيونية وأمريكا في استدراج المشاريع الاقتصادية الكبرى والناجحة للاندماج مع التكتلات العالمية التي تسيطر عليها الرساميل اليهودية وترتبط بمركز التجارة العالمية الذي يسيطر عليه ملوك المال اليهود وبالتالي محاولة أسر هذه المشاريع واستنزافها تحقيقاً للهيمنة الأمريكية، وتحطيم الدول العربية وخاصة الغنية مثلما فعلت مع نمور آسيا. وكذلك الحذر من الشعارات الجديدة التي تخفي أهدافاً تخريبية لاقتصاديات الدول المنتجة للنفط مثل دعوة (الأيزو ٩٠٠٠ و ١٤٠٠٠) أو ما يسمى (الجودة المتكاملة) والتي تقع ضمن أهداف العولمة الأمريكية بقصد الاستحواذ على اقتصاديات كل الدول المنتجة للبترول بحجج فنية وعلمية مكشوفة. لقد عاد الاستعمار بثوب جديد وأشد مما كان عليه الاستعمار القديم، فأمريكا خاصة استعملت وتستعمل كل آليات التخريب الحضاري من خلال النظام العالمي الجديد والعولمة والتكتلات الاقتصادية والتجارية بقصد إنهاء مراكز القوة في العالم وتكون الأمور في قبضة القطب الأوحد وتسلم مقدرات الشعوب بيد الصهيونية المتمكنة من البيت الأبيض، وتحقيق الخطة المؤامرة التي وردت، في (بروتوكولات حكماء صهيون).

و الله من وراء القصد..

المصادر والمراجع

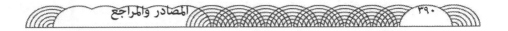

المصادر والمراجع

أولاً: الكتب السماوية

القرآن الكريم

العهد القديم

العهد الجديد

ثانياً: المصادر العربية الأصيلة

الأشعري، أبو الحسن علي بن إسماعيل (ت٣٢٤هـ)

١. كتاب الإبانة، طبعة (حيدرآباد، ١٩٥١م).

٢. مقالات الإسلاميين واختلاف المصلين، تحقيق محمد محي الدين عبد الحميد، مطبعة السعادة، (القاهرة، ١٩٥٤م).

الباقلاني، محمد بن الطيب بن محمد (ت٤٠٣هـ)

٣. التمهيد في الرد على المعطلة، طبع (القاهرة، ١٩٤٧م).

البغدادي، عبد القاهر بن طاهر بن محمد (ت٤٢٩هـ)

٤. الفرق بين الفِرق، تحقيق محمد محي الدين عبد الحميد، مطبعة المدني، (القاهرة، ب ت).

٥. البيروني، أبو الريحان محمد بن أحمد (٤٤٠هـ). تحقيق باللهند من مقولة مقبولة في العقل أو مرذولة، مطبعة دار المعارف- حيدر أباد الركن (الهند، ١٩٥٨م).

ابن تيمية، أبو العباس تقي الدين أحمد بن عبد الحليم (ت٧٢٨هـ)

٦. الفتاوى الكبرى، تحقيق حسنين محمد مخلوف، دار المعرفة، (بيروت، ب ت).

٧. منهاج السنة، تحقيق محمد رشاد سالم (ب. ت.).

الجاحظ، أبو عثمان عمرو بن بحر (ت٢٥٥هـ)

٨. البيان والتبيين، تحقيق عبد السلام محمد هارون، مطبعة لجنة التأليف والترجمة والنشر، ط١، (القاهرة، ١٩٤٩م).

٩. كتاب الحيوان، تحقيق عبد السلام محمد هارون، مطبعة الحلبي، (القاهرة، ١٩٤٧م).

جابر بن حيان (ت١٦١هـ)

١٠. الخواص الكبير، (مطبوع ضمن رسائل جابر بن حيان التصريف والخواص)، تحقيق كراوس، (القاهرة، ١٩٣٥م).

الجوهري، إسماعيل بن حماد (ت٣٩٣هـ)

١١. معجم الصحاح في اللغة والعلوم، إعداد نديم وأسامة مرعشلي، دار الحضارة، ط١، (بيروت، ١٩٧٥).

ابن حجر، شهاب الدين أبو الفضل أحمد بن علي العسقلاني (ت٨٥٢هـ)

١٢. فتح الباري بشرح صحيح البخاري، المطبعة السلفية، (القاهرة، ب ت).

ابن حزم الأندلسي، أبو محمد علي بن محمد (ت٤٥٦هـ)

١٣. الإحكام في أصول الأحكام، مطبعة السعادة، ط١، (القاهرة، ١٩٢٨م).

ابن خلّكان، أبو العباس شمس الدين أحمد بن أبي بكر (ت٦٨١هـ)

١٤. وفيات الأعيان وأنباء أبناء الزمان، تحقيق د. إحسان عباس، دار صابر، (بيروت، ١٩٧٧م).

ابن خلدون، عبد الرحمن بن محمد (ت٨٠٨هـ)

١٥. المقدمة، دار القلم، ط١، (بيروت، ١٩٧٨م).

أبو داود، سلمان بن الأشعث (ت٢٧٥هـ)

١٦. سنن أبو داود، تحقيق محمد محي الدين عبد الحميد، مطبعة البابي الحلبي وأولاده، ط١، (القاهرة، ١٩٥٢م).

الدهلوي، شاه عبد العزيز غلام حكيم

١٧. التحفة الإثني عشرية، ترجمة غلام محمد بن محي الدين بن عمر الأسلمي، واختصره العلامة محمود شكري الآلوسي، تحقيق محب الدين الخطيب، المطبعة السلفية، ط٢، (القاهرة، ١٩٦٧).

الزمخشري، جاد الله محمود بن عمر (ت٥٢٨هـ)

١٨. تفسير الكشاف عن حقائق غوامض التنزيل وعيون الأقاويل في وجوه التأويل، دار الكتاب العربي.

ابن سعد، أبو عبد الله محمد بن سعد الزهري (ت٢٣٠هـ)

١٩. الطبقات الكبرى، طبعة دار صادر، (بيروت، ب ت).

ابن سينا، الحسين بن عبد الله (ت٤٢٨هـ)

٢٠. القانون في الطب، شرح وترتيب جبران جبور، تعليق د. أحمد شوكت، طبع مؤسسة المصارف، (بيروت، ١٩٩٨م).

السيوطي، جلال الدين عبد الرحمن بن أبي بكر (ت٩١١هـ)

٢١. تاريخ الخلفاء، تحقيق محمد محي الدين عبد الحميد، مطبعة السعادة، (القاهرة، ١٩٥٩م).

٢٢. اللآلئ المصنوعة في الأحاديث الموضوعة.

الشافعي، أبو عبد الله محمد بن إدريس (ت٢٠٤هـ)

٢٣. الرسالة، تحقيق وشرح أحمد محمد شاكر، مطبعة مصطفى الحلبي، (القاهرة، ١٩٤٠).

الشاطبي، أبو إسحاق إبراهيم بن موسى بن محمد اللخمي (ت٧٩٠هـ)

٢٤. الاعتصام، الناشر المكتبة التجارية الكبرى، (القاهرة، ب ت).

٢٥. الموافقات في أصول الشريعة، دار المعرفة للطباعة والنشر، (بيروت، ب ت).

الشهرستاني، أبو الفتح محمد عبد الكريم أحمد (ت٥٤٨هـ)

٢٦. الملل والنحل بهامش كتاب الفصل في الملل والأهواء والنحل لابن حزم، المطبعة الأدبية، (القاهرة، ١٩٠٢م).

الصادق، جعفر بن محمد (ت١٤٨هـ)

٢٧. كتاب توحيد المفضل، طبع (النجف، ١٩٥٠م).

الطبري، أبو جعفر محمد بن جرير (ت٣١٠هـ)

٢٨. تاريخ الرسل والملوك، تحقيق أبو الفضل إبراهيم، دار المعارف، (القاهرة، ب ت).

الطحاوي، أبو جعفر أحمد بن سلامة بن سليمان

٢٩. شرح العقيدة الطحاوية، اختصار صلاح السامرائي، مكتب التراث العربي، طبع شركة سومر، (بغداد، ١٩٩٠).

ابن عساكر، علي بن الحسن بن هبة الله (ت٥٧١هـ)

٣٠. تاريخ مدينة دمشق (مخطوط)، المكتبة الأزهرية في القاهرة برقم (٧١٤) ١٠٦٧٠.

الغزالي، أبو حامد محمد بن محمد (ت٥٠٥هـ)

٣١. فضائح الباطنية، تحقيق د. عبد الرحمن بدوي، الدار القومية للطباعة والنشر، (القاهرة، ١٩٦٤م).

٣٢. المنقذ من الضلال، تحقيق وتقديم د. جميل صليبيا ود. كامل عباد، دار الأندلس للطباعة والنشر، ط٩، (بيروت، ١٩٨٠م).

٣٣. كتاب المستصفى من علم الأصول، مطبعة المثنى، (بغداد، ١٩٧٠).

القدسي، ابن أبي شريف (ت هـ)

٣٤. المسامرة بشرح المسايرة، مطبعة السعادة، (القاهرة، ب ت).

ابن كثير، أبو الفداء إسماعيل (ت٧٧٤هـ)

٣٥. تفسير القرآن العظيم، مطبعة مصطفى محمد، (القاهرة، ١٩٣٧م).

٣٦. البداية والنهاية في التاريخ، تحقيق محمد عبد العزيز النجار، مكتبة النصر، (الرياض، ١٩٦٦م).

الكشي، أبو عمرو محمد بن عمر بن عبد العزيز (ت٣٤٠هـ)

٣٧. أخبار الرجال، طبع الهند في (بومباي، ١٩٠٠م).

مسلم، بن الحجاج بن مسلم القشيري (ت٢٧٥هـ)

٣٨. صحيح مسلم، بشرح النووي يحيى بن شرف، تحقيق وإشراف أحمد أبو زينة، كتاب الشعب، (القاهرة، ب ت).

الماوردي، أبو الحسن علي بن حبيب البصري (ت٤٥٠هـ)

٣٩. الأحكام السلطانية والولايات الدينية، مطبعة مصطفى الحلبي، (القاهرة، ١٩٣٨م).

٤٠. أدب الدنيا والدين، تصحيح وتعليق محمد عبد المنعم خفاجي، مطبعة حجازي، ط١، (القاهرة، ١٩٥٤م).

ابن منظور، محمد بن عبد الكريم (ت٧١١هـ)

٤١. لسان العرب، طبعة دار صادر، (بيروت، ١٩٥٦م).

المقريزي، تقي الدين أحمد بن عبد القادر (ت٨٤٥هـ)

٤٢. المواعظ والاعتبار بذكر الخطط والآثار، مطبعة النيل، (القاهرة، ١٩٠٨م).

٤٣. السلوك لمعرفة دول الملوك، تحقيق محمد مصطفى زيادة، مطبعة دار الكتب المصرية، (القاهرة، ١٩٣٤م).

ابن النديم، أبو الفرج محمد بن إسحاق (ت٣٨٣هـ)

٤٤. الفهرست، دار المعرفة للطباعة والنشر، (بيروت، ١٩٧٨).

ابن هشام، أبو محمد بن عبد الملك (ت٢١٣هـ)

٤٥. السيرة النبوية الشريفة، تحقيق محي الدين عبد الحميد، مطبعة حجازي، (القاهرة، ١٩٣٧م).

ياقوت، شهاب الدين أبو عبد الله الحموي (ت٦٢٦هـ)

٤٦. معجم الأدباء، دار إحياء التراث، (بيروت، ب ت).

ثالثاً: المراجع العربية

الآلوسي، أبو الفضل شهاب الدين محمود

١) روح المعاني في تفسير القرآن العظيم والسبع المثاني، طبع إدارة الطباعة المنيرية، (القاهرة، ب ت).

أحمد شلبي (دكتور)

٢) موسوعة التاريخ الإسلامي والحضارة الإسلامية، مكتبة النهضة المصرية، ط٧، (القاهرة، ١٩٨٢م).

٣) موسوعة النظم والحضارة الإسلامية (المجتمع الإسلامي)، مكتبة النهضة المصرية، ط٧، (القاهرة، ١٩٨٦م).

٤) الجهاد والنظم العسكرية في التفكير الإسلامي، مكتبة النهضة المصرية، ط٣، (القاهرة، ١٩٨٢م).

٥) مقارنة الأديان، ١- اليهودية، مكتبة النهضة المصرية، ط٥، (القاهرة، ١٩٧٨م).

٦) اليهود والدولة العثمانية، دار الشؤون الثقافية العامة في وزارة الثقافة والإعلام، (بغداد، ١٩٩٠م).

٧) سقوط الحضارة الغربية، رؤية من الداخل، طبعة دار القلم، (دمشق، ١٩٩٨م).

أمين سامي الغمراوي

٨) كتاب لهذا أكره إسرائيل، ط١، (القاهرة، ١٩٦٤م).

أنور الجندي

٩) تأصيل مناهج العلوم والدراسات الإنسانية بالعودة إلى الفكر الإسلامي الأصيل، المكتبة العصرية، (بيروت، ١٩٨٣م).

١٠) الثقافة العربية، إسلامية أصولها وانتماؤها، دار الكتاب اللبناني، (بيروت، ١٩٨٢م).

١١) الشبهات والأخطاء الشائعة في الأدب العربي والتراجم والفكر الإسلامي.

١٢) أضواء على الفكر العربي الإسلامي، طبعة الدار المصرية، (القاهرة، ١٩٦٦م).

١٣) اليقظة الإسلامية في مواجهة الاستعمار، دار الاعتصام، (القاهرة، ب ت).

١٤) الفكر الغربي – دراسة نقدية، طبع وزارة الأوقاف والشؤون الدينية، ط١، (الكويت، ١٩٨٧م).

١٥) المخططات التلمودية الصهيونية اليهودية في غزو الفكر الإسلامي، دار الاعتصام، (القاهرة، ١٩٧٧م).

١٦) اليقظة الإسلامية في مواجهة التغريب، دار الاعتصام، (القاهرة، ب ت).

١٧) الفكر الإسلامي والثقافة العربية في مواجهة تحديات الاستشراق والتبشير والغزو الثقافي، دار الاعتصام، (القاهرة، ب ت).

أكرم ضياء العمري (دكتور)

١٨) التراث والمعاصرة، طبع رئاسة المحاكم الشرعية والشؤون الدينية، ط١، (قطر، ب ت).

إبراهيم الداقوقي (دكتور)

١٩) فلسطين والصهيونية، في وسائل الإعلام التركية، مطبعة المربد، (بغداد، ١٩٨٧م).

بشير العوف

٢٠) اشتراكيتهم وإسلامنا، (بيروت، ١٩٦٦م).

توفيق الطويل

٢١) قصة النزاع بين الدين والفلسفة، ط٢، (القاهرة، ب ت).

جاسم بن محمد مهلهل الياسن

٢٢) التوحيد وأصول الفقه، دار الدعوة، (الكويت، ١٩٨٩م).

٢٣) قادة الغرب يقولون: دمروا الإسلام أبيدوا أهله.

الجرقادقاني

٢٤) الحجج النهية، مطبعة السعادة، (القاهرة، ١٩٢٥م.

جهاد تقي صادق (دكتور)

٢٥) الفكر العربي الإسلامي، جامعة بغداد، كلية العلوم السياسية، ط١، (بغداد، ١٩٩٣م).

حسن حميد عبيد الغرباوي (دكتور)

٢٦) الشعوبية ودورها التخريبي في مجال العقيدة الإسلامية، طبع دار الشؤون الثقافية العامة، (بغداد، ١٩٩١م).

حسن العطار

٢٧) الوطن العربي – دارسة مركزة لتطوراته السياسية، مطبعة أسعد، ط١، (بغداد، ١٩٦٦م).

خاشع المعاضيدي (دكتور) وآخرون

٢٨) دراسات في المجتمع العربي، مطبعة جامعة بغداد، ط١، (بغداد، ١٩٧٧م).

خليل رجب الكبيسي (دكتور)

٢٩) التأويل الباطني للقرآن الكريم، طبع (بغداد، ب ت).

الدوري، عبد العزيز (دكتور)

٣٠) التكوين التاريخي للأمة العربية، مركز دراسات الوحدة العربية، ط٣، (بيروت، ١٩٨٦).

٣١) الجذور التاريخية للشعوبية، دار الطليعة، ط١، (بيروت، ١٩٦٢م).

٣٢) مقدمة في تاريخ صدر الإسلام، مطبعة المعارف، (بغداد، ١٩٤٩م).

زكي نجيب محمود

٣٣) جابر بن حيان، طبع في (القاهرة، ١٩٦١م).

الزركلي، خير الدين

٣٤) الأعلام (قاموس تراجم)، دار الكتب للملايين، ط٤، (بيروت، ١٩٧٩م).

سيد قطب

٣٥) في ظلال القرآن، تفسير القرآن العظيم، دار العربية، ط٤، (بيروت، ب ت).

٣٦) خصائص التصور الإسلامي، طبع دار إحياء الكتب العربية، ط٢، (حلب، ١٩٦٥م).

٣٧) معركة الإسلام مع الرأسمالية، ط٣، (القاهرة، ١٩٦٦).

٣٨) معالم في الطريق، دار الكتاب الإسلامي، ط١٠، (بيروت، ١٩٨٣).

٣٩) الإسلام ومشكلات الحضارة.

٤٠) المستقبل لهذا الدين.

سيد سابق

٤١) العقائد الإسلامية، منشورات مكتبة التحرير، طبع دار الشؤون الثقافية العامة، (القاهرة، ب ت).

سعد جمعة (رئيس وزراء الأردن الأسبق)

٤٢) المؤامرة ومعركة المصير، طبع (عمان، ١٩٨٦م).

سعيد حوى

٤٣) الله جل جلاله، دار الدعوة، ط١، (بيروت، ١٩٦٩م).

سلامة موسى

٤٤) حرية الفكر وأبطالها في التاريخ، دار العلم للملايين، ط٢، (بيروت، ١٩٥٩م).

سليمان بن حمد العودة

٤٥) عبد الله بن سبأ وأثره في أحداث الفتنة في صدر الإسلام، طبع دار طيبة، ط٣، (الرياض، ١٩٩٢م).

سيار الجميل (دكتور)

٤٦) العولمة والمستقبل استراتيجية تفكير، الأهلية للنشر والتوزيع، ط١، (عمان، ب ت).

شاكر مصطفى (دكتور)

٤٧) التاريخ العربي والمؤرخون، دراسة في تطور علم التاريخ ومعرفة رجاله في الإسلام، دار العلم للملايين، ط٢، (بيروت، ١٩٧٩م).

شفيق مقار

٤٨) قراءة سياسية للتوراة، رياض الريس للكتب والنشر، (لندن، ب ت).

شوقي عبد الناصر

٤٩) بروتوكولات حكماء صهيون وتعاليم التلمود.

صلاح الصاوي

٥٠) الثوابت والمتغيرات في مسيرة العمل الإسلامي، مطبعة وزارة التربية، ط٢، (١٩٩٨م).

صالح أحمد العلي (دكتور)

٥١) التنظيمات الاجتماعية والاقتصادية في البصرة، مطبعة المعارف، (بغداد، ١٩٥٣م).

عبد الكريم زيدان (دكتور)

٥٢) السنن الإلهية، مؤسسة الرسالة، ط١، (بيروت، ١٩٩٣).

٥٣) الوجيز في أصول الفقه، (بغداد، ١٩٧٦م).

عبد المجيد الزنداني

٥٤) التوحيد، دار الأنبار، (بغداد، ١٩٩٠م).

عبد الرحمن حسن حبنكه الميداني

٥٥) أجنحة المكر الثلاثة وخوافيها: التبشير والاستشراق والاستعمار، دار العلم، ط٢، (دمشق، ١٩٨٠م).

عبد الكريم الخطيب

٥٦) اليهود في القرآن الكريم، دار الشروق، ط١، (القاهرة، ١٩٧٤م).

عبد المجيد متولي

٥٧) أزمة الفكر السياسي الإسلامي في العصر الحديث، المكتب المصري الحديث، ط١، (الاسكندرية، ١٩٧٠م).

عبد الله النوري

٥٨) البهائية سراب، دار العربية للطباعة والنشر والتوزيع، (الكويت، ١٩٧٤م).

عبد الله سلوم السامرائي (دكتور)

٥٩) الشعوبية حركة مضادة للإسلام والأمة العربية، المؤسسة العراقية للدعاية والطباعة، (بغداد، ب ت).

٦٠) الغلو والفرق الغالية، طبعة وزارة الإعلام العراقية، (بغداد، ١٩٧٢م).

عبد القادر عودة

٦١) التشريع الجنائي الإسلامي، ط٣، (القاهرة، ١٩٦٣).

عباس محمود العقاد

٦٢) أثر العرب في الحضارة الأوربية، (القاهرة، ١٩٦٠م).

٦٣) حقائق الإسلام وأباطيل خصومه، طبع دار الهلال، (القاهرة، ١٩٦٩م).

علي جريشة (دكتور)

٦٤) أساليب الغزو الفكري، ط١، (القاهرة، ١٩٧٧م).

٦٥) الاتجاهات الفكرية المعاصرة، دار الوفاء، (القاهرة، ١٩٨٨م).

علي سامي النشار (دكتور)

٦٦) نشأة الفكر الفلسفي في الإسلام، (القاهرة، ١٩٦٢م).

٦٧) مناهج البحث عند مفكري الإسلام، دار المعارف، ط٤، (القاهرة، ١٩٧٨م).

علي الوردي (دكتور)

٦٨) لمحات اجتماعية من تاريخ العراق الحديث، مطبعة الشعب، (بغداد، ١٩٧٢م).

علي عبد الرازق (دكتور)

٦٩) الإسلام وأصول الحكم، ط٣، (القاهرة، ١٩٧٧م).

٧٠) الصهيونية العالمية وأرض الميعاد، دار مطابع الشعب، (القاهرة، ١٩٦٣م).

علاء الدين المدرس

٧١) المؤامرة الكبرى في صدر الإسلام، دار الأنبار، (بغداد، ١٩٩٩م).

عماد الدين خليل (دكتور)

٧٢) التفسير الإسلامي للتاريخ، ط٤، (الموصل، ١٩٨٦م).

عمر فروخ (دكتور)

٧٣) تعليل التاريخ، ط٣، (بيروت، ١٩٧٧م).

فاروق عمر فوزي (دكتور)

٧٤) الخمينية وصلتها بحركات الغلو الفارسي وبالإرث الباطني، من منشورات منظمة المؤتمر الإسلامي الشعبي، (بغداد، ١٩٨٨م).

فاروق سعيد

٧٥) الفكر السياسي قبل الأمير وبعده، مطبوع مع الأمير، (بيروت، ١٩٧٥م).

فتحي يكن

٧٦) المتغيرات الدولية والدور الإسلامي المطلوب، مؤسسة الرسالة، (بيروت، ١٩٩٣م).

قحطان عبد الرحمن الدوري (دكتور)

٧٧) الحركات الهدامة في الإسلام (الندوة الفكرية الأولى لكلية الشريعة في بغداد)، مطبعة الإرشاد، (بغداد، ١٩٨٦م).

قيس القرطاس

٧٨) نظرية دارون بين مؤيديها ومعارضيها، (بيروت، ١٩٧١م).

محمد إقبال

٧٩) تجديد الفكر الديني، ترجمة عباس محمود.

محمد عبد الله دراز (دكتور)

٨٠) دستور الأخلاق في القرآن، تعريب وتحقيق د. عبد الصبور شاهين، مراجعة د. محمد بدوي، مؤسسة الرسالة، ط١، (بيروت، ١٩٧٣م).

محمد قطب

٨١) كيف نكتب التاريخ الإسلامي، دار الكتاب الإسلامي، مطبعة القدس، ط١، (١٩٩٢م).

٨٢) رؤية إسلامية لأحوال العالم المعاصر، دار الوطن، (الرياض، ب ت).

٨٣) مذاهب فكرية معاصرة، دار الكتاب الإسلامي.

٨٤) معركة التقاليد، مكتبة وهبة، مطابع دار القلم، (القاهرة، ب ت).

٨٥) واقعنا المعاصر.

محمد البهي (دكتور)

٨٦) الفكر الإسلامي في تطوره، دار الفكر، ط١، (القاهرة، ١٩٧١م).

٨٧) الإسلام في الواقع الايدلوجي المعاصر، دار الفكر، (القاهرة، ١٩٧١م)..

٨٨) المبشرون والمستشرقون في موقفهم من الإسلام.

٨٩) الفكر الإسلامي والمجتمع المعاصر، مشكلات الأسرة والتكافل، المكتبة العصرية، (بيروت، ١٩٧٦م)

٩٠) الفكر الإسلامي الحديث وصلته بالاستعمار، مكتبة وهبة، ط٨، (القاهرة، ١٩٧٥م).

محمد خليفة التونسي

٩١) الخطر اليهودي، ترجمة عباس محمود العقاد، دار الكتاب، ط٤، (بيروت، ١٩٦١م).

محمد الغزالي

٩٢) التعصب والتسامح بين المسيحية والإسلام، دحض شبهات ورد مفتريات، دار البيان، (الكويت، ب ت).

٩٣) محاضرات في النصرانية، ط٤، (القاهرة، ب ت).محمد أبو زهره.

محمد علي الجوزو

٩٤) مفهوم العقل والقلب في القرآن والسنة، دار العلم للملايين، ط١، (بيروت، ١٩٨٠م).

محمد علي يوسف

٩٥) الجفوة المفتعلة بين العلم والدين، دبع (بيروت، ١٩٦٦م).

محمد طاهر التنير

٩٦) العقائد الوثنية في الديانة النصرانية، مكتبة ابن تيمية، ط١، (الكويت، ١٩٨٧م).

محمد سعيد رمضان (دكتور)

٩٧) كبرى اليقينيات الكونية (وجود الخالق ووظيفة المخلوق)، طبع (دمشق، ١٩٦٨م).

محمد صادق

٩٨) الدبلوماسية والميكافيللية، (بيروت، ١٩٧١).

محمد رمضان عبد الله (دكتور)

٩٩) عقيدة النصيرية (الندوة الفكرية الأولى كلية الشريعة – بغداد).

محمد حسين آل كاشف الغطاء

١٠٠) الآيات البينات في قمع البدع والضلالات، جمع ونشر ـ محمد عبد الحسين آل كاشف الغطاء، (بغداد، ١٩٢٦م).

محمد زرندي

١٠١) مطالع الأنوار، تحقيق شوقي أفندي رباني، (القاهرة، ١٩٤٠).

محمد باقر الجلالي

١٠٢) الحقائق الدينية في الرد على العقيدة البهائية، (بغداد، ١٩٤٩).

محمد حسن الأعظمي

١٠٣) حقيقة البهائية والقاديانية، (بيروت، ١٩٧٣م).

محمد الخضر حسين

١٠٤) طائفة القاديانية، دار عكاظ للطباعة والنشر، (جدة، ١٩٨٤).

محمد التكريتي (دكتور)

١٠٥) نقد العلمانية، دار المنطلق، ط١، (دبي، ١٩٩٤م).

محمد محمد حسين (دكتور)

١٠٦) حصوننا مهددة من داخلنا، دار الإرشاد للطباعة والنشر والإرشاد، ط٣، (بيروت، ١٩٧١م).

محمد علي قطب

١٠٧) يهود الدونمة، دار الأنصار، (القاهرة، ١٩٧٨).

محمد عابد الجابري (دكتور)

١٠٨) قضايا الفكر العربي المعاصر، مركز دراسات الوحدة العربية، (بيروت، ١٩٩٧م).

محمود عبد العزيز الفداع

١٠٩) علوم القرآن، الجداول الجامعة في العلوم النافعة، دار الدعوة، ط٤، (الكويت، ١٩٨٩م).

محسن عبد الحميد (دكتور)

١١٠) تجديد الفكر الإسلامي، نشر المعهد العالي للفكر الإسلامي، (فرجينيا، ١٩٩٥م).

١١١) المذهبية الإسلامية والتغيير الحضاري، مطبعة وزارة التربية، ط٤، (بغداد، ١٩٩٩م).

١١٢) منهج التغيير الاجتماعي في الإسلام، مكتبة القدس، مطبعة الزمان، (بغداد، ١٩٨٦م).

١١٣) المنهج الشمولي في الإسلام، ط١، (بغداد، ١٩٩٢).

١١٤) حقيقة البابية والبهائية، مطبعة الوطن العربي، ط٤، (بغداد، ١٩٨٠م).

١١٥) العولمة من المنظور الإسلامي، (بغداد، ٢٠٠٠م).

مصطفى نظيف

١١٦) كتاب الحسن بن الهيثم وبحوثه وكشوفه النظرية، (القاهرة، ١٩٤٢).

مصطفى الخشاب

١١٧) علم الاجتماع ومدارسه، طبع (القاهرة، ١٩٦٧م).

مصطفى الطحان

١١٨) فلسطين والمؤامرة الكبرى، تقديم مصطفى مشهور، المركز العالمي للكتاب الإسلامي، ط١، (١٩٩٤م).

مصطفى الخالدي (دكتور) وعمر فروخ (دكتور)

١١٩) التبشير والاستعمار في البلاد العربية، المكتبة العصرية، ط٣، (بيروت، ١٩٥٦م).

منير شفيق

١٢٠) النظام العالمي الجديد، الناشر للطباعة والنشر والتوزيع، ط١، (بيروت، ١٩٩٢م).

الندوي، أبو الحسن

١٢١) ماذا خسر العالم بانحطاط المسلمين، دار الأنصار، ط١٠، (القاهرة، ١٩٧٧م).

١٢٢) القادياني والقاديانية، الدار السعودية للنشر والتوزيع، ط٦، (جدة، ١٩٩٠م).

١٢٣) القاديانية ثورة على النبوة المحمدية والإسلام.

نجيب العقيقي

١٢٤) المستشرقون، ترجمة الدكتور محمد زهير السمهوري والدكتور مؤنس والدكتور إحسان صدقي، ج١، ط٢، (الكويت، ١٩٨٨).

نعيمة شومان

١٢٥) العولمة بين النظم التكنولوجية الحديثة، مؤسسة الرسالة، ط١، (بيروت، ١٩٩٨م).

يوسف القرضاوي (دكتور)

١٢٦) موقف الإسلام من الإلهام والكشف، مكتبة وهبة، ط١، (القاهرة، ١٩٩٤م).

١٢٧) الإسلام والعلمانيـة - رد على د. فؤاد زكريا وجماعة العلمانيين، دار الصحوة للنشر والتوزيع، ط١، (القاهرة، ١٩٨٧م).

يوسف ابيش

١٢٨) نصوص الفكر السياسي الإسلامي، دار الطليعة، ط١، (بيروت، ١٩٦٦).

يوسف العظم

١٢٩) المنهزمون، دار القلم، ط٢، (دمشق، ١٩٧٧م).

رابعاً: الكتب الأجنبية المترجمة

إدوارد فون زامباور

١- معجم الأنساب والأسرات الحاكمة في التاريخ الإسلامي، ترجمة الدكتور زكي محمد حسن وآخرين، دار الرائد العربي، (بيروت، ١٩٥١م).

أفلاطون

٢- جمهورية أفلاطون، ترجمة حنا خباز، دار القلم، ط٢، (بيروت، ١٩٨٠م).

أميل دوركايم

٣- قواعد المنهج في علم الاجتماع، ترجمة محمود قاسم، مراجعة محمد بدوي، ط٢، (القاهرة، ب ت).

إدوراد جيبون

٤- اضمحلال الإمبراطورية الرومانية، ترجمة محمد علي أبو درة، ط١، (بيروت، ب ت).

آرنولد توينبي

٥- مختصر دراسة التاريخ، ترجمة فؤاد محمد شبل، وراجعه شفيق غربال، مطبعة لجنة التأليف والترجمة والنشر، ط١، (القاهرة، ١٩٦٠م).

اليكسيس كاريل

٦- الإنسان ذلك المجهول، تعريب شفيق أسعد، ط٣، (بيروت، ١٩٨٠م).

أميل برترو

٧- العلم والدين في الفلسفة المعاصرة، ترجمة أحمد فؤاد الأهواني، (القاهرة، ١٩٧٣م).

أجناس جولدزيهر

٨- العقيدة والشريعة في الإسلام، ترجمة محمد يوسف موسى وآخرون، دار الكتاب المصري، ط١، (القاهرة، ١٩٤٦م).

أدوارد سعيد

٩- الاستشراق، المعرفة، السلطة، الإنشاء، ترجمة كمال أبو ديب، مؤسسة الأبحاث العربية، ط٢، (بيروت، ١٩٨٤).

بياردي بواديفر

١٠- معجم الأدب المعاصر، ترجمة بهيج شعبان، (١٩٦٨م).

بنيامين فريدمان

١١- اليهود ليسوا يهوداً، ترجمة زهدي الفاتح، النفائس، ط١، (بيروت، ١٩٨٤م).

بلزاك

١٢- امرأة في الثلاثين، ترجمة عبد الفتاح الديدي، (القاهرة، ب ت).

برنارد لويس

١٣- الغرب والشرق الأوسط، ترجمة نبيل صبحي، (١٩٦٥م).

جرين برنتن

١٤- أفكار ورجال (قصة الفكر الغربي)، ترجمة محمود محمود، (القاهرة، ١٩٦٥).

١٥- تشكيل العقل الحديث، ترجمة شوقي جلال، مراجعة صدقي حطاب، إصدار المجلس للثقافة والفنون والآداب، (كويت، ١٩٨٤م).

جورج سباين

١٦- تطور الفكر السياسي، ترجمة حسن جلال العروسي، دار المعارف، ط٣، (القاهرة، ١٩٦٣م).

١٧- الإسلام في الغرب، ترجمة نجدت هاجر وزميله، (القاهرة، ١٩٦٠م).

جورج سارتون

١٨- العلم القديم والمدنية الحديثة، ترجمة عبد الحميد صبرة.

دونوروا البير بايه

١٩- من الفكر الحر إلى العلمنة، ترجمة الدكتور عاطف علي، دار الطليعة، (بيروت، ١٩٨٦م).

دوان

٢٠- خرافات التوراة والإنجيل وما يماثلها في الديانات الأخرى.

ديورانت

٢١- قصة الحضارة، ترجمة محمد بدران، (القاهرة، ١٩٥٧).

دي تايلر الن

٢٢- تاريخ الحركة الصهيونية، ترجمة بسام أبو غزالة، دار الطليعة، (بيروت، ١٩٦٦م).

روجيه غارودي

٢٣- العولمة المزعومة، تعريب د. محمد السبيطلي، دار الشوكاني للنشر والتوزيع، (صنعاء، ١٩٩٨م).

٢٤- حوار الحضارات، ترجمة عادل العوا، منشورات عويدات، ط١، (بيروت، ١٩٧٨م).

٢٥- الاشتراكية والإسلام، مطبعة الطليعة، (القاهرة، ١٩٦٩).

٢٦- حفارو القبور، (نداء جديد إلى الأحياء).

س. ناجي

٢٧- المفسدون في الأرض، أو جرائم اليهود السياسية والاجتماعية عبر التاريخ، مطبعة الإرشاد، (دمشق، ١٩٦٥م).

سيبريدو فيتش

٢٨- الإنسان والعلاقات البشرية، ترجمة أحمد حمودة، (القاهرة، ١٩٥٥م).

ستانلي هايمان

٢٩- النقد الأدبي، ترجمة إحسان عباس وزميله، (بيروت، ١٩٥٨).

غوستاف لوبون

٣٠- حضارة العرب، ترجمة أكرم زعيتر، مطبعة عيسى البابي الحلبي، (القاهرة، ١٩٦٩).

ليكونت دي نوي

٣١- مصير الإنسان، ترجمة خليل الجر، المنشورات العربية.

ليوبولد فايس (محمد أسد).

٣٢- الإسلام على مفترق الطرق، دار العلم للملايين، ط٦، (بيروت، ١٩٦٥م).

لوران غاسبار

٣٣- تاريخ فلسطين، ترجمة إبراهيم خوري.

كارل بروكلمان

٣٤- تاريخ الشعوب الإسلامية، ترجمة نبيه أمين فارس، ومنير البعلبكي، دار الملايين، ط١، (بيروت، ١٩٤٨).

٣٥- تاريخ الأدب العربي، الترجمة العربية.

كريسون موريسون

٣٦- العلم يدعو إلى الإيمان، ترجمة محمود صالح الفلكي، طبع مكتبة النهضة، ط١، (القاهرة، ١٩٦٣م).

كونستنتين ريتر

٣٧- أفلاطون حياته ومؤلفاته ومذهبه، طبع ١٩٢٣م.

كرسون

٣٨- المشكلة الأخلاقية والفلاسفة، ترجمة عبد الحليم حمود، ط٢، (القاهرة، ب ت).

كارل بيكر

٣٩- السبيل إلى عالم أفضل، ترجمة عبد العزيز إسماعيل، (القاهرة، ١٩٤٨م).

ناحوم جومسكي

٤٠- إعاقة الديمقراطية، الولايات المتحدة والديمقراطية والمستقبل العربي – حرب العالمين الأولى.

نورد دافيس

٤١- درع الصحراء وفضيحة النظام العالمي الجديد، ترجمة بشير شريف البرغوثي، دار الدليل الوطني للنشر والتوزيع والدراسات، (عمان، ١٩٩١م).

هانس – بيتر مارتين وهار الدشومان

٤٢- فخ العولمة، ترجمة د. عدنان عباس علي، (الكويت، ١٩٩٨م).

هيواز

٤٣- دائرة المعارف الإسلامية، الترجمة العربية، دار الشعب، (القاهرة، ب ت).

وليم كار

٤٤- احجار على رقعة الشطرنج، تعليق خير الله طلفاح وشرحه بعنوان (اليهود وراء كل جريمة)، مطبعة العبايجي، (بغداد، ب ت).

هـ ج ويلز

٤٥- معالم تاريخ الإنسانية، ترجمة عبد العزيز توفيق جاويد، (القاهرة، ١٩٧٦).

ر. م ماكيفر وزميله

٤٦- المجتمع، ترجمة علي أحمد عيسى، (القاهرة، ١٩٦١م).

ستة من كتاب الغرب

٤٧- الصنم الذي هوى، ترجمة فؤاد حمودة، المكتب الإسلامي، ١٩٦٠م.

خامساً المراجع الأجنبية غير المترجمة

1. W. EHLecky, History of European morals, (London, 1869).

2. Wells: Ashort History of the World.

3. Friedman, Isaiah, Germmany Turkiy and Zionism (1807–1918),   oxfrod at the darendon press, 1977.

4. Encyclopeadia, Britannica (London, 1972).

5. Welster's New World, Diction of the Americean Language.

6. Oxford Advanced Learnet's Diction of current Englist, 1975.

7. Religion in the Middle East, A. J. ARBERY (London, 1968).

سادساً: الرسائل الجامعية

١. رشيد عمارة ياسر الزبيدي، الحركة الإسلامية في فلسطين، أطروحة دكتوراه، كلية العلوم السياسية في جامعة بغداد – غير منشورة، بإشراف الدكتور خلدون ناجي معروف.

٢. يوسف بن محمد بن عبد الله أبو دهيم الساحوري، الدعوة وأساليبها في مواجهة الغزو الفكري، رسالة ماجستير، قسم الفكر الإسلامي والدعوة والعقيدة الإسلامية في جامعة صدام للعلوم الإسلامية، بإشراف الأستاذ الدكتور شاكر محمود عبد المنعم.

٣. سفر عبد الرحمن الحوالي، العلمانية، نشأتها وتطورها وآثارها في الحياة الإسلامية المعاصرة، جامعة أم القرى، المملكة العربية السعودية، رسالة ماجستير.

٤. أحمد قاسم صالح علي التكريتي، الحركات الإسلامية السياسية والعمل العربي المشترك، رسالة ماجستير، معهد القائد المؤسس للدراسات القومية والاشتراكية العليا في الجامعة المستنصرية، بإشراف الدكتور عبد الرضا كامل محمد.

٥. الدكتور منذر أحمد المطلك، الدراسات العربية الإسلامية في أوربا، دبلوم عالي في العلوم الإسلامية، معهد صدام العالي لدراسة القرآن والسنة، بإشراف الدكتور محمد رمضان.

سابعاً: الدوريات والمقالات

١. أمين الحسيني (مفتي فلسطين الأسبق)، المذكرات، حلقة ١١، نشرت في مجلة آخر ساعة المصرية، العدد ١٩٩٢، المؤرخ في ٢٢ ذي القعدة ١٣٩٢هـ (١٩٧٢/٢/٢٧م).

٢. أحمد مصطفى عمر، أعلام العولمة وتأثيره في المستهلك، مجلة المستقبل العربي، العدد ٢٣، ١٩٩٩,٣.

٣. أحمد ثابت، العولمة والخيارات المستقبلية، المستقبل العربي، عدد ٢٤، في ١٩٩٩,٢.

٤. حسن قطامش، نهاية الجغرافية، سيادة الدولة أم سيادة العولمة، مجلة البيان، السنة ١٥، العدد ١٤٩، نيسان ٢٠٠٠م.

٥. سيف بن علي الجروان، العولمة – السوق العربية المشتركة، المستقبل العربي، السنة ٢٢ العدد ٣٤٩، ت٢، ١٩٩٩م.

٦. د. طه باقر، إسهام الحضارة العربية في تقدم العلوم الرياضية، بحث منشور في مجلة آفاق عربية، عـدد ٥، في ك٢، ١٩٧٨م.

٧. عبد العزيز عثمان النويجري، الهوية والعولمة من منظور حق التنوع الثقافي، منشورات المنظمة الإسلامية للتربية والعلوم والثقافة، (ايسيسكو/١٩٩٧).

٨. د. محمد ناصر (رئيس وزراء أندونيسيا الأسبق)، مقال نشر في جريدة أخبار العالم الإسلامي، عـدد ٣٥٣ في ١٩٧٣م.

٩. د. مالك بن إبراهيم الأحمر، العولمة في الإعلام، مجلة البيان، ١٤٨، آذار ٢٠٠٠م.

١٠. محمد فهيم يوسف، حقوق الإنسان في ضوء التجليات السياسية للعولمة، مجلة البيان، العدد ١٣٢، السنة ١٣، ١٩٩٨م.

١١. د. نجيب غزاوي، العولمة الخطر على الهوية والكيان، مجلة المعرفة، السنة ٣٨، العدد ٤٣٢، ت١، ١٩٩٩م.

ABSTRACT

The importance of this thesis is expressed through its title (the influence of the Islamic and intellection in confronting the western ideology). The struggle and confrontation is existing the between good and bad. Our today's battle is represented in confronting the western invasion, Whether military or not. The former ix identified and experienced along with the daily perfidious Anglo-American aggression. And the matter is determined beforehand because God, be he exalted, supports those who are adhere to good and the consequence will be in the benefit of those who believed, for God, be he exalted, says (and it was due from Us to aid those who believed).

Regarding the non- military invasion, it is the most dangerous for it infiltrates like a disease and penetrates like a thief and stings like a serpent. Namely the cultural and in for motional invasion, the social penetration, the ideological misleading, and the propagation of the poisoned ideological and concepts, which aim at destroying the nation and crumbling the family and demolishing the moral values of both sex youth who are the pillar. As the military invasion called out to the nation and its men so they rushed to deter the aggression, the responsibility lies also upon the nation in confronting the mechanism of invasion, and in confronting this danger that targeting the nation entity and existence. It is very one responsibility including the individual, the community and the state, each from his position.

The subject of the thesis is based on this foundation, clarifying the dimensions of this danger, how to confront it and prevent its risks. The scope of the research covers all the requirements of the thesis' subject, and it lies in three chapters that state, each from his position.

1- Chapter one: this chapter includes the fundamentals of the Islamic intellection, its constituents and characteristics. This chapter covers three topics: the first one devoted for the fundamentals of the Islamic intellection which are the Quraan, the Sunna, consensus and jurisprudence. The second topic is devoted to the constituents of the Islamic intellection, the ideology, moral system, the nation and its civilization history. The third topic covers the most important characteristics of the integration, moderateness, equilibrium, idealism and realism.

2-   Chapter tow: It includes the fundamentals of western intellection, its constituents and characteristics. This chapter comprises three topics as well: The first one is devoted to the fundamentals of western intellection which are; the Greek heathenism, the roman materialism, the aggressive Jewish intellection and the heathen beliefs in the deviated Christianity. The second topic is singles out to the constituents of western intellection which are perception instead of revelation, the man- hood instead of divinity, the scattered values and the relativity of values instead of the moral system which has been unraveled in the west. The third topic is devoted to the most important characteristics which the west has been afflicted with among them is atheism, libertinism, Mechavillism (the objective justifies the mean) i.e. justifying cheating and deception. Finally the aggressive tendency by which the western intellection is characterized.

3-   Chapter thee: It is the chapter of confrontation and straggle between the two intellections, the forms and chronical of this conflict. It comes in three topics: the first topic deals with confronting the destructive movements supported by the western colonialism and which are fed by the western intellection, the foremost among them are: extravagance and Batiniaa, Bahia, Bahaia and Cadbanla movements. The second topic is singled out to the resistance against the western invasion methods which are the same as the imperialism methods and Christianization campaigns' schemes, and the intrigues of some orientalists'. The third topic is devoted to confront the western intellection misleadings which are the non relegous tendency, patterning after the western style, the plots of the zionest movement and the dangers of globalization.

This is the conclusion of our modest research which I hope that its benefits will predominate. Finaly, praise be to Allah, Cherisher and Sustainer of the worlds.

Printed in the United States
By Bookmasters